陈云与党风

朱佳木 著

中国出版集团有限公司
研究出版社

图书在版编目（CIP）数据

陈云与党风 / 朱佳木著. -- 北京：研究出版社，
2025. 6. -- ISBN 978-7-5199-1931-3
Ⅰ. K827=7；D261.3-53
中国国家版本馆CIP数据核字第2025K9X757号

出 品 人：陈建军
出版统筹：丁　波
责任编辑：侯天保　杨　猛
责任营销：毛　欣
责任印制：王宏鑫

陈云与党风
CHENYUN YU DANGFENG

朱佳木　著

研究出版社 出版发行

（100006　北京市东城区灯市口大街100号华腾商务楼）
北京隆昌伟业印刷有限公司印刷　新华书店经销
2025年6月第1版　2025年6月第1次印刷
开本：710毫米×1000毫米　1/16　印张：31
插图：23幅　字数：460千字
ISBN 978-7-5199-1931-3　定价：120.00元
电话（010）64217619　64217652（发行部）
版权所有·侵权必究
凡购买本社图书，如有印制质量问题，我社负责调换。

陈云与作者在一起

抗日战争时期，陈云在延安

新中国成立初期,陈云在北京

1978年12月22日，邓小平（右）、陈云（左）在中共十一届三中全会闭幕会上

1983年7月27日，陈云（左）同胡乔木（右）交谈（作者摄）

党的铁的纪律

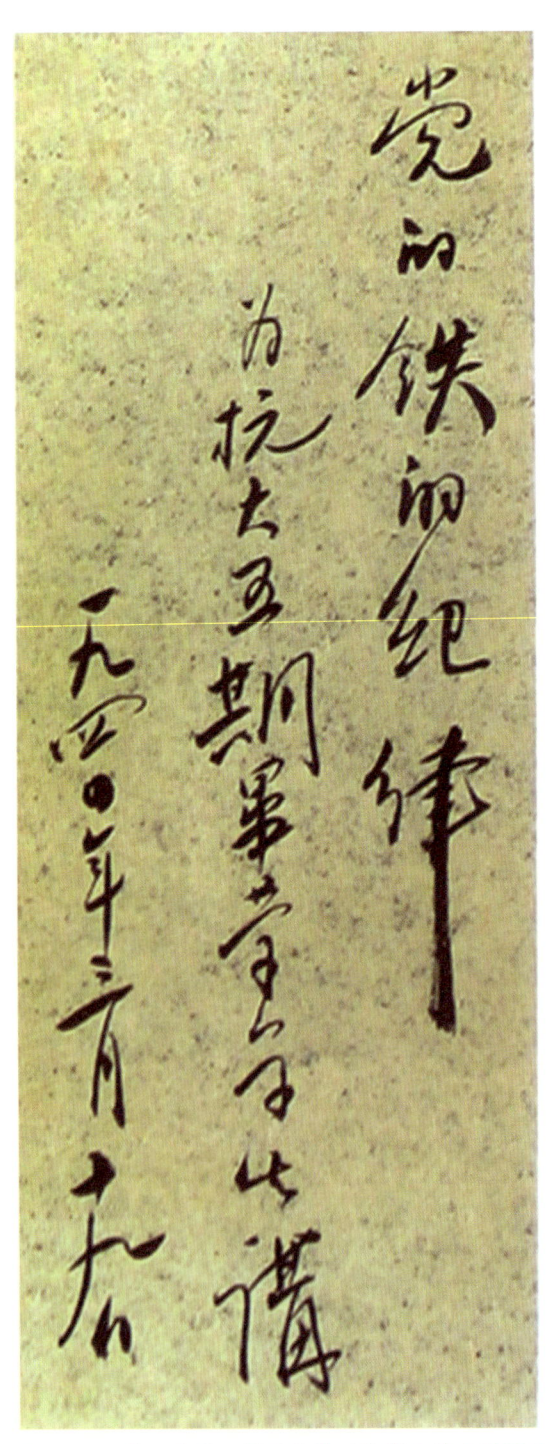

为抗大五期毕业学生书此讲题

一九四〇年三月十九日

1940年3月19日，陈云为抗日军政大学五期毕业学生讲课的手稿题目

辩证唯物论与历史唯物论

第一节：唯物论与唯心论。

一、哲学中的两个派别：

1. 哲学之两大派：
   唯心论与唯物论。
   折衷论之必然偏于唯心论。

2. 两派之区别在于思维对存在之关系：
   唯心论：认物质世界为精神之表现物质的外壳。
   唯物论：思维意识是物质发展以之一。（物质是原始存在的）
   　　　　物质是客观存在的。意识只是客观存在之反映

   a. 机械论：典型其差主要加之运在（因果律）去解释现象

   有些唯心论是完全否认因果性——因表示精神是无代表因果性
   有些唯心论者：不把因果关系看作事物之客观内在的规律。
   （唯物辩证论者，则把因果看为事物客观内在的规律）
   　（生产力水平，与社会话集团需要之斗争）

三、唯心论产生的根源：——基本的是要依社会场的存现定
   a. 原始野蛮人之愚昧与无知（也到科学低水平之点的也好社会利用）
   b. 肉体劳动与精神劳动之分离。精神休闲被神秘看。
   c. 阶级之分裂；——支配阶级需要唯心论。
   一般的唯心论成为保守的。
   但化纪(代) 世世世世唯物还妈的动，机械唯物论乘反动。

1940年，陈云《辩证唯物论与历史唯物论》读书笔记（节录）

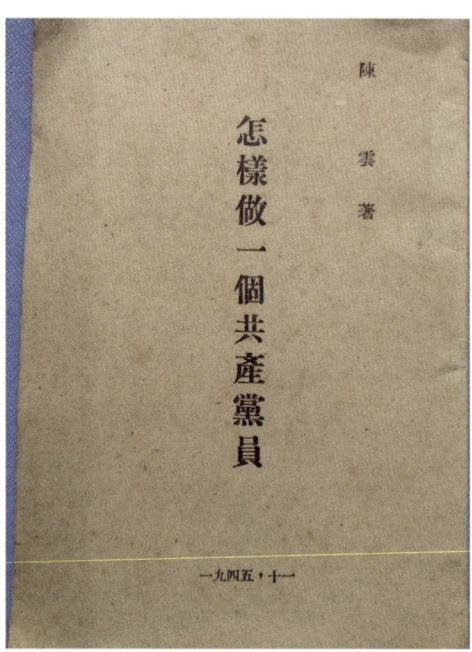

陈云《怎样做一个共产党员》在1940—1948年出版的四种版本

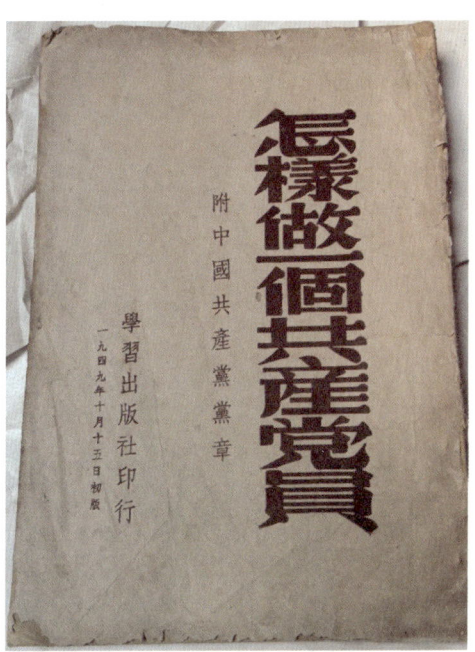

陈云《怎样做一个共产党员》在 1949—1950 年出版的四种版本

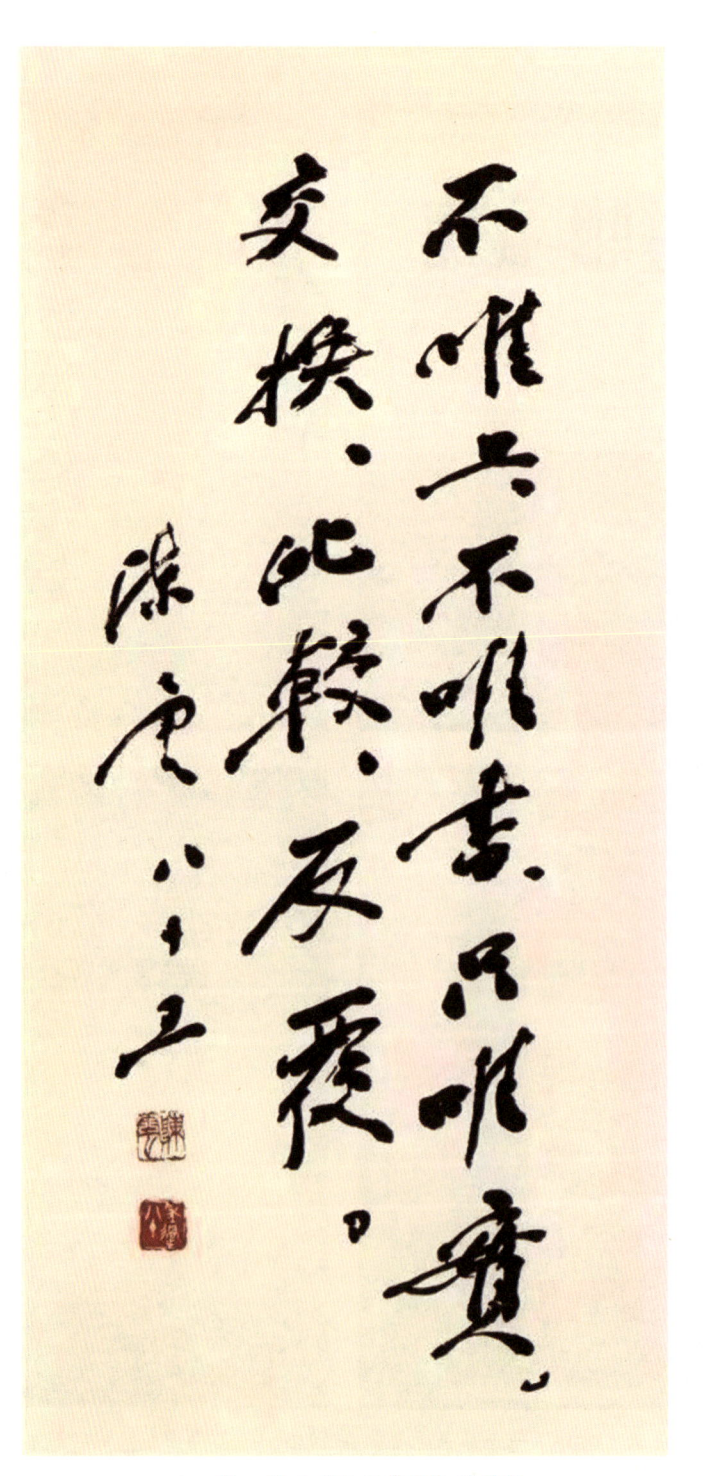

不唯上，不唯书，只唯实，交换、比较、反复。

陈云 八十二

1987年，陈云"十五字诀"的手迹

序言

陈云同志是以毛泽东同志为核心的党的第一代中央领导集体和以邓小平同志为核心的党的第二代中央领导集体的重要成员，是党和国家久经考验的卓越领导人。他于1905年出生，今年刚好是他诞辰120周年。陈云同志在延安时期做过7年中央组织部部长，在改革开放时期又担任了9年中央纪委第一书记，对党的组织建设、干部队伍建设、纪律建设、作风建设，倾注了大量心血，有着长期的领导实践和大量的理论著述，形成了既是毛泽东思想和邓小平理论的组成部分，又有自己鲜明特色的党建思想。他一生践行党的优良作风，在全党全国人民享有崇高威望，堪称人们的学习榜样。

党的十八大以来，以习近平同志为核心的党中央高度重视端正党的作风和党风建设，针对一度出现的管党不力、治党不严，形式主义、官僚主义、享乐主义和奢靡之风盛行等问题，提出全面从严治党的方针，并围绕党风问题，先后开展了群众路线教育实践活动、"严以修身、严以用权、严以律己；谋事要实、创业要实、做人要实"专题教育、"学党章党规、学系列讲话，做合格党员"学习教育、"不忘初心、牢记使命"主题教育、党纪学习教育等集中教育活动，当前还在进行深入贯彻中央八项规定精神学习教育。习近平总书记说："党风问题关系执政党的生死存亡。"[①] "我们

[①] 习近平：《高举中国特色社会主义伟大旗帜　为全面建设社会主义现代化国家而团结奋斗——在中国共产党第二十次全国代表大会上的报告》，人民出版社2022年版，第68页。

党作为马克思主义执政党，不但要有强大的真理力量，而且要有强大的人格力量；真理力量集中体现为我们党的正确理论，人格力量集中体现为我们党的优良作风。"① 他强调："我们党的执政基础很牢固，但如果作风问题解决不好，也有可能出现'霸王别姬'这样的时刻。"② 在这个大背景下，研究出版社将我论述陈云党建思想和他践行党的优良作风的文章，以及我对陈云同志作风的回忆结集成册，出版《陈云与党风》一书，这无论对纪念陈云同志诞辰 120 周年还是助力全党持续开展的整顿党风和进行的党风教育，都是适逢其时的。

"党的作风"作为一个概念，最早由国际共产主义运动的导师们所创造。但"党风"一词，却是由我们党的领袖毛泽东主席最先提出的。他在延安整风时作的题为《整顿党的作风》演说中，针对当时党内的主观主义、宗派主义、党八股这三股歪风，提出要整顿学风、党风、文风，并且指出："学风和文风也都是党的作风，都是党风。"他强调："只要我们党的作风完全正派了，全国人民就会跟我们学。"③ 由此可见，"党的作风"与"党风"这两个概念之间，有共同之处，也有区别。大体讲，"党的作风"可以形容一个人的作风，也可以形容较多人或一群人的作风；而"党风"一般不会形容一两个人的作风问题。凡用到"党风"一词的地方，无论指歪风还是正风，都是讲党内相当一部分人甚至整体中形成的风气；凡提出要整风，也都是指要整掉党内存在的歪风，在全党树立良好的风气。

用"党风"这个词来形容"党的作风"，以引起人们对"风"的警觉，就如同说"确保党不变质、不变色、不变味"这句话中的"色"和"味"一样，都是马克思主义与中国传统文化相结合的产物，是运用汉语词汇特有的丰富内涵，形象地表达马克思主义的政治主张。中国战国时代的辞赋家宋玉就在《风赋》一文中用"风"来比喻社会差别，其中写道："夫风

---

① 中共中央文献研究室、中央党的群众路线教育实践活动领导小组办公室编：《习近平关于党的群众路线教育实践活动论述摘编》，党建读物出版社、中央文献出版社 2014 年版，第 56 页。
② 中共中央文献研究室、中央党的群众路线教育实践活动领导小组办公室编：《习近平关于党的群众路线教育实践活动论述摘编》，党建读物出版社、中央文献出版社 2014 年版，第 6 页。
③ 《毛泽东选集》第三卷，人民出版社 1991 年版，第 812 页。

生于地,起于青萍之末。侵淫溪谷,盛怒于土囊之口。"我们党的老一辈革命家和领导人使用"党风"一词,则是利用"风"这个字的隐喻含义,提醒全党重视党风的作用,注意不要让表现在个别人身上的一些与党的宗旨相违背的做派、行为、习惯,逐渐传染给越来越多的人,从而蔓延成"风",败坏党的形象。比如,习近平总书记说:"党内脱离群众的现象大量存在,一些问题还相当严重,集中表现在形式主义、官僚主义、享乐主义和奢靡之风这'四风'上。"① 他的话表明,之所以要整顿"四风",就是因为脱离群众的现象已经不仅是发生在少数人身上的个别现象,而是形成了带有一定普遍性的堪称为"风"的问题了。

党的十一届三中全会后,陈云同志曾提出了一个引起全党共鸣并产生长远影响的著名论断,即:"执政党的党风问题是有关党的生死存亡的问题。"② 一开始,他强调这个问题主要针对的是十年"文化大革命"和"两年徘徊"时期对民主集中制及实事求是作风的破坏;后来,随着改革开放的深入,针对的主要问题逐渐变为以权谋私和权钱交易。他之所以在"党风"前特别加上"执政党"三个字,我理解,一是因为党在执政时和不执政时的情况有很大不同;二是因为那时党在全国已经执政了很长时间,并且还将长期执政;三是因为我国实行改革开放政策后,广大党员尤其党的各级领导干部遇到了过去从来没有遇到过的新环境、新问题。这些新环境、新问题,也就是后来所概括的我们党面临的执政考验、改革开放考验、市场经济考验和外部环境考验这四大考验。

例如,陈云同志在1983年党的十二届二中全会上指出:"对外开放,充分利用外国有用的东西加快国内建设,这是完全正确的。对外开放时,我们也讲了要充分注意对外开放中带来的消极东西。但现在看来,防止消极后果的工作还做得不够。"③ "党在全国执政前和执政后的情况有很大不同。党在全国执政以前,在敌人统治下的地下党,那时作一个党员就有杀头的危险,根本谈不上什么物质享受;在苏区的党和解放区的党,大家忙

---

① 《习近平谈治国理政》第一卷,外文出版社2018年版,第368页。
② 《陈云文选》第三卷,人民出版社1995年版,第273页。
③ 《陈云文选》第三卷,人民出版社1995年版,第332页。

于打仗和支援战争，另外，也没有什么物质可以享受。党在全国执政以后，从中央到基层政权，从企业事业单位到生产队的领导权，都掌握在党员手里了，党员可以利用手中掌握的各种权力为自己谋取私利。许多贪污犯本人就是党员，即使贪污犯不是党员，他们能够贪污，也是靠某些共产党员的保护。我们绝大多数党员是不谋私利的，但因谋私利而犯法、犯错误的党员也不是一个很小的数量。""对于利用职权谋私利的人，如果不给以严厉的打击，对这股歪风如果不加制止，或制止不力，就会败坏党的风气，使党丧失民心。"①

1985年，陈云同志还在中央纪委第六次全会上的书面发言指出："对外开放，不可避免地会有资本主义腐朽思想和作风的侵入。这对我们社会主义事业，是直接的危害。""值得严重注意的是，目前许多党委和党员干部，对此没有警惕。例如，一说对外开放，对内搞活，有些党政军机关、党政军干部和干部子女，就蜂拥经商。仅据十几个省市的调查，从去年第四季度以来一下子就办起了两万多个这样那样的公司。其中相当一部分，同一些违法分子、不法外商互相勾结，互相利用。钻改革的空子，买空卖空，倒买倒卖，行贿受贿，走私贩私，弄虚作假，敲诈勒索，逃避关税，制造和销售假药、假酒，谋财害命……'一切向钱看'的资本主义腐朽思想，正在严重地腐蚀我们的党风和社会风气。"②

关于执政的党要特别重视自我约束，严格要求党员和干部遵守群众纪律的问题，陈云同志早在我们党掌握根据地政权时就开始强调了。比如，他在陕甘宁边区就说过："领导着政权的党、领导着军队的党，自我批评更加重要。因为党掌握了政权以后，犯了错误会更直接更严重地损害群众利益。党员违犯了纪律，特别容易引起群众的不满。你有枪，又当权，群众看到了也不敢讲。所以，一定要严格要求我们的党员和干部，并且经常倾听群众的意见，有人做了违背群众利益的事，就要给以严肃的批评，以至纪律处分。对于违法的人，例如贪污分子，还要发动群众去斗争，并绳之

---

① 《陈云文选》第三卷，人民出版社1995年版，第331、332页。
② 《陈云文选》第三卷，人民出版社1995年版，第355—356页。

以法。"① 他尤其指出："当权的大党，领导干部很可能成为官僚。要坚决防止和克服官僚主义。"② 可见，陈云同志之所以特别强调执政党的作风问题，是党在执政后与执政前的不同地位所决定的。有一次，他在和我谈到国际共产主义运动的教训时还说过："党风问题在各个执政党都存在，我们党是个大党，只要我们把党风搞好，就可以成为国际共产主义运动的中流砥柱。"

以上论述，针对的都是党在执政后容易脱离群众，以及出现以权谋私、权钱交易等不正之风的问题。不过，陈云同志在重点强调这方面问题的同时，对端正执政党党风的其他问题也没有忽略。比如，他经常强调做到实事求是的"关键是要把'实事'看全面"③，这就要"不唯上、不唯书、只唯实，交换、比较、反复"。他说："不唯上，并不是上面的话不要听。不唯书，也不是说文件、书都不要读。只唯实，就是只有从实际出发，实事求是地研究处理问题，这是最靠得住的。交换，就是互相交换意见。"④ 他还说："有钱难买反对自己意见的人。有了反对意见，可以引起自己思考问题。常常是，有不同意见的人，他不讲出来。能够听到不同声音，决不是坏事。这和同中央保持一致并不矛盾。"⑤ 他针对一些人从过去过分强调斗争哲学、不该斗的也斗，走到另一极端，即怕矛盾、怕斗争、怕得罪人的问题指出："要提倡坚持原则，提倡是就是是、非就是非的精神。只有我们党内首先形成是非分明的风气，党的团结才有基础，党才有战斗力，整个社会风气才会跟着好转，才会使正气上升，邪气下降。"⑥ 针对市场竞争中的消极现象，他一方面指出对此不必大惊小怪，另一方面强调："如果我们不注意这个问题，不进行必要的管理和教育，这些现象就有可能泛滥成灾，败坏我们的党风和社会风气。"⑦ 针对党内存在的忽视精神文明的现象，他

---

① 《陈云文选》第一卷，人民出版社1995年版，第183页。
② 《陈云文选》第一卷，人民出版社1995年版，第221页。
③ 《陈云文选》第三卷，人民出版社1995年版，第361页。
④ 《陈云文选》第三卷，人民出版社1995年版，第371页。
⑤ 《陈云文选》第三卷，人民出版社1995年版，第361—362页。
⑥ 《陈云文选》第三卷，人民出版社1995年版，第274页。
⑦ 《陈云文选》第三卷，人民出版社1995年版，第338页。

指出:"忘记或放松抓社会主义精神文明建设,物质文明建设也不可能搞好……去年(指 1984 年。——笔者注)第四季度,那些歪风(指党政机关办企业。——笔者注)刮来时,不少的共产党员,有些是老党员、老干部也被卷进去了,对这件事我们必须引起警惕。要充分认识到,社会主义精神文明的建设,关键是执政党要有好的党风。"①

陈云同志在抓执政党党风建设时,始终强调领导干部尤其高级干部是关键,要求他们起模范带头作用。例如,讲到理论学习时,他说:"我个人的体会是:学习哲学,可以使人开窍。学好哲学,终身受用。希望能够组织政治局、书记处、国务院的同志都来学习哲学,并把这个学习看成是工作的一部分,也是自己的一项重要责任。"②讲到防止野心家弄乱子时,他指出:"关键是在几百个高级领导人,就是省(市)委书记以上的干部及军队中的负责干部。""如果出了野心人物,能否迅速地把他揭露,不闹成大乱子呢?那也决定于这几百个人。只要这几百个人头脑十分清醒,革命胜利就会有保证。"③讲到端正党风时,他指出:"各级领导干部,特别是高级领导干部要重视。要真正身体力行,作出榜样。"他要求退居二线或者离休、退休的老干部要关心党风党纪、发挥监督作用。他说,在这方面"没有退居二线和离休、退休的问题。只要是党员,活着就永远处在第一线"。他希望所有党的高级领导人员,"在教育好子女的问题上,给全党带好头。决不允许他们依仗亲属关系,谋权谋利,成为特殊人物"。④讲到中央要求北京党政军机关在实现党风和社会风气根本好转中做表率时,他建议:"做表率首先从中央政治局、书记处和国务院的各位同志做起。"⑤

陈云同志强调党的高级干部要在端正党风上起带头作用,率先身体力行、以身作则。他用自己一生的实际行动,为全党树立了优良作风的典范,成为全党学习的楷模。习近平总书记在纪念陈云同志诞辰 110 周年座谈会

---

① 《陈云文选》第三卷,人民出版社 1995 年版,第 347—348 页。
② 《陈云文选》第三卷,人民出版社 1995 年版,第 362 页。
③ 《陈云文选》第二卷,人民出版社 1995 年版,第 233 页。
④ 《陈云文选》第三卷,人民出版社 1995 年版,第 351—352 页。
⑤ 《陈云文集》第三卷,中央文献出版社 2005 年版,第 543 页。

上的讲话指出："陈云同志身上表现出来的坚定理想信念、坚强党性原则、求真务实作风、朴素公仆情怀、勤奋学习精神，永远值得我们学习。"[①] 我理解，这些精神既是陈云作风的集中体现，也是陈云作风的来源。我们要学习陈云的作风，就要像习近平总书记要求的那样，首先学习陈云同志坚定理想信念、坚强党性原则、求真务实作风、朴素公仆情怀、勤奋学习精神。所有这些，在《陈云与党风》一书中都可以找到具体事例。

建党一百年时，党中央制定的党的第三个历史决议中有一句在我看来是画龙点睛之笔的话，即"全党要牢记中国共产党是什么、要干什么这个根本问题"[②]。如果我的这本小书能对读者在领悟这个根本问题上起到一定辅助作用，哪怕是一点点，都将是对我最大的回馈。

是为序。

2025 年 4 月 15 日

[①] 习近平：《在纪念陈云同志诞辰 110 周年座谈会上的讲话（2015 年 6 月 12 日）》，载《人民日报》2015 年 6 月 13 日，第 2 版。

[②] 中共中央党史和文献研究院编：《十九大以来重要文献选编》（下），中央文献出版社 2023 年版，第 538 页。

桐花万里丹山路
雏凤清于老凤声

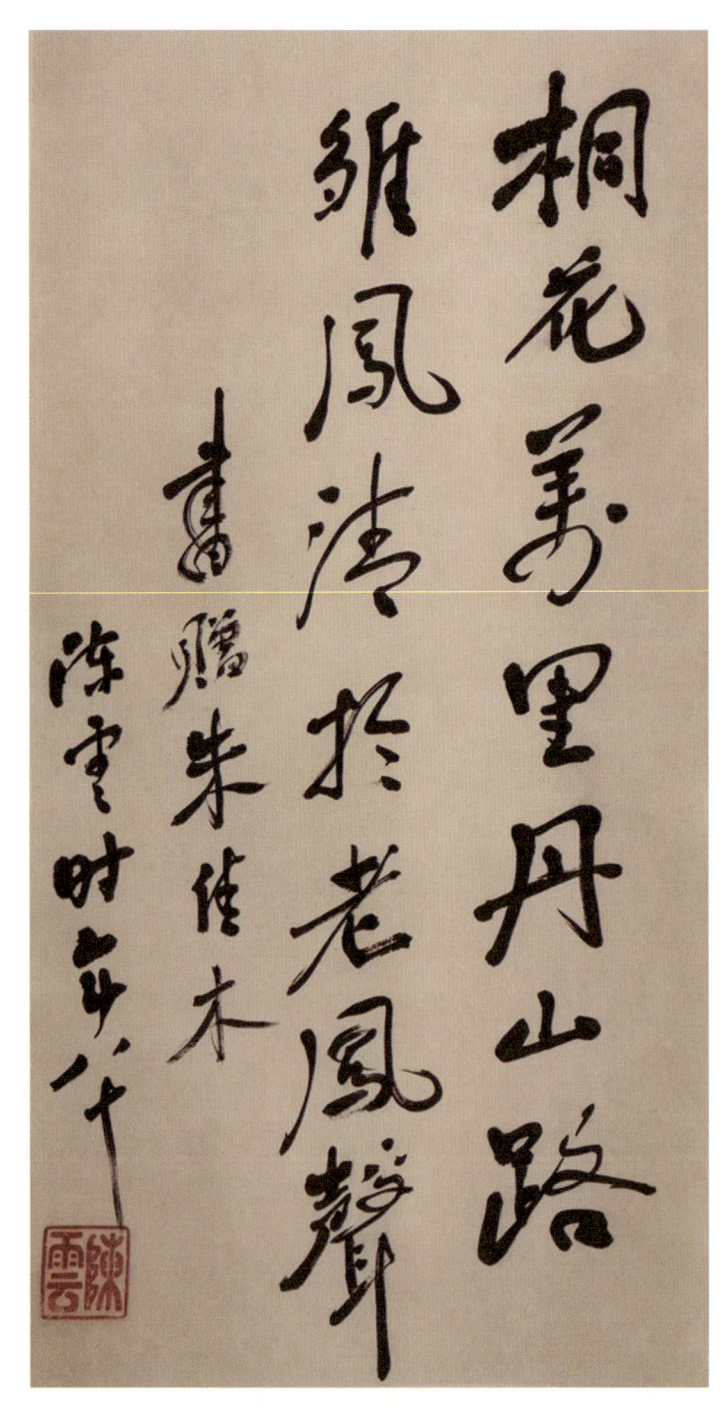

书赠朱佳木
陈云 时年七十八

1984年，陈云书赠作者的手稿

目录

深刻领会习近平总书记在纪念毛泽东、邓小平、陈云同志三篇讲话中蕴含的三个重要观点 ………………………………………………… 1

辑一 陈云的党风建设思想

重温陈云关于新时期党风建设的论述 ………………………………… 11

陈云党建思想的集中体现
——读《陈云论党的建设》 ……………………………………… 21

略论陈云执政党党风建设的思想 ……………………………………… 35

从陈云的执政党党风建设思想看他的民生思想 ……………………… 59

陈云党建思想对全面从严治党的现实意义 …………………………… 71

陈云从延安时代开始一直倡导的四个主张 …………………………… 83

陈云一贯倡导的党内政治生活 ………………………………………… 93

陈云关于党的干部工作的思想 ………………………………………… 115

陈云对马克思主义哲学和党的思想路线的贡献 ……………………… 131

学习陈云看待历史问题的正确态度和方法 …………………………… 147

辑二 陈云对党的优良作风的践行

党的优良作风的光辉典范
——深切怀念陈云同志 …………………………………………… 159

陈云在历史的关键时刻 ………………………………………………… 170

陈云与改革开放的三个关键性问题 …………………………… 174
陈云与改革开放后的意识形态斗争 …………………………… 186
陈云与经济特区 ………………………………………………… 200
略论陈云的历史贡献 …………………………………………… 205
陈云通读《列宁全集》留给我们的启示 ……………………… 217
陈云的调查研究与他的"十五字诀" …………………………… 227
陈云家风
　　——共产党人家风的典范 ………………………………… 256
陈云书风
　　——陈云风格的侧影 ……………………………………… 271

辑三　对陈云作风的亲身感受

为共产主义事业奋斗到底的一生
　　——我所了解的晚年陈云 ………………………………… 283
言行一致的楷模
　　——在陈云身边工作的一点感受 ………………………… 325
陈云同志的感情世界 …………………………………………… 332
陈云同志教我学哲学 …………………………………………… 352
忆陈云同志抓党风建设 ………………………………………… 363
我所感受的陈云作风 …………………………………………… 374

附　录

用陈云研究助力新时代繁荣发展 ……………………………… 449
在深化陈云研究的基础上创建陈云学 ………………………… 462

后　记 …………………………………………………………… 471

深刻领会习近平总书记在纪念毛泽东、邓小平、陈云同志三篇讲话中蕴含的三个重要观点

今年是陈云同志诞辰110周年，习近平总书记在6月12日党中央举行的纪念座谈会上发表了重要讲话，全面回顾了陈云同志一生为革命、建设、改革作出的主要贡献和各个历史时期的重要思想观点，高度评价了在他身上体现的老一辈革命家的崇高精神和不朽风范。这篇讲话不仅对我们深入认识和研究陈云同志的思想生平具有重要指导意义，而且对我们认识和研究党和国家的历史也具有重要指导意义。

自党的十八大以来的两年半里，习近平总书记除了纪念陈云同志的这篇讲话之外，还先后在纪念毛泽东同志诞辰120周年、邓小平同志诞辰110周年时发表了重要讲话。把这三篇讲话放在一起学习，我们就不难看到它们之中无不贯穿一条红线，那就是对中华民族和中国共产党、社会主义事业、老一辈革命家的深厚感情；对中国近代历史、中国共产党历史、中华人民共和国历史的主流、本质及其不同历史时期相互关系的准确把握；对毛泽东思想、中国特色社会主义理论基本方面和老一辈革命家伟大精神、崇高风范的深刻理解。同时，我们也不难看到它们中间蕴含的许多运用唯物史观分析、解答党和国家历史问题的重要观点。我感到，其中有三个重要观点，特别值得认真学习和深刻领会。

第一，中国共产党拥有一大批老一辈革命家，是中国革命排除万难、取得胜利的最为重要的原因之一

列宁说过，群众是划分为阶级的，阶级是由政党领导的，而"政党通常是由最有威信、最有影响、最有经验、被选出担任最重要职务而称为领袖的人们所组成的比较稳定的集团来主持的"①。他还说："在历史上，任何一个阶级，如果不推举出自己的善于组织运动和领导运动的政治领袖和先进代表，就不可能取得统治地位。"② 历史说明，中国新民主主义革命之所以仅仅用28年便战胜比自己强大得多的敌人取得了推翻"三座大山"的最后胜利，新中国之所以仅仅用65年便在一穷二白的基础上达到了西方发达国家用几百年才达到的建设成就，其中非常重要的原因，或者说具有决定意义的原因，就在于我们党拥有毛泽东、周恩来、刘少奇、朱德、任弼时、邓小平、陈云等一大批老一辈无产阶级革命家所组成的领袖集体。

习近平总书记在纪念陈云同志的讲话中有一句十分令人醒目的话，即"在20世纪中国苦难而辉煌的历史进程中，涌现出一大批用特殊材料制成的优秀共产党人"，并指出陈云同志就是这样的共产党人。他说："陈云同志是伟大的无产阶级革命家、政治家，杰出的马克思主义者，是中国社会主义经济建设的开创者和奠基人之一，党和国家久经考验的卓越领导人，是以毛泽东同志为核心的党的第一代中央领导集体和以邓小平同志为核心的党的第二代中央领导集体的重要成员，为党和人民事业发展作出了重大贡献。"他还历数了陈云同志在我国革命、建设、改革各个历史时期的贡献，高度评价了他在大革命时期，在遵义会议上，在抗日战争期间的中央组织部部长任上，在东北解放战争中和接收沈阳、领导东北根据地的经济建设上，在新中国成立初期领导全国财经工作、迅速实现全国财经统一、金融物价稳定中，在主持"一五"计划编制和执行中，在大规模经济建设时期，在20世纪60年代初期参与部署和领导国民经济调整中，在党的十

---

① 《列宁选集》第四卷，人民出版社2012年版，第151页。
② 《列宁选集》第一卷，人民出版社2012年版，第286页。

一届三中全会上,在改革开放新时期等一系列重要历史关键时刻所起到的独特作用、建立的丰功伟绩。

只要看看习近平总书记纪念毛泽东和邓小平同志的讲话就会看到,同样的观点在那两篇讲话中也都强调过。他说:"毛泽东同志等老一辈革命家,都是从近代以来中国历史发展的时势中产生的伟大人物";又说:邓小平同志"是从中国人民和中华民族近代以来伟大斗争中产生的伟人"。为什么习近平总书记要反复强调毛泽东、邓小平、陈云等人是中国近代历史和人民革命所产生和造就的用特殊材料制成的伟大人物呢?我理解,一个重要目的就是说明:伟大的时代呼唤伟大的人物,伟大的斗争产生伟大的人物;同时,伟大的人物又会反转过来对历史进程产生举足轻重的作用。过去是这样,今天处在中华民族伟大复兴的前夜,同样是这样。我们研究国史,就要切实掌握和运用唯物史观的这一基本观点,把对毛泽东、周恩来、刘少奇、朱德、任弼时、邓小平、陈云等共和国主要缔造者和开国元勋们的思想生平研究与国史研究更加紧密地结合起来,从而让历史更有力地说明中国革命所以能取得如此伟大胜利、新中国建设所以能取得如此辉煌成就的原因,让国史研究的成果更加说服人、教育人、鼓舞人。

第二,对共产主义崇高理想的坚定信仰和执着追求,是老一辈革命家共同的和最可宝贵的精神之一

党的十八大以来,习近平总书记一再强调共产党人要坚定理想信念,尤其强调要坚定对马克思主义的信仰和对共产主义的信念。他说:"革命理想高于天"。"坚定理想信念,坚守共产党人精神追求,始终是共产党人安身立命的根本。对马克思主义的信仰,对社会主义和共产主义的信念,是共产党人的政治灵魂,是共产党人经受住任何考验的精神支柱。"[①] "共产党员特别是党员领导干部要做共产主义远大理想和中国特色社会主义共同理想的坚定信仰者和忠实践行者。我们既要坚定走中国特色社会主义道

[①] 《习近平谈治国理政》,外文出版社2014年版,第15页。

路的信念，也要胸怀共产主义的崇高理想……"① 同样，在纪念陈云同志的讲话中，他也十分重视这个问题，强调理想、信仰、信念对于共产党人的无比重要性。

习近平总书记指出："无论处于顺境还是逆境，陈云同志始终坚守对马克思主义、共产主义的信仰不动摇。""他说：'一个愿意献身共产主义事业的共产党员，不仅应该为党在各个时期的具体任务而奋斗，而且应该确定自己为共产主义的实现而奋斗到底的革命的人生观。'要'终其一生，为他的信仰的实现而奋斗到底'。他在解释什么叫做'奋斗到底'时说，就是奋斗到死。"他还特别引用陈云同志的一句话，着重说明坚定共产主义信念与进行中国特色社会主义建设之间的关系。他说："在改革开放历史新时期，陈云同志高度重视对党员干部的理想信念教育，他反对'共产主义遥遥无期'的观点，明确指出，这个观点是不对的，应当说，共产主义遥遥有期，社会主义就是共产主义的第一阶段。"

在纪念毛泽东同志诞辰120周年时，习近平总书记这样说："经过反复比较和鉴别，毛泽东同志毅然选择了马克思列宁主义，选择了为实现共产主义而奋斗的崇高理想。在此后的革命生涯中，不管是'倒海翻江卷巨澜'，还是'雄关漫道真如铁'，毛泽东同志始终都矢志不移、执着追求。"在纪念邓小平同志诞辰110周年时，他又说："无论个人处境如何艰难，无论革命道路如何坎坷，邓小平同志都坚信马克思主义的科学性和真理性，坚信社会主义、共产主义的光明前景。"习近平总书记之所以这样看重马克思主义信仰和共产主义信念对于共产党员的重要意义，我理解原因就在于老一辈革命家对马克思主义的坚定信仰和对共产主义的坚定信念，是他们能够引领中国革命和新中国建设战胜无数艰难险阻、取得一个又一个胜利的关键所在。如果信仰和信念不坚定，遇到大风大浪，自己尚且站不稳，又怎么可能带领人民排除万难去争取胜利呢？正如他在纪念陈云同志的讲话中所说："对马克思主义、共产主义的信仰，对社会主义的信念，是共产党人精神上的'钙'。没有理想信念，理想信念不坚定，精神上就会得

---

① 《习近平谈治国理政》，外文出版社2014年版，第23页。

'软骨病',就会在风雨面前东摇西摆。"我们研究国史,要注重挖掘老一辈革命家坚守信仰、信念的精神世界,从而使写出的历史更加丰满,更令人信服。同时,我们自己也要学习老一辈革命家坚守信仰、信念的精神,按照习近平总书记的要求,把改造客观世界和改造主观世界结合起来,切实解决好世界观、人生观、价值观问题,防止精神上的"软骨病",从而做到在学术研究中不迷失正确的政治方向,在意识形态斗争的风雨面前不东摇西摆。

第三,正确看待老一辈革命家的历史地位和共和国不同历史时期的相互关系,是中国特色社会主义事业得以继续向前发展的最为重要的前提条件之一

习近平总书记在纪念陈云同志的讲话中,十分注意把陈云同志放在以毛泽东同志和邓小平同志为核心的党的第一代、第二代中央领导集体中加以分析,既不回避改革开放前后两个历史时期的区别,又毫不含糊地坚持二者的内在统一性。当讲话论述陈云同志在党的第一代中央领导集体中的地位和作用时,习近平总书记指出:"在遵义会议上,他坚定支持毛泽东同志的正确主张,支持会议确立以毛泽东同志为代表的正确领导。"还说:"上世纪60年代初期,在毛泽东同志支持下,他参与部署和领导调整国民经济,恢复农业生产,为国民经济和人民生活走出困境发挥了重要作用。"当讲话论述陈云同志在党的第二代中央领导集体中的地位和作用时,习近平总书记又指出:"党的十一届三中全会后,陈云同志积极支持邓小平同志倡导的改革开放","他支持邓小平同志关于科学确立毛泽东同志的历史地位、坚持和发展毛泽东思想的主张。在中国特色社会主义发展进程的每一个重大历史关头,陈云同志坚定维护邓小平同志在中央领导集体中的核心地位,维护党中央权威,同党和人民同心同德。"

关于领袖个人与领袖集体的关系、改革开放前与改革开放后的关系,习近平总书记在纪念毛泽东和邓小平同志的讲话中同样作了论述。他说:"对历史人物的评价,应该放在其所处时代和社会的历史条件下去分析……不能把历史顺境中的成功简单归功于个人,也不能把历史逆境中的挫折简单归咎于个人……不能因为他们有失误和错误就全盘否定，抹杀他们的历史功绩，陷入虚无主义泥潭。"他还说，邓小平同志"强调实事求是是毛泽东思想的精髓，旗帜鲜明反对'两个凡是'的错误观点"，指导我们党"解决了科学评价毛泽东同志的历史地位和毛泽东思想的科学体系、根据新的实际和发展要求确立中国社会主义现代化建设的正确道路这样两个相互联系的重大历史课题，彻底否定了'文化大革命'的错误实践和理论，坚决顶住否定毛泽东同志和毛泽东思想的错误思潮，为党和国家发展确定了正确方向"。他在纪念毛泽东同志的讲话中强调："没有改革开放，就没有中国的今天；离开改革开放，也没有中国的明天"；同时又强调："改革开放前的社会主义实践探索，是党和人民在历史新时期把握现实、创造未来的出发阵地，没有它提供的正反两方面的历史经验，没有它积累的思想成果、物质成果、制度成果，改革开放也难以顺利推进。"

　　自党的十八大以来，习近平总书记的讲话、报告、文章在如何正确看待毛泽东同志和毛泽东思想、正确看待改革开放前后两个历史时期相互关系的问题上，观点不仅是旗帜鲜明的，也是一以贯之的。2013年1月5日，在新进中央委员会的委员、候补委员学习贯彻党的十八大精神研讨班上的讲话中，他曾引用邓小平同志的话说："毛泽东思想这个旗帜丢不得。丢掉了这个旗帜，实际上就否定了我们党的光辉历史。""对毛泽东同志的评价，对毛泽东思想的阐述，不是仅仅涉及毛泽东同志个人的问题，这同我们党、我们国家的整个历史是分不开的。""这不只是个理论问题，尤其是个政治问题，是国际国内的很大的政治问题。"随后，他指出："如果当时全盘否定了毛泽东同志，那我们党还能站得住吗？我们国家的社会主义制度还能站得住吗？那就站不住了，站不住就会天下大乱。"在这篇讲话中，他还第一次就改革开放前后的两个历史时期的关系问题阐明了观点，指出这两个历史时期"是两个相互联系又有重大区别的时期，但本质上都是我们党领导人民进行社会主义建设的实践探索"。它们虽然在社会主义建设的指导思想、方针政策、实际工作上有很大区别，"但两者决不是彼此割裂的，更不是根本对立的。不能用改革开放后的历史时期否定改革开放前的历史时期，也不能用改革开放前的历史时期否定改革开放后的历史时期"①。他强调："正确处理改革开放前后的社会主义实践探索的关系，不只是一个历史问题，更主要是一个政治问题。"②

从以上论述可以清楚看出，习近平总书记一再强调要正确对待领袖人物的历史地位和新中国不同历史时期的相互关系，完全是从如何把我们党的事业，把中国特色社会主义事业，把中华民族伟大复兴的事业继续向前推进的政治高度来考虑的。正如他在纪念邓小平同志讲话中所说："新民主主义革命的胜利成果决不能丢失，社会主义革命和建设的成就决不能否定，改革开放和社会主义现代化建设的方向决不能动摇。这是党和人民在当今世界安身立命、风雨前行的资格。"就是说，如果新民主主义革命的胜利成果被丢失，社会主义革命和建设的成就被否定，改革开放和社会主义现代化建设的方向被动摇，我们党和人民在当今世界就会失去安身立命、风雨前行的资格。试想，那样还怎么谈得上中国特色社会主义的建设，又怎么谈得上中华民族伟大复兴？

大量事实证明，古人所说的"灭人之国，必先去其史"，是一个颠扑不破的真理。日本帝国主义为了霸占中国，这样做过；"台独""疆独""藏独"势力为了分裂中国，这样做过；戈尔巴乔夫、叶利钦之流为了否定苏共、解体苏联，也这样做过。我们研究国史，就要注意汲取历史教训，按照习近平总书记重要讲话的精神，多从政治上观察和分析问题，多用历史辩证法分析和解决问题，同各种历史虚无主义的观点划清界限，同一切歪曲、污蔑党史国史，抹黑、诽谤革命领袖和英雄人物，美化、歌颂汉奸和反动分子的言行进行坚决斗争，做到"卫己之国，必先护其史"。

习近平总书记在纪念陈云同志诞辰110周年座谈会上的讲话结束时说：

---

① 中共中央文献研究室编：《十八大以来重要文献选编》（上），中央文献出版社2014年版，第112、113页。
② 中共中央文献研究室编：《十八大以来重要文献选编》（上），中央文献出版社2014年版，第113页。

"伟大的事业呼唤着我们，庄严的使命激励着我们。我们一定要坚定不移把老一辈革命家开创的伟大事业继续推向前进。这是我们的历史责任，也是对老一辈革命家的最好纪念。"我们要响应以习近平同志为核心的党中央的号召，用陈云思想生平研究和国史研究，为推进"四个全面"战略布局服务，为实现"两个一百年"宏伟目标和中华民族伟大复兴服务，以实际行动纪念陈云同志和所有老一辈无产阶级革命家。

（本文是作者在 2015 年 6 月 14 日于北京举办的"学习习近平总书记在纪念陈云同志诞辰 110 周年座谈会重要讲话"的座谈会致辞基础上撰写而成的，曾刊载于《毛泽东邓小平理论研究》2015 年第 7 期，题为《深刻领会习近平总书记纪念陈云同志诞辰 110 周年的讲话与他纪念毛泽东、邓小平同志的讲话中所蕴含的三个重要观点》。收入本书时，作者略作修改）

辑一

陈云的党风建设思想

1951年4月，陈云在第一次全国监察会议上作报告

重温陈云关于新时期党风建设的论述

党的十一届三中全会以后，陈云曾就党风问题发表过一系列重要意见，对新的历史时期党风中存在的主要问题及其危害，问题产生的原因和解决的办法，都作出了透彻的分析和精辟的解答，形成了比较完整的思想。重温这些论述，了解陈云在这方面的思想，对于我们提高对党风建设重要性的认识，总结这方面的经验教训，进一步端正党风，是非常必要、大有益处的。

对实现新时期党风根本好转的艰巨性要有足够估计

我们党内最先讲党风，并把它与党的路线、工作实绩摆在同样位置上的是毛泽东。1942年他在《整顿党的作风》的讲话中指出，党的总路线是正确的，党的工作也有成绩，但我们党还是有问题的，这就是我们的学风、文风、党风还有些不正的地方，而学风、文风也都是党的作风，因此，要战胜强大的敌人，必须整顿党风。

半个世纪过去了。外国帝国主义、封建主义、官僚资本主义早已被我们战胜。40年来，特别是近十多年，我国的经济实力和人民生活都有了显著的提高，这个成绩也是有目共睹，举世公认的。党的十一届三中全会后形成的以经济建设为中心，坚持四项基本原则，坚持改革开放的路线，经过实践检验是正确的，是全党全国人民所拥护的。如此说来，我们党现在是不是就没有问题了呢？陈云认为，我们党的党风尽管比起"文化大革命"时期有了极大的改进，但在一些方面仍然存在不少问题，而且有的问题还相当严重。1982年党的十二大刚结束，他就提醒全党："要在十年内乱后实现党风的根本好转，特别是要在我们党执政的情况下长久保持好的党风，任务还非常重。"[1] 1985年，他再次指出："目前在党风、社会风气方面，还存在许多严重问题，实现党风、社会风气的根本好转，任务还很重。"[2]

新时期党风的问题主要是些什么呢？陈云最为关注，讲得最多的问题，是一部分党员，尤其是领导干部中存在的各种形式的以权谋私。他在1983年讲过，我们绝大多数党员是不谋私利的，但因谋私利而犯法、犯错误的党员也不是一个很小的数量。在谈到1984年下半年社会上刮起的那股党政机关办企业的歪风时，他尖锐指出，不少的党员，有些是老党员、老干部也被卷进去了。他批评道："一说对外开放，对内搞活，有些党政军机关、党政军干部和干部子女，就蜂拥经商。仅据十几个省市的调查，从去年第四季度以来一下子就办起了两万多个这样那样的公司。其中相当一部分，同一些违法分子、不法外商互相勾结，互相利用。"[3]

此外，陈云把是非不分、做老好人的问题，也作为新时期党风中的突出问题提出过。他在审阅党的十二大报告稿时指出："目前在我们的党风中，以至在整个社会风气中，有一个很大的问题，就是是非不分。有些同志在是非面前不敢坚持原则，和稀泥，做老好人，而坚持原则的人受孤立。这种情况，在'文化大革命'以前也有，但现在比那时要严重得多。过去受'左'的指导思想影响。过分强调斗争哲学，不该斗的也斗，动不动就上纲到路线是非。现在又出现了另一种倾向，即怕矛盾，怕斗争，怕得罪人。"[4]

党内民主和民主集中制既是制度，也是一种作风。经过党的十一届三

---

[1]《新华月报》1982年第9号，第71页。
[2]《陈云文选》第三卷，人民出版社1995年版，第354页。
[3]《陈云文选》第三卷，人民出版社1995年版，第355页。
[4]《陈云文选》第三卷，人民出版社1995年版，第274页。

中全会，压制党内民主、破坏民主集中制的问题虽然已经不再是带倾向性的问题，但陈云认为，它仍然是一个值得全党经常注意的大问题。他说过，"文化大革命"得以发生的原因，不是民主生活很不够，而是"党内民主集中制没有了，集体领导没有了"①。他还说过，党的十一届三中全会之所以成功，主要是由于它充分恢复和发扬了党内民主和党的实事求是、群众路线、批评和自我批评的优良作风。他在1979年中纪委成立后的第一次全体会议上的讲话中提出：一定要把毛主席提倡的生动活泼的政治局面，扩大到全党、全军和全国各族人民中去，而且永远这样做，这是全党最大的事情，只有这样做，安定团结、四个现代化才能实现。讲到这里，他说："党的中央纪律检查委员会的基本任务，就是要维护党规党法，整顿党风。"② 可见，陈云当初提出整顿党风，针对的首先是党内民主作风被破坏的问题。

正是基于这种看法，陈云十几年来不断强调党内民主和民主集中制的重要性。1980年，他在中央书记处成立时，特别讲到要认真实行集体领导制度，不要搞一言堂，一边倒。1982年，他在一次政治局扩大会议上就党内有的同志对个别政策提出不同意见一事指出："我过去说过，不怕人家讲错话，就怕人家不说话。讲错话不要紧，要是开起会来，大家都不说话，那就天下不妙。有同志提不同意见，党组织应该允许，这是党的事业兴旺发达的好现象。当然，有了不同意见，要在党内说，在你的那个党支部，或者在你的机关，按照组织程序和组织原则严肃地提出来。"③ 1985年，他又在党的全国代表会议上着重讲了这个问题，他说坚持民主集中制是党章规定的原则。历史经验证明，这件事做起来很不容易。

对新时期党风建设的意义要有充分认识

对于党风不正的问题，要不要给予高度重视，要不要下大力气解决？

---

① 《陈云文选》第三卷，人民出版社1995年版，第274页。
② 《陈云文选》第三卷，人民出版社1995年版，第240页。
③ 《陈云文选》第三卷，人民出版社1995年版，第275页。

在这个问题上,党内的认识一度并不统一。有的同志认为,社会主义初级阶段的主要任务是发展经济,以权谋私的现象很大程度上是由于经济不发达,物质不丰富。只要把经济搞上去,这个问题就会迎刃而解。然而,陈云却不这样看。他认为,党风问题不能拖到今后解决,必须从一开始就下大力气来抓。他的考虑概括起来主要有以下三点:

第一,党风好坏关系到党的生死存亡

1980年,陈云提出过一个著名论断,即"执政党的党风问题是有关党的生死存亡的问题"[1]。为什么这样讲呢?他在1983年有个解释,他说对于以权谋私的歪风"如果不加制止,或制止不力,就会败坏党的风气,使党丧失民心"[2]。1985年,他又说:"现在确有少数党员、党员干部,特别是个别老党员、老干部,不能坚持党性原则,遇到歪风,跟着干。有些严重违反党纪、国法的事,如造假药、假酒等,发生在整党中。党内外的广大干部、群众,对这些事是极端不满意的……"[3] 显而易见,群众极端不满意,久而久之就会失去民心,在阶级斗争形势激烈的情况下,党就得不到人民群众的支持,就会为敌对势力所利用,最终导致失败,直至亡党亡国。东欧剧变,用血的事实证明了这一论断的正确性。在我国1989年春夏之交的政治风波中,坚持资产阶级自由化立场的人所以能够以反腐败作陪衬,煽动一些不明真相的群众卷进去,也不能不说同党内存在消极腐败现象有一定关系。正是针对这些教训,邓小平曾深刻指出:"不惩治腐败,特别是党内的高层的腐败现象,确实有失败的危险。"[4]

第二,党风好坏关系到改革成败

有一段时间,有人把抓党风党纪与改革开放对立起来,似乎强调党风党纪就是限制改革开放,就是束缚改革者的手脚,提出要"松绑"。针对这种思想,陈云1984年在中纪委的一份报告上批示:"党性原则和党的纪

---

[1] 《陈云文选》第三卷,人民出版社1995年版,第273页。
[2] 《陈云文选》第三卷,人民出版社1995年版,第332页。
[3] 《陈云文选》第三卷,人民出版社1995年版,第351页。
[4] 《邓小平文选》第三卷,人民出版社1993年版,第313页。

律不存在'松绑'的问题。没有好的党风,改革是搞不好的。"① 道理很简单,我们搞的改革不是为了别的目的,而是为着社会主义制度的自我完善。如果不抓党风党纪,听任以权谋私的现象在改革开放中自由泛滥,结果必然是贪污受贿、走私贩私、偷税漏税盛行。那样,连正常的经济秩序都维持不了,还谈得上什么社会主义制度的自我完善?在改革中难免存在一些新旧体制交替过程中的矛盾,存在一些原有规章制度与新情况不相适应的问题。对此,应当本着实事求是的原则,由有关部门经过一定程序,修订原有规章制度。但只要原有制度还没有修订,任何人都不得以任何借口,包括以改革的名义予以违反。否则,无制度无纪律可言,改革本身也会搞乱。至于打着改革的旗号,钻改革的空子,为个人和小团体谋取私利,更是对改革的破坏。总之,越是新旧体制转换时,越要自觉遵守和严格执行纪律,越要有好的党风。

第三,党风好坏关系到社会主义精神文明的建设

陈云在注重社会主义物质文明建设的同时,一向非常重视社会主义的精神文明建设,认为这是关系到我国能否坚持社会主义方向的大问题。那么,搞好社会主义精神文明建设的决定因素是什么呢?陈云说:"关键是搞好执政党的党风。"② 他还说过,只有我们党内首先形成是非分明的风气,整个社会风气才会跟着好转,才会使正气上升,邪气下降。

对于党风建设,陈云是这样认识的,也是照这个认识倾力去抓的。十几年来,他就端正党风问题提出过许多重要措施,亲自处理了许多党内外瞩目的大案要案,并在大会、小会、谈话、批示中反复讲党风问题。就拿《陈云文选》新时期部分的 26 篇文稿来说,总共只有 96 页的篇幅,"党风"一词就出现了 30 次之多。有一次,他在党的十一届五中全会上讲到四位犯错误的领导同志辞职问题时,一方面指出犯错误的同志应该虚心听取批评意见,另一方面指出不要对犯错误的同志扭住不放。他说:"这种检讨没有完没有了的情况,我认为不是党的好作风。"③ 陈云在这里谈的虽然不

---

① 《陈云文选》第三卷,人民出版社1995年版,第275页。
② 《陈云文选》第三卷,人民出版社1995年版,第348页。
③ 《陈云文选》第三卷,人民出版社1995年版,第272页。

是党风本身的问题,但他却把它与党风问题联系在一起。这种考虑和解决问题的角度与方法,很值得我们认真思考和学习。

对新时期党风问题产生的原因要作科学分析

陈云在解决问题时,历来是先分析问题产生的原因,然后再对症下药。对于党内不正之风的问题,陈云同样分析了它的原因。

首先,他分析了新时期党内不正之风产生的客观原因,即党在新中国成立后地位的变化和实行改革开放后所处环境的变化。他指出,党在全国执政前根本谈不上什么物质享受,而在执政后,从中央到基层政权,从企业事业单位到生产队,领导权都掌握在党员手里了,党员可以利用手中掌握的各种权力为自己谋取私利。许多贪污犯本人就是党员,即使不是党员,他们能够贪污,也有许多是靠党内以权谋私者的保护。

关于改革开放与党内不正之风的关系,陈云分析说:"对外开放,引进国外先进技术和经营管理经验,为我国社会主义建设所用,是完全正确的,要坚持。但同时要看到,对外开放,不可避免地会有资本主义腐朽思想和作风的侵入。"[①] 他还多次指出,改革有利于调动人们的积极性,但改革中必然会出现一些消极现象,如果不注意,有可能败坏我们的党风和社会风气。

党内有人搞不正之风,除了客观原因,还有这些人主观上的原因。否则,何以解释在同样的客观环境中,绝大多数共产党员和党的干部能够做到廉洁奉公,而只有极少数做不到呢?陈云在新中国成立之初曾说过,我们党内不少干部中间,个人主义的成分或多或少地存在着,只要气候适宜,只要条件具备,小个人主义可以变为大个人主义。进入新的历史发展时期,他又结合新的情况,指出一些共产党员,忘记了社会主义和共产主义的理想,丢掉了为人民服务的宗旨,为了私利,"一切向钱看"。这就告诉我们,以权谋私者头脑中的资产阶级个人主义思想是他们走上错误以至犯罪

[①] 《陈云文选》第三卷,人民出版社1995年版,第355页。

歧途的主观原因，而且是主要的原因。

我们党执政是历史性的任务，改革开放的方针要长期坚持，资产阶级思想的影响也不可能在短时间内消除，如果这些就是党内不正之风形成的全部原因，岂不等于说党风不正的问题永远解决不了了吗？实际情况当然不是这样。因为以权谋私所以能成为党内一股歪风，还有一个原因，就是在新的历史发展时期，党的相当一部分组织对于执政和改革开放所带来的一些消极方面的影响，对资产阶级思想影响的长期存在与危害，缺乏清醒的认识；在实际工作中，抓经济建设一手硬，而抓党风建设、精神文明建设、思想政治工作、打击经济领域犯罪这一手软。这种指导思想上的偏差也是党内不正之风形成的主观原因，而且是关键性的原因。正如陈云所说："对外开放时，我们也讲了要充分注意对外开放中带来的消极东西。但现在看来，防止消极后果的工作还做得不够。"① 他在分析党内和社会上出现的贪污受贿、投机诈骗、非法致富、在同外国人交往中不顾国格人格等现象的原因时指出："这些问题的发生，同我们放松思想政治工作、削弱思想政治工作部门的作用和权威有关……"② 他还指出在党内，忽视精神文明建设，忽视思想政治工作，就不可能有好的党风。

解决新时期党风问题要抓住关键

对于端正党风的办法，陈云提出过不少意见，归纳起来，主要是三条：

第一，全党上下要对执政和改革开放带给我们的问题保持清醒的认识，高度重视党风建设

1985年党的全国代表会议上，陈云在讲抓党风好转要做的几件事时，首先提到的就是"各级党组织要重视""不可掉以轻心"③。他针对改革中出现的消极现象指出："只要我们的头脑是清醒的，看到这些现象，并加强

---

① 《陈云文选》第三卷，人民出版社1995年版，第332页。
② 《陈云文选》第三卷，人民出版社1995年版，第352页。
③ 《陈云文选》第三卷，人民出版社1995年版，第351页。

精神文明的建设，这些消极方面是可以受到一定限制的。"① 对对外开放带来的问题，他指出："如果我们各级党委，我们的党员特别是老干部，对此有清醒的认识，高度的警惕，有针对性地进行以共产主义思想为核心的教育，那么资本主义思想的侵入并不可怕。"② 只要回顾一下过去，我们就会发现，凡是在党的各级组织，特别是党中央重视党风问题的时候，党的风气就好。因为我们党是由无产阶级先进分子组成的政党，党风问题是完全能够通过党自身的努力加以解决的。

第二，各级领导干部和老干部要以身作则，在端正党风中起模范带头作用

在端正党风和各项措施中，陈云特别重视领导干部和老干部的身体力行，作出榜样。他说："在以身作则、关心党风党纪、发挥监督作用上，没有退居二线和离休、退休的问题。只要是党员，活着就永远处在第一线。"③ 他还针对一些干部子女表现不好的问题提出："希望所有党的高级领导人员，在教育好子女的问题上，给全党带好头。决不允许他们依仗亲属关系，谋权谋利，成为特殊人物。"④

1983年以后，党中央、国务院多次下达文件，要求高干子女退出商业经营活动，但就是落实不了。以江泽民同志为核心的党中央形成伊始，即作出决定，进一步清理整顿公司，坚决制止高干子女经商，等等。由于党中央态度鲜明，并率先垂范，纠正不正之风的工作有了明显的进展。这说明，只要党的各级领导干部，特别是高级干部以身作则，党风是可以搞好的。

第三，从严治党，常抓不懈

陈云指出"党风问题必须抓紧搞，永远搞"⑤，并反复强调治党要从严。1982年1月5日，他看到反映广东省一些地区走私活动猖獗，涉及一

---

① 《陈云文选》第三卷，人民出版社1995年版，第338页。
② 《陈云文选》第三卷，人民出版社1995年版，第355页。
③ 《陈云文选》第三卷，人民出版社1995年版，第352页。
④ 《陈云文选》第三卷，人民出版社1995年版，第352页。
⑤ 《陈云文选》第三卷，人民出版社1995年版，第273页。

些党员领导干部的信访简报,当即批转给中央常委,提出:"对严重的经济犯罪分子,我主张要严办几个,判刑几个,以至杀几个罪大恶极的,并且登报,否则党风无法整顿。"邓小平表示完全同意,并在他的批示上加进了八个字:"雷厉风行,抓住不放。"① 六天后,中央就此问题向各省、自治区、直辖市和大军区党委发出紧急通知,要求各地坚决贯彻中央常委的批示。随后,中央连续召开专门会议,作出了关于开展打击经济领域严重犯罪活动的决定;全国人大常委会还根据中央的建议和变化了的情况,对《中华人民共和国刑法》的一些条款作出了补充和修改。由于中央态度坚决,各地各部门重视,仅头一年,在纪检系统立案的经济犯罪案件就有16万多件,其中结案并被开除党籍的有5500多人,移交司法部门判刑的有3万多人,情节特别严重的,判处了死刑。这场"严打"斗争至今还在进行,它震慑了党内少数以权谋私分子,对党风好转和改革开放的健康进行,起到了重要作用。

有的同志不敢贯彻从严的方针,总怕搞过头,重复以往"左"的错误。1986年1月17日,中央政治局常委开会,邓小平针对这种认识指出,现在总的表现是手软,判死刑也是一种不可少的教育手段,1952年杀了刘青山、张子善,起了很大作用。陈云插话说,"杀一些可以挽救一大批干部","杀一儆百"②。这说明,从严惩处经济犯罪的干部,目的正是使更多的干部受到教育和挽救。

陈云还提出,凡是歪风邪气大量存在的单位和地区,一定要追究那里领导的责任。对于有些看上去似乎不那么严重,但明显违背党的宗旨和作风的问题,陈云也主张以从严的精神来对待。例如,农村实行联产责任制后,有些党员集训要"误工费"。他了解到这个情况,在中央全会上郑重提出:"一切集训、开会要钱的人,不能成为共产党员。"今后"凡属要求误工补贴的党员应开除党籍"③。

为了切实贯彻从严治党的方针,陈云还对党的纪律检查机关提出了在

---

① 《陈云文选》第三卷,人民出版社1995年版,第273—274页。
② 《邓小平文选》第三卷,人民出版社1993年版,第153页。
③ 《陈云文选》第三卷,人民出版社1995年版,第332页。

党纪面前人人平等，一视同仁的要求。他说："无论是谁违反党纪、政纪，都要坚决按党纪、政纪处理；违反法律的，要建议依法处理。各级纪委必须按此原则办事，否则就是失职。"①他要求纪检干部要敢于碰硬。他说："做纪律检查工作的干部应当是有坚强的党性，有一股正气的人；应当是能够坚持原则，敢于同党内各种不正之风和一切违法乱纪行为做坚决斗争的人；而不应当是在原则问题上'和稀泥'，做和事佬、老好人的人。"②

陈云关于新时期党风建设方面的这些论述，是以邓小平同志为核心的党的第二代中央领导集体智慧的组成部分，是对毛泽东思想继承与丰富的重要内容。我们要把陈云和其他老一辈无产阶级革命家在新时期有关党风问题的论述，当作宝贵的精神财富和思想武器，认真加以学习和掌握，努力纠正不正之风，克服腐败现象，继承和发扬党的优良作风，使党永远立于不败之地。

（原载《人民日报》1991年6月10日）

---

① 《陈云文选》第三卷，人民出版社1995年版，第356页。
② 《新华月报》1982年第9号，第71页。

陈云党建思想的集中体现
——读《陈云论党的建设》

在中国共产党成立 74 周年前夕，由中央文献研究室编辑的《陈云论党的建设》一书由中央文献出版社出版了。它是广大党员特别是各级领导干部学习党的建设理论的重要教材，是全党在社会主义建设新形势下进一步加强党的建设的有力武器。

无论是在中国共产党领导的新民主主义革命时期，还是在党执政后特别是进入改革开放的新的历史时期，陈云对党的建设从理论到实践都有重大建树，提出过许多具有深远意义的思想。他的这些思想是中国共产党自身建设的经验总结，是毛泽东思想和建设中国特色社会主义理论中关于党的建设理论的重要组成部分。这本书收入的他自 1933 年至 1994 年论述党的建设的 56 篇重要著作，便是他这方面思想的集中体现。

坚定党员信念是党的战斗力的根本保证

把坚定党员的共产主义理想摆在党的建设的首位，这是马克思主义的建党原则，也是陈云党建思想的鲜明特色。他在 20 世纪 30 年代担任中央组织部部长时写的题为《怎样做一个共产党员》的文章中，提出了党员的六条标准，第一条就是终身为共产主义奋斗。他说：共产党是为人类彻底解放，为共产主义和无产阶级事业而奋斗的政党。因此，一个共产党员必须认识到人类社会历史发展的规律和坚信共产主义社会必然实现的前途。只有这样，他才能确定自己的人生观，终其一生，为他的信仰而奋斗到底。这一观点，陈云从20世纪30年代讲到90年代，一以贯之。在我们国家进入现代化建设的新的历史时期后，有人认为现在是以经济建设为中心，要按经济规律办事，不应当再强调共产主义教育。他表示在民主革命时期，我们尚且用共产主义思想教育党员和群众中的先进分子，"社会主义经济建设和经济体制改革，更加要有为共产主义事业献身的精神"①。

陈云一贯强调党员要坚定共产主义信念，并非忽略党在各个时期的具体奋斗任务，相反，正是为使党员能时时刻刻把党的最终奋斗目标同具体奋斗任务结合起来，在为具体任务而奋斗时，始终不忘最终的奋斗目标。他指出："一个愿意献身共产主义事业的共产党员，不仅应该为党在各个时期的具体任务而奋斗，而且应该确定自己为共产主义的实现而奋斗到底的革命的人生观。"② 正因为如此，在抗日战争时期，陈云总是讲，不是每个积极抗日的人都可以成为党员，共产党员不仅要积极抗日，而且要为共产主义奋斗。进入新的历史时期后，我们党制定了社会主义初级阶段的基本路线和改革开放的总方针，确定了经济发展分三步走的战略目标。陈云又及时提醒全党，指出："我们国家现在进行的经济建设，是社会主义的经济建设，经济体制改革也是社会主义的经济体制改革。""要使全党同志明白，我们干的是社会主义事业，最终目的是实现共产主义。"③

坚定党员的共产主义信念，说到底是为了从思想上保证党的无产阶级先锋队的性质。陈云认为，党员"质量上的提高，远胜于数量上的发展"④。他指出，工人成分是党的基础，但共产党并不是"工党"，不是全体工人都可以入党，能成为党员的"只是工人阶级中最觉悟、最积极和最忠实于工人阶级事业的优秀分子"⑤。他还指出，对于其他阶级出身的分

---

① 中共中央文献研究室编：《陈云论党的建设》，中央文献出版社1995年版，第297页。
② 中共中央文献研究室编：《陈云论党的建设》，中央文献出版社1995年版，第43页。
③ 中共中央文献研究室编：《陈云论党的建设》，中央文献出版社1995年版，第293页。
④ 中共中央文献研究室编：《陈云论党的建设》，中央文献出版社1995年版，第118页。
⑤ 中共中央文献研究室编：《陈云论党的建设》，中央文献出版社1995年版，第37页。

子,党并不拒绝将他们吸收到自己队伍中来,但是他们必须放弃自己原有的非无产阶级的、非共产主义的立场。"党坚决反对不保持党的成分的纯洁,不加强无产阶级的骨干,不以共产主义为根本目标,使党降为各阶级的'民族革命联盟'的任何观点,而牢固地确立一切党员都必须为无产阶级的共产主义事业奋斗终身的思想。"① 在题为《关于党的文艺工作者的两个倾向问题》的讲话中,陈云批评了那种认为自己"基本上是文化人,附带是党员"的错误思想,指出每个党员无论其分工如何,都应当首先是党员。只有这样,党才能成为统一的、无产阶级的、战斗的党,否则,党就不成其为党,而成了"各界联合会"。《在党的十二届二中全会上的发言》中,他针对实行家庭联产承包制后一些农村党员集训期间发误工费的现象指出:"拿误工补贴的共产党员应该想一想,这样做是不是合乎一个共产党员的标准?共产党员的标准是不惜牺牲自己的生命为共产主义而奋斗终身。我看一切集训、开会要钱的人,不能成为共产党员。"②

要坚定党员的共产主义信念,就必须加强党员的马克思主义思想理论修养。陈云曾把学习马克思列宁主义的理论作为党员的标准之一,并专门为这个问题写过一篇文章,题目就叫《学习是共产党员的责任》。文中指出:"我们好多同志总以为只要一天到晚不停地工作,就算尽了我们对党的全部责任,这种想法是很不全面的。一天到晚工作而不读书,不把工作和学习联系起来,工作的意义就不完整,工作也不能得到不断改进。因为学习是做好工作的一个条件,而且是一个必不可少的条件。"③

在坚定党员的共产主义信念问题上,陈云很重视基层党支部的作用。他在《党的支部》一文中列举了支部的四项任务,其中第三项就是教育党员。他指出:"支部是教育党员训练党员最基本的学校","支部教育党员的内容首先着重于共产主义的基本教育,以坚定党员的革命人生观。"④ 在这篇文章中,陈云还提出:"支部是党的基本组织,是党的力量增长的主要

---

① 中共中央文献研究室编:《陈云论党的建设》,中央文献出版社1995年版,第39页。
② 中共中央文献研究室编:《陈云论党的建设》,中央文献出版社1995年版,第287页。
③ 中共中央文献研究室编:《陈云论党的建设》,中央文献出版社1995年版,第105页。
④ 中共中央文献研究室编:《陈云论党的建设》,中央文献出版社1995年版,第60页。

源泉。"① 应当"在工厂、矿山、铁路、轮船、农场、农村、兵营、商店、学校、机关等生产场所和工作单位中,组织党的支部"②。当前,基层党组织面临许多新情况新问题,一部分软弱涣散,有的处于瘫痪状态,一些单位甚至没有党的组织。重温陈云的这篇文章,将有益于我们今天加强和改进党的基层组织建设。

执政党的党风问题是有关党的生死存亡的问题

早在民主革命时期,陈云就十分重视我们党的党风问题。1939年,我们党已在陕甘宁边区建立了根据地,有了自己领导的政权。陈云在《关于干部队伍建设的几个问题》一文中强调指出:"领导着政权的党、领导着军队的党,自我批评更加重要。因为党掌握了政权以后,犯了错误会更直接更严重地损害群众利益。党员违犯了纪律,特别容易引起群众的不满。你有枪,又当权,群众看到了也不敢讲。所以,一定要严格要求我们的党员和干部,并且经常倾听群众的意见,有人做了违背群众利益的事,就要给以严肃的批评,以至纪律处分。对于违法的人,例如贪污分子,还要发动群众去斗争,并绳之以法。"③ 他还在《学会领导方法》一文中指出,要坚决防止和克服官僚主义,当权的大党,领导干部很可能成为官僚。

新中国成立后特别是实行改革开放政策以后,陈云更是反复提醒全党,在集中精力进行经济建设的同时,绝不能忽视党风问题。早在党的七届四中全会上他就指出:"我们对于执政以后党内的状况是不能盲目乐观的。"因为"从前在瑞金、延安时,想腐化也很难,现在腐化很容易"。④ 正是从这个事实出发,他在改革开放后提出了"执政党的党风问题是有关党的生死存亡的问题"⑤ 的著名论断。他认为,在改革开放中,出现一些消极现

---

① 中共中央文献研究室编:《陈云论党的建设》,中央文献出版社1995年版,第53页。
② 中共中央文献研究室编:《陈云论党的建设》,中央文献出版社1995年版,第54页。
③ 中共中央文献研究室编:《陈云论党的建设》,中央文献出版社1995年版,第100页。
④ 中共中央文献研究室编:《陈云论党的建设》,中央文献出版社1995年版,第213页。
⑤ 中共中央文献研究室编:《陈云论党的建设》,中央文献出版社1995年版,第248页。

象,一些党员和党员领导干部、党政机关,钻改革开放的空子,"有令不行,有禁不止",为谋取小公和个人利益而损害国家利益,这虽不奇怪,但从党的建设的角度看,是值得严重注意的问题,必须加强管理和教育。否则,这些现象就可能泛滥成灾,败坏我们的党风和社会风气。他的这些思想,在《在党的十二届三中全会上的书面发言》《要加强共产党员的党性教育》《两个文明要一起抓》《在中国共产党全国代表会议上的讲话》《必须纠正忽视精神文明建设的现象》等论著中都有反映。

党与群众的关系问题是党风问题的核心。陈云认为,党风不好,会"使党丧失民心"[1]。中国共产党是为人民谋利益的党,党赖以执政的基础是人民群众的拥护。如果党脱离了群众,当然也就失去了生存的条件。对于这个道理,陈云经常讲、反复讲。他在《巩固党和加强群众工作》《开展群众工作是目前地方工作的中心》《陕甘宁边区的群众工作》等文中指出:脱离群众的党组织是不可能巩固的。他告诫党的各级组织和每个党员,要密切联系周围的群众,了解群众的情绪,倾听群众的呼声,注意解决群众的切身问题。他说,我们不仅要帮助群众解决大的问题,也要帮助群众解决小的问题。这些问题解决得好,群众会更信仰我们党,我们党在群众中的威信会越来越高。

"端正党风的关键是提高党员素质,尤其是提高高中级党员领导干部素质。"[2] 这是陈云为端正党风而提出的一条重要方针。近些年来,一些党员为了私利,"一切向钱看",不顾国家和群众利益,甚至违法乱纪。他认为,一个重要原因就是这些党员的共产主义信念动摇了,党性观念淡薄了,甚至完全丧失了信念,丢掉了党性。而这些问题的发生,同我们放松思想政治工作、削弱思想政治工作部门的作用和权威有关。因此,他指出:"各级党组织和党的纪律检查部门只是查处违法乱纪的案子不行,更重要的是要加强共产党员的党性教育和自觉遵守党的纪律的教育。"[3]

端正党风仅仅靠加强思想教育,提高党员素质还不够,还必须辅之以

---

[1] 中共中央文献研究室编:《陈云论党的建设》,中央文献出版社1995年版,第287页。
[2] 中共中央文献研究室编:《陈云论党的建设》,中央文献出版社1995年版,第313页。
[3] 中共中央文献研究室编:《陈云论党的建设》,中央文献出版社1995年版,第291页。

党内监督、纪律约束直至法律制裁。陈云指出："党性原则和党的纪律不存在'松绑'的问题。没有好的党风，改革是搞不好的。共产党不论在地下工作时期或执政时期，任何时候都必须坚持党的纪律。"① 他说，无论是谁违反党纪、政纪，都要坚决按党纪、政纪处理；违反法律的，要建议依法处理。各级纪委必须按此原则办事，否则就是失职。他还提出，如果哪个单位、哪个地区的歪风邪气大量存在，除了追究那些为非作歹的个人外，还要追究那个单位、那个地区的党委，包括纪委的责任。1982年初，陈云看到中纪委编印的一份反映广东一些地区走私活动猖獗的信访简报，立即批示："对严重的经济犯罪分子，我主张要严办几个，判刑几个，以至杀几个罪大恶极的，并且登报，否则党风无法整顿。"邓小平看到后加了"雷厉风行，抓住不放"八个字。② 此后，在党中央领导下，在全国开展了一场严厉打击经济领域违法犯罪活动的专项斗争，收到了明显的成效。

要做到有效监督，严格执行纪律，依法办事，就必须拿起批评与自我批评的武器。对此，陈云也有过许多论述。《在西北局高干会上的讲话》中他指出，我们在同各种错误倾向作斗争时，还要同自己的错误作斗争，这就是自我批评。如果没有这一条，我们的党就搞不好。党内不允许无原则的和平，更不允许相互包庇。他曾说过两句脍炙人口的名言，叫作："要讲真理，不要讲面子。"③ "要论事不论脸。"④ 在进入现代化建设的新时期后，他再次提醒我们要防止丢弃批评与自我批评的武器。他说："过去受'左'的指导思想影响，过分强调斗争哲学，不该斗的也斗，动不动就上纲到路线是非。现在又出现了另一种倾向，即怕矛盾，怕斗争，怕得罪人。对于这个问题，如果只从维护党纪提出来，我认为还不够，应该把它提到全党思想建设和组织建设的高度。要提倡坚持原则，提倡是就是是、非就是非的精神。"⑤ 他特别提出，做纪检工作的干部，应当是能够坚持原则，

---

① 中共中央文献研究室编：《陈云论党的建设》，中央文献出版社1995年版，第251页。
② 中共中央文献研究室编：《陈云年谱（1905—1995）》下卷，中央文献出版社2000年版，第287页。
③ 中共中央文献研究室编：《陈云论党的建设》，中央文献出版社1995年版，第190页。
④ 中共中央文献研究室编：《陈云论党的建设》，中央文献出版社1995年版，第205页。
⑤ 中共中央文献研究室编：《陈云论党的建设》，中央文献出版社1995年版，第249—250页。

敢于同各种不正之风作斗争的人，而不应当是在原则问题上"和稀泥"、做和事佬、老好人的人。

在端正党风中，陈云一贯重视领导干部的表率作用。他早就说过，开展批评与自我批评，首先应从领导做起，检查自己有什么缺点，有什么错误，不能只说下面不好。只要上面的错误纠正了，下面的文章就好做了。改革开放后，他又指出对于整顿党风，"各级领导干部，特别是高级领导干部要重视。要真正身体力行，作出榜样"。"希望所有党的高级领导人员，在教育好子女的问题上，给全党带好头。"① 1986年1月，陈云看到一份反映部分领导干部违反规定，为自己更换豪华小汽车的材料，他在批语中写道："中央要求，在北京的党、政、军机关，要在实现党风和社会风气根本好转中做表率。我建议，做表率首先从中央政治局、书记处和国务院的各位同志做起。凡是别人（或单位）送的和个人调换的汽车（行政机关配备的不算），不论是谁，一律退回，坐原来配备的车。在这件事上，得罪点人，比不管而让群众在下面骂我们要好。"② 这个批语收入了本书，题为《领导干部在端正党风中要做表率》。

领导干部是否做表率，不仅决定党风能否整顿好，而且，本身就是能否言行一致的党风问题。陈云在《党员对党要忠实》一文中说，"我们共产党是言行一致的政党"③。他还在《为什么要开除刘力功的党籍》一文中指出，不能批评别人不遵守纪律时理直气壮，自己在执行党的决定时却完全相反，似乎党的纪律是为别人写的，自己可以例外。党章规定：严格地遵守党的纪律为所有党员及各级党部之最高责任。这里所谓"所有党员"，不管是中央委员，还是一般党员，是老党员，还是新党员；所谓"各级党部"，不管是中央委员会，还是支部委员会。他说："一句话，党内不准有不遵守纪律的'特殊人物'、'特殊组织'。遵守纪律首先要从自己做起……"④ 陈云不仅这样讲，而且以身作则。早在全国取得革命胜利的前

---

① 中共中央文献研究室编：《陈云论党的建设》，中央文献出版社1995年版，第296页。
② 中共中央文献研究室编：《陈云论党的建设》，中央文献出版社1995年版，第303页。
③ 中共中央文献研究室编：《陈云论党的建设》，中央文献出版社1995年版，第114页。
④ 中共中央文献研究室编：《陈云论党的建设》，中央文献出版社1995年版，第30页。

夕，他就敏锐地觉察到党在执政后面临的新考验，在给自己侄子、表弟的信中谆谆告诫他们：“千万不可以革命功臣的子弟自居”；“共产党人在国家法律面前是与老百姓平等的。而且是守法的模范”；"你们必须安分守己，束身自爱，丝毫不得有违法行为。"① 这是他对自己亲属的教诲，也是对广大干部及其子弟们的教诲。尽管时光过了近半个世纪，但这些话读来，仍像警钟一样令人警醒！

是否严格执行民主集中制关系到党的事业的兴衰成败

陈云一向认为，民主集中制是我们党的一种制度，按民主集中制原则办事应当是我们党的一种风气；民主集中制执行得好，我们党就兴旺发达，否则，我们的党就要垮台。党的十一届三中全会之后，陈云总结历史经验教训，反复强调实行民主集中制的重要意义。他在中央纪律检查委员会第一次全体会议上的讲话中指出，三中全会和这以后的中央工作会议真正实现了毛泽东同志所提倡的"又有集中又有民主，又有纪律又有自由，又有统一意志、又有个人心情舒畅、生动活泼，那样一种政治局面"，要把这种风气扩大到全党、全军和全国各族人民中去，"这件事是我们全党最大的事情"。② 在审阅党的十二大政治报告稿时，他语重心长地说：“党内民主集中制没有了，集体领导没有了，这是'文化大革命'发生的一个根本原因。"③ 1982年12月，他针对一位同志因通过组织向中央反映对某项政策的不同意见而受到批评一事，在中央政治局扩大会议上指出："十一届三中全会以后，党内有了民主集中制的气氛，才会有同志敢于提出不同的意见。在这个事情上，我们原来是吃过苦的，搞一言堂。"④ 在1985年党的全国代表会议上，他再次郑重提出："历史经验证明，实行民主集中制，做起来很不容易。希望新进各级领导班子的中青年干部，要注意学会按照民

---

① 中共中央文献研究室编：《陈云论党的建设》，中央文献出版社1995年版，第210页。
② 中共中央文献研究室编：《陈云论党的建设》，中央文献出版社1995年版，第242页。
③ 中共中央文献研究室编：《陈云论党的建设》，中央文献出版社1995年版，第250页。
④ 中共中央文献研究室编：《陈云论党的建设》，中央文献出版社1995年版，第250页。

主集中制的原则办事。"①

　　实行民主集中制的基础是党内充分发扬民主。对此，陈云作过大量论述。在《健全党内生活》一文中，他指出："民主不仅一般需要，在目前情况下有特殊需要。不经大家交换意见，是不可能集中的，形式上集中了也难免出错误。"② 他还在《严格遵守党的纪律》一文中说："纪律与自由，是矛盾的统一。无产阶级政党应该是一个最有纪律的党，也是一个最讲民主、最讲自由的党。"③ 为了使党内民主得到切实的保障，陈云十分重视民主的制度建设。他在《调查研究和党内民主生活制度问题》一文中指出："我们党内要强调一下，要有民主生活制度。常委多少时间开一次会，政治局多少时间开一次会，要立个规矩。常委会议，政治局会议，政治局扩大会议，应该分开来开。这是党内民主生活。"④

　　要发扬民主，领导干部就要虚心听取不同意见。陈云说："领导干部听话要特别注意听反面的话。"因为"相同的意见谁也敢讲，容易听得到；不同的意见，常常由于领导人不虚心，人家不敢讲，不容易听到"。⑤ 为了帮助领导干部解决好这个问题，陈云从多方面作了阐述：第一，要认识听取不同意见的好处。他说，难者在弄清情况，不在决定政策。要弄清情况，就要多和别人交换意见，收集反对意见。正确的反对意见可以补充自己对客观事物认识的不足，不正确的反对意见也有助于自己在批驳过程中加深对客观事物的认识。"有钱难买反对自己意见的人。有了反对意见，可以引起自己思考问题。"⑥ 如果没有不同意见，自己也要假设一个对立面、一个"反对派"。他还说过，干部中间有些人很喜欢别人说他的好话，说他好就感到舒服，不然就生气。"其实光说好话的人都是拍马屁的，拍马屁决不是件好事；不客气批评别人的人，才是好人，才够得上是革命同志。"⑦ 第

---

① 中共中央文献研究室编：《陈云论党的建设》，中央文献出版社1995年版，第297页。
② 中共中央文献研究室编：《陈云论党的建设》，中央文献出版社1995年版，第208页。
③ 中共中央文献研究室编：《陈云论党的建设》，中央文献出版社1995年版，第111页。
④ 中共中央文献研究室编：《陈云论党的建设》，中央文献出版社1995年版，第307页。
⑤ 中共中央文献研究室编：《陈云论党的建设》，中央文献出版社1995年版，第222页。
⑥ 中共中央文献研究室编：《陈云论党的建设》，中央文献出版社1995年版，第311页。
⑦ 中共中央文献研究室编：《陈云论党的建设》，中央文献出版社1995年版，第23页。

二，要允许人家讲错话。他常说，一个人说话有时免不了说错，一点错话不说那是不可能的。在党内不怕有人说错话，就怕大家不说话。"如果鸦雀无声，一点意见也没有，事情就不妙。"① 第三，听取意见要注意方法态度。他说，要使别人敢说话，领导者的态度要好。如果架子搭得很大，面孔死板板的像阎王那么可怕，一定没有人去接近他，即使和他讲话，十句话也要忘记八句。另外，开会的方式不要刻板，尽可让到会者随便、热烈地争论。

仅有民主，没有集中，党也不可能有战斗力。陈云指出："如果我们的党没有纪律，大家争论没有一个止境，我们怎么能有政治上组织上行动上的一致，怎么能不亡党亡国亡头呢！"② 而要做到集中，就要个人服从组织，少数服从多数。下级服从上级，全党服从中央。他说，这"四个服从"是一个也不能少的，而且是无条件的。"这是我们党的铁的纪律，也是健全党内生活、增强党的战斗力的有力武器。"组织、多数、上级、中央的决策如不正确，或不完全正确怎么办？他说："在行动上必须服从，同时应该按党章规定的权利，提出建议，或保留自己的意见。"③ 上级比自己弱怎么办？他说："你也一定要服从。做不到这一步，我们的党就要垮台，因为假如谁都是觉得自己的本领强，自己的意见对，没有一个约束，结果就谁都服从自己，不服从别人，而党的统一就完全没有可能了。"④ 自己的意见被否决怎么办？他说："遵守纪律的重要，恰恰是在自己意见不被通过的时候……"⑤

在"四个服从"中，陈云特别强调全党服从中央这一条。收入《陈云论党的建设》的最后一篇文章题为《要维护和加强党中央的权威》，是陈云于1994年春节同上海市负责同志谈话的要点。在这次谈话中，他明确指出："首先要维护和加强以江泽民同志为核心的党中央的权威。如果没有中央

---

① 中共中央文献研究室编：《陈云论党的建设》，中央文献出版社1995年版，第242页。
② 中共中央文献研究室编：《陈云论党的建设》，中央文献出版社1995年版，第182页。
③ 中共中央文献研究室编：《陈云论党的建设》，中央文献出版社1995年版，第110页。
④ 中共中央文献研究室编：《陈云论党的建设》，中央文献出版社1995年版，第183—184页。
⑤ 中共中央文献研究室编：《陈云论党的建设》，中央文献出版社1995年版，第208页。

的权威,就办不成大事,社会也无法稳定。"① 而要维护党中央的权威,就要维护党的团结和统一。陈云在《高级领导人要提高革命觉悟》一文中指出,保障党的团结,防止党的分裂,"关键是在几百个高级领导人,就是省(市)委书记以上的干部及军队中的负责干部。如果这几百个人有高度的革命觉悟,有高度的革命嗅觉,那末,出了李国焘、王国焘也容易把他揭露"。他说,这是"可靠的、永久的办法,可传到我们子孙后代的"。②

解决好干部队伍交换班问题是摆在全党面前的重要任务

干部队伍建设问题在陈云的党建思想中占有重要的位置,特别是新老干部交接班、选拔培养中青年干部、建立干部队伍的梯次结构问题,更为陈云所关注。早在抗日战争初期,他就尖锐地指出:"如果没有大批的新干部补充到干部队伍中来,我们的革命事业就要停顿不前,就不能打败日本帝国主义。"③ 针对诸如新干部没有老干部老练,经验不多,资格不够的议论,他说:"老干部都是从新干部锻炼出来的,有经验的干部开始也都是没有经验的。新干部经过锻炼,就会从没有经验变成有经验,由不老练变成老练。至于说到资格,那末,资格不老的干部不一定都做不好工作。"④ 党的十一届三中全会之后,他从干部队伍老化的实际情况出发,更是一而再、再而三地呼吁全党必须下大力解决干部青黄不接的问题。《提拔培养中青年干部是当务之急》《成千上万地提拔中青年干部》《在党的第十二次全国代表大会上的发言》《培训革命化、年轻化、知识化、专业化的党政领导干部》《现代化建设和接班人培养问题》等论著,或整篇,或部分,论述的都是这个问题。他指出:"这个问题现在不解决,或者解决得不好,共产主义事业在中国就有可能出现曲折。"⑤

---

① 中共中央文献研究室编:《陈云论党的建设》,中央文献出版社1995年版,第318页。
② 中共中央文献研究室编:《陈云论党的建设》,中央文献出版社1995年版,第215页。
③ 中共中央文献研究室编:《陈云论党的建设》,中央文献出版社1995年版,第95页。
④ 中共中央文献研究室编:《陈云论党的建设》,中央文献出版社1995年版,第95页。
⑤ 中共中央文献研究室编:《陈云论党的建设》,中央文献出版社1995年版,第274页。

道德与党风

陈云每当论述要大批选拔优秀中青年干部的问题时，总是同时强调要掌握好选拔干部的原则和标准。按他的话说，就是"五湖四海，再加一个德才兼备，这是我们提拔干部的大方针"。他指出："我们用干部，要五湖四海，平常不熟悉的干部也要用。"对于选拔干部的标准，陈云曾在《关于干部工作的若干问题》一文中提出过四条，即第一，忠实于无产阶级事业，忠实于党；第二，与群众有密切联系；第三，能独立决定工作方向并负起责任；第四，守纪律。在我们党一贯主张的德才兼备的干部标准中，陈云尤其注重于德。就在上述那篇文章中，他明确提出："德才并重，以德为主。"① 42年后的1982年，他在党的十二大上重申了这一思想。他说："一方面要大胆提拔，加快提拔中青年干部，一方面又要严格把好政治标准这一关。德才相比，我们要更注重于德，就是说，要确实提拔那些党性强，作风正派，敢于坚持原则的人。"② 针对改革开放后在选择干部标准问题上一度出现的一些模糊认识，陈云旗帜鲜明地指出："现在有同志常说，要开拓型干部。开拓型也要，但首先要强调有德，有党性。德才兼备，才干固然要有，但德还是第一。"③ 他还针对我们党在选拔"笔杆子"上的教训，着重指出："培养执笔的、写文章的中青年，选择的时候要特别注意，要特别谨慎。一是必须培养能写文章的人，党内没有能写文章的人不行；二是必须培养既能写，又有德，德才兼备的人。"④ 无论讲"才"还是讲"德"，陈云认为都不能是抽象的、彼此孤立的。他说，才，不是空才；德，也不是空德。考察一个干部的才和德，主要应看其在完成任务中的表现。德才不能分开，不能完成革命任务之德，是不完全的德。

除了干部的选拔之外，陈云对于干部的培养也十分重视。他认为，培养干部最主要的方法就是把他们放到实际工作中去锻炼。他说："经验是从哪里来的？还不是从实际工作中锻炼出来的。把优秀的中青年干部放到实际工作的负责岗位上去，让他们挑担子，只要有三年五载，至多十年的

---

① 中共中央文献研究室编：《陈云论党的建设》，中央文献出版社1995年版，第123页。
② 中共中央文献研究室编：《陈云论党的建设》，中央文献出版社1995年版，第277页。
③ 中共中央文献研究室编：《陈云论党的建设》，中央文献出版社1995年版，第308页。
④ 中共中央文献研究室编：《陈云论党的建设》，中央文献出版社1995年版，第269页。

锻炼,他们是一定能够锻炼成才的。"① 在实际工作中,陈云又特别注重基层工作。1942年,他在为中组部起草的《关于延安几种干部培养与使用的决定》中指出:"长期在高级领导机关工作,但没有或很少下层工作经验的干部,在不妨碍该机关工作的条件下,应将一部分调去参加下层工作……"②

在强调要把干部放到实际工作中去培养的同时,陈云始终提倡干部要挤时间读书学习,并特别倡导学习马克思主义的哲学。他说:"学习理论,最要紧的,是把思想方法搞对头。因此,首先要学哲学,学习正确观察问题的思想方法。"③ 在对《关于建国以来党的若干历史问题的决议》的起草发表意见时,他又提出:"建国以后,我们一些工作发生失误,原因还是离开了实事求是的原则。在党内,在干部中,在青年中,提倡学哲学,有根本的意义。现在我们的干部中很多人不懂哲学,很需要从思想方法、工作方法上提高一步。"④ 党的十三大前夕,陈云认为全党在新形势下仍然面临学会运用马列主义、毛泽东思想的立场、观点、方法分析和解决问题的迫切任务,因此,再次郑重提出:"要把我们的党和国家领导好,最要紧的,是要使领导干部的思想方法搞对头,这就要学习马克思主义哲学。"⑤ 他说:"学习哲学,可以使人开窍。学好哲学,终身受用。"⑥ 为了帮助干部理解实事求是的思想路线,他还多次谈到自己的15字体会,即"不唯上、不唯书、只唯实,交换、比较、反复"⑦。

在选拔和培养干部方面,陈云还十分重视以下两个问题。

一是严格执行党的干部政策。在《论干部政策》一文中,陈云把干部政策概括为12个字,即"了解人,气量大,用得好,爱护人"。他指出:"凡是提拔干部,得全面估计他的德和才;既提拔起来,就得多方面帮助

---

① 中共中央文献研究室编:《陈云论党的建设》,中央文献出版社1995年版,第259页。
② 中共中央文献研究室编:《陈云论党的建设》,中央文献出版社1995年版,第148—149页。
③ 中共中央文献研究室编:《陈云论党的建设》,中央文献出版社1995年版,第218页。
④ 中共中央文献研究室编:《陈云论党的建设》,中央文献出版社1995年版,第254页。
⑤ 中共中央文献研究室编:《陈云论党的建设》,中央文献出版社1995年版,第309页。
⑥ 中共中央文献研究室编:《陈云论党的建设》,中央文献出版社1995年版,第311页。
⑦ 中共中央文献研究室编:《陈云论党的建设》,中央文献出版社1995年版,第314页。

他，不使他垮台。对干部一切不安心的问题，都要很耐心很彻底地去解决。当牵涉到一个干部政治生命问题的时候，要很郑重很谨慎地处理。对于干部，不要'抬轿子'，要实事求是。做到这些，才能算真正的爱护人。"①他的这一思想在《坚持有错必纠的方针》和《关于"两案"审理工作的意见》中，都有鲜明的体现。

二是正确执行党的知识分子政策。陈云在《提拔培养中青年干部是当务之急》一文中指出："提拔培养中青年干部，必然涉及对知识分子的态度。十年内乱时期把知识分子说成是'臭老九'，这种观点虽然已经受到批判，但是，党在知识分子中发展党员、提拔干部的政策远远没有实现。"他说："现在的情况是，知识分子要求入党，时常被拒之于门外。有些长期要求入党的知识分子，在生前往往不能实现，直到他们做出贡献而死后，才被追认为党员。这种情况必须坚决加以改变。"② 重视知识分子，包括党外的，是陈云的一贯思想。

陈云的党建思想深刻而丰富，他的这一思想和他的经济思想一样，都是留给党和人民的宝贵精神财富。当前，全党正在继续贯彻党的十四届四中全会通过的《关于加强党的建设几个重大问题的决定》。《陈云论党的建设》一书的出版，必将有助于广大党员特别是各级领导干部学习和掌握党的建设的理论，从而有助于党的十四届四中全会精神的贯彻落实。

（本文是作者执笔，以《陈云论党的建设》编辑部名义，为该书出版写的推介文章，原载《人民日报》1995年8月23日，题为《加强党的建设的有力武器——为〈陈云论党的建设〉出版而作》）

---

① 中共中央文献研究室编：《陈云论党的建设》，中央文献出版社1995年版，第23页。
② 中共中央文献研究室编：《陈云论党的建设》，中央文献出版社1995年版，第261页。

略论陈云执政党党风建设的思想

我们党从成立到现在已90多年，这90多年的历史可以说基本处于两种状态：一是非执政状态，二是执政状态。在非执政状态下又有两种状态，即地下斗争和武装斗争；在执政状态下也有两种状态，即局部执政和全国执政。这几种状态，陈云都经历过。在局部执政状态下的延安时代，他担任了七年中央组织部部长；在全国执政状态下的历史新时期，又担任了九年中央纪委第一书记。因此，他对党执政条件下的党风建设问题作过长期和深入的思考，发表过大量有独到见解和独特风格的论述。另外，自20世纪30年代中期至80年代后期，他长期身居党中央领导集体，即使在不分管党务工作而是主持根据地、解放区和全国财经工作的情况下，也每每从端正执政党党风的高度考虑问题、提出对策，作过许多有关论述。这些论述构成陈云执政党党风建设的思想，并成为毛泽东思想、邓小平理论关于党的建设理论的重要组成部分，是我们党进行自身建设的锐利思想武器。在当前全党上下贯彻落实党的十八大精神和以习近平同志为核心的党中央大力整顿党风的一系列决定、措施的新形势下，在正在开展的以为民务实清廉为主要内容的群众路线教育实践活动的大背景下，加强对陈云执政党党风建设思想的研究，具有重要的现实意义。

"执政党的党风问题是有关党的生死存亡的问题。因此，党风问题必须抓紧搞，永远搞。"[①] 陈云的这一著名论断，全党上下几乎都知道，也都

[①] 《陈云文选》第三卷，人民出版社1995年版，第273页。

认同。但是，执政党的党风问题究竟指什么，包括哪些内容？党在执政条件下尤其在改革开放时期，为什么要更加重视党风问题？解决执政党党风问题应当抓什么，怎么抓？对于这些，认识就不那么统一了。本文试图通过重温陈云在各个历史时期有关执政党党风建设的论述，粗略探讨他在这些问题上的见解和主张，供研究、总结党的自身建设经验和执政经验时参考。

一

把陈云从延安时代到新中国成立再到改革开放时期的论述贯通起来，可以看出他所说的执政党党风，不仅指党的作风，也指党在执政条件下的思想和纪律；他所说的抓紧执政党党风问题，不仅指要办案，更多的是指在党执政条件下要对党员特别是党的各级领导干部从思想上、纪律上、作风上从严要求。

第一，在思想上从严

党的十八大报告指出："对马克思主义的信仰，对社会主义和共产主义的信念，是共产党人的政治灵魂，是共产党人经受住任何考验的精神支柱。"这就告诉我们，作为一个共产党员，如果丢掉了共产主义的信仰和信念，就等于丢掉了政治灵魂和精神支柱。1939年，陈云在中央党校作题为《怎样做一个共产党员》的报告，其主旨讲的正是这一点。他指出共产党员的第一个标准就是终身为共产主义奋斗，"一个愿意献身共产主义事业的共产党员，不仅应该为党在各个时期的具体任务而奋斗，而且应该确定自己为共产主义的实现而奋斗到底的革命的人生观"。什么叫奋斗到底？据听过他报告的老同志们回忆，他当时用自己的家乡话打比方，说这个"底"就是"翘辫子"，就是"见棺材板"，意思是到生命终止的时候。那时，正处于抗日战争时期，凡是要求加入共产党的人都要首先积极参加抗日战争。对此，陈云特别强调："不是每个积极参加抗日战争的人都可以成为党员的。要求加入共产党为党员，必须是承认党纲，并且愿意献身于解放无产阶级和全人类的共产主义事业的分子。"他说："谁要是放弃了革命的和党的立场,谁就丧失了共产党员的资格。"①

今天,我们国家正处在社会主义初级阶段,我们党在现阶段的主要任务是带领人民进行中国特色社会主义建设,但党的远大理想和最终奋斗目标仍然是实现共产主义。习近平总书记在党的十八大之后的一次讲话中指出:"革命理想高于天。没有远大理想,不是合格的共产党员;离开现实工作而空谈远大理想,也不是合格的共产党员。"② 可见,我们党要搞好执政党的党风,任何时候都要把坚定共产主义的理想信念放在第一位。

思想上是否从严了,这个问题从表面看似乎不大好把握。但只要看过陈云在20世纪80年代初对两件事情的处理意见,便不难发现,思想上从严与否并不是抽象的,而是有具体评判标准的。其中一件事情是,那时一些农村党员参加党员集训,除了伙食补贴之外,还发误工费。陈云知道后,认为这种做法不对。他在党的十二届二中全会大会发言中指出:"身为共产党员,集训时间只有几天,而且是受教育的时间,每天却要拿一二元的误工费,这在党执政以前是不可想象的。解放前,同样在农村,支援战争,运送弹药、伤兵,非但没有误工补贴,而且常常因此而受伤或死亡。相比之下,现在这些误工补贴能算合理吗?拿误工补贴的共产党员应该想一想,这样做是不是合乎一个共产党员的标准?共产党员的标准是不惜牺牲自己的生命为共产主义而奋斗终身。我看一切集训、开会要钱的人,不能成为共产党员。今后,全国不要再给集训时的误工补贴,凡属要求误工补贴的党员应开除党籍。"③ 如果对什么是思想从严不十分清楚的话,看看这段话恐怕就会有所领悟。

另一件事情是,那时有的领导干部出国考察回来,对"四项基本原则"产生怀疑,对社会主义、共产主义前途失去信心。针对这种情况,在前面提到的那篇发言中,陈云指出:"有些人看见外国的摩天大厦、高速公路等等,以为中国就不如外国,社会主义就不如资本主义,马克思主义就不灵了。对于这些人,我们要进行批评教育;对其中做意识形态工作的同

---

① 《陈云文选》第一卷,人民出版社1995年版,第137、131、142页。
② 习近平:《毫不动摇坚持和发展中国特色社会主义 在实践中不断有所发现有所创造有所前进》,载《人民日报》2013年1月6日,第1版。
③ 《陈云文选》第三卷,人民出版社1995年版,第332页。

志，经过教育不改的，要调动他们的工作。"① 如果对什么是思想从严还不清楚的话，看看这段话恐怕也会有所领悟。

第二，在纪律上从严

共产党的组织性和纪律性是无产阶级最重要的武器，因此必须有严格的组织性、纪律性，这是很多人都知道的道理。陈云也说过："中国是一个小资产阶级成分占优势的国家，如果中国共产党没有严格的纪律，将无法防止小资产阶级意识侵入党内。如果党不是有铁的纪律的队伍，就不能去团结最大多数的人民群众。""维护党的统一，不靠刀枪，要靠纪律"。"社会情况复杂，各人看法不同，党内有争论是正常状态。必须用纪律来约束党组织和党员的行动。""如果我们的党没有纪律，大家争论没有一个止境，我们怎么能有政治上组织上行动上的一致，怎么能不亡党亡国亡头呢！"② 那么，什么叫纪律从严呢？从陈云有关论述看，首先，党的纪律不能仅仅对一般党员适用。他说："不管你是中央委员，还是一般党员，不管你是老党员，还是新党员，都要遵守纪律。""不管是中央委员会，还是支部委员会，都要遵守纪律。一句话，党内不准有不遵守纪律的'特殊人物'、'特殊组织'。"③ 其次，遵守党的纪律是无条件的。他说："个人对组织，少数对多数，下级对上级，全党对中央，服从是无条件的。组织、多数、上级、中央的决策正确时，自然要服从；如不正确，或不完全正确，怎么办？在行动上必须服从，同时应该按党章规定的权利，提出建议，或保留自己的意见。""具体地遵守纪律，就一定要服从支部，服从直接的上级，即使上级的人比你弱，你也一定要服从。做不到这一步，我们的党就要垮台，因为假如谁都是觉得自己的本领强，自己的意见对，没有一个约束，结果就谁都服从自己，不服从别人，而党的统一就完全没有可能了。"④ 最后，要同一切破坏党的纪律的行为作坚决斗争。他说，党员"不仅应该与一切破坏党纪的倾向作斗争，而且要着重与自己的一切破坏党纪

---

① 《陈云文选》第三卷，人民出版社1995年版，第332页。
② 《陈云文选》第一卷，人民出版社1995年版，第127、196、276页。
③ 《陈云文选》第一卷，人民出版社1995年版，第126页。
④ 《陈云文选》第一卷，人民出版社1995年版，第197、277页。

的言论行动作斗争"。"纪律有强制性。不自觉遵守，必须强制执行。明知故犯者，要给以处分；情节严重而不愿改正者，应开除出党。""不愿意遵守纪律的党员，害怕铁的纪律的新党员，尽可出党。"①

在纪律从严的问题上，陈云不仅这么主张，也是这么做的。这也可从两件事上看出。一件事是，1939年，延安的党组织决定派一位新党员去华北根据地基层工作，在他拒绝服从后，先后与他谈了七次话，进行耐心的说服教育。最后，他表示可以去，但又提出必须到八路军总司令部工作，否则不去。根据他的表现，由陈云负责的中央党务委员会（代行中央监察委员会职权）决定开除其党籍，并向全党公布。为此，陈云特意撰写了一篇题为《为什么要开除刘力功的党籍》的文章，发表在中共中央机关刊物《解放》上。

另一件事是，1985年，一些党政军机关、党政军干部和干部子女蜂拥经商，仅据十几个省市的调查，不到一年时间就办起了两万多家公司，其中相当一部分同违法分子、不法外商相勾结，钻改革的空子，买空卖空，倒买倒卖，行贿受贿，走私贩私，弄虚作假，敲诈勒索，逃避关税，制造和销售假药、假酒，谋财害命，以至贩卖、放映淫秽下流录像；引诱妇女卖淫等丑事坏事，都出现了。对此，陈云在中纪委全会上指出："无论是谁违反党纪、政纪，都要坚决按党纪、政纪处理；违反法律的，要建议依法处理。"他总结说，"在抓思想政治工作的同时，严肃党纪、政纪，党风才能根本好转"。②

第三，在作风上从严

从陈云的一系列论述看，他在党的作风要从严要求方面，讲得最多的有以下几点：

一是维护群众利益

1939年，陈云与华北根据地六个地区党组织的负责人谈话，感到那里党、政、军、民、学各方面最弱的是群众工作。他认为，要做好群众工作，

---

① 《陈云文选》第一卷，人民出版社1995年版，第139、197、196页。
② 《陈云文选》第三卷，人民出版社1995年版，第356、357页。

首先要在党的领导下，从维护群众利益出发，发动群众斗争，把群众团体自下而上地建立起来。于是，他在党中央主办的刊物《共产党人》上撰文指出："历来的经验证明，没有一个脱离群众的党组织是巩固的。一切脱离群众的党部，都是最不巩固的党部。……现在党内发生的各种弱点，不管是党的组织方面的还是党的工作方面的，都是同脱离群众相联系的。"① 在党的陕甘宁边区第二次代表大会上，他进一步指出："当权的党容易只是向群众要东西，而忘记也要给群众很多的东西。"他说："我们要注意群众的切身问题，帮助他们解决困难，这是发动群众的关键。""不仅要帮助群众解决大的问题，也要帮助群众解决小的问题。""我们帮助了群众，群众就会积极、热情地来帮助党和政府的工作。""党脱离了群众，就成了光杆子的党，这样的党也是不能存在的。"②

新中国成立后，陈云虽然长期主持全国财经工作，但总是有意识地把做好民生工作与端正党的作风、巩固党的执政地位联系起来考虑和阐述。例如，1956年，他兼任商业部部长，提出做好商业工作一定要加强政治观点和群众观点。他说："商业工作的好坏，直接关系到六万万人民群众的切身利益，关系到广大的城乡人民对我们是否满意。"③ 1957年，他又在13个省、市蔬菜会议上指出："保证蔬菜供应，稳定蔬菜价格，是城市人民的普遍要求。购买力愈低的人，对这个问题就愈关心。""蔬菜和其他副食品的供应问题，其意义绝不在建设工厂之下，应该放在与建设工厂同等重要的地位。如果只注意工业建设，不注意解决职工的生活问题，工人就可能闹事，回过头来还得解决。"④

人民公社化运动中，农村政策出现"左"的偏差，把自留地、家庭养猪等看成"资本主义尾巴"，严重挫伤了农民积极性。1961年，陈云通过在家乡青浦的调查，提出我国集体生产的耕地仍占耕地的90%以上，增加一点自留地比重，不会动摇社会主义经济基础。他在座谈会上说：

---

① 《陈云文选》第一卷，人民出版社1995年版，第165页。
② 《陈云文选》第一卷，人民出版社1995年版，第171—173页。
③ 《陈云文选》第三卷，人民出版社1995年版，第44页。
④ 《陈云文选》第三卷，人民出版社1995年版，第64页。

"在当前农民口粮不足的情况下,农民最关心的不是'社会主义还是资本主义',而是'吃饭还是吃粥'。多分一点自留地,可以使农民多得一点口粮,对巩固工农联盟和社会主义制度有好处,是社会主义经济的必要的补充。"①

三年困难时期,全国粮食紧张,人民营养不良,陈云那时虽然还未恢复中央财经小组组长的职务,但他仍然积极思考和提出解决困难的办法。在1962年3月的中央财经小组会议上,他除了建议动用一些钢材制造机帆船出海捕鱼,使大中城市居民平均每人每月有半斤鱼之外,又建议压缩一部分生猪出口,使大中城市居民每人每月增加半斤肉。他说:"目前,这样的问题,是国家大事。如果六千多万人身体搞得不好,我们不切实想办法解决,群众是会有意见的。人民群众要看共产党对他们到底关心不关心,有没有办法解决生活的问题。这是政治问题。"他还语重心长地对与会者说:"同志们,我们花了几十年的时间把革命搞成功了,千万不要使革命成果在我们手里失掉。现在我们面临着如何把革命成果巩固和发展下去的问题,关键就在于要安排好六亿多人民的生活,真正为人民谋福利。"②

在1978年党的十一届三中全会前的中央工作会议上,陈云尚未恢复党中央副主席的职务,但他针对当时粮食供应依然紧张、一些地方的农民还吃不饱的现象,大胆建议今后三五年,每年进口2000万吨粮食。他说:"要先把农民这一头安稳下来。……摆稳这一头,就是摆稳了大多数,七亿多人口稳定了,天下就大定了。""如果老是不解决这个问题,恐怕农民就会造反,支部书记会带队进城要饭。"③

党的十一届三中全会后,中央同意了陈云关于用两三年时间进行国民经济调整的建议,并任命他为国务院财经委员会主任。但由于党内对调整方针认识不统一,贯彻不得力,致使1979年、1980年两年基本建设规模不仅没有压下来,相反财政收支出现严重赤字,导致货币大幅增发,物价大

---

① 中共中央文献研究室编,朱佳木主编:《陈云年谱(修订本)》下卷,中央文献出版社2015年版,第95页。
② 《陈云文选》第三卷,人民出版社1995年版,第209—210页。
③ 《陈云文选》第三卷,人民出版社1995年版,第236页。

幅上涨。对此,陈云在1980年12月中央工作会议上指出:"这种涨价的形势如果不加制止,人民是很不满意的。经济形势的不稳定,可以引起政治形势的不稳定。"就在这次会上,他提出了一个著名论断,即"搞经济建设的最后目的,是为了改善人民的生活"①。

二是严惩以权谋私

早在延安时代,陈云就提出要警惕和防止执政党党员以权谋私的问题。他说执政党的党员损害群众利益,"特别容易引起群众的不满。你有枪,又当权,群众看到了也不敢讲。所以,一定要严格要求我们的党员和干部,并且经常倾听群众的意见,有人做了违背群众利益的事,就要给以严肃的批评,以至纪律处分。对于违法的人,例如贪污分子,还要发动群众去斗争,并绳之以法"②。

党的十一届三中全会后的一段时间,陈云讲端正党风,针对的主要是"文化大革命"对民主集中制的严重破坏,重点是讲要恢复党的民主作风。但随着改革开放的深入,以权谋私、权钱交易的问题突出起来,于是,他再讲端正党风,重点发生了变化。1981年,有一件涉及领导干部在出国招商引资中违反外事纪律、变相索贿受贿的案子,中纪委办理起来阻力很大,他亲自出面找有关领导同志做工作。在给一位中央负责同志打电话时,他说这个案子一定要办,否则党风搞不好,无法向几百万烈士和几千万牺牲的战士交代。他还指示中纪委领导同志,对这件事一定要顶住,处分决定通不过,就拿到政治局会上,政治局通不过,就拿到中央委员会的会上。他说:"开放政策是对的,但越是在开放的地方,越是要加强政治思想工作,干部越是要'金刚钻'的。"后来经过折中,这个处分决定在中央书记处会上通过了,但党内反响很强烈,认为处理太轻。中央只好又重新处理,并在报上公布了进一步处理的决定。③

20世纪80年代初,广东、福建等沿海省份的不法之徒内外勾结,大

---

① 《陈云文选》第三卷,人民出版社1995年版,第277—278、280页。
② 《陈云文选》第一卷,人民出版社1995年版,第183页。
③ 全国陈云生平和思想研讨会组织委员会编:《陈云百周年纪念——全国陈云生平和思想研讨会论文集》(下),中央文献出版社2006年版,第1401页。

搞走私活动,涉及不少党员干部,群众意见很大。1982年1月5日,陈云将中纪委反映这一情况的信访简报批给中央政治局常委传阅,并写道:"对严重的经济犯罪分子,我主张要严办几个,判刑几个,以至杀几个罪大恶极的,并且登报,否则党风无法整顿。"邓小平看到后在上面加了八个字:"雷厉风行,抓住不放。"① 于是,中央书记处召开会议,研究贯彻中央常委关于要打击严重走私贩私、贪污受贿等违法犯罪行为的批示精神,决定立即派中央负责同志前往广东、福建、浙江、云南等沿海沿边省份督察,并就此向全国各地发出紧急通知。一场打击经济领域违法犯罪活动的斗争,由此开展起来。过了一段时间,中纪委在一份材料上反映:有的同志认为,中央抓打击严重经济犯罪很必要,但抓晚了,问题已相当严重,积重难返了。陈云在上面批示:"现在抓,时间虽晚了些,但必须抓到底。中纪委必须全力以赴。"② 在打击经济犯罪的斗争中,有的同志思想有顾虑,担心这样大张旗鼓地搞会影响改革开放。他知道后说:"怕这怕那,就是不怕亡党亡国。"对于这场斗争的艰巨性,陈云作了充分的思想准备。他说:"抓这件事是我的责任,我不管谁管?!我准备让人打黑枪,损子折孙。"③ 他还把一份香港报纸上的有关评论批给中纪委负责同志看,指出:"对于经济犯罪案件必须严办。阻力再大也必须办。"④

在党中央的领导和督促下,这场斗争取得了很大胜利。仅开展严打的第一年,在纪委系统立案的党员经济犯罪案件就有16万件之多,其中开除党籍的有9000多人,受党纪处分的有1.8万人,两者合计2.7万人。据此,陈云在1983年10月党的十二届二中全会上指出:"我们绝大多数党员是不谋私利的,但因谋私利而犯法、犯错误的党员也不是一个很小的数量。"他说,自打击经济犯罪以来,被开除党籍和受党纪处分的人,"比一

---

① 全国陈云生平和思想研讨会组织委员会编:《陈云百周年纪念——全国陈云生平和思想研讨会论文集》(下),中央文献出版社2006年版,第1402页。
② 中共中央文献研究室编,朱佳木主编:《陈云年谱(修订本)》下卷,中央文献出版社2015年版,第334页。
③ 全国陈云生平和思想研讨会组织委员会编:《陈云百周年纪念——全国陈云生平和思想研讨会论文集》(下),中央文献出版社2006年版,第1402页。
④ 中共中央文献研究室编,朱佳木主编:《陈云年谱(修订本)》下卷,中央文献出版社2015年版,第346页。

九二七年'四一二'以后全国党员总数还要多一倍多"。"对于利用职权谋私利的人，如果不给以严厉的打击，对这股歪风如果不加制止，或制止不力，就会败坏党的风气，使党丧失民心。"①

三是切实发扬民主

党的三大作风中有一条是批评与自我批评，与此相联系的是党内民主的作风。毛泽东曾说过："如果没有充分的民主生活，没有真正实行民主集中制，就不可能实行批评和自我批评这种方法。"② 在陈云看来，开展批评与自我批评和发扬民主作风，都是执政党党风的组成部分。他在延安时代就一再告诫大家："领导着政权的党、领导着军队的党，自我批评更加重要。因为党掌握了政权以后，犯了错误会更直接更严重地损害群众利益。"③ 为此，他对党员领导干部提出了以下三点要求。

首先，要放下架子，少给人扣大帽子。陈云讲："如果一个领导者架子搭得很大，面孔死板板的像阎王那么可怕，一定没有人去接近他，即使和他讲话，十句话也要忘记八句。""一个人说错了几句话，你就对他来一顿批评，不是说他是'左'倾空谈主义，便是讲他有右倾机会主义的嫌疑。如果随便给人家戴上这类大而无当的帽子，一个人头上戴上三四顶，恐怕就'差不多'了，不能工作了。""如果下级敢说话，有话就讲，这就是好的现象，就证明了你们领导得好，因为他们觉得说错了也不要紧。"④

其次，要正确看待个人的威信和面子。陈云针对某些军队干部怕自我批评丧失威信的问题指出："威信是建立在正确的军事指挥和平时工作上面的。进行自我批评，克服了工作中的缺点、错误，只会使你的指挥更正确，工作做得更好，因而你的威信就会更高。"在党的七大上，他针对党内一部分干部身上存在骄气的现象指出："我们要讲真理，不要讲面子。是什么就是什么，应该怎样就怎样。有的时候你愈要面子，将来就愈要丢脸。只有你不怕丢脸，撕破了面皮，诚心诚意地改正错误，那时候也许还有些

---

① 《陈云文选》第三卷，人民出版社1995年版，第331—332页。
② 《毛泽东文集》第八卷，人民出版社1999年版，第293页。
③ 《陈云文选》第一卷，人民出版社1995年版，第183页。
④ 《陈云文选》第一卷，人民出版社1995年版，第115页。

面子。共产党员参加革命，丢了一切，准备牺牲性命干革命，还计较什么面子？把面子丢开，讲真理，怎样对于老百姓有利，怎样对于革命有利，就怎样办。"①

最后，要提倡讲不同意见。陈云常说："相同的意见谁也敢讲，容易听得到；不同的意见，常常由于领导人不虚心，人家不敢讲，不容易听到。""在党内不怕有人说错话，就怕大家不说话。"② 1962年，他在"七千人大会"③的陕西省全体干部会上说："发扬民主，经常开展批评与自我批评，都是我们党的老传统，只是这几年把这个传统丢了，现在要把它恢复起来。同志们！如果共产党不能进行批评与自我批评，大家见面都是哈哈哈，我看人们就不会参加革命了，也不会愿意当这样的共产党员了。"④ 1979年，他在中央纪委成立后的第一次全体会议上讲话，称赞党的十一届三中全会充分恢复和发扬了党内民主和党的实事求是、群众路线、批评与自我批评的优良作风。他说："如果鸦雀无声，一点意见也没有，事情就不妙。"⑤ 1982年，他在一次中央政治局扩大会议上又讲："讲错话不要紧，要是开起会来，大家都不说话，那就天下不妙。"⑥ 1987年，他同中央当时的一位负责同志谈话，谈到如何才能做到实事求是的问题时又说："如果没有不同意见，自己也要假设一个对立面，让大家来批驳。有钱难买反对自己意见的人。有了反对意见，可以引起自己思考问题。常常是，有不同意见的人，他不讲出来。能够听到不同声音，决不是坏事。这和同中央保持一致并不矛盾。"⑦

四是反对言行不一

陈云特别重视言行一致、表里如一的品格，把它看成是共产党人应有的作风。他指出："我们共产党是言行一致的政党"，"我们绝不能像剥削阶级

---

① 《陈云文选》第一卷，人民出版社1995年版，第270、296页。
② 《陈云文选》第三卷，人民出版社1995年版，第188、187页。
③ "七千人大会"是1962年初中共中央召开的中央工作会议的简称。
④ 《陈云文选》第三卷，人民出版社1995年版，第190页。
⑤ 《陈云文选》第三卷，人民出版社1995年版，第240页。
⑥ 《陈云文选》第三卷，人民出版社1995年版，第275页。
⑦ 《陈云文选》第三卷，人民出版社1995年版，第361—362页。

政党那样，党员可以说假话，鬼话连篇，欺骗人民。"他还说："党不容许任何党员在党的决议面前有'阳奉阴违'的两面派态度。"对于说假话的党员，陈云本着从严治党的一贯立场，主张不留情面，严肃处理。他指出，说假话而经教育仍不改正，并且越说越多、越说越大的人，不管口里讲得如何革命，不管过去有多大功劳，"应该立即开除出党，没有价钱可还"①。陈云对说假话的人也作了分析，认为一种是政治上幼稚，另一种则是混进党内、政治上别有企图的敌对分子，还有一种是通过隐瞒欺骗态度往上爬的投机分子。他指出，对于后两种人更要提高警惕，防止他们破坏党的事业。

二

对于党在执政条件下，特别是在改革开放时期，为什么必须格外重视党风建设，陈云也作过深入思考和分析。从他的分析中，可以归纳为以下四点看法。

第一，剥削阶级意识的影响

新中国成立初期，陈云在党的七届四中全会上讲到党执政后为什么仍然会出张国焘这类人物时说："我们党是处在有阶级的社会里头，现在阶级没有消灭，就是阶级消灭以后，阶级意识还要长期存在。这种社会情况、阶级意识还会反映到党内来。"②党的十一届三中全会以后，我们党否定了社会主义社会要"以阶级斗争为纲"的错误方针，但同时一再指出："阶级斗争还将在一定范围内长期存在，在某种条件下还有可能激化。既要反对把阶级斗争扩大化的观点，又要反对认为阶级斗争已经熄灭的观点。"③就是说，中国特色社会主义社会并不是无阶级社会，仍然存在阶级、阶级斗争，存在剥削阶级思想的影响。正是从这个实际出发，陈云在新的历史时期分析党风问题的原因时，同样提醒人们注意剥削阶级思想的影响。在

---

① 《陈云文选》第一卷，人民出版社1995年版，第126、201页。
② 《陈云文选》第二卷，人民出版社1995年版，第231页。
③ 中共中央文献研究室编：《三中全会以来重要文献选编》（下），人民出版社1982年版，第841页。

1985年中纪委第六次全会上,他大声呼吁全党严重注意资本主义腐朽思想和作风的渗入。他说:"'一切向钱看'的资本主义腐朽思想,正在严重地腐蚀我们的党风和社会风气。""那种'人不为己、天诛地灭'的资本主义哲学,那种不顾国格人格的奴才思想,就是危害社会主义事业的因素。"①

第二,党的地位变化的影响

当我们党还只在抗日根据地执政的时候,陈云就注意到执政与不执政给党风带来的不同考验。他说:"当权的大党,领导干部很可能成为官僚。要坚决防止和克服官僚主义。""我们共产党员在政权机关中、民众团体中工作着,他们行为的好坏就立刻影响到人民对共产党的观感。"②

新中国成立后,我们党执掌了全国政权,对保持良好党风提出了新挑战。陈云指出:"在胜利了的国家里头,有电影,有照片,开会时热烈鼓掌,阅兵时可威风啦。火车站欢迎的时候,送鲜花,夹道欢呼。物质享受是很具备的,很可以腐化。从前在瑞金、延安时,想腐化也很难。现在腐化很容易。我们对于执政以后党内的状况是不能盲目乐观的。"③

进入新的历史时期后,客观环境发生了进一步变化,党风方面也出现了过去未曾有过的问题。面对新情况,陈云在党的十二届二中全会上指出,党在全国执政以前,做一个党员就有杀头的危险,根本谈不上什么物质享受,也没有什么物质可以享受。但是,"党在全国执政以后,从中央到基层政权,从企业事业单位到生产队的领导权,都掌握在党员手里了,党员可以利用手中掌握的各种权力为自己谋取私利"④。

第三,经济体制改革和市场竞争的影响

从20世纪80年代开始的经济体制改革在本质上是以市场为取向的,开始是在计划经济体制中逐渐增加市场调节的因素,后来变为以建立社会主义市场经济体制为目标。市场经济具有充分调动人的积极性、有效配置资源等优点,但也有自身弱点和局限性,例如,助长拜金主义、竞争容易

---

① 《陈云文选》第三卷,人民出版社1995年版,第356、355页。
② 《陈云文选》第一卷,人民出版社1995年版,第221、128页。
③ 《陈云文选》第二卷,人民出版社1995年版,第231页。
④ 《陈云文选》第三卷,人民出版社1995年版,第331页。

不择手段等。所以，陈云提出对改革要既积极、又稳妥，"摸着石头过河"，边实践、边探索、边总结经验的方针，并反复提醒全党要注意和防范改革中可能出现的消极现象。

1984年，党的十二届三中全会审议经济体制改革的决定，陈云指出："这次体制改革涉及范围相当广，广大干部还不很熟悉，在进行中还会出现一些现在难以预见的问题。"他赞成在"决定"里有一句关于"竞争中可能出现某些消极现象和违法行为"的话。他说："如果我们不注意这个问题，不进行必要的管理和教育，这些现象就有可能泛滥成灾，败坏我们的党风和社会风气。因此，我们在抓物质文明建设的同时，必须抓精神文明建设，两个文明一起抓。"① 那时，有些地方把遵守党的纪律与改革对立起来，认为纪律束缚了改革的手脚，提出给改革"松绑"的口号。针对这种糊涂认识，陈云旗帜鲜明地指出："党性原则和党的纪律不存在'松绑'的问题。没有好的党风，改革是搞不好的。共产党不论在地下工作时期或执政时期，任何时候都必须坚持党的纪律。"②

第四，对外开放的影响

改革开放初期，陈云在分析党风和社会风气存在的严重问题时就说过，对外开放是完全正确的，但同时要看到会有资本主义腐朽思想和作风的侵入。"目前许多党委和党员干部，对此没有警惕。例如，一说对外开放，对内搞活，有些党政军机关、党政军干部和干部子女，就蜂拥经商。"在列出了这些商贸公司种种不法行为后，他指出："我们搞社会主义，一定要抵制和清除这些丑恶的思想和行为，要动员和组织全党和社会的力量，以除恶务尽的精神，同这种现象进行坚决的斗争。"③

党的十八大报告在分析为什么提高拒腐防变能力是党巩固执政地位、实现执政使命必须解决好的重大课题时指出："新形势下，党面临的执政考验、改革开放考验、市场经济考验、外部环境考验是长期的、复杂的、严峻的……"不难看出，这里说的"四个考验"，正是包括陈云在内的老

---

① 《陈云文选》第三卷，人民出版社1995年版，第338页。
② 《陈云文选》第三卷，人民出版社1995年版，第275页。
③ 《陈云文选》第三卷，人民出版社1995年版，第355、356页。

一辈革命家们所长期思考的问题。

三

党在执政后出现党风问题既然带有一定的必然性,那是不是就没有解决的办法了呢?当然不是。从陈云的论述中,我们既看到关于要高度警惕、格外重视执政党党风问题的谆谆告诫,也看到关于抓紧抓好执政党党风建设的具体主张。把他的主张集中起来,大体上可以概括出以下五点。

第一,要对广大党员和党的领导干部加强政治教育和党性教育

陈云一向重视思想政治教育对于党员端正作风的作用。1939年,他在讲解纪律对于党的重要性时说:"在党内尤其是新党员中加强纪律的教育,使他们了解为什么要遵守纪律,怎样做才是遵守纪律,什么事是违犯纪律的等等一类问题,是非常重要的。"①

1984年以来,一些地方的少数党政军机关和党政干部同不法分子、不法外商相互勾结,钻改革的空子,行贿受贿、走私贩私、贩卖假药假酒,形成一股歪风;其严重性还在于,这些问题就发生在全党开展整党活动期间。对此,陈云在1985年党的全国代表大会上郑重提出:"整顿党风这件事,不可掉以轻心。"他指出:"这些问题的发生,同我们放松思想政治工作、削弱思想政治工作部门的作用和权威有关,应引为教训。"他强调:"应当把共产主义思想的教育、四项基本原则的宣传,作为思想政治工作的中心内容。这种宣传教育不能有丝毫减弱,还要大大加强。"针对"共产主义遥遥无期""社会主义初级阶段没必要宣传共产主义思想"的错误认识,他说:"民主革命时期,我们用共产主义思想教育党员和群众中的先进分子,才使党始终有战斗力,使革命取得了胜利。社会主义经济建设和经济体制改革,更加要有为共产主义事业献身的精神。"②

---

① 《陈云文选》第一卷,人民出版社1995年版,第128页。
② 《陈云文选》第三卷,人民出版社1995年版,第351—353页。

那次党代会闭幕后，陈云又在中纪委全会上的书面讲话中指出："如果我们各级党委，我们的党员特别是老干部，对此有清醒的认识，高度的警惕，有针对性地进行以共产主义思想为核心的教育，那么资本主义思想的侵入并不可怕。"他充满自信地讲："我们相信，马克思主义、共产主义的真理，一定会战胜资本主义腐朽思想和作风的侵蚀。"① 他还在同中央纪委常委见面时指出："我们党是处于全国执政的地位，再加上目前对外开放、对内搞活经济，客观环境发生了很大变化。因此，纪律检查部门和全党各级党的组织，必须重视执政党条件下党员的政治思想教育和党性教育。"在同中央纪委负责同志谈话时，他再次强调："各级党组织和党的纪律检查部门只是查处违法乱纪的案子不行，更重要的是要加强共产党员的党性教育和自觉遵守党的纪律的教育。"②

为了端正党风，陈云一向倡导学习理论"是每个党员的责任"③。他在中央起草《关于建国以来党的若干历史问题的决议》期间指出："延安整风时期，毛泽东同志提倡学马列著作，特别是学哲学，对于全党的思想提高、认识统一，起了很大的作用。""在党内，在干部中，在青年中，提倡学哲学，有根本的意义。"④ 他还现身说法，把学好哲学与改进党风联系起来。他说："在延安，毛主席起草的文件、电报，我都看过，最后得出一个结论，就是要实事求是。这里的关键是要把'实事'看全面。我过去说过，难者在弄清情况，不在决定政策。因此，要善于听取不同意见。"可见，在陈云看来，一些领导干部之所以缺少民主作风，与理论学习特别是马克思主义哲学学习得不够，有很大关系。

第二，要坚持德才兼备、以德为主的干部选拔标准

新的历史时期，党的纪检部门在办案过程中发现，有严重违法违纪问题的干部，很多是"带病"提拔的。对于选拔官员的标准，古今中外历来都有如何处理德才关系的问题。中国古人的一个提法叫"德才兼备"，就

---

① 《陈云文选》第三卷，人民出版社 1995 年版，第 355 页。
② 《陈云文集》第三卷，中央文献出版社 2005 年版，第 547—548、541 页。
③ 《陈云文选》第一卷，人民出版社 1995 年版，第 188 页。
④ 《陈云文选》第三卷，人民出版社 1995 年版，第 285 页。

是说不仅要重才,也要重德,二者不可偏废。陈云自从分管党的干部工作以来,除了主张选干部要德才兼备外,还主张把德即政治素质和道德品质,放在第一位。他在延安时代谈干部工作时就说过,提拔干部的原则是"德才并重,以德为主"。"用干部的标准,概括起来有二:政治,能力。两者不能缺一,以政治为主。"① 党的十一届三中全会后,他在力主大胆和加快提拔中青年干部的同时,再次强调德才相比要更加重视德。他针对"文化大革命"中的"三种人"说,对这样的人要特别提高警惕,一个不能提拔。"不要只看他们现在一时表现好。现在这些人大概表现是'蛮好',他要爬上来,现在只能表现好,因为老家伙还在。但是,到了气候适宜的时候,党内有什么风浪的时候,这些人就会变成为能量很大的兴风作浪的分子。"② 在党的十二大上,他作关于解决好干部队伍交接班问题的大会发言,再次强调:"一方面要大胆提拔,加快提拔中青年干部,一方面又要严格把好政治标准这一关。德才相比,我们要更注重于德,就是说,要确实提拔那些党性强,作风正派,敢于坚持原则的人。"在此前后,他还在中央组织部的一份情况反映上批示:"提拔中青年干部必须注意德。有才缺德的人,一个也不能提拔。"③ 在同中央一位负责同志谈话中他又说:"中央组织部、中央党校、中央纪律检查委员会这三家是管干部的。""选干部,首先要看德,有才缺德的人不能用。德好,才差一些不要紧,放到领导岗位上锻炼几年,才干是可以练出来的。"④ 那时有一种提法,叫作要选拔"开拓型干部"。针对这种提法,陈云指出:"开拓型也要,但首先要强调有德,有党性。德才兼备,才干固然要有,但德还是第一。我希望政治局、书记处要注意这样一个问题。"⑤ 总之,选拔干部要德才兼备、以德为主,是陈云同志的一贯思想。实践说明,要保持执政党的良好党风,把这一思想作为各级领导岗位选人用人的指导原则,是一项治本之策。

---

① 《陈云文选》第一卷,人民出版社1995年版,第214、213页。
② 《陈云文选》第三卷,人民出版社1995年版,第301页。
③ 《陈云文集》第三卷,中央文献出版社2005年版,第317、498—499页。
④ 中共中央文献研究室编,朱佳木主编:《陈云年谱(修订本)》下卷,中央文献出版社2015年版,第352页。
⑤ 《陈云文选》第三卷,人民出版社1995年版,第359页。

第三，要在党内提倡坚持原则、不怕得罪人的精神

陈云一向认为，要想形成批评的氛围，就不能搞一团和气。在延安时代，他针对党内存在的错误倾向说过："只讲团结，没有斗争，这是有普遍性的。……组织部长的责任是，看到一种错误的现象，就要问，就要批评，说这是错误的，值得注意。这项工作应该是主动地去做。"[1] 在新的历史时期，他针对一些人错误总结"文化大革命"期间的教训，由过分强调斗争哲学、不该斗的也斗变为怕矛盾、怕斗争、怕得罪人的现象，指出目前在我们的党风和整个社会风气中有一个很大的问题，就是是非不分。有些同志在是非面前不敢坚持原则，和稀泥，做老好人，而坚持原则的人受孤立。对于这个问题，应该把它提到全党思想建设和组织建设的高度，提倡坚持原则，提倡是就是是、非就是非的精神。[2]

在提倡坚持原则方面，陈云特别要求各级纪律检查机关要带头。他在1982年中央纪委全体会议上指出："做纪律检查工作的干部，应当是有坚强的党性，有一股正气的人；应当是能够坚持原则，敢于同党内各种不正之风和一切违法乱纪行为作坚决斗争的人；而不应当是在原则问题上'和稀泥'，做和事佬、老好人的人。"[3] 那时，党、政、军一些领导干部又刮起一股向下属单位要高级轿车的风，陈云知道后批示："凡是别人（或单位）送的和个人调换的汽车（行政机关配备的不算），不论是谁，一律退回，坐原来配备的车。在这件事上，得罪点人，比不管而让群众在下面骂我们要好。"[4]

第四，要发挥党的纪律检查部门的作用

我们党在"文化大革命"时期，取消了纪律检查机构（当时称监察委员会）。党的十一大，鉴于林彪、"四人帮"两个反革命集团严重践踏党规国法而畅行无阻的沉痛教训，在党章中恢复了关于县团以上各级党委设立纪律检查委员会的规定，并明确纪律检查委员会要在同级党委领导下，加

---
[1] 《陈云文选》第一卷，人民出版社1995年版，第271页。
[2] 《陈云文选》第三卷，人民出版社1995年版，第274页。
[3] 中共中央文献研究室编：《陈云论党的建设》，中央文献出版社1995年版，第279页。
[4] 《陈云文集》第三卷，中央文献出版社2005年版，第543—544页。

强对党员的纪律教育,负责检查党员和党员干部执行纪律的情况,同各种违反党的纪律的行为作斗争。党的十一届三中全会上,选举产生了以陈云为第一书记的首届中央纪委。从那时起直到1987年党的十三大前夕陈云离开中央纪委第一书记的岗位,他就纪律检查部门的工作作了许多指示,其主要精神有以下三点。首先,纪律检查部门要把工作中心放在整顿党风、开展党性教育上。他在1979年1月中央纪委第一次全会上就指出:"党的中央纪律检查委员会的基本任务,就是要维护党规党法,整顿党风。"① 20世纪80年代初,党员腐败案件增多,有人主张应把纪检工作重点放在办案上。他又指出:"各级党组织和党的纪律检查部门只是查处违法乱纪的案子不行,更重要的是要加强共产党员的党性教育和自觉遵守党的纪律的教育。""各级纪委应在同级党委统一领导之下,始终围绕搞好党风这一中心任务,作艰苦的努力。"② 其次,纪律检查部门要不怕困难,坚决维护党纪政纪。他指出,只有"在抓思想政治工作的同时,严肃党纪、政纪,党风才能根本好转"。那时,有的案子涉及领导干部,处理难度很大。在党的十二大上,他听到有人提意见,认为中纪委处理历史遗留问题很果断,但在处理现实的案子时软弱。他让人转告中纪委负责同志,说对涉及领导干部的案子要大胆地搞,搞不动就由他提到中央常委会上。针对党政军机关的经商风,他明确指示:"无论是谁违反党纪、政纪,都要坚决按党纪、政纪处理;违反法律的,要建议依法处理。各级纪委必须按此原则办事,否则就是失职。"③ 最后,纪律检查部门办案"必须实事求是,查清事实,核实材料",并且在处理问题时"和本人见面"。④

第五,各级领导干部尤其是高级干部要以身作则

常言道:"正人先正己","其身正,不令而行","喊破嗓子不如做出样子。"在端正执政党党风的问题上,陈云历来主张领导干部特别是高级

---

① 《陈云文选》第三卷,人民出版社1995年版,第240页。
② 《陈云文集》第三卷,中央文献出版社2005年版,第541页;《陈云文选》第三卷,人民出版社1995年版,第357页。
③ 《陈云文选》第三卷,人民出版社1995年版,第357、356页。
④ 《陈云文选》第三卷,人民出版社1995年版,第273页。

干部是关键,要先从他们做起,由他们起模范带头作用。例如,说到开展批评与自我批评,他指出:"首先应从领导做起,检查自己有什么缺点,有什么错误。先检查自己,批评自己,不能只说下面不好。如果工作出了毛病,作为领导者,自己应首先承担责任,不能上推下卸,诿过于人。"① 说到加强理论学习,他指出:"党内的老干部、高级干部首先要努力学习,成为学习的模范。因为你是老干部,因为你常常担负独当一面的领导工作,你就更有责任而且更有必要提高自己的理论水平。"② 说到加强纪律性,他指出:"领导干部、领导机关必须成为严守党纪的模范。要特别防范高级领导人破坏纪律的行为,如张国焘。"③ 说到反对错误倾向,他指出:"最重要的,是在高级干部身上。只要上面的错误纠正了,下面的文章就好做了。"④ 说到防止野心家弄乱子,他指出:"关键是在几百个高级领导人,就是省(市)委书记以上的干部及军队中的负责干部。""出大乱子出在什么地方呢?就在这几百个人里面,首先是在座诸公,穿黄衣服的,穿黑衣服的,党头、政头、军头这几百个人。如果出了野心人物,能否迅速地把他揭露,不闹成大乱子呢?那也决定于这几百个人。只要这几百个人头脑十分清醒,革命胜利就会有保证。"⑤ 说到端正党风,他指出:"各级领导干部,特别是高级领导干部要重视。要真正身体力行,作出榜样。"⑥ 他要求退居二线或者离休退休的老干部要关心党风党纪、发挥监督作用。他说在这方面,"没有退居二线和离休、退休的问题。只要是党员,活着就永远处在第一线"⑦。说到端正党风的措施,他指出:"关键是提高党员素质,尤其是提高高中级党员领导干部素质。"⑧ 说到中央要求北京党政军机关在实现党风和社会风气根本好转中做表率,他建议:"做表率首先从中央政

---

① 《陈云文选》第一卷,人民出版社1995年版,第183页。
② 《陈云文选》第一卷,人民出版社1995年版,第188页。
③ 《陈云文选》第一卷,人民出版社1995年版,第196页。
④ 《陈云文选》第一卷,人民出版社1995年版,第272页。
⑤ 《陈云文选》第二卷,人民出版社1995年版,第233页。
⑥ 《陈云文选》第三卷,人民出版社1995年版,第351—352页。
⑦ 《陈云文选》第三卷,人民出版社1995年版,第352页。
⑧ 《陈云文选》第三卷,人民出版社1995年版,第363页。

治局、书记处和国务院的各位同志做起。"①

为了使高级干部能够切实做到在各方面以身作则、起模范带头作用，陈云经常提醒他们要增强对人民的责任心。在党的七大上，他语重心长地说："全国人民把希望寄托于我们党的身上，把希望寄托于我们的高级干部身上。如果我们搞得好，便胜利得早，人民解放得早。如果搞得不好，四万万五千万人便不能很快解放，革命胜利会推迟多少年，人要多牺牲很多，那我们就对不起老百姓。我们党的工作好坏，决定着中国革命的命运。……我们要兢兢业业，所有坏的东西，一切应该丢的东西，统统丢掉。"② 改革开放后，他总是要求各级领导干部，要对党风建设负起责任来。他强调，如果哪个单位、哪个地区的歪风邪气大量存在，长期得不到纠正，"除了追究那些为非作歹的个人外，还要追究那个单位、那个地区的党委的责任，包括纪委的责任"③。他还具体点了海南岛汽车案和晋江地区制造、销售假药案，要求追究这两个地区党委的责任。

与领导干部以身作则相关的一个问题，是对干部亲属的教育和约束。陈云在1985年党的全国代表会议上着重提出："希望所有党的高级领导人员，在教育好子女的问题上，给全党带好头。决不允许他们依仗亲属关系，谋权谋利，成为特殊人物。"④ 1985年，中纪委提出不许领导干部子女及其配偶经商办企业的建议。他在报告上批示，这件事要由中央"作出明确的决定方能制止。不然的话，发展下去，党的肌体、党群关系必将受到损害，有所好转的党风也会受到影响，改革也难以顺利进行"。他提议，将退出经商领域的干部子女范围再扩大一点。⑤ 那时，一些领导干部的子女出国留学，名为"自费"，实为外商赞助。中央纪委把有关反映送给他看，他也是亲自出面，给这些领导同志写信，指出这样做不好，因为我们"自费"不起，劝他们把孩子叫回来。⑥

---

① 《陈云文集》第三卷，中央文献出版社2005年版，第543页。
② 《陈云文选》第一卷，人民出版社1995年版，第297—298页。
③ 《陈云文选》第三卷，人民出版社1995年版，第356页。
④ 《陈云文选》第三卷，人民出版社1995年版，第352页。
⑤ 《陈云文集》第三卷，中央文献出版社2005年版，第543页。
⑥ 朱佳木：《论陈云》，中央文献出版社2010年版，第65页。

1985年9月23日，陈云在中国共产党全国代表会议上

陈云要求高级干部管好自己的亲属，也是从自己做起的。早在全国解放前夕，他给家乡老战友的孩子和自己的表弟回信，提醒他们"千万不可以革命功臣的子弟自居，切不要在家乡人面前有什么架子或者有越轨违法行动，这是决不允许的。你们必须记得共产党人在国家法律面前是与老百姓平等的，而且是守法的模范。革命党人的行动仅仅是为人民服务，决不想有任何酬报，谁要想有酬报，谁就没有当共产党员的资格。我与你父亲既不是功臣，你们更不是功臣子弟。这一点你们要切记切记"。他在信中还写道："你们必须安分守己，束身自爱，丝毫不得有违法行为。我第一次与你通信，就写了这一篇，似乎不客气，但我深觉我有责任告诫你们。"① 改革开放初期，当他得知中小学教师待遇低、师范学校招生困难的情况后，便提出让师范大学毕业后被分配到国家机关工作的二女儿"归队"，去学校当老师。② 1983 年春节，他会见革命烈士子女，对他们深情地说："你们是革命的后代，是党的儿女。你们应该像自己的父辈那样，处处从党的利益出发，为了维护党的利益，不惜牺牲自己的一切。"③ 可见，陈云认为领导干部对执政党党风好坏具有特殊责任，这个责任包括要管好自己，也包括要管好自己的亲属。

当前，我们党仍然存在一些干部搞形式主义、官僚主义、享乐主义、奢靡之风，甚至贪污腐败等亟待解决的问题。党的十八大闭幕后，习近平总书记在同中外记者见面时说：全党同志的重托、各族人民的期望，是对新一届中央领导机构做好工作的巨大鼓舞，也是他们身上的重大责任。他表示："打铁还需自身硬。我们的责任，就是同全党同志一道，坚持党要管党、从严治党，切实解决自身存在的突出问题，切实改进工作作风，密切联系群众，使我们党始终成为中国特色社会主义事业的坚强领导核心。"④ 接着，中央政治局会议审议通过了关于改进工作作风、密切联系群众的八项规定，强调指出："领导干部特别是高级干部作风如何，对党风政风乃至

---

① 《陈云文选》第一卷，人民出版社 1995 年版，第 396 页。
② 朱佳木：《论陈云》，中央文献出版社 2010 年版，第 46 页。
③ 《陈云文选》第三卷，人民出版社 1995 年版，第 321 页。
④ 习近平：《人民对美好生活的向往就是我们的奋斗目标》，载《人民日报》2012 年 11 月 16 日。

整个社会风气具有重要影响。抓作风建设，首先要从中央政治局做起，要求别人做到的自己先要做到，要求别人不做的自己坚决不做。"① 这些表态和举措，使全党全国人民的精神为之一振，也使一些多年积弊有所收敛，有力推动了党风的好转。这说明，只要领导干部特别是高级干部带头，执政党的党风是可以搞好的，群众反映强烈的问题是可以解决的，党和人民的血肉联系是可以保持的。面对当前的党风问题，绝对不能掉以轻心、盲目乐观，但也不能悲观失望、茫然无措。我们要结合贯彻以习近平同志为核心的党中央关于改进作风的一系列指示和部署，深入研究陈云执政党党风建设的思想，使它为加强党的自身建设、巩固党的执政地位，发挥应有的作用。

（原载《中共党史研究》2013年第11期。收入本书时，作者略作修改）

---

① 《中共中央政治局召开会议　审议关于改进工作作风、密切联系群众的有关规定　分析研究二〇一三年经济工作》，载《人民日报》2012年12月5日，第1版。

从陈云的执政党党风建设思想看他的民生思想

关于民生的话题，中国人讲过，外国人也讲过；中国近代资产阶级中有人讲过，古代统治阶级中也有人讲过，有的还形成了较系统的民生思想。但中国共产党所说的民生，与他们口中的民生有根本的不同；陈云的民生思想，与他们的民生思想更有本质的区别。这是因为中国共产党说的民生，是从占人口绝大多数人民利益出发的；陈云的民生思想，是与他关于共产党执政后的党风建设思想紧密联系在一起的。

我们党在90多年的历史中，一定意义上处于两种状态，一种是非执政状态，一种是执政状态；在执政条件下也有两种情况，一种是局部执政，一种是全国执政。陈云在我们党局部执政和全国执政的条件下，都做过党的工作和经济工作，对党执政条件下的党风建设和民生问题有过长期、深入的思考，阐述过大量深刻而独到的见解，形成了具有自己特点的执政党党风建设思想和民生思想。他的民生思想既是他经济思想的一部分，也是他的执政党党风建设思想在经济工作中的鲜明体现。我们要理解他的民生思想，弄懂其中的真谛，需要同他的执政党党风建设思想联系起来学习和研究。在当前全党全国上下深入贯彻党的十八届六中全会精神、迎接十九大胜利召开的新形势下，这样做尤其具有现实意义。

一、从搞好执政党党风的角度看待民生问题

陈云的执政党党风建设思想博大精深，但其中围绕的一个主要问题或核心问题，我认为是党在执政后如何做到像执政前那样，依然密切联系群众，依然紧紧依靠群众，依然时时处处关心和维护群众的切身利益。

毛主席在新中国成立之初讲过："仁政有两种：一种是为人民的当前利益，另一种是为人民的长远利益。"[①] 从一定意义上说，民生问题主要是指关系人民群众当前利益、切身利益的问题。我们党无论领导革命还是建设，当然都是从人民长远利益、根本利益出发的，但如果不考虑人民的当前利益、切身利益，即忽略民生问题，革命和建设改革也是搞不好的。早在中央苏区时期，毛泽东就指出我们党要得到群众的拥护，"就得关心群众的痛痒，就得真心实意地为群众谋利益，解决群众的生产和生活的问题，盐的问题，米的问题，房子的问题，衣的问题，生小孩子的问题，解决群众的一切问题"[②]。在延安时期他又说："一切空话都是无用的，必须给人民以看得见的物质福利。"[③] 陈云十分赞成毛泽东的这些思想，他在延安党的陕甘宁边区第二次代表大会上说："当权的党容易只是向群众要东西，而忘记也要给群众很多的东西。""我们要注意群众的切身问题，帮助他们解决困难，这是发动群众的关键。""不仅要帮助群众解决大的问题，也要帮助群众解决小的问题。""我们帮助了群众，群众就会积极、热情地来帮助党和政府的工作。"[④] 不难看出，毛泽东和陈云所讲的要关心群众的痛痒，要给人民看得见的物质福利，要注意群众的切身问题，要关心和解决群众的小问题，讲的统统是人民当前和切身利益的问题，也即民生问题。陈云主持财经工作后总是强调民生的重要性，始终要求把民生问题摆在经

---

① 中共中央文献研究室编，逄先知、冯蕙主编：《毛泽东年谱（1949—1976）》第二卷，中央文献出版社2013年版，第163页。
② 《毛泽东选集》第一卷，人民出版社1991年版，第138—139页。
③ 《毛泽东文集》第二卷，人民出版社1993年版，第467页。
④ 《陈云文选》第一卷，人民出版社1995年版，第172—173页。

济建设的首要位置，固然有经济方面的考虑，但更深层的考虑，还在于党执政后如何做到像执政前那样，继续密切联系群众、紧紧依靠群众、时时处处关心和维护群众的切身利益。

1956年，陈云兼任商业部部长，提出做好商业工作一定要加强政治观点和群众观点。他说："商业工作，包括卖鸡、卖蛋，都有其政治意义。商业工作的好坏，直接关系到六万万人民群众的切身利益，关系到广大的城乡人民对我们是否满意。"① 1957年，他在13个省、市蔬菜会议上又指出："保证蔬菜供应，稳定蔬菜价格，是城市人民的普遍要求。购买力愈低的人，对这个问题就愈关心。""蔬菜和其他副食品的供应问题，其意义绝不在建设工厂之下，应该放在与建设工厂同等重要的地位。如果只注意工业建设，不注意解决职工的生活问题，工人就可能闹事，回过头来还得解决。"②

在人民公社化运动中，农村政策出现"左"的偏差，甚至把自留地、家庭养猪都当成是"资本主义尾巴"，要求割掉，严重挫伤了农民积极性。1961年，陈云通过在家乡青浦的调查，提出我国的集体耕地占全部耕地的90%以上，再增加一点自留地比重不会动摇社会主义的经济基础。他说："在当前农民口粮不足的情况下，农民最关心的不是'社会主义还是资本主义'，而是'吃饭还是吃粥'。多分一点自留地，可以使农民多得一点口粮，对巩固工农联盟和社会主义制度有好处，是社会主义经济的必要的补充。"③

三年困难时期，全国粮食紧张，人民营养不良，陈云虽然已不处在主持中央财经工作的位置上，但仍然积极献计献策，想方设法解决困难。1962年2月，西楼会议后重新设立了中央财经小组，他在会上讲话，建议动用一些钢材制造机帆船出海捕鱼，压缩一部分生猪出口，以便使大中城市居民每人每月增加半斤鱼半斤肉。他说："目前，这样的问题，是国家大

---

① 《陈云文选》第三卷，人民出版社1995年版，第44页。
② 《陈云文选》第三卷，人民出版社1995年版，第64页。
③ 中共中央文献研究室编，朱佳木主编：《陈云年谱（修订本）》下卷，中央文献出版社2015年版，第95页。

事。如果六千多万人身体搞得不好，我们不切实想办法解决，群众是会有意见的。人民群众要看共产党对他们到底关心不关心，有没有办法解决生活的问题。这是政治问题。"① 他指出："农业问题，市场问题，是关系五亿多农民和一亿多城市人口生活的大问题，是民生问题。解决这个问题，应该成为重要的国策。"他还语重心长地对与会者说："同志们，我们花了几十年的时间把革命搞成功了，千万不要使革命成果在我们手里失掉。现在我们面临着如何把革命成果巩固和发展下去的问题，关键就在于要安排好六亿多人民的生活，真正为人民谋福利。"②

我国工业化建设是在经济尤其是农业十分落后的条件下起步的，带有很大的突击性，因此农业生产特别是商品粮供应，长期跟不上工业发展的速度，改革开放前一直处于紧张状态。要说民生，这是最大的民生。对此，陈云始终高度关注，提出过一系列行之有效的对策。三年困难时期，粮食库存锐减，许多地方出现浮肿病、非正常死亡和人口外流现象。他顶着被扣上修正主义帽子的风险，向中央提出从西方国家紧急进口粮食的建议，并得到了毛泽东的同意。为了尽快摆脱粮食供应的被动局面，进一步调动农民生产积极性，他又顶着风险，直接向毛泽东进言，提出在部分困难地区暂时实行包产到户、分田到户（即今天所说的集体经济下的土地承包。——笔者注）的主张，果然受到了刮所谓"单干风"的批判。在1978年党的十一届三中全会前的中央工作会议上，那时他尽管只有普通中央委员的虚职，但面对粮食供应紧张局面仍然没有得到根本扭转、一些地方农民还吃不饱的情况，仍直率建议，今后三五年每年进口2000万吨粮食。他说："要先把农民这一头安稳下来……摆稳这一头，就是摆稳了大多数，七亿多人口稳定了，天下就大定了。""如果老是不解决这个问题，恐怕农民就会造反，支部书记会带队进城要饭。"③ 后来，他又在一次会议上进一步解释说："延安时期就出现过这样的问题。你说不准要饭，他说共产党没讲

---

① 《陈云文选》第三卷，人民出版社1995年版，第209—210页。
② 《陈云文选》第三卷，人民出版社1995年版，第210页。
③ 《陈云文选》第三卷，人民出版社1995年版，第236页。

过不准要饭,毛主席说过不准要饭吗?"①

党的十一届三中全会后,农村陆续实行了包产到户、土地承包的政策,加上国家大幅度提高粮食收购价、大规模进口粮食和化肥,农民种粮积极性得到极大焕发,粮食连续四年增产。但由于种粮的比较效益下降,加上农村和农业工作在指导思想上发生偏差,误以为粮食问题已经过关,提出农民愿意种什么就种什么、政府不必再管的主张,结果出现上下都忽视粮食生产的倾向。针对这个问题,陈云反复提醒大家绝不能因为发展经济作物而挤了粮食生产,并在1985年党的全国代表会议上大声疾呼:"现在有些农民对种粮食不感兴趣,这个问题要注意……发展乡镇企业是必要的。问题是'无工不富'的声音大大超过了'无农不稳'。十亿人口吃饭穿衣,是我国一大经济问题,也是一大政治问题。'无粮则乱',这件事不能小看就是了。"② 他的话声刚落,当年粮食就发生减产,而且连减四年,直到1989年秋收才恢复到1984年的水平。粮食价格的上涨,导致一系列生活必需品价格跟着上涨。这件事和后来搞的"物价改革闯关"一起,共同构成了"八九"政治风波前通货膨胀的诱因。事实深刻说明,民生问题解决不好,必将影响党的执政地位的稳定。

二、从搞好执政党党风的角度处理基本建设与民生的关系

社会主义的重工业建设,特别是其中的基本建设(也即基础建设),不可能马上解决人民的当前利益、切身利益问题,但它关系到人民的长远利益、根本利益,如果不搞,人民的利益也会受到损害。然而,凡事皆有度,如果基建规模超过了一定限度,势必损害人民的当前利益、切身利益,影响民生。因此,陈云一向主张,基本建设和民生问题要兼顾,兼顾还是没兼顾的衡量标准:第一,看对民生必需品的生产是否安排在基建之前了;第二,看基建规模的大小是否和国家的财力物力相适应了。1957年,他在

---

① 《陈云文选》第三卷,人民出版社1995年版,第257页。
② 《陈云文选》第三卷,人民出版社1995年版,第350页。

《红旗》杂志上发表文章，题目就叫《建设规模要和国力相适应》。文章指出："在财力物力的供应上，生活必需品的生产必须先于基建，这是民生和建设的关系合理安排的问题。""关于人民生活必需品的生产，我之所以说应该保证它们对原材料最低限度的需要，是因为今年的生产指标不可能在去年已经很高的基数上再增加多少。"① 对于制定"二五"计划的指导方针，他提出"必须使人民有吃有穿"，"要从有吃有穿出发"。他说："经济不摆在有吃有穿的基础上，我看建设是不稳固的。"②

对于陈云的上述主张，毛泽东在经过"大跃进"的曲折后，表示了十分赞赏的态度。他在1959年一次中央会议上说："过去陈云同志提过，先市场，后基建，先安排好市场，再安排基建。有的同志不赞成。现在看来，陈云同志的意见是对的。"③ 1962年，中央针对严重的经济困难，决定实行国民经济调整，并恢复中央财经小组，由陈云任组长。陈云提出，为了照顾民生，要对年度计划做相当大的调整，对重工业、基本建设的指标要"伤筋动骨"，再不能犹豫了。对此，周恩来总理表示坚决支持，还当场口占一副对联：上联是"先抓吃穿用"，下联是"实现农轻重"，横批是"综合平衡"。④

1979年，党中央同意陈云关于用两三年时间再次对国民经济进行调整的建议，并任命他为国务院财经委员会主任。由于调整初期党内认识不统一，行动不得力，致使1979年、1980年两年基本建设规模不仅没有压下来，相反财政收支出现严重赤字，导致货币大幅增发，物价大幅上涨。陈云在1980年12月中央召开的工作会议上指出："这种涨价的形势如果不加制止，人民是很不满意的。经济形势的不稳定，可以引起政治形势的不稳定。"⑤ 他关于"搞经济建设的最后目的，是为了改善人民的生活"的著名论断，就是在那次讲话中提出的。⑥ 在讲话中他还指出："开国以来经济建

---

① 《陈云文选》第三卷，人民出版社1995年版，第53页。
② 《陈云文选》第三卷，人民出版社1995年版，第85、86页。
③ 中共中央文献研究室编，逄先知、金冲及主编：《毛泽东传（1949—1976）》（下），中央文献出版社2003年版，第963页。
④ 《陈云文选》第三卷，人民出版社1995年版，第210页。
⑤ 《陈云文选》第三卷，人民出版社1995年版，第277—278页。
⑥ 《陈云文选》第三卷，人民出版社1995年版，第280页。

设方面的主要错误是'左'的错误。"①他这里所说的"左",主要就是指经济建设上要求过高、过急,因而忽视了民生。他后来曾说过,他那段时间的很大精力用在了"砍项目"上。

对于人民生活水平的提高要求过急,陈云也是不赞成的,认为这样会影响基本建设的投入,削弱经济发展的后劲,从长远看同样不利于民生。改革开放初期,一度出现提倡高消费、滥发奖金和随意提高福利的现象,严重影响了国家税收和企业折旧、技术改造资金的提留。针对这种偏向,他用形象的语言指出:"从全局看,第一是吃饭,第二要建设。吃光用光,国家没有希望。吃了之后,还有余力搞生产建设,国家才有希望。"② 1988年,他在同中央负责同志谈话时再次强调:"提高人民生活水平,要掌握一定的幅度,不能过高、过快。还是那句老话:一要吃饭,二要建设。好事要做,又要量力而行。"③他不同意提"人民生活现代化"的口号,他说:"当四个现代化实现的时候,人民生活水平必有提高,而且提高的程度不会小,但还不能同美、英、法、德、日等国相比,因为我国人口众多,其中大部是农民,那样比是办不到的。现代化应以最先进的工业为标志,这毫无疑问是可以完成的。"④对于他的这个思想,很多人不理解。然而,今天社会上出现的很多问题,追根溯源,或多或少都与此有关。

三、从搞好执政党党风的角度处理经济改革与民生的关系

社会主义社会的改革与民生,虽然在本质和方向上是完全一致的,但其中也有矛盾的一面。改革的一个目的是使经济工作尤其是金融、物价等经济手段更加符合经济规律,这当然有利于人民群众的根本利益、长远利益。但金融、物价改革牵涉到千家万户,对低收入群众生活的影响尤其大,稍有不慎,就可能损害到群众当前利益、切身利益。因此,陈云历来主张,

---

① 《陈云文选》第三卷,人民出版社1995年版,第281—282页。
② 《陈云文选》第三卷,人民出版社1995年版,第309页。
③ 《陈云文选》第三卷,人民出版社1995年版,第367页。
④ 《陈云文选》第三卷,人民出版社1995年版,第262页。

改革绝不能以牺牲民生为代价。

为消除旧中国通货膨胀造成的后遗症，新中国一成立就考虑进行货币改革，1950年中国人民银行就已根据陈云指示着手发行新币的技术准备。当时正值全面学习苏联，陈云对苏联经验一向非常重视，但他认为苏联1947年搞的货币改革，在新币换旧币的办法上，按照不同阶级、不同所有制，区别现款和存款，采取不同兑换比率，还规定几天时间换完，过期旧币作废，"这个办法损害人民群众、尤其是广大农民和边远地区居民的利益"。因此，"我们没有学他们，而是不分阶级，工农一个比价，都是一万比一；不限时间，允许新币、旧币在一定时间内同时流通，收旧发新，直到将旧币全部收回"。[①] 为了做到慎之又慎，我国直到1955年3月才宣布货币改革。由于改革办法合情合理，受到各界群众热烈拥护，不仅物价没有波动，而且进展十分顺利，仅用三个月时间就在市场上完全收回了旧币。财政金融工作中的这一成功范例有力说明，改革只要把可能出现的问题设想周到，准备充分，照样可以不妨碍民生，不损害群众的当前利益和切身利益。

1982年，国务院鉴于棉花提价而棉布价格一直未动，使纺织企业亏损越来越严重，制定了纺织品价格调整方案，送给陈云征求意见，并派负责同志向他当面汇报。当了解到这个方案中既提高棉布价格，也降低化纤价格，因此纺织品价格总水平基本稳定、对人民生活影响不大后，他明确表示同意。1984年，国务院就价格改革提出整体设想，并再次征询他的意见。他指出，价格改革现在确实是有利时机，应该稳步进行。上次化纤降价、棉布提价没有引起社会震动，就是一个成功的例子，可以借鉴。[②] 可见，陈云并不是不赞成价格改革，只是不赞成因为改革而破坏物价水平总体稳定、降低人民生活、引发社会动荡的那种改革。

改革开放初期，经济学界提出"按经济规律办事"，陈云认为这是"一种好现象"。但他同时指出，"对许多方面，在一定时期，国家干预是

[①] 中共中央文献研究室编，朱佳木主编：《陈云年谱（修订本）》下卷，中央文献出版社2015年版，第338、339页。

[②] 中共中央文献研究室编，朱佳木主编：《陈云年谱（修订本）》下卷，中央文献出版社2015年版，第412页。

必要的"。比如："粮食的收购价高，销售价低，国家要补贴。房租很低，只能作修理费，甚至抵不了修理费。国家补贴一年共计有二百多亿元。从微观经济看，这是不合理的，似乎是不按经济规律办事。但我国是低工资制，如国家不补贴，就必须大大提高工资。究竟哪种办法好？我看现在还是国家补贴、低工资的办法好。不补贴，大涨价，大加工资，经济上会乱套。"①1981年，他审阅五届全国人大四次会议政府工作报告稿，建议把其中讲"物价与价值要一致"的话删去。他说："这个话写上去，会引起调高价格的猜测，弄得人心不安。价格与价值应当符合，但是现在有相当大的一部分不能不背离。比如，进口粮食是要贴钱的，即使按照粮食进口价卖，我们还要贴钱。然而，粮食赔了钱，市场稳定了，市民有肉吃，有菜吃，使我们有时间搞体制改革；另外，经济作物发展了。钱从那里赔了，又从这里拿回来。""如果粮食不补贴，市场就要大波动。"他还说西德的资本家对煤炭有补贴，在这里补，从别的地方收回来。如果马克思活到我们现在的社会主义国家里，"他也会赞成保持一种合理补贴的社会主义，即小的方面不合理，大的方面仍然是合理的"。②

1988年，党中央酝酿更大幅度的价格和工资改革，以期初步理顺价格关系。陈云对这个改革方案明确表示不赞成。他对中央有关领导同志说："物价每年上涨10%，连涨5年，我打个很大的问号。""物价连续上涨10%，影响面很大……物价上涨后不拿工资的农民怎么办。"③ "每年物价上涨10%，办不到。我是算账派，脑子里有数目字。理顺价格在你们有生之年理不顺，财政补贴取消不了。"④ 然而，当时的中央主要负责人听不进去这个话，坚持认为"物价这一关非过不可"，并主持中央政治局会议原则通过了价格、工资改革方案。方案基本内容在报上一经公布，立即引起居民恐慌，出现全国性抢购和提款风潮，物价指数猛涨20%多，迫使国务

---

① 《陈云文选》第三卷，人民出版社1995年版，第278页。
② 《陈云文集》第三卷，中央文献出版社2005年版，第496页。
③ 中共中央文献研究室编，金冲及、陈群主编，曹应旺副主编：《陈云传》(下)，中央文献出版社2005年版，第1791页。
④ 中共中央文献研究室编，金冲及、陈群主编，曹应旺副主编：《陈云传》(下)，中央文献出版社2005年版，第1792页。

院发出紧急通知进行解释，表示银行将开办保值储蓄。但这一切都晚了，事情已经闹大，一定程度上成为随之而来的"八九"政治风波的起因之一。风波过后，陈云同刚刚担任党中央总书记的江泽民谈话，再次指出："国家财政补贴取消不了。暗补、明补，都是补贴。在我国，还是低工资、高就业、加补贴的办法好。这是保持社会安定的一项基本国策。即使是发达的资本主义国家，对某些产品也是实行补贴的。当然，通过改善经营管理，提高经济效益，可以逐步减少一些不合理的补贴，例如某些企业的亏损补贴，但要从根本上取消补贴是不可能的。"①

现在，随着经济形势的好转，价格补贴在逐步减少，但无论消费环节还是生产环节，很多关系人民切身利益的物价和弱势产业的扶持措施仍然是包含补贴的，有的补贴还在增加。比如，粮食售价和居民的义务教育费、医疗统筹费、水电费、煤气费、取暖费、公交费、地铁票、火车票等，都有财政暗补。近些年，为了鼓励农民种粮，保护生态环境，促进养老事业，政府还陆续出台了种粮补贴、农机补贴、良种补贴、退耕还林、还草补贴，环保产业和产品补贴，以及发放养老金、推广中小学生营养午餐等财政补贴。这说明，陈云关于价格改革要照顾民生、财政补贴不可能根本取消的思想，已为越来越多的政策制定者们所接受，成为考虑改革的一大出发点。我们无疑应当继续进行价格改革，减少各种不合理的补贴，使价格尽可能反映价值。但制定价格改革方案时，也要想到低收入群众的承受能力和弱势产业的发展，权衡经济与政治、社会等各方面的利弊得失。这同样是被实践反复证明的一条客观规律，违反了同样是要受到惩罚的。前些年，群众普遍反映住房贵、看病贵、上学贵，就很值得我们反思住房、医疗、教育改革中的教训。

四、从搞好执政党党风的角度关心民生问题

从20世纪80年代初起，陈云由于年龄原因，除担任党中央副主席兼中纪委第一书记外，不再负责其他日常工作。但他一如既往地关心人民群

---

① 《陈云文选》第三卷，人民出版社1995年版，第376页。

众日常生活中的困难，无论大事小事，只要发现或想到，随时给在第一线的中央领导同志写信函作批示打招呼。例如，当他了解到中年知识分子工资收入低、工作负担重的情况后，便给中央政治局常委各同志写信，提出中年知识分子是各条战线的中坚力量，改善他们的工作条件、生活条件是基本的基本建设，把钱用在他们身上是好钢用在刀刃上。当他在报上看到儿童看戏难的反映，便给中央书记处领导写条子，建议全国机关、企事业单位向儿童开放内部礼堂，并且由中央办公厅带头开放怀仁堂。当他想到前些年一些大城市发生冬储菜冻烂问题时，立即给中央有关领导写信，说"北京、天津烂菜问题是一个多次发生过的事情。霜降已过，十一月八日'立冬'，'烂与不烂'，只有几个小时的关键时刻。大白菜是北京市民的当家菜类"，要赶在寒流之前把菜卖到老百姓手里。①他还让秘书给时任北京市委书记的段君毅同志打电话，提醒他们想办法让市民尽可能多买一些，不要让菜烂在街上。事后，他又在北京市委、市政府的情况报告上批示："城市居民贮藏有困难，但春节后吃不到便宜的大白菜又有意见。这件事要由北京市委拟出一个妥善可行的办法才好。"根据他的批示，北京市计划减少郊区大白菜的种植，改在河北省邻县多定购，并写出书面报告。对此，他又批示："这一条必须由市委和河北省商量好。"②当他从报上看到大龄未婚青年多和师范院校招生难的情况，又给中央书记处领导写信，建议中央指定一个部门抓一下大龄未婚青年尤其是女青年的婚姻问题；并让秘书转告中央有关领导，要想办法提高中小学教师的待遇和社会地位，使教师成为社会上最受人尊敬最值得羡慕的职业之一。

像这类事，在陈云晚年是家常便饭。我理解，这是他崇高党性的自然流露，也是他在向处于第一线的领导同志有意识地传帮带，使他们也能像老一辈领导人那样，从端正执政党党风的角度来看待和处理民生问题。由于他经常过问这些其他领导同志不大过问的事，香港一家杂志把他称为"不管部长"。他听后很感兴趣，要秘书把杂志拿给他看。还有一位同志转

---

① 《陈云文集》第三卷，中央文献出版社 2005 年版，第 513 页。
② 中共中央文献研究室编，朱佳木主编：《陈云年谱（修订本）》下卷，中央文献出版社 2015 年版，第 391 页。

来一封署名"北京一市民"的信，称陈云同志为"标准共产党员"。他听后哈哈大笑，并把这六个字端端正正地记在便笺上。他一向不喜欢听赞扬的话，唯独这一次，不仅接受了这个赞扬，而且显得十分高兴。

总之，在陈云看来，民生问题既是一个经济问题，又是一个执政党的党风问题；重视还是不重视民生问题，对执政党既是一个是否善于做经济工作的检验，又是一个是否坚持密切联系群众、紧紧依靠群众、时时处处关心和维护群众利益的检验。

2015年，习近平总书记在纪念陈云同志诞辰110周年座谈会上回顾了陈云伟大而光荣的一生，并着重指出："我们纪念陈云同志，就要学习他一心为民的精神。党同人民群众的关系，是陈云同志始终高度重视的问题。他说：'当权的党容易只是向群众要东西，而忘记也要给群众很多的东西。如果真是那样，群众就会把我们看成强迫摊派的命令机关。所以，我们不应该只知道向群众要东西，更应该时刻注意为群众谋福利。''党脱离了群众，就成了光杆子的党，这样的党也是不能存在的。'"① 党的十八届六中全会公报指出："全党必须贯彻党的群众路线，为群众办实事、解难事，当好人民公仆。坚持问政于民、问需于民、问计于民，决不允许在群众面前自以为是、盛气凌人，决不允许当官做老爷，漠视群众疾苦，更不允许欺压群众、损害和侵占群众利益。"这些说明，习近平总书记和以习近平同志为核心的党中央，同样是把民生问题和执政党党风问题联系在一起看的。我们要把学习陈云的民生思想，同学习、贯彻习近平总书记系列重要讲话精神结合起来，切实做到从端正执政党党风的高度看待民生问题，促进经济发展与民生改善的良性循环，从而使各族人民在民生逐步改善的基础上对中国特色社会主义理想的认同不断得到巩固，使党的执政地位在为人民谋福祉的过程中不断得到加强。

（本文是作者在2016年11月30日"贯彻中共十八届六中全会精神暨学习陈云民生思想座谈会"上的发言，原载《党的文献》2019年第1期，题为《从党风建设角度看陈云的民生思想》。收入本书时，作者略作修改）

---

① 习近平：《在纪念陈云同志诞辰110周年座谈会上的讲话（2015年6月12日）》，载《人民日报》2015年6月13日，第2版。

陈云党建思想对全面从严治党的现实意义

重视并不断加强党的建设,尤其在党执政后从严治党,是中国共产党的独特优良传统和最大政治优势之一。党的十八大后,以习近平同志为核心的党中央继承、发扬这一优良传统,维护、发挥这一政治优势,针对新形势下出现的"管党治党失之于宽、失之于松、失之于软的问题"[1],作出全面从严治党的战略部署,并把它纳入"四个全面"战略布局,形成了一系列管党治党的新理论。只要稍作比较就不难看出,这些理论和部署与陈云同志的党建思想和实践之间有许多相近、相通甚至相同的地方。因此,结合当前实际情况研究和宣传陈云的党建思想,对于深入理解和推进全面从严治党的战略部署,具有十分积极的现实意义。

一

全面从严治党首先要求思想从严,就是说,凡是共产党员必须铭记和忠实入党誓词,坚定理想信念,认真学习马克思主义。陈云同志从1937年底担任中央组织部部长起直到去世,始终强调的也是这些要求。他说,共产党员"不仅应该为党在各个时期的具体任务而奋斗,而且应该确定自己

---

[1] 习近平:《在第十八届中央纪律检查委员会第六次全体会议上的讲话》,载《人民日报》2016年5月3日,第2版。

为共产主义的实现而奋斗到底的革命的人生观"①。"谁要是放弃了革命的和党的立场,谁就丧失了共产党员的资格。"②

20世纪80年代初的一天,陈云同志和我谈到有同志提出"共产主义遥遥无期"的观点。他说:"这个观点是不对的,应当说,共产主义遥遥有期,社会主义就是共产主义的第一阶段嘛。"他还针对海外有人建议我们党最好改名的事说:"共产党的名字表明了她的奋斗目标,改名字怎么能行!延安时期就有人提过让共产党改名的建议,毛主席说:'什么名字好?我看国民党的名字最好!可惜人家已经用了。'"③改革开放后,一些同志出国转了几天,回来便鼓吹中国不如外国,社会主义不如资本主义。陈云同志听说后,特别嘱咐我在为他准备的党的十二届二中全会发言稿最后,要写上"社会主义万岁!共产主义万岁!"④ 并且亲笔加了一句:"资本主义必然要被社会主义所代替,这是无可改变的法则。"

怎样做才叫思想从严?许多人对此感到不好掌握。然而,看了陈云同志对待一些地方农村党员集训要误工费问题的处理意见,用实际行动作出了回答。农村实行联产承包责任制后,有的党员在集训时,除了拿伙食补贴外还要求发误工费,否则不去参加。陈云同志在党的十二届二中全会上说,这种人不能成为共产党员,"凡属要求误工补贴的党员应开除党籍"⑤。事后,有人表示不理解,认为既然机关干部、工人过组织生活不扣工资,农民就应当补工分,否则太严厉了。这种观点貌似有理,实则混淆了两种分配制度的区别,恰恰反映了对党员思想从宽的态度。

2015年习近平总书记在纪念陈云同志诞辰110周年座谈会上号召全党向陈云同志学习,首先说的就是学习他无论处于顺境还是逆境始终坚守对马克思主义、共产主义信仰不动摇的精神;同时强调学习他刻苦学习的精神,说陈云同志出身贫寒,只读过小学,之所以具备很高的思想理论水平和

---

① 《陈云文选》第一卷,人民出版社1995年版,第137页。
② 《陈云文选》第一卷,人民出版社1995年版,第142页。
③ 朱佳木:《论陈云》,中央文献出版社2010年版,第6页。
④ 朱佳木:《论陈云》,中央文献出版社2010年版,第6页。
⑤ 《陈云文选》第三卷,人民出版社1995年版,第332页。

解决问题的能力，就是靠长期坚持学习。对于马克思主义理论，陈云同志自己坚持学习，组织家属和身边工作人员学习，也一再提倡全党特别是高级干部要加强学习。在1985年党的全国代表会议上，他还针对一些党员忘记社会主义和共产主义理想、丢掉为人民服务的宗旨、为私利"一切向钱看"的现象提出："应当把共产主义思想的教育、四项基本原则的宣传，作为思想政治工作的中心内容。这种宣传教育不能有丝毫减弱，还要大大加强。"①

二

全面从严治党也要求组织从严，就是说，要求党员强化党性观念和组织意识，严格执行民主集中制和党内组织生活的各项制度，对党忠诚老实，做到个人服从组织、少数服从多数、下级服从上级、全党服从中央；绝不允许对组织说一套、做一套，台上一套、台下一套，当面一套、背后一套，更不允许结党营私、拉帮结派，搞团团伙伙、"独立王国"；在建设高素质干部队伍中，关键是要把信念坚定、为民服务、勤政务实、敢于担当、清正廉洁的干部选拔到各级领导岗位上。只要重温陈云同志的论述就会看到，他一向强调的正是这些主张。

从陈云同志的论述中看，他关于党性纯洁问题强调较多的有以下几点：第一，党的利益高于一切。第二，无条件执行党的决议。第三，敢于同有损于党的利益的行为做斗争。第四，对党忠诚坦白，言行一致。他说："不允许任何党员对党讲一句假话。"对于经过教育不改，反而假话越说越多、越说越大的人，"不管你口里讲得如何革命，不管你过去有多大的功劳，应该立即开除出党，没有价钱可还"。② 第五，坚决维护党的团结，绝不允许在党内拉帮结派、搞分裂。他在党的七届四中全会上说："原来想，革命已经胜利，似乎可以不出张国焘之类人物了。现在看来，恰恰相反，革命胜利了的国家，更容易出。现在比起秘密工作和在山沟里打游击的时代，更

---

① 《陈云文选》第三卷，人民出版社1995年版，第352页。
② 《陈云文选》第一卷，人民出版社1995年版，第201页。

容易出野心人物。"①

自从陈云同志分管党的干部工作以来，便将严把选人用人关放在了干部工作的首要位置，并且反复强调"德才并重，以德为主"②。党的十一届三中全会后，他在力主加快提拔中青年干部的同时，再次强调德才相比要更重视德的观点。他说，对"文化大革命"中的"三种人"要提高警惕，一个不能提拔。"不要只看他们现在一时表现好。现在这些人大概表现是'蛮好'，他要爬上来，现在只能表现好，因为老家伙还在。但是，到了气候适宜的时候，党内有什么风浪的时候，这些人就会变成为能量很大的兴风作浪的分子。"③他尤其提醒大家，选择拿笔杆子的人要特别谨慎，"必须培养既能写，又有德，德才兼备的人"④。在党的十二大上，他又指出在选拔中青年干部的问题上，一方面要大胆，另一方面要严格把好政治关。"德才相比，我们要更注重于德，就是说，要确实提拔那些党性强，作风正派，敢于坚持原则的人。"⑤他还在中央组织部的"情况反映"上批示："提拔中青年干部必须注意德。有才缺德的人，一个也不能提拔。"⑥他说："德好，才差一些不要紧，放到领导岗位上锻炼几年，才干是可以练出来的。"⑦那时有一种提法，叫作要选"开拓型干部"。他指出："开拓型也要，但首先要强调有德，有党性。德才兼备，才干固然要有，但德还是第一。我希望政治局、书记处要注意这样一个问题。"⑧

三

全面从严治党还要求作风从严，就是说，除了要坚持党的三大作风外，

---

① 《陈云文选》第二卷，人民出版社1995年版，第231页。
② 《陈云文选》第一卷，人民出版社1995年版，第214页。
③ 《陈云文选》第三卷，人民出版社1995年版，第301页。
④ 《陈云文选》第三卷，人民出版社1995年版，第302页。
⑤ 《陈云文选》第三卷，人民出版社1995年版，第317页。
⑥ 《陈云文集》第三卷，中央文献出版社2005年版，第498—499页。
⑦ 中共中央文献研究室编，朱佳木主编：《陈云年谱（修订本）》下卷，中央文献出版社2015年版，第352页。
⑧ 《陈云文选》第三卷，人民出版社1995年版，第359页。

还要发扬民主的作风、清廉的作风、艰苦奋斗的作风、勤俭节约的作风、"三严三实"的作风,以及良好的学风、文风、会风等,着力解决形式主义、官僚主义、享乐主义和奢靡之风这"四风"问题,以零容忍态度惩治腐败;党风建设永远在路上,核心是保持党同人民群众的血肉联系,要首先从中央政治局做起,以上率下;领导干部在管好自己的同时,要严格要求配偶、子女和身边工作人员,培养良好家风。在端正党风问题上,陈云同志的主张和实践早已为全党所熟知,他关于"执政党的党风问题是有关党的生死存亡的问题"的论断,关于"党风问题必须抓紧搞,永远搞"的意见①,更成为我们党的座右铭。

在发扬民主作风方面,陈云同志一贯主张要允许党内讲不同意见。他常说:"相同的意见谁也敢讲,容易听得到;不同的意见,常常由于领导人不虚心,人家不敢讲,不容易听到。""在党内不怕有人说错话,就怕大家不说话。"② 有同志提不同意见,是党的事业兴旺发达的好现象,当然,要在党内说,"按照组织程序和组织原则严肃地提出来"③。

在维护群众利益方面,陈云同志反复提醒全党不要只是向群众要东西,还要注意给群众东西,帮助群众解决问题。他说:"不仅要帮助群众解决大的问题,也要帮助群众解决小的问题。""我们帮助了群众,群众就会积极、热情地来帮助党和政府的工作。"新中国成立后,他在主持全国财经工作中总是有意识地把民生问题与端正党风、巩固党的执政地位联系起来思考和阐述。1956年他兼任商业部部长,提出做好商业工作一定要加强政治观点和群众观点。他说:"商业工作的好坏,直接关系到六万万人民群众的切身利益,关系到广大的城乡人民对我们是否满意。"④ 1957年,他在13个省、市蔬菜会议上指出:"保证蔬菜供应,稳定蔬菜价格,是城市人民的普遍要求。购买力愈低的人,对这个问题就愈关心。""蔬菜和其他副食品的供应问题,其意义绝不在建设工厂之下,应该放在与建设工厂同等重要

---

① 《陈云文选》第三卷,人民出版社1995年版,第273页。
② 《陈云文选》第三卷,人民出版社1995年版,第188、187页。
③ 《陈云文选》第三卷,人民出版社1995年版,第275页。
④ 《陈云文选》第三卷,人民出版社1995年版,第44页。

的地位。如果只注意工业建设，不注意解决职工的生活问题，工人就可能闹事，回过头来还得解决。"①人民公社化运动中，农村政策出现"左"的偏差，把自留地、家庭养猪等看成是"资本主义尾巴"，严重挫伤了农民积极性。1961年，他在家乡青浦调查时说："在当前农民口粮不足的情况下，农民最关心的不是'社会主义还是资本主义'，而是'吃饭还是吃粥'。多分一点自留地，可以使农民多得一点口粮，对巩固工农联盟和社会主义制度有好处，是社会主义经济的必要的补充。"②

三年困难时期，全国粮食紧张，人民营养不良，陈云同志建议动用一些钢材制造机帆船出海捕鱼，压缩一部分生猪出口，使大中城市居民每人每月增加半斤鱼半斤肉。他指出："目前，这样的问题，是国家大事。如果六千多万人身体搞得不好，我们不切实想办法解决，群众是会有意见的。人民群众要看共产党对他们到底关心不关心，有没有办法解决生活的问题。这是政治问题。"③他语重心长地对大家说："同志们，我们花了几十年的时间把革命搞成功了，千万不要使革命成果在我们手里失掉。现在我们面临着如何把革命成果巩固和发展下去的问题，关键就在于要安排好六亿多人民的生活，真正为人民谋福利。"④在1978年党的十一届三中全会前的中央工作会议上，他针对当时粮食供应依然紧张、一些地方农民还吃不饱的现象，建议今后三五年，每年进口2000万吨粮食。他说："要先把农民这一头安稳下来。……如果老是不解决这个问题，恐怕农民就会造反，支部书记会带队进城要饭。"⑤党的十一届三中全会后，中央同意陈云同志关于进行国民经济调整的建议，但由于党内对调整方针认识不统一，致使1979年、1980年两年财政收支出现严重赤字，货币大幅增发，物价大幅上涨。对此，他在1980年底中央工作会议指出："这种涨价的形势如果不加制止，人

---

① 《陈云文选》第三卷，人民出版社1995年版，第64页。
② 中共中央文献研究室编，朱佳木主编：《陈云年谱（修订本）》下卷，中央文献出版社2015年版，第95页。
③ 《陈云文选》第三卷，人民出版社1995年版，第209—210页。
④ 《陈云文选》第三卷，人民出版社1995年版，第210页。
⑤ 《陈云文选》第三卷，人民出版社1995年版，第236页。

民是很不满意的。经济形势的不稳定,可以引起政治形势的不稳定。"①

在反对以权谋私方面,陈云同志更是一再强调它对于我们党的至关重要性。他在延安时代就说过:执政党的党员损害群众利益,"特别容易引起群众的不满。你有枪,又当权,群众看到了也不敢讲。所以,一定要严格要求我们的党员和干部"。1981年,有一件涉及领导干部在出国招商引资中违反外事纪律、变相索贿受贿的案子,中纪委办理起来阻力很大。于是,他亲自出面找有关领导同志做工作,并要我转告中纪委负责同志一定要顶住,处分决定通不过,就拿到政治局会上,政治局通不过,就拿到中央委员会的会上。他强调:"开放政策是对的,但越是在开放的地方,越是要加强政治思想工作,干部越是要'金刚钻'的。"② 20世纪80年代初,广东、福建等沿海省份的不法之徒内外勾结,大搞走私活动,涉及不少党员干部,群众意见很大。陈云同志将中纪委反映这一情况的"信访简报"批给中央常委传阅,说对严重的经济犯罪分子,他主张要"严办几个,判刑几个,以至杀几个罪大恶极的,并且登报"。邓小平同志看后在上面加了八个字:"雷厉风行,抓住不放。"③ 一场打击经济领域违法犯罪活动的斗争由此开展起来。过了一段时间,中纪委反映有同志认为,中央抓打击严重经济犯罪抓晚了,问题已相当严重,积重难返了。陈云同志批示:"现在抓,时间虽晚了些,但必须抓到底。中央纪委必须全力以赴。"④ 针对有人担心大张旗鼓打击经济犯罪会影响改革开放的思想顾虑,他说:"这些同志怕这怕那,就是不怕亡党亡国。"⑤ 针对有人认为中纪委处理历史遗留问题果断、处理现实案子软弱的看法,他又让我转告中纪委负责同志,对涉及领导干部的案子要大胆搞,搞不动就由他提到中央常委会上;纪委不能当"老太婆纪委",要做"铁纪委"。他还说,抓反腐败是他的责任,他准备让人打

---

① 《陈云文选》第三卷,人民出版社1995年版,第277—278页。
② 朱佳木:《论陈云》,中央文献出版社2010年版,第12页。
③ 朱佳木:《论陈云》,中央文献出版社2010年版,第13页。
④ 中共中央文献研究室编,朱佳木主编:《陈云年谱(修订本)》下卷,中央文献出版社2015年版,第334页。
⑤ 朱佳木:《论陈云》,中央文献出版社2010年版,第66页。

黑枪，损子折孙。① 在党中央的领导和督促下，这场斗争取得了很大胜利。他在列举斗争中被开除党籍和受党纪处分人员的数字后指出："我们绝大多数党员是不谋私利的，但因谋私利而犯法、犯错误的党员也不是一个很小的数量。""对于利用职权谋私利的人，如果不给以严厉的打击，对这股歪风如果不加制止，或制止不力，就会败坏党的风气，使党丧失民心。"②

  为了整顿党风，陈云同志大力倡导不怕得罪人的精神。他针对一些人错误总结"文化大革命"教训，由过分强调斗争哲学、不该斗的也斗变为怕矛盾、怕斗争、怕得罪人的现象，让我转告正在组织起草党的十二大报告的胡乔木同志，说在报告中要写上这样的意思："目前在我们的党风中，以至在整个社会风气中，有一个很大的问题，就是是非不分。有些同志在是非面前不敢坚持原则，和稀泥，做老好人，而坚持原则的人受孤立。这种情况，在'文化大革命'以前也有，但现在比那时要严重得多。"他说，对于这个问题，"应该把它提到全党思想建设和组织建设的高度。要提倡坚持原则，提倡是就是是、非就是非的精神。只有我们党内首先形成是非分明的风气，党的团结才有基础，党才有战斗力，整个社会风气才会跟着好转，才会使正气上升，邪气下降"。③ 他还要求各级纪委要选用原则性强的干部，说这些干部应当有坚强的党性，有一股正气，敢于同党内各种不正之风和一切违法乱纪行为作坚决斗争；而不应当在原则问题上"和稀泥"，做和事佬、老好人。有一阵子，党、政、军领导干部中刮起向下属单位要高级轿车的风，他在情况反映上批示："凡是别人（或单位）送的和个人调换的汽车（行政机关配备的不算），不论是谁，一律退回，坐原来配备的车。在这件事上，得罪点人，比不管而让群众在下面骂我们要好。"④

  在端正党风问题上，陈云同志主张领导干部特别是高级领导干部要

---

① 朱佳木：《论陈云》，中央文献出版社2010年版，第13、14页。
② 《陈云文选》第三卷，人民出版社1995年版，第331—332页。
③ 《陈云文选》第三卷，人民出版社1995年版，第274页。
④ 《陈云文集》第三卷，中央文献出版社2005年版，第543—544页。

"身体力行，作出榜样"①。他要求退居二线或者离休退休的老干部继续关心党风党纪、发挥监督作用，说在这方面，"没有退居二线和离休、退休的问题。只要是党员，活着就永远处在第一线"②。说到中央要求北京党政军机关在实现党风和社会风气根本好转中做表率时，他建议："做表率首先从中央政治局、书记处和国务院的各位同志做起。"③ 他强调领导干部严格约束自己的亲属和身边工作人员，要求："党的高级领导人员，在教育好子女的问题上，给全党带好头。决不允许他们依仗亲属关系，谋权谋利，成为特殊人物。"④ 那时，中纪委提出不许领导干部子女及其配偶经商办企业的建议。他批示：这件事要由中央"作出明确的决定方能制止。不然的话，发展下去，党的肌体、党群关系必将受到损害，有所好转的党风也会受到影响，改革也难以顺利进行"。他还提出，将退出经商领域的干部子女范围再扩大一点。⑤ 群众来信反映，有些领导干部子女出国留学，名为"自费"、实为外商赞助，他只要收到，总是亲自给有关领导同志写信，说这样做不好，因为我们"自费"不起，劝他们让孩子回来。⑥

陈云同志要求高级干部管好自己的亲属，也是首先从自己做起。全国解放前夕，他在给家乡老战友的孩子和自己的表弟回信中提醒他们："千万不可以革命功臣的子弟自居，切不要在家乡人面前有什么架子或者有越轨违法行动，这是决不允许的。你们必须记得共产党人在国家法律面前是与老百姓平等的，而且是守法的模范。革命党人的行动仅仅是为人民服务，决不想有任何酬报，谁要想有酬报，谁就没有当共产党员的资格。我与你父亲既不是功臣，你们更不是功臣子弟。这一点你们要切记切记。"信中还写道："你们必须安分守己，束身自爱，丝毫不得有违法行为。我第一次与你通信，就写了这一篇，似乎不客气，但我深觉我有责任告诫你们。"⑦ 改

---

① 《陈云文选》第三卷，人民出版社1995年版，第351—352页。
② 《陈云文选》第三卷，人民出版社1995年版，第352页。
③ 《陈云文集》第三卷，中央文献出版社2005年版，第543页。
④ 《陈云文选》第三卷，人民出版社1995年版，第352页。
⑤ 《陈云文集》第三卷，中央文献出版社2005年版，第543页。
⑥ 朱佳木：《论陈云》，中央文献出版社2010年版，第65页。
⑦ 《陈云文选》第一卷，人民出版社1995年版，第396页。

革开放初期,当他得知中小学教师待遇低、师范学校招生困难的情况后,即提出让师范大学毕业后被分配到中央国家机关工作的二女儿"归队",去学校当老师。① 后来,他的这位女儿辞去了在机关的工作,毅然回到自己的母校当一名普通的中学历史教师,直到退休。

四

全面从严治党尤其要求纪律从严,就是说,纪严于法、纪在法前,要把纪律建设摆在更加突出的位置,而且把严格遵守政治纪律放在首位,使纪律真正成为带电的高压线,领导干部在严守党纪方面更要做表率,对于管党治党不严不实、选人用人失察、发生严重"四风"和腐败现象的问题要严肃问责,追究领导责任、党组织责任。所有这些,也都是陈云同志历来主张的。

早在延安时代,陈云同志就说过:"维护党的统一,不靠刀枪,要靠纪律……"② "严格地遵守党的纪律为所有党员及各级党部之最高责任。无特殊人物,无特殊组织。领导干部、领导机关必须成为严守党纪的模范。要特别防范高级领导人破坏纪律的行为。""不愿意遵守纪律的党员,害怕铁的纪律的新党员,尽可出党。"③ 他指出:"组织、多数、上级、中央的决策正确时,自然要服从;如不正确,或不完全正确,怎么办?在行动上必须服从,同时应该按党章规定的权利,提出建议,或保留自己的意见。"④ 对纪律"不自觉遵守,必须强制执行。明知故犯者,要给以处分;情节严重而不愿改正者,应开除出党"⑤。改革开放初期,有些地方把遵守党的纪律与改革对立起来,提出给改革"松绑"的口号。对此,他旗帜鲜明地指出:"党性原则和党的纪律不存在'松绑'的问题。没有好的党风,改革

---

① 朱佳木:《论陈云》,中央文献出版社2010年版,第46页。
② 《陈云文选》第一卷,人民出版社1995年版,第196页。
③ 《陈云文选》第一卷,人民出版社1995年版,第196页。
④ 《陈云文选》第一卷,人民出版社1995年版,第197页。
⑤ 《陈云文选》第一卷,人民出版社1995年版,第197页。

是搞不好的。共产党不论在地下工作时期或执政时期,任何时候都必须坚持党的纪律。"①

对于党的政治纪律,陈云同志尤其重视。改革开放后,有的领导干部出国考察回来,对"四项基本原则"产生怀疑,对社会主义、共产主义前途失去信心。针对这种情况,他在党的十二届二中全会上指出:"有些人看见外国的摩天大厦、高速公路等等,以为中国就不如外国,社会主义就不如资本主义,马克思主义就不灵了。对于这些人,我们要进行批评教育;对其中做意识形态工作的同志,经过教育不改的,要调动他们的工作。"②维护党的政治纪律,要从思想政治工作的源头抓起。中央纪委自成立之始他便提出,其基本任务"是要维护党规党法,整顿党风"③。20 世纪 80 年代初,党员腐败案件增多,有人主张纪检工作应把重点放在办案上。对此,他明确表示:"各级党组织和党的纪律检查部门只是查处违法乱纪的案子不行,更重要的是要加强共产党员的党性教育和自觉遵守党的纪律的教育。"④ "各级纪委应在同级党委统一领导之下,始终围绕搞好党风这一中心任务,作艰苦的努力。"⑤ 他说,只有"在抓思想政治工作的同时,严肃党纪、政纪,党风才能根本好转"⑥。

陈云同志历来主张,在党纪面前必须一视同仁,涉及领导干部的违纪案件再难办也要办,否则党纪势必形同虚设。改革开放后,一度刮起党政军机关经商风,出现不少违法乱纪问题。对此,他明确指示:"无论是谁违反党纪、政纪,都要坚决按党纪、政纪处理;违反法律的,要建议依法处理。各级纪委必须按此原则办事,否则就是失职。"⑦ 他还对发生严重违纪情况的单位或地方提出必须追责的要求,指出:"如果哪个单位、哪个地区的歪风邪气大量存在,而又长期未得到纠正,那就显然不只是个人的问题,

---

① 《陈云文选》第三卷,人民出版社 1995 年版,第 275 页。
② 《陈云文选》第三卷,人民出版社 1995 年版,第 332 页。
③ 《陈云文选》第三卷,人民出版社 1995 年版,第 240 页。
④ 《陈云文集》第三卷,中央文献出版社 2005 年版,第 541 页。
⑤ 《陈云文选》第三卷,人民出版社 1995 年版,第 357 页。
⑥ 《陈云文选》第三卷,人民出版社 1995 年版,第 357 页。
⑦ 《陈云文选》第三卷,人民出版社 1995 年版,第 356 页。

而是同那个单位、那个地区的党委领导有关。对于危害社会主义建设，败坏党风、社会风气的歪风邪气，熟视无睹，听之任之，除了追究那些为非作歹的个人外，还要追究那个单位、那个地区的党委的责任，包括纪委的责任。"[①] 为此，他具体点了海南岛汽车案和晋江地区制造、销售假药案，要求追究这两个地区党委的责任。

当前，我们已进入全面建成小康社会的决胜阶段，前进道路上既面临战略机遇，也充满风险和挑战。历史证明，要完成中华民族伟大复兴的任务，必须坚持党的领导，而党要担负好自己的领导责任，必须加强自身建设，切实从严治党。我们要深入研究和宣传包括陈云党建思想、实践在内的我们党关于加强自身建设的历史经验，为切实贯彻以习近平同志为核心的党中央关于全面从严治党的战略部署，使管党治党真正从宽松软转向严紧硬，提供更多的智力支持。

（原载《党的文献》2016 年第 5 期。收入本书时，作者略作修改）

---

① 《陈云文选》第三卷，人民出版社 1995 年版，第 356 页。

陈云从延安时代开始一直倡导的四个主张

今年6月13日是陈云同志诞辰98周年的日子。不久前，中央电视台播出了五集电视文献纪录片《陈云在延安》，向人们介绍了陈云同志在延安时代的许多感人肺腑的事迹，在许多观众特别是老同志中引起了很大反响。

抗战期间有八年，陈云同志都在延安，除最后一年主抓陕甘宁边区的财经工作外，其他七年都是担任中央组织部的部长。这七年是中国共产党发展壮大的七年，是中央组织部走向正规化的七年，也是陈云同志在政治上走向纯熟的七年。陈云同志曾对我说过，到延安之前，他的讲话没有多少辩证法，到延安后，他学习了哲学，讲话就有辩证法了。

在主持中央组织部工作期间，陈云同志还担任中央政治局常委、书记处书记，是中央领导核心成员，因此，他的许多主张不仅对组织工作系统，而且对全党都有着重大而深远的影响。其中有四个主张，我感到即使后来他不负责组织工作了，仍然不断在讲，一直讲到老，讲到去世，讲了一辈子。这些主张有的在这部电视片中有反映，有的限于篇幅，反映不多。重温他的这些主张，是观看这部文献纪录片后的感想，也是对它的一种补充，更是我对他98周年诞辰的纪念。

主张重视、尊重和爱护知识分子

我们党在十年内战时期，主要成分是农民和少量工人。抗战爆发后，形势和人心大变，大量国统区的知识分子，主要是革命青年，也有大学教授、工程师，不远千里奔向延安。在延安的抗大、陕公、鲁艺、党校有上万学生，抗大在武汉登报申明不再招生，但大批学生仍旧络绎不绝地来。当时有人认为国统区来的人复杂，主张拒之门外，甚至指责组织部审查不严。陈云同志则认为，来的人虽然复杂，但"要干大事情，就免不了要遇到复杂情况。将来领导全国的时候，情况会更加复杂。只有几个人，不要发展，才简单，但是革命一定不会成功"。"干革命如果怕复杂，便会愈弄愈复杂，不怕复杂，革命就好办。"① 针对"知识分子就是为资产阶级服务的"观点，他指出："知识分子有的是为资产阶级服务的，有的是为无产阶级服务的。在中国，大部分的知识分子是可以为无产阶级服务的。"②

陈云同志在提出广招天下士的同时，还特别强调了大批接收、大胆使用知识分子的紧迫性，提出"要抢夺知识分子"的口号。他说："现在各方面都在抢知识分子，国民党在抢，我们也要抢，抢得慢就没有了。日本帝国主义也在收买中国的知识分子为它服务。如果把广大知识分子都争取到我们这里来，充分发挥他们的作用，那末，我们虽不能说天下完全是我们的，但是至少也有三分之一是我们的了。"③

抢夺知识分子一方面要积极吸收够入党条件的知识分子加入党组织，另一方面要正确对待党外的知识分子。陈云同志为此专门讲过一篇话，叫作《尊重和团结非党干部是党的重要政策》。他说："要注意用人之才，不能只考虑是否党员或党龄之长短。按才能排位置，不按党票排位置。"④ 还说："礼贤下士、尊敬贤能是共产党员应有的风度。"⑤

后来，在解放战争时期，陈云同志主持东北解放区的财经工作，碰到如何处理新接收企业中的职员问题。他批评了只重视工人而轻视职员的"左"的错误，指出职员、技术员、技师、工程师、专门家都"是管理庞

---

① 《陈云文选》第一卷，人民出版社 1995 年版，第 113 页。
② 《陈云文选》第一卷，人民出版社 1995 年版，第 180—181 页。
③ 《陈云文选》第一卷，人民出版社 1995 年版，第 181 页。
④ 《陈云文选》第一卷，人民出版社 1995 年版，第 247 页。
⑤ 《陈云文选》第一卷，人民出版社 1995 年版，第 247 页。

大复杂的近代企业中必不可少的重要人员"[1]，"必须使体力劳动的工人与脑力劳动的职员合作"[2]。

新中国成立后，陈云同志主持全国财经工作。他一如既往，一方面把建立和扩大高等学校和中等技术学校作为"一五"计划的重要任务，另一方面主张要充分信任和大胆使用旧社会培养的知识分子。他指出，"这些人是我们的'国宝'，是实现国家工业化不可缺少的力量"[3]。在资本主义工商业改造高潮时，他针对有人认为资本家是包袱的思想说："资本家有本领，应该说是财富。在中国的封建地主阶级、官僚资产阶级、民族资产阶级、农民阶级和工人阶级中，民族资产阶级是文化程度高，知识分子多的一个阶级。"[4]

党的十一届三中全会之后，陈云同志重新走上中央核心领导岗位。上任不久，他就提出干部要年轻化、知识化、专业化、制度化，并且指出："提拔培养中青年干部，必然涉及对知识分子的态度。十年内乱时期把知识分子说成是'臭老九'，这种观点虽然已经受到批判，但是，党在知识分子中发展党员、提拔干部的政策远远没有实现。我们应该看到，没有老干部不能实现四化，没有大批知识分子参加到我们党的干部队伍中来，也决不能建成现代化的新中国。"[5] 在他的建议下，中组部向中央提交了关于加强在中年知识分子中发展党员的报告，并成立了技术干部局，专门管理科技干部。

1982年夏天，陈云同志看到两份反映中年知识分子生活、工作负担重，但工资收入低，很多人健康水平下降的材料，立即给中央常委各同志写信。他提议要抢救中年知识分子，今后每年拿出十二三亿元提高他们的工资，说应该把这看成基本建设的一个项目，而且是基本的基本建设；"应该向人民讲清楚，脑力劳动和体力劳动不一样，脑力劳动者比体力劳动者、

---

[1] 《陈云文选》第一卷，人民出版社1995年版，第355页。
[2] 《陈云文选》第一卷，人民出版社1995年版，第355页。
[3] 《陈云文选》第二卷，人民出版社1995年版，第46页。
[4] 《陈云文选》第二卷，人民出版社1995年版，第337页。
[5] 《陈云文选》第三卷，人民出版社1995年版，第295—296页。

受教育程度高的人比受教育程度低的人在工资收入上高一些，这是合乎社会主义经济规律的，也是合乎人民长远利益的。不这样做，我们的科学技术不可能上去，生产力也不可能上去。"①

主张党在执政后一定要防止脱离群众

延安时代，我们党虽然还没有成为全国的执政党，但已经掌握了抗日根据地的政权。陈云同志认为，党掌权和不掌权，情况很不一样。不掌权时，你要找群众，而掌权以后，群众要找你。因此，党在掌权以后，特别要防止脱离群众，党的建设主要应当围绕这个问题进行。他在1939年陕甘宁边区党的第二次代表大会上强调："领导着政权的党、领导着军队的党，自我批评更加重要。因为党掌握了政权以后，犯了错误会更直接更严重地损害群众利益。……你有枪，又当权，群众看到了也不敢讲。所以，一定要严格要求我们的党员和干部，并且经常倾听群众的意见，有人做了违背群众利益的事，就要给以严肃的批评，以至纪律处分。对于违法的人，例如贪污分子，还要发动群众去斗争，并绳之以法。"② 他提醒大家："当权的大党，领导干部很可能成为官僚。要坚决防止和克服官僚主义。"③

全国解放前夕，陈云同志收到家乡一位老战友的孩子来信。在回信中，他毫不客气地叮嘱这位年轻人，并要求他转告自己的表弟，"千万不可以革命功臣的子弟自居，切不要在家乡人面前有什么架子或者有越轨违法行动"。他说："共产党人在国家法律面前是与老百姓平等的，而且是守法的模范。""我与你父亲既不是功臣，你们更不是功臣子弟。""你们必须安分守己，束身自爱……"④

1954年，党内出了高饶事件。陈云同志在解决这一问题的七届四中全会上讲："在胜利了的国家里头，有电影，有照片，开会时热烈鼓掌，阅兵

---

① 《陈云文选》第三卷，人民出版社1995年版，第313页。
② 《陈云文选》第一卷，人民出版社1995年版，第183页。
③ 《陈云文选》第一卷，人民出版社1995年版，第221页。
④ 《陈云文选》第一卷，人民出版社1995年版，第396页。

时可威风啦。火车站欢迎的时候,送鲜花,夹道欢呼。物质享受是很具备的,很可以腐化。从前在瑞金、延安时,想腐化也很难,现在腐化很容易。我们对于执政以后党内的状况是不能盲目乐观的。"①

在党的十一届三中全会上,陈云同志重新当选为中央副主席,同时兼任新组建的中纪委第一书记。有人请示今后纪检工作如何搞,他当即回答:"执政党的党风问题是有关党的生死存亡的问题。因此,党风问题必须抓紧搞,永远搞。"② 1982年,东南沿海一带走私猖獗,涉及一些党员干部。他将一份情况简报批给中央常委各同志,提出:"对严重的经济犯罪分子,我主张要严办几个,判刑几个,以至杀几个罪大恶极的,并且登报,否则党风无法整顿。"③

在1983年的十二届二中全会上,陈云同志再一次就执政党党风问题向全党敲起警钟。他在发言中说:"党在全国执政以后,从中央到基层政权,从企业事业单位到生产队的领导权,都掌握在党员手里了,党员可以利用手中掌握的各种权力为自己谋取私利。"④ 他提醒全党,对以权谋私的人如果不严厉打击,"就会败坏党的风气,使党丧失民心"⑤。

以后,陈云同志又多次在各种场合讲话,呼吁抓社会主义精神文明建设,"关键是搞好执政党的党风"⑥。"希望所有党的高级领导人员,在教育好子女的问题上,给全党带好头。决不允许他们依仗亲属关系,谋权谋利,成为特殊人物"⑦。"对于危害社会主义建设,败坏党风、社会风气的歪风邪气,熟视无睹,听之任之,除了追究那些为非作歹的个人外,还要追究那个单位、那个地区的党委的责任,包括纪委的责任。"⑧ 他说,在这类事情上,"得罪点人,比不管而让群众在下面骂我们要好"⑨。

---

① 《陈云文选》第二卷,人民出版社1995年版,第231页。
② 《陈云文选》第三卷,人民出版社1995年版,第273页。
③ 《陈云文选》第三卷,人民出版社1995年版,第273—274页。
④ 《陈云文选》第三卷,人民出版社1995年版,第331页。
⑤ 《陈云文选》第三卷,人民出版社1995年版,第332页。
⑥ 《陈云文选》第三卷,人民出版社1995年版,第348页。
⑦ 《陈云文选》第三卷,人民出版社1995年版,第352页。
⑧ 《陈云文选》第三卷,人民出版社1995年版,第356页。
⑨ 中共中央文献研究室编:《陈云论党的建设》,中央文献出版社1995年版,第303页。

主张党内一定要充分发扬民主

中国共产党的最高组织原则是民主集中制。延安时代,我们党还处在武装斗争的状况,因此,形势要求更多地强调集中统一。陈云同志作为党的组织工作的最高负责人,一方面和其他领导同志一样,在讲话中反复讲解遵守纪律、维护统一的重要性和必要性;但另一方面也经常强调党内民主的意义。他曾说过:"无产阶级政党应该是一个最有纪律的党,也是一个最讲民主、最讲自由的党。"①

什么是民主呢?陈云同志在讲到要尊重和团结非党干部时说:"在民主选举的政权机关和民众团体中,共产党员与非共产党员合作共事,应共同遵守民主集中制的原则,少数服从多数。"②怎样才能发扬民主呢?陈云同志说得最多的是要让人讲话,尤其是讲不同意见和批评的话。他说,"要人敢说话,就不能给人戴大帽子"③。"比如,有一个人说错了几句话,你就对他来一顿批评,不是说他是'左'倾空谈主义,便是讲他有右倾机会主义的嫌疑。如果随便给人家戴上这类大而无当的帽子,一个人头上戴上三四顶,恐怕就'差不多'了,不能工作了。"④他还提醒大家要特别警惕光讲好话的人,指出:"光说好话的人都是拍马屁的,拍马屁决不是件好事;不客气批评别人的人,才是好人,才够得上是革命同志。有些干部常常不了解这一点。"⑤

后来,陈云同志虽然不再主持党的组织工作了,但他无论做什么工作,总是十分注意发扬党内民主。1947年,他在兼任中共辽东分局书记时,针对党内生活不健全的问题指出:"不经大家交换意见,是不可能集中的,形式上集中了也难免出错误。不民主,只集中,必然愈不能集中;多交换意

---

① 《陈云文选》第一卷,人民出版社1995年版,第197—198页。
② 《陈云文选》第一卷,人民出版社1995年版,第248页。
③ 《陈云文选》第一卷,人民出版社1995年版,第117页。
④ 《陈云文选》第一卷,人民出版社1995年版,第115页。
⑤ 《陈云文选》第一卷,人民出版社1995年版,第121页。

见，反而容易集中。"①

在1962年的"七千人大会"期间，陈云同志到陕西省干部会议上发言，强调"只有民主，才能集中"。他说："这几年我们党内生活不正常。'逢人只说三分话，未可全抛一片心'，这种现象是非常危险的。一个人说话有时免不了说错，一点错话不说那是不可能的。在党内不怕有人说错话，就怕大家不说话。"② 他还说："如果共产党不能进行批评与自我批评，大家见面都是哈哈哈，我看人们就不会参加革命了，也不会愿意当这样的共产党员了。"③

"文化大革命"结束后，人们痛定思痛，更加感到发扬党内民主的重要。陈云同志在中纪委一次全会上说，实现生动活泼的政治局面，是我们这样一个在9亿人口国家中的执政党的重大责任。苏联在列宁领导时，民主气氛是很浓的；斯大林有很大功绩，但后来党内生活不正常。"文化大革命"中，林彪、"四人帮"对民主集中制破坏很大，党内出现了极不正常的状态。④ 在审阅党的十二大报告稿时，他针对稿子上关于"民主生活很不够是'文化大革命'得以发生的重要原因之一"这句话提出："这个问题实际上应该说，党内民主集中制没有了，集体领导没有了，这是'文化大革命'发生的一个根本原因。"⑤

对于发扬民主、保持生动活泼政治局面的办法，陈云同志讲得最多的还是鼓励广大群众、干部提意见。他说："领导干部听话要特别注意听反面的话。相同的意见谁也敢讲，容易听得到；不同的意见，常常由于领导人不虚心，人家不敢讲，不容易听到。"⑥ 他反复提醒大家："如果鸦雀无声，一点意见也没有，事情就不妙。"⑦ "讲错话不要紧，要是开起会来，大家都不说话，那就天下不妙。"⑧ "如果没有不同意见，自己也要假设一个对

---

① 《陈云文选》第一卷，人民出版社1995年版，第347页。
② 《陈云文选》第三卷，人民出版社1995年版，第187页。
③ 《陈云文选》第三卷，人民出版社1995年版，第190页。
④ 《陈云文选》第三卷，人民出版社1995年版，第239—243页。
⑤ 《陈云文选》第三卷，人民出版社1995年版，第274页。
⑥ 《陈云文选》第三卷，人民出版社1995年版，第188页。
⑦ 《陈云文选》第三卷，人民出版社1995年版，第240页。
⑧ 《陈云文选》第三卷，人民出版社1995年版，第275页。

立面，让大家来批驳。有钱难买反对自己意见的人。有了反对意见，可以引起自己思考问题。常常是，有不同意见的人，他不讲出来。能够听到不同声音，决不是坏事。"①

到了晚年，陈云同志通过总结党内生活正反两方面的经验，深切感到要发扬党内民主，仅仅强调让大家讲话还是不够的，还必须要有一定的制度保证。1987年，他在中央政治局扩大会议上专门讲了这个问题。他指出："我们党内要强调一下，要有民主生活制度。常委多少时间开一次会，政治局多少时间开一次会，要立个规矩。常委会议，政治局会议，政治局扩大会议，应该分开来开。这是党内民主生活。民主集中制要坚持。经常开会讨论，经常交换意见，就不至于出大的问题。"②

主张终身学习，尤其是学习哲学

大部分人在他的一生中都有过一段时间的学习，但做到不间断学习的人却不多。陈云同志不仅自己坚持学习，而且一贯提倡党员干部要终身学习。他在延安曾提出，学习是共产党员的责任。他说只要一天到晚不停地工作，就算尽了对党的全部责任，这种想法很不全面。一天到晚工作而不读书，不把工作和学习联系起来，工作的意义就不完整，工作也不能得到不断改进。"因为学习是做好工作的一个条件，而且是一个必不可少的条件"③。怎样学习呢？陈云同志建议，没有离开工作岗位的人，最好订一个切实的读书计划，然后坚持每个星期读三四十页书，读懂一本再读一本，读书时要做笔记，而且几个人组成一个小组，边读边讨论。④他还带头在中组部内组织了一个领导干部的学习小组，每天上午9点前自学，每周集体讨论一次，从1938年一直坚持到1942年，由于坚持得好，被评为了中央机关的模范学习小组。这个学习小组学马克思主义的经典著作，也学政

---

① 《陈云文选》第三卷，人民出版社1995年版，第361页。
② 《陈云文选》第三卷，人民出版社1995年版，第359页。
③ 《陈云文选》第一卷，人民出版社1995年版，第188页。
④ 《陈云文选》第一卷，人民出版社1995年版，第189页。

治经济学和党的历史，但重点是学习哲学。

陈云同志到延安后，检讨自己过去犯错误的原因是经验少。毛泽东同志说，你不是经验少，是思想方法不对头，并建议他学点哲学，前后一共给他讲过三次，并派教员来帮他。于是，他开始学习马克思主义哲学。除了读马恩列斯的书外，他还学习了毛泽东同志的《中国革命战争的战略问题》《实践论》《矛盾论》《论持久战》等，并把毛泽东同志起草的重要电报认真读了一遍。通过学习，他不仅得到了毛泽东同志著作、文电中贯穿的基本指导思想就是实事求是的体会，而且经过反复琢磨，总结出了做到实事求是的15个字的方法，那就是："不唯上，不唯书，只唯实；交换，比较，反复。"①

从那以后，只要党内对某一重大问题发生分歧、难以统一时，陈云同志便会提倡大家学哲学，讲他的"十五字方法"。他在解放战争主持南满根据地时讲过，在1957年兼任商业部部长时讲过，在1962年"七千人大会"时讲过，在1977年"两个凡是"方针盛行时讲过，在1981年制定党的第二个《历史决议》时又讲过。1987年，他和当时主持中央工作的负责同志谈话，主要谈的就是学习哲学。他说："要把我们的党和国家领导好，最要紧的，是要使领导干部的思想方法搞对头，这就要学习马克思主义哲学。"②他还说："我个人的体会是：学习哲学，可以使人开窍。学好哲学，终身受用。希望能够组织政治局、书记处、国务院的同志都来学习哲学，并把这个学习看成是工作的一部分，也是自己的一项重要责任。"③直到1990年他85岁高龄时，还在利用到外地休养的机会，向地方党政领导同志宣传学习哲学的重要意义，讲解自己学习哲学的体会。④

以上四点，我认为是陈云同志从延安时代开始讲起，一直贯穿其一生的主张。这些主张，同时是以毛泽东同志为核心的党的第一代中央领导集

---

① 以上参见《陈云文选》第一卷，人民出版社1995年版，第342—346页；《陈云文选》第三卷，人民出版社1995年版，第285、360—361、371页。
② 《陈云文选》第三卷，人民出版社1995年版，第360页。
③ 《陈云文选》第三卷，人民出版社1995年版，第362页。
④ 参见《陈云文选》第三卷，人民出版社1995年版，第371—373页。

体和以邓小平同志为核心的党的第二代中央领导集体的主张。对于这些主张，以江泽民同志为核心的党的第三代中央领导集体和以胡锦涛同志为总书记的党中央在新的历史条件下，都继承了下来，并有新的发展，有的还在向制度化推进。因此，今天重温陈云同志的这些主张，对我们了解陈云同志思想发展的脉络有意义，也有助于我们从历史的高度来理解新的历史时期，尤其是党的十四届三中全会以来，我们党在知识分子问题、反腐倡廉问题、民主政治问题、理论学习问题上提出的新观点和制定的新政策。

（本文是作者为宣传电视文献纪录片《陈云在延安》撰写的文章，原载《党的文献》2003年第3期，题为《关于〈陈云在延安〉的谈话》。收入本书时，作者略作修改）

陈云一贯倡导的党内政治生活

党的十八大以来，以习近平同志为核心的党中央在严厉惩治腐败的同时，大力推进全面从严治党，并把加强和规范党内政治生活作为全面从严治党的重要法宝和重要抓手。党的十八届六中全会还为此总结了开展党内政治生活的历史经验，通过了《关于新形势下党内政治生活的若干准则》。在这个大背景下，认真开展对党的政治生活传统和经验的研究、宣传，是非常必要的。

陈云自从1930年进入党的中央委员会到1992年离职休养，身居中央领导集体长达60余年，其间还在延安时代担任过七年中央组织部部长，改革开放后担任过九年中纪委第一书记，曾就健全和严格党内政治生活作过大量论述，形成了既体现马克思主义经典作家和毛泽东的党建思想，又具有自己特点的比较系统的关于党内政治生活的思想。当前深入研究、宣传这些论述，不仅有助于我们弘扬党的政治生活的优良传统，也有助于从以往党内政治生活经验中汲取营养。

党内政治生活亦称为党内生活，一定意义上是指党员与党的组织和上下左右的政治关系，以及建立在这种关系之上的政治风气、政治氛围、政治生态。只要回顾陈云的有关论述便不难看出，他自延安时代到改革开放时期一贯倡导的党内政治生活，大致有以下七种状态。

一、讲理想的生活

共产党是以最终实现共产主义为自己最高理想的无产阶级政党。信仰这个理想，把它作为奋斗终生的目标，是共产党人的政治追求和精神支柱，也是党内政治生活最重要的基础。陈云一向重视党员对共产主义理想的忠诚，早在延安时代就反复强调："一个愿意献身共产主义事业的共产党员，不仅应该为党在各个时期的具体任务而奋斗，而且应该确定自己为共产主义的实现而奋斗到底的革命的人生观。"[①] 具体到抗日，他说："不是每个积极参加抗日战争的人都可以成为党员的。要求加入共产党为党员，必须是承认党纲，并且愿意献身于解放无产阶级和全人类的共产主义事业的分子。"[②] 新中国成立初期实行新民主主义政策，他一方面指出："达到社会主义和共产主义的目的，不是跳过而必须走过目前的阶段——新民主主义的阶段"；另一方面指出："我们国家向前发展的最后目的是社会主义和共产主义，因为只有社会主义和共产主义才是人类最美满的社会制度。"[③] 改革开放后，针对一些党员忘记社会主义和共产主义理想、丢掉为人民服务宗旨的错误，他大声疾呼："要使全党同志明白，我们干的是社会主义事业，最终目的是实现共产主义。""我们国家现在进行的经济建设，是社会主义的经济建设，经济体制改革也是社会主义的经济体制改革。"[④] 在党的十二届二中全会上他强调："资本主义必然要被共产主义所代替，这是无可改变的法则"；并郑重地向全体中央委员说："我们可以充满信心，高呼：社会主义万岁！共产主义万岁！"[⑤]

忠诚于共产主义不能只表现在口头上，一个党员忠诚还是不忠诚，要用实践来检验，就是说，要看他能不能为共产主义事业牺牲自己的一切。

---
① 《陈云文选》第一卷，人民出版社 1995 年版，第 137 页。
② 《陈云文选》第一卷，人民出版社 1995 年版，第 131 页。
③ 《陈云文集》第二卷，中央文献出版社 2005 年版，第 287 页。
④ 《陈云文选》第三卷，人民出版社 1995 年版，第 347 页。
⑤ 《陈云文选》第三卷，人民出版社 1995 年版，第 332—333 页。

陈云指出："忠实，讲得具体一点，就是革命利益高于一切，有为党慷慨牺牲个人一切的决心。"[1] "每个共产党员不仅要坚信共产主义的必然实现，而且必须对于工人阶级和中国人民、中华民族的解放事业，有不怕牺牲、不怕困难和奋斗到底的决心。"[2] 另外，他认为，要忠诚于共产主义，必须学习马克思主义理论。他说一个党员"必须认识到人类社会历史发展的规律和坚信共产主义社会必然实现的前途"[3]。只有通过对于马克思主义的修养，才能了解无产阶级的历史地位和作用，才能懂得解放全人类的伟大事业，"才能确定自己的人生观，终其一生，为他的信仰的实现而奋斗到底"[4]。他在延安抗日军政大学的学员们面前还现身说法地讲："我先是相信吴佩孚的，后来相信国家主义，后来又相信三民主义，最后才相信共产主义，因为经过比较，认识到共产主义是最好的主义。"[5] 正因为如此，他一贯重视党员的马克思主义理论学习，改革开放后仍然不断强调："应当把共产主义思想的教育、四项基本原则的宣传，作为思想政治工作的中心内容。"[6]

二、讲政治的生活

党内政治生活中的"政治"，是广义的政治，内容相对宽泛。而政治生活要讲的"政治"，专指政治路线、政治方向、政治利益、政治立场、政治觉悟、政治规矩、政治标准等相对具体一些的事情。比如，陈云指出："共产党员不仅在日常工作中要忠实于党的决议，而且要在困难中，在生死关头时，忠实于革命和党的决议；不仅在有党监督时，而且要在没有党监督时，忠实于革命和党的决议；不仅在胜利时，而且要在失败时坚持执

---

[1] 《陈云文选》第一卷，人民出版社1995年版，第212页。
[2] 《陈云文选》第一卷，人民出版社1995年版，第138页。
[3] 《陈云文选》第一卷，人民出版社1995年版，第137页。
[4] 《陈云文选》第一卷，人民出版社1995年版，第138页。
[5] 《陈云文选》第一卷，人民出版社1995年版，第111页。
[6] 《陈云文选》第三卷，人民出版社1995年版，第352页。

行党的决议。"① 他还说，共产党之所以成为共产党，就是因为凡加入其中，都只能以党员的资格，而不能以其他的特殊资格。"只有这样，党才能成为统一的、无产阶级的、战斗的党。要是不然，你以文化人资格入党，我以军人资格入党，他又以农民资格入党，党就成了什么样子呢？党就不成其为党，成了'各界联合会'。"②

在党内政治生活中讲政治，最要紧的是要树立一些政治规矩。从陈云的论述看，他讲得较多的有三条。

一是党内"不准有两面派（阳奉阴违）"③。他说共产党员必须言行一致，"不允许任何党员对党讲一句假话"。否则，"我们党内的互相信任就不可能建立，党的意志的统一和铁的纪律也就不能建立，共产党将不成其为无产阶级有组织的队伍，也决不能被人民信任而成为人民的领袖"。④

二是"党内不许有小组织"⑤，"反对私人拉拢，搞个人系统"⑥。他在新中国成立初期指出："我们党是处在有阶级的社会里头，现在阶级没有消灭，就是阶级消灭以后，阶级意识还要长期存在。这种社会情况、阶级意识还会反映到党内来。我们党内的情况是，在不少的高级干部中间，个人主义的成分是或多或少地存在着的，只要气候适宜，只要条件具备，小个人主义可以变为大个人主义。"⑦ 因此，在革命胜利了的国家，"比起秘密工作和在山沟里打游击的时代，更容易出野心人物"⑧。对于党内分裂的危险，"如果我们不严格地防止它，那并不是不可能的"⑨。而要防止这种危险，他认为"可靠的、永久的办法，可传到我们子孙后代的，就是提高高级领导人的革命觉悟和革命嗅觉"⑩。

---

① 《陈云文选》第一卷，人民出版社1995年版，第140页。
② 《陈云文选》第一卷，人民出版社1995年版，第274页。
③ 《陈云文集》第一卷，中央文献出版社2005年版，第182页。
④ 《陈云文选》第一卷，人民出版社1995年版，第201页。
⑤ 《陈云文集》第一卷，中央文献出版社2005年版，第183页。
⑥ 《陈云文选》第一卷，人民出版社1995年版，第217页。
⑦ 《陈云文选》第二卷，人民出版社1995年版，第231页。
⑧ 《陈云文选》第二卷，人民出版社1995年版，第231页。
⑨ 《陈云文选》第二卷，人民出版社1995年版，第230页。
⑩ 《陈云文选》第二卷，人民出版社1995年版，第232—233页。

三是进行党内斗争需要遵守一定的程序。他强调:"在革命成败的紧急关头,对错误领导者进行斗争是必要的,但仍须遵循党章的规定,采取合法的手续(如遵义会议)。对危害党的阴谋分子的斗争,在紧急情况下可采取特殊的措施,但仍应遵守党内斗争的原则(如长征中对付张国焘)。当然,叛党投敌者不在此限。"① 20 世纪 80 年代,他针对"两案"审理问题又指出:"'文化大革命'从全局来说,终究是一场政治斗争。因此,除了对于若干阴谋野心家必须另行处理以外,对于其他有牵连的人,必须以政治斗争的办法来处理。对于这场政治斗争,不能从局部角度、暂时的观点来处理,必须从全局观点、以党的最高利益、长远利益为出发点来处理。这种处理办法,既必须看到这场斗争的特定历史条件,更必须看到处理这场政治斗争应该使我们党今后若干代的所有共产党人,在党内斗争中取得教训,从而对于党内斗争采取正确的办法。"②

党内政治生活是否讲政治,一个重要方面要看在选拔优秀干部特别是年轻干部的标准上是否讲政治。如果选人用人不讲政治,党内政治生活就会成为无源之水、无本之木。早在延安时代,陈云就主张干部选拔标准要"德才并重,以德为主"③。什么是德呢?他说:"用干部的标准,概括起来有二:政治,能力。两者不能缺一,以政治为主。"④ 由此可见,他说的"以德为主",主要是"以政治为主"。但从他另外一些讲话中看,他说的"德"也包括工作实绩和为人品行。比如,他在延安时代说过:"才与德应该是统一的;德应该包括工作做得好。"⑤ "品行上某些区别是有的,如何分配工作须按情况。"⑥ 他的这一主张,从延安时代一直讲到改革开放,始终没有变过。党的十一届三中全会后,他力主成千上万地选拔优秀中青年干部,同时反复提醒:"'三种人'一个也不能提拔,已经提拔的,必须坚

---

① 《陈云文选》第一卷,人民出版社 1995 年版,第 197 页。
② 《陈云文选》第三卷,人民出版社 1995 年版,第 304 页。
③ 《陈云文选》第一卷,人民出版社 1995 年版,第 214 页。
④ 《陈云文选》第一卷,人民出版社 1995 年版,第 213 页。
⑤ 《陈云文集》第一卷,中央文献出版社 2005 年版,第 354 页。
⑥ 《陈云文集》第一卷,中央文献出版社 2005 年版,第 354 页。

决从领导班子中清除出去。"① 他指出："对于这些人，不要只看他们现在一时表现好。现在这些人大概表现是'蛮好'，他要爬上来，现在只能表现好，因为老家伙还在。但是，到了气候适宜的时候，党内有什么风浪的时候，这些人就会变成为能量很大的兴风作浪的分子。"② "一方面要大胆提拔，加快提拔中青年干部，一方面又要严格把好政治标准这一关。德才相比，我们要更注重于德，就是说，要确实提拔那些党性强，作风正派，敢于坚持原则的人。"③ "选干部，首先要看德，有才缺德的人不能用。"④ 针对有人提出要选"开拓型干部"的主张，他指出："开拓型也要，但首先要强调有德，有党性。德才兼备，才干固然要有，但德还是第一。我希望政治局、书记处要注意这样一个问题。"⑤ 可见，在他心目中，健全、严格的党内政治生活是包含选人用人讲政治的。

三、讲原则的生活

原则对于我们党，好比家庭中那些成文或不成文的规矩，如果可以随意破坏，就不可能有正常的生活秩序。这个问题与纪律有关，但不完全是纪律问题。陈云历来认为，党内政治生活要做到风清气正，必须坚持原则。他在延安时代就指出："我们应该反对干部里面怕斗争的倾向。我们不主张乱斗，而是主张在原则问题上进行必要的斗争。"⑥ 解放战争时期，他针对辽东地区党内不团结的问题指出，"任何时候党内都有争论，对此同志们要有原则态度"，即"老实的态度，是则是，非则非"，"负责的态度，争论事小，原则事大。"⑦ 改革开放时期，他针对党风以至整个社会风气中是非不分、不敢坚持原则、和稀泥、做老好人、坚持原则的人受孤立等现

---

① 《陈云文选》第三卷，人民出版社1995年版，第316页。
② 《陈云文选》第三卷，人民出版社1995年版，第301页。
③ 《陈云文选》第三卷，人民出版社1995年版，第317页。
④ 《陈云文集》第三卷，中央文献出版社2005年版，第498页。
⑤ 《陈云文选》第三卷，人民出版社1995年版，第359页。
⑥ 《陈云文选》第一卷，人民出版社1995年版，第182页。
⑦ 《陈云文集》第一卷，中央文献出版社2005年版，第581页。

象又指出:"过去受'左'的指导思想影响,过分强调斗争哲学,不该斗的也斗,动不动就上纲到路线是非。现在又出现了另一种倾向,即怕矛盾,怕斗争,怕得罪人。对于这个问题,如果只从维护党纪提出来,我认为还不够,应该把它提到全党思想建设和组织建设的高度。要提倡坚持原则,提倡是就是是、非就是非的精神。"①

哪些事情上要讲原则呢?从陈云论述看,他强调的事主要有以下三类。

第一,面对党内的坏人。这种人有的原本就是反对共产党的,采取两面派的手法混入党内;"还有一种人,他本来是我们的同志,但是在根据地的和平环境中腐化变质了。"陈云说:"有人以为共产党内没有坏人,这是完全不对的。在革命运动中,特别在大发展时期,革命队伍里会混进坏人,少数本来革命的人会变质,这是不可避免的现象。我们的任务是不断纯洁干部队伍,纯洁党的组织,与各种坏人作斗争。"②改革开放后他又指出:"许多贪污犯本人就是党员,即使贪污犯不是党员,他们能够贪污,也是靠某些共产党员的保护。"③对严重的经济犯罪分子,他"主张要严办几个,判刑几个,以至杀几个罪大恶极的,雷厉风行,抓住不放,并且登报"。他说:"否则党风无法整顿。"④

第二,面对党内的各种错误倾向。例如,闹独立性,破坏党纪,改革开放后"一切向钱看"的思想,对共产主义理想发生动摇,等等。他指出:"对于利用职权谋私利的人,如果不给以严厉的打击,对这股歪风如果不加制止,或制止不力,就会败坏党的风气,使党丧失民心。"⑤ "有些人看见外国的摩天大厦、高速公路等等,以为中国就不如外国,社会主义就不如资本主义,马克思主义就不灵了。对于这些人,我们要进行批评教育;对其中做意识形态工作的同志,经过教育不改的,要调动他们的工作。"⑥

---

① 《陈云文选》第三卷,人民出版社1995年版,第274页。
② 《陈云文选》第一卷,人民出版社1995年版,第185页。
③ 《陈云文选》第三卷,人民出版社1995年版,第331页。
④ 《陈云文选》第三卷,人民出版社1995年版,第273—274页。
⑤ 《陈云文选》第三卷,人民出版社1995年版,第331—332页。
⑥ 《陈云文选》第三卷,人民出版社1995年版,第332页。

"要同一切违反共产主义理想的错误言行，进行坚决斗争。"① 在延安时代，一些党员不愿做技术工作，成为一种倾向性问题，他指出："牺牲的场合不仅在残酷的刑场上和战场上，而且还在极平凡的技术工作和事务工作上。在这些岗位上任劳任怨、千辛万苦、积劳成疾也是牺牲。牺牲的价值不取决于表面上代价的大小，而取决于党对它的需要。"② 他还强调："反对错误倾向，最重要的，是在高级干部身上。只要上面的错误纠正了，下面的文章就好做了。"③

第三，面对争名誉、争地位、争待遇的现象。解放战争时期，辽东地区一些从关内来的干部认为自己有功，是先到的，因此要"照顾照顾"。对此，陈云指出："照顾照顾，这不是建党，而是弄垮党。"要"当面告诉他'你的功劳并不大'"。要"按能力分配工作，工作职位要与能力相称，不称者请下来，不怕你生气，要生气就生气。你要气病了，睡上一个月，就让你睡去。你不肯干了，就不要你干"。④ 对于这些干部闹情绪闹地位的问题，他主张要实行"戳穿政策"，"坦白正面地讲清是非"，让错误思想"晒太阳"，否则会"邪气当道，正气不扬"。⑤ 他还不客气地指出："有些党员同志，做不得大官。当了大官就昏头昏脑，闹独立，只看到个人，忘记了全党的力量。"⑥ 改革开放初期，一些高级干部自己已经有专车，还向下属单位要新的高级轿车。他批示："凡是别人（或单位）送的和个人调换的汽车（行政机关配备的不算），不论是谁，一律退回，坐原来配备的车。在这件事上，得罪点人，比不管而让群众在下面骂我们要好。"⑦ 对于领导干部配偶和子女经商办企业问题，他也指出，应由中央作出明确决定，"不然的话，发展下去，党的肌体、党群关系必将受到损害"⑧。他说："党的利益与个人利益是有矛盾的，但个人利益必须以党的利益为前提。所谓

---

① 《陈云文选》第三卷，人民出版社 1995 年版，第 348 页。
② 《陈云文集》第一卷，中央文献出版社 2005 年版，第 363 页。
③ 《陈云文选》第一卷，人民出版社 1995 年版，第 272 页。
④ 《陈云文集》第一卷，中央文献出版社 2005 年版，第 597 页。
⑤ 《陈云文集》第一卷，中央文献出版社 2005 年版，第 607 页。
⑥ 《陈云文集》第一卷，中央文献出版社 2005 年版，第 513 页。
⑦ 《陈云文集》第三卷，中央文献出版社 2005 年版，第 543—544 页。
⑧ 《陈云文集》第三卷，中央文献出版社 2005 年版，第 543 页。

有原则性，就是要看他个人利益是否能服从党的利益。"①

对于做到坚持原则的方法和途径，陈云讲得最多的也是三条。一是"要讲真理，不要讲面子。是什么就是什么，应该怎样就怎样"。他说："共产党员参加革命，丢了一切，准备牺牲性命干革命，还计较什么面子？把面子丢开，讲真理，怎样对于老百姓有利，怎样对于革命有利，就怎样办。"② 二是要有坚强党性，有一股正气。他要求做党的纪检队伍的干部，"应当是有坚强的党性，有一股正气的人，应当是能够坚持原则，敢于同党内各种不正之风和一切违法乱纪行为作坚决斗争的人；而不应当是在原则问题上'和稀泥'，做和事佬、老好人的人"③。三是领导干部要带头。他针对改革开放整顿党风这件事说："各级领导干部，特别是高级领导干部要重视。要真正身体力行，作出榜样。"④ 他"希望所有党的高级领导人员，在教育好子女的问题上，给全党带好头"⑤。针对中央要求北京的党、政、军机关，在实现党风和社会风气根本好转中做表率的要求，他指出，做表率首先应当"从中央政治局、书记处和国务院的各位同志做起"⑥。他这样要求别人，自己则率先垂范。早在全国解放前夕，他就给身在家乡的侄子回信，告诫他们，我们"既不是功臣，你们更不是功臣子弟"。"千万不可以革命功臣的子弟自居，切不要在家乡人面前有什么架子或者有越轨违法行动，这是决不允许的。"⑦ 他写道："我第一次与你通信，就写了这一篇，似乎不客气，但我深觉我有责任告诫你们。"⑧

四、讲民主的生活

在民主基础上的集中和在集中指导下的民主，是无产阶级政党实行的

---

① 《陈云文集》第一卷，中央文献出版社2005年版，第322页。
② 《陈云文选》第一卷，人民出版社1995年版，第296页。
③ 《陈云文集》第三卷，中央文献出版社2005年版，第512页。
④ 《陈云文选》第三卷，人民出版社1995年版，第351—352页。
⑤ 《陈云文选》第三卷，人民出版社1995年版，第352页。
⑥ 《陈云文集》第三卷，中央文献出版社2005年版，第543页。
⑦ 《陈云文选》第一卷，人民出版社1995年版，第396页。
⑧ 《陈云文选》第一卷，人民出版社1995年版，第396页。

民主集中制的两大要义。对此，陈云终其一生反复强调，认为这是党内政治生活的重要内容。他在延安时代就说："无产阶级政党应该是一个最有纪律的党，也是一个最讲民主、最讲自由的党。"① 1962年召开"七千人大会"，他感到在当时那样一种政治氛围下作大会发言的时机不成熟，所以只在陕西组小会上讲了一篇话，重点就是讲要发扬民主。他说："这几年我们党内民主生活不正常，有些人对是否能真正发扬民主表示怀疑。""同志们！如果共产党不能进行批评与自我批评，大家见面都是哈哈哈，我看人们就不会参加革命了，也不会愿意当这样的共产党员了。"② 1978年党的十一届三中全会闭幕会上他作简短讲话，重点还是讲要发扬民主。他称赞那次会议开得好，好就好在与会代表"畅所欲言、充分恢复和发扬了党内民主和党的实事求是、群众路线、批评和自我批评的优良作风"③。他说，1957年毛主席曾"要求全党达到心情舒畅、生动活泼的政治局面，由于种种干扰，很多年没有实现，九大、十大党章中也写了这一要求，但是没有实现。这一次党中央带了个好头，只要大家坚持下去，有可能在全国实现"④。过了一个多月，他在新成立的中纪委第一次全会上再次高度评价十一届三中全会对于恢复和发扬党内民主生活作风的历史性贡献，并通过回顾国际共产主义运动史，说明实现生动活泼的政治局面对于我们这样一个在九亿人口大国中的执政党的重要意义。他指出，从十月革命胜利至1923年列宁病重这几年，俄共"党内生活是非常正常的"。"斯大林是有很大功绩的，但是也有缺点，有错误，后来党内生活不正常。"⑤ "文化大革命"十多年来，党内民主生活被林彪、"四人帮"破坏很大，处于"很不正常的情况"⑥。他强调，"我们党对国际共产主义运动负有很大的责任"，因此，一定要把党建设好，并要求"中央纪律检查委员会把维护党规党法、

---

① 《陈云文选》第一卷，人民出版社1995年版，第197—198页。
② 《陈云文选》第三卷，人民出版社1995年版，第190页。
③ 《陈云文集》第三卷，中央文献出版社2005年版，第543页。
④ 《陈云文集》第三卷，中央文献出版社2005年版，第543—544页。
⑤ 《陈云文选》第三卷，人民出版社1995年版，第241、242页。
⑥ 《陈云文选》第三卷，人民出版社1995年版，第242页。

整顿党风的基本任务认真地担负起来"。①

　　陈云倡导发扬党内民主，是始终把它同领导干部能否了解到真实情况、能否正确决策联系在一起的。"七千人大会"时的那次小组会上他说过："这几年我们党内生活不正常。'逢人只说三分话，未可全抛一片心'，这种现象是非常危险的……在党内不怕有人说错话，就怕大家不说话。有些'聪明人'，见面就是'今天天气哈哈哈'，看到了缺点、错误也不提。如果这样下去，我们的革命事业就不能成功，肯定是要失败的。"② 他指出："我们常讲实事求是。实事，就是要弄清楚实际情况；求是，就是要求根据研究所得的结果，拿出正确的政策……用什么办法来弄清情况呢？办法之一，就是多和别人交换意见。"③ 因此，"有钱难买反对自己意见的人。有了反对意见，可以引起自己思考问题……能够听到不同声音，决不是坏事"④。

　　怎样才能让大家说真话呢？陈云提出了五个办法：

　　一是领导人要虚心，要民主，使下级敢于说话。他在延安时代说过："如果一个领导者架子搭得很大，面孔死板板的像阎王那么可怕，一定没有人去接近他，即使和他讲话，十句话也要忘记八句。"⑤ "有许多下级干部，把意见放在心里不讲出来，表面上看起来好像很服从，开会的时候你问他：'同意不同意呀？'他说：'同意呵！''同意的举手呀！'他举手。然而，实际上问题并没有解决。"⑥ 在"七千人大会"时他又说："领导干部听话要特别注意听反面的话。相同的意见谁也敢讲，容易听得到；不同的意见，常常由于领导人不虚心，人家不敢讲，不容易听到。"⑦ 党的十一届三中全会后他又说："党内有了民主集中制的气氛，才会有同志敢于提出不同的意见……这是党的事业兴旺发达的好现象。"⑧

　　二是领导人要防止给有不同意见的人"戴大帽子"。陈云说：霸道作

---

① 《陈云文选》第三卷，人民出版社1995年版，第243页。
② 《陈云文选》第三卷，人民出版社1995年版，第187页。
③ 《陈云文选》第三卷，人民出版社1995年版，第188页。
④ 《陈云文选》第三卷，人民出版社1995年版，第361页。
⑤ 《陈云文选》第一卷，人民出版社1995年版，第115页。
⑥ 《陈云文选》第一卷，人民出版社1995年版，第114页。
⑦ 《陈云文选》第三卷，人民出版社1995年版，第188页。
⑧ 《陈云文选》第三卷，人民出版社1995年版，第275页。

风是对付敌人的,"不能把它搬到党内来"①。不要把任何问题都提到原则高度,"比如,有一个人说错了几句话,你就对他来一顿批评,不是说他是'左'倾空谈主义,便是讲他有右倾机会主义的嫌疑。如果随便给人家戴上这类大而无当的帽子,一个人头上戴上三四顶,恐怕就'差不多'了,不能工作了"②。

三是领导人不要只喜欢听好听的话。陈云指出,对干部"抬轿子","只会害干部"。"光说好话的人都是拍马屁的,拍马屁决不是件好事;不客气批评别人的人,才是好人,才够得上是革命同志。"③

四是领导人不要怕争论。陈云说:"意见不同也是好事情,那怕争得面红耳赤也是可以的。"④他甚至极而言之地说道:"哪个地方、部门有争论,哪里就出真理;反之,没有争论,大致要出毛病。""苏联没有反对派,什么事共产党说了算,结果吃了亏。"⑤

五是即使没有不同意见,领导人最好也在决策出台前假设一个对立面。1957年陈云就说过:"人们认识事物,往往不是一次就能完成的,需要有一个反复的过程。这里重要的,是找'反对派';如果没有'反对派',也要假定一个'反对派'。"⑥过了30年,他在1987年仍然说:"如果没有不同意见,自己也要假设一个对立面,让大家来批驳。"⑦

发扬民主也要有民主的规矩。陈云认为,民主首先需要制度化。他在1987年政治局扩大会议上强调:"要有民主生活制度。常委会多少时间开一次会,政治局多少时间开一次会,要立个规矩。常委会议,政治局会议,政治局扩大会议,应该分开来开。这是党内民主生活。"⑧在1985年党的全国代表会议上他又讲:"要照党章办事,不要一个人说了算。重大问题的

---

① 《陈云文选》第一卷,人民出版社1995年版,第271页。
② 《陈云文选》第一卷,人民出版社1995年版,第115页。
③ 《陈云文选》第一卷,人民出版社1995年版,第121页。
④ 《陈云文选》第三卷,人民出版社1995年版,第256页。
⑤ 《陈云文集》第三卷,中央文献出版社2005年版,第51页。
⑥ 《陈云文选》第三卷,人民出版社1995年版,第47页。
⑦ 《陈云文选》第三卷,人民出版社1995年版,第361页。
⑧ 《陈云文选》第三卷,人民出版社1995年版,第359页。

决定，必须经过集体的充分讨论。"① 其次，发扬民主必须遵守制度。他在1982年政治局扩大会议上讲有了不同意见，"要在党内说，在你的那个党支部，或者在你的机关，按照组织程序和组织原则严肃地提出来"②。最后，要民主也要集中。解放战争时期，他在辽东地区说过："不能以为自己意见未被采纳就叫'不尊重我'。"③ "个人意见不被采纳，不能生气，也不能不尊重集中的决定。"④ 1980年，党的十一届五中全会决定重新设立中央书记处，他建议书记处要采取办公会议即集体领导的方式工作，指出："民主集中制，是既要有民主，又要有集中。""少数服从多数，全党服从中央，否则什么事情也做不了，一事无成。没有民主不好，没有集中也办不了事。"⑤

五、讲纪律的生活

无产阶级政党的政治生活要讲民主讲自由，又要讲集中讲纪律。对此陈云解释说，这个原因就在于"我们的党是一个战斗的党，我们在斗争中依靠的武器，唯一的就是纪律"⑥。"维护党的统一，不靠刀枪，要靠纪律……社会情况复杂，各人看法不同，党内有争论是正常状态。必须用纪律来约束党组织和党员的行动。"⑦ "大家争论没有一个止境，我们怎么能有政治上组织上行动上的一致，怎么能不亡党亡国亡头呢！"⑧ "中国共产党和八路军如果没有铁的纪律，也就不会存在，不可能发展到现在这样。"⑨ 他还指出，如果我们的党没有严格的纪律，"将无法防止小资产阶

---

① 《陈云文选》第三卷，人民出版社1995年版，第353页。
② 《陈云文选》第三卷，人民出版社1995年版，第275页。
③ 《陈云文集》第三卷，中央文献出版社2005年版，第598页。
④ 《陈云文选》第一卷，人民出版社1995年版，第348页。
⑤ 《陈云文选》第三卷，人民出版社1995年版，第270页。
⑥ 《陈云文选》第一卷，人民出版社1995年版，第275页。
⑦ 《陈云文选》第一卷，人民出版社1995年版，第196页。
⑧ 《陈云文选》第一卷，人民出版社1995年版，第276页。
⑨ 《陈云文选》第一卷，人民出版社1995年版，第122页。

级意识侵入党内","就不能去团结最大多数的人民群众"①。

党的纪律有很多,但在陈云看来,最重要的是"四个服从",即个人服从组织,少数服从多数,下级服从上级,全党服从中央。他指出:"这'四个服从'是一个也不能少的。这是我们党的铁的纪律,也是健全党内生活、增强党的战斗力的有力武器。"② 他还说过,所谓真正遵守纪律就是一句话:"迅速确切地执行党的决议。"③ 另外,他认为党章和其他党内规定不得违反的条款,也都是需要遵守的纪律。比如:"共产党员必须言行一致,这是党规定的。违反了这一条,就是违犯党的纪律。有些人对党说一次两次假话,经过教育不加改正,反而假话越说越多,越说越大。这样的人,不管你口里讲得如何革命,不管你过去有多大的功劳,应该立即开除出党,没有价钱可还。"④

陈云主张,只要是执行党的纪律,就不能有任何例外、讲任何条件。对领导干部违反了纪律怎么办?他说:"严格地遵守党的纪律为所有党员及各级党部之最高责任。无特殊人物,无特殊组织。领导干部、领导机关必须成为严守党纪的模范。要特别防范高级领导人破坏纪律的行为。"⑤ 上级的决策错了怎么办?他说遇到这种情况,"在行动上必须服从,同时应该按党章规定的权利,提出建议,或保留自己的意见"⑥。上级比你的能力弱怎么办?他说遇到这种情况也一定要服从,因为"假如谁都是觉得自己的本领强,自己的意见对,没有一个约束,结果就谁都服从自己,不服从别人,而党的统一就完全没有可能了"⑦。自己的意见被否定了怎么办?他说:"遵守纪律的重要,恰恰是在自己意见不被通过的时候,或者是有关自己的问题的时候。"⑧ 改革开放初期,有人认为党的纪律不适应新的形势,提出要在纪律上给干部"松绑"。这个问题的实质是,纪律和改革发生冲

---

① 《陈云文选》第一卷,人民出版社1995年版,第127页。
② 《陈云文选》第一卷,人民出版社1995年版,第348页。
③ 《陈云文选》第一卷,人民出版社1995年版,第126页。
④ 《陈云文选》第一卷,人民出版社1995年版,第201页。
⑤ 《陈云文选》第一卷,人民出版社1995年版,第196页。
⑥ 《陈云文选》第一卷,人民出版社1995年版,第197页。
⑦ 《陈云文选》第一卷,人民出版社1995年版,第277页。
⑧ 《陈云文选》第一卷,人民出版社1995年版,第348页。

突怎么办？对此，陈云回答说："党性原则和党的纪律不存在'松绑'的问题。没有好的党风，改革是搞不好的。共产党不论在地下工作时期或执政时期，任何时候都必须坚持党的纪律。"①

无产阶级政党的纪律要建立在自觉基础之上，因此需要进行纪律教育。陈云指出，"在党内尤其是新党员中加强纪律的教育，使他们了解为什么要遵守纪律，怎样做才是遵守纪律，什么事是违犯纪律的等等一类问题"十分必要。"纪律虽然带着强制性，但必须自觉遵守。只有使全体党员自觉地遵守纪律，纪律才能成为铁的、不可动摇的、有效的东西。"②他在担任中组部部长时说，对于铁的纪律，"有人感觉不自由，可怕。我说可喜，因为是党和斗争胜利的条件"③。他对延安党的文艺工作者说："我们的纪律只束缚那些非无产阶级的妨害革命的东西，就像游泳术对于游泳的人只束缚他不要淹死一样。真正的游泳家在水里是自由的，真正的革命家，在有纪律的革命运动里，也是自由的。如果我们一定要革命，又一定要施展一些妨害革命的'天才'，那么对不起，就得束缚一些；如果不是这样，就决不会感到是束缚。"④总之，在陈云看来，加强纪律性，教育需在先；即使用纪律处罚干部，也是为着教育。他在延安一份讲话提纲中就曾这样写道："纪律是不得已的教育，当然又是必要的。"⑤

六、讲公道的生活

党的历史说明，党内政治生活正常不正常，与处理党内问题是否坚持公道正派的做法关系极大。陈云在延安时代说过："我们共产党是讲公道的。"⑥"如果我们的同志都把心摆得非常正，非常实事求是，毫无个人主

---

① 《陈云文选》第三卷，人民出版社1995年版，第275页。
② 《陈云文选》第一卷，人民出版社1995年版，第128页。
③ 《陈云文集》第一卷，中央文献出版社2005年版，第182页。
④ 《陈云文选》第一卷，人民出版社1995年版，第276页。
⑤ 《陈云文选》第一卷，人民出版社1995年版，第217页。
⑥ 《陈云文选》第一卷，人民出版社1995年版，第121页。

义,可以抵得十万军队,一百万军队,这是无敌的力量。"①纵观他一生的论述,这方面的话题主要集中在如何对待干部的政治审查、如何选拔使用干部,以及如何评价党的历史事件和党史人物等三个问题上。这与他担负过中央组织部部长和中纪委第一书记的职务有关,也与他的一贯为人有关。

延安时代,中组部一项重要工作是审查干部的历史。陈云出于对那个年代广大共产党员的深切理解,反复强调:"一个参加革命工作的同志,往往对于肉体生命并不重视,对于政治生命非常重视,他宁愿牺牲一切,却不愿被党组织开除。"因此,"当着解决一个干部的问题,关系到他的政治生命的时候,要很郑重、很谨慎、很细心地去处理它"②。他把党组织与党员的关系比作父母和子女的关系,说:"做父母的爱护他们的子女是非常周到的,但是共产党爱护党员也并不下于父母爱护子女。"③那么,党组织对党员的爱护都要周到到什么程度呢?从他对干部审查工作的要求可以看到以下六点。

第一,为了搞清问题,不要怕麻烦,怕花时间。他说,搞清一个干部的问题花上两个月时间"是很值得的。因为两个月绝对培养不出一个干部来"④。另外,要考虑到有的同志常常怕连累自己,不敢实事求是地替别人做证明。他说:"遇到这类政治历史问题,更要慎重办理,否则有些人的问题永远不能解决,使被嫌疑的同志冤沉大海,这实际上是损害党的事业。"⑤

第二,不要怕干部的社会关系复杂。他说:"否则,一方愈是害怕,则一方愈会隐瞒。"应当看到,不坚定的党员固然可以被反动家庭和亲朋影响,"但坚强的党员常常可以影响家庭亲朋而使他们同情革命。所以,党在鉴别某个党员是否忠实时,主要地看党员本人,而不是决定于他的家庭亲朋关系"⑥。

---

① 《陈云文选》第一卷,人民出版社1995年版,第297页。
② 《陈云文选》第一卷,人民出版社1995年版,第120页。
③ 《陈云文选》第一卷,人民出版社1995年版,第121页。
④ 《陈云文选》第一卷,人民出版社1995年版,第120页。
⑤ 《陈云文选》第一卷,人民出版社1995年版,第121页。
⑥ 《陈云文集》第一卷,中央文献出版社2005年版,第285页。

第三，要注意干部在每个关节点的表现，"又必须看他整个革命历史的趋向"①。他说："如果他犯过的错误非常严重，甚至是很大的罪过，怎么办呢？这时候就要看他过去有没有功，如果有功，就要把他功过比较一下，再作处理。""若是今天有错，以前也有错，可以将来赎罪。我们共产党要尽最大努力把有错误的人挽救回来"②。

第四，如遇疑问，应坦白地向干部提出，"不要含糊（内奸嫌疑者例外）"。他说："对于每个需要查明的资料，切忌悬案不决，必须彻底查清使干部安心。"③

第五，有了审查结论，"应令本人出席，不可能时应将结论通知他（内奸则例外），本人因不同意结论而提出的理由，必须给以慎重考虑与确切答复"④。关于这一条，直到改革开放后他负责中纪委工作仍然未变。1980年，他在中纪委一次座谈会上发表的书面意见指出，凡是案件必须"查清事实，核实材料，再处理问题，并和本人见面"⑤。

第六，对于审查后的结论要贯彻有错必纠的原则。"文化大革命"时期制造了大量冤假错案，其中一大冤案是薄一波等61人所谓叛徒集团案。当年这些同志之所以在国民党反省院履行自首手续，是党的上级组织决定的，也是根据1937年7月7日中央批准的中组部关于所谓自首分子的决定（以下简称"七七决定"）实施的，然而在"文化大革命"中却被定为叛徒。与此类似，抗日战争和解放战争时期，一些地下党员根据党组织决定在敌伪政权中任职，以掩护我党我军工作，也在"文化大革命"中被定为了叛徒。对此，陈云在党的十一届三中全会前的中央工作会议上指出："中央应该承认'七七决定'和一九四一年的决定［即'中央关于过去履行出狱手续者（填写悔过书声明脱党反共）暂行处理办法'。——笔者注］是党的决定。"后者"涉及到数量更大的党员的政治生命问题，也应该由党

---

① 《陈云文集》第一卷，中央文献出版社2005年版，第285页。
② 《陈云文选》第一卷，人民出版社1995年版，第121页。
③ 《陈云文集》第一卷，中央文献出版社2005年版，第285页。
④ 《陈云文集》第一卷，中央文献出版社2005年版，第285页。
⑤ 《陈云文选》第三卷，人民出版社1995年版，第273页。

组织复查，对并无背叛行为的同志应该恢复党籍"。他说，对这几个决定涉及的同志，应当"做出实事求是的经得起历史检验的结论"，"不解决这些同志的问题，是很不得人心的"①。

陈云提倡党内讲公道，还体现在对干部的选拔任用上。他一向主张，"干部应该能上能下"②，"不能论资排队"③，"要注意五湖四海"④。他指出："要注意用人之才，不能只考虑是否党员或党龄之长短。按才能排位置，不按党票排位置。"⑤ "后来的可以居上。……要看他有没有本领，有没有高明的政治眼光，有没有工作经验。"⑥ "地位不是争得来的，贡献与地位相称的——过低则必升，过高则必降。"⑦ "我们用干部，要五湖四海，平常不熟悉的干部也要用。就地取材是很重要的一条原则。"⑧ 在用人问题上，他尤其反对由于缺乏对干部的根本估计而随便提上来又放下去的不负责做法。他在延安时代《论干部政策》的报告中讲的第一点，就是要了解人、认识人，切忌"用一只眼看人"，或者轻易改变对人的基本看法。他指出："干部不能提上来又打下去。"⑨ "老百姓盖房子打桩，一上一下。使用干部不能也像打桩子一样，今天看他好，便把他提得高高的，明天看他做得不够，便把他打下去，后天又把他提起来，再后又打下去。这种一上一下打桩式的用人是不对的。造房子打桩愈多愈好，如果对干部也这样来几次，我说顶多只要三次，这个干部就算断送完了，因为他的自信力早已失掉，再也不敢做工作了。"⑩

在处理上级关系的问题上，陈云同样力主讲公道。他反对"只批评下级，上级不作自我批评"的做法，指出"下级要尊重上级"，但"上级的

---

① 《陈云文选》第三卷，人民出版社1995年版，第233页。
② 《陈云文集》第一卷，中央文献出版社2005年版，第354页。
③ 《陈云文选》第一卷，人民出版社1995年版，第266页。
④ 《陈云文选》第三卷，人民出版社1995年版，第359页。
⑤ 《陈云文选》第一卷，人民出版社1995年版，第247页。
⑥ 《陈云文选》第一卷，人民出版社1995年版，第266页。
⑦ 《陈云文集》第一卷，中央文献出版社2005年版，第607页。
⑧ 《陈云文选》第三卷，人民出版社1995年版，第359页。
⑨ 《陈云文集》第一卷，中央文献出版社2005年版，第90页。
⑩ 《陈云文选》第一卷，人民出版社1995年版，第111—112页。

基本态度是帮助下级，吸收下级的经验来改善领导。上级决定本身有缺点，完全由领导负责；下级执行中有缺点，领导也要负教育不够的责任"。他表示："上下级关系不协调，一般情况下，主要是上级负责。"①

对于历史事件、历史人物的评价是否实事求是，是检验一个政党是否讲公道的重要标准。从陈云一生言行看，他在这个问题上也是力主公道的。比如，对于毛主席的评价问题，他在党中央制定《关于建国以来党的若干历史问题的决议》（以下简称《历史决议》）期间说过很多话，归纳起来主要是六点。一是同意邓小平对毛泽东功绩的概括，即"没有毛主席，就没有新中国；没有毛主席，我们党很可能还在黑暗中苦斗"②。二是"毛泽东同志功绩是第一位的，错误是第二位的"；毛主席的"一整套理论和政策……对中国革命的胜利起了决定性的作用"③。三是"毛泽东同志的一个无可比拟的功绩，是培养了一代人"。四是抗日战争时期，毛泽东同志写了许多重要著作，"我们党里头没有第二个人写出这样好的著作"。五是"毛泽东同志在党内的威望，是通过长期的革命斗争实践建立起来的"。"老一代人拥护毛泽东同志是真心诚意的。"④ 六是"毛泽东发动'文化大革命'，主要是为了防止中国变修、出现像赫鲁晓夫那样的事件，最初也不是要搞那么大"。总结"文化大革命"的经验教训，"关系到民主集中制"，"不能说毛泽东没有一点责任，但我们对毛泽东的评价不会像赫鲁晓夫对斯大林那样。……这不仅是中国的问题，而且是世界的问题"⑤。

在陈云看来，凡是作历史评价，对正面人物固然要讲公道，对反面人物也要讲公道；对自己的党自己的人要讲公道，对外国党外国人也要讲公道。例如，林彪在"文化大革命"中虽然搞阴谋搞分裂，最后走上叛党叛国的道路，然而，当讲到东北解放战争历史时，陈云率先指出："林彪作为四野的司令员，在当时正确的地方，我们也不必否定。""只有这样看待辽

---

① 《陈云文选》第一卷，人民出版社1995年版，第221页。
② 《陈云文选》第三卷，人民出版社1995年版，第242页。
③ 《陈云文选》第三卷，人民出版社1995年版，第284、285页。
④ 《陈云文选》第三卷，人民出版社1995年版，第284、285页。
⑤ 中共中央文献研究室编，朱佳木主编：《陈云年谱（修订本）》下卷，中央文献出版社2015年版，第266—267页。

沈决战，才是全面的，符合历史唯物论的。"① 他还说道：写东北解放战争的历史，"要写苏联、朝鲜对我们的帮助，回避是不合乎历史的"②。在制定《历史决议》期间，他特别提议写国际对我们的帮助，指出："我们党是在共产国际的帮助下成立的，建党初期共产国际也起了好作用。抗日战争期间，苏联还是援助了中国，最后出兵打垮关东军。""第一个五年计划中的一百五十六项，那确实是援助，表现了苏联工人阶级和苏联人民对我们的情谊。这样一些问题，《决议》应该如实地按照事情本来面貌写上去。要通过对这些历史问题的论断，再一次说明中国共产党人是公正的。"③

七、讲学习的生活

我们党一向提倡党内要形成学习的风气。1938年，毛泽东在党的六届六中全会作的政治报告，专门把"学习"列为一节，号召"来一个全党的学习竞赛"，说"如果我们党有一百个至二百个系统地而不是零碎地、实际地而不是空洞地学会了马克思列宁主义的同志，就会大大地提高我们党的战斗力量"。④ 事后，陈云迅速响应，在中央组织部成立了学习小组，还以中组部部长身份发文章、作讲话，积极贯彻毛泽东的报告精神。他在中共中央机关刊物《解放》上发表题为《怎样做一个共产党员》一文，讲到党员标准时，不仅在第一条"终身为共产主义奋斗"中强调学习理论的重要性，而且把"学习"单独作为一条，提出除了学习马克思主义理论外，还要学习中国历史和时事政治、军事知识和技术、文化，等等。他又以《学习是共产党的责任》为题，撰写了一篇报告稿，指出："不把工作和学习联系起来，工作的意义就不完整，工作也不能得到不断改进。"他要求党

---

① 《陈云文选》第三卷，人民出版社1995年版，第328页。
② 中共中央文献研究室编，朱佳木主编：《陈云年谱（修订本）》下卷，中央文献出版社2015年版，第412页。
③ 《陈云文选》第三卷，人民出版社1995年版，第285—286页。
④ 《毛泽东选集》第二卷，人民出版社1991年版，第533页。

内老干部、高级干部,要"成为学习的模范"。① 约40年后,在中央制定《历史决议》期间他再次提出,要把毛主席的《实践论》《矛盾论》《论持久战》《战争和战略问题》等著作,以及马恩列斯的一些著作选编一下,拿到党的干部和青年中学习。他说:"这件事情现在要抓,以后也要抓,要一直抓下去。"②

陈云提倡学习的一大特点,是着重提倡学习马克思主义哲学,并把学好哲学作为统一党内思想的重要方法。他反复讲,毛主席在延安先后三次当面同他谈话,要他学哲学,还派教员来中央组织部帮助学习。他仔细研究了毛主席起草的文件、电报,受益很大,"感到里面贯穿着一个基本指导思想,就是实事求是"③;并且进一步总结出做到实事求是的"十五字诀",即"不唯上,不唯书,只唯实,交换、比较、反复"。1981年,他通过负责起草《历史决议》的领导同志向中央转达:"建国以后,我们一些工作发生失误,原因还是离开了实事求是的原则。在党内,在干部中,在青年中,提倡学哲学,有根本的意义。"④ 1987年,他又当面向中央主要负责人提出:"希望能够组织政治局、书记处、国务院的同志都来学习哲学,并把这个学习看成是工作的一部分,也是自己的一项重要责任。"他强调要把我们的党和国家领导好,最要紧的是要使领导干部的思想方法搞对头。"在新的形势下,全党仍然面临着学会运用马列主义、毛泽东思想的立场、观点、方法分析和解决问题这项最迫切的任务。"⑤

陈云号召别人学习,自己首先带头。他不仅在延安组织中央组织部的干部学习,而且"文化大革命"中下放江西南昌郊区后,每天上午去工厂"蹲点",下午和晚上看《马恩选集》《列宁选集》《毛泽东选集》。他利用那段时间,逐篇逐页通读了《列宁全集》,"四人帮"粉碎时,刚好从第23卷读完最后一卷第38卷。他还组织家庭读书小组,并要求秘书也组织人学

---

① 《陈云文选》第一卷,人民出版社1995年版,第187—188页。
② 《陈云文选》第三卷,人民出版社1995年版,第285页。
③ 《陈云文选》第三卷,人民出版社1995年版,第371页。
④ 《陈云文选》第三卷,人民出版社1995年版,第285页。
⑤ 《陈云文选》第三卷,人民出版社1995年版,第362页。

习马克思主义哲学著作。习近平总书记在纪念陈云同志诞辰110周年座谈会讲话中说:"陈云同志出身贫寒,只读过小学,但他靠在长期实践中坚持不懈的刻苦学习,具备了很高的思想理论水平和解决问题能力。"[①] 事实说明,情况正是如此。

加强和规范党内政治生活,是建设马克思主义政党的内在要求,是形成共产党良好党风的必要条件,也是保持无产阶级先锋队战斗力的重要前提。当前全党上下正在以习近平同志为核心的党中央带领下,认真贯彻《关于新形势下党内政治生活的若干准则》。我们要结合全面从严治党的新实践,深入学习、研究、宣传陈云关于党内政治生活的论述,更好地继承和发扬党在长期实践中形成的优良传统,营造风清气正的党内政治生态,解决党内政治生活庸俗化、随意化、平淡化的问题,以做好思想理论准备工作和意识形态工作的实际行动迎接党的十九大胜利召开。

(本文是作者在2017年6月21日上海举办的主题为"陈云与加强和规范党内政治生活"学术研讨会发言基础上撰写而成的,刊载于《世界社会主义研究》2017年第6期。收入本书时,作者略作修改)

[①] 习近平:《在纪念陈云同志诞辰110周年座谈会上的讲话(2015年6月12日)》,载《人民日报》2015年6月13日,第2版。

陈云关于党的干部工作的思想

陈云在长达 70 年的革命生涯中，从事过多方面工作，但持续时间最长、投入精力最多的，是领导财经工作及经济建设和负责党的组织、干部及纪律检查工作，而后者主要集中在抗日战争年代担任中央组织部部长的七年和改革开放年代担任中纪委第一书记的九年。在这两个时期，他对党的干部工作作出了杰出贡献，并形成了具有自己特点的干部工作思想。即使在其他时期，他作为以毛泽东同志为核心的党的第一代中央领导集体和以邓小平同志为核心的党的第二代中央领导集体的重要成员，也对党的干部工作给予过密切关注，提出过许多宝贵意见，发挥过十分重要的作用。2013 年，习近平总书记在全国组织工作会议上指出："实现党的十八大确定的各项目标任务，关键在党，关键在人。关键在党，就要确保党在发展中国特色社会主义历史进程中始终成为坚强领导核心。关键在人，就要建设一支宏大的高素质干部队伍。"[①] 在陈云同志诞辰 110 周年之际，回顾和学习他关于我们党的干部工作的思想，不仅是对他的纪念，同时也有助于总结党的干部工作的历史经验，更好地贯彻以习近平同志为核心的党中央有关干部工作的一系列指示精神，促进高素质干部队伍的建设。

在当前形势下，学习陈云关于干部工作的思想，我认为有五个方面的内容特别值得重视。

---

① 《习近平谈治国理政》，外文出版社 2014 年版，第 411 页。

一、党的干部路线要注意为党的政治路线服务

在延安时代,毛泽东曾依据斯大林关于"干部决定一切"的思想,进一步提出党的"政治路线确定之后,干部就是决定的因素"①。对此,陈云具体解释说,这是因为"党的干部不同于一般党员,是党的骨干。干部在党的组织中占重要地位"。"党的一切决议和政策,都要通过干部去实现。""没有坚强的干部队伍,我们党的事业就不能发展,就不能取得革命胜利。"② 他提出:"组织工作要适合于政治路线的要求,保证政治路线的实行。"③ 他要求党的干部工作部门对党的政治路线要有正确的了解,同时又要对具体情况有切实的了解。他说:"只谈路线,不了解具体情况,是空谈。只知道具体情况,不了解路线,是盲目。要克服'上级只谈政治路线,下级只谈具体工作'的缺点。"④

党的干部路线是指党选拔任用干部所遵循的根本准则。党的政治路线有时会根据党面临的历史任务的变化而有所变化,因此,凡是遇到这种情况,党的干部路线就需要随之相应变化。例如,抗日战争时期,党的政治路线是"放手发动群众,壮大人民力量,在党的领导下,打败日本侵略者,解放全国人民,建立一个新民主主义的中国"。早在 1937 年 8 月,毛泽东就为我们党草拟了《为动员一切力量争取抗战胜利而斗争》的宣传提纲;接着,党中央又在 1938 年发出了《关于大量发展党员的决议》,要求打破组织上的关门主义倾向。打破关门主义的一个关键问题是正确看待知识分子的问题,为此,陈云提出干部工作要大量吸收知识分子,并要充分发挥他们的作用。他说,有些地方对知识分子不敢放手使用,甚至排挤他们,是因为不了解在半殖民地半封建国家的知识分子与资本主义国家的知识分子有很大不同。"半殖民地半封建国家的知识分子绝大多数是要革命的,

---

① 《毛泽东选集》第二卷,人民出版社 1991 年版,第 526 页。
② 《陈云文选》第一卷,人民出版社 1995 年版,第 211 页。
③ 《陈云文选》第一卷,人民出版社 1995 年版,第 220 页。
④ 《陈云文选》第一卷,人民出版社 1995 年版,第 220 页。

许多革命是靠知识分子来领导的。"①

要贯彻这条干部路线,当时干部工作中有一个如何促进新老干部之间即知识分子干部与工农干部之间团结的问题。陈云指出,有些老干部看不起新干部,认为他们没有什么了不起;有些新干部也看不起老干部,认为他们是"土包子"。这些看法不改变,势必影响工作。因此,要做好彼此的团结工作,就要使他们多看对方优点。他举例分析了一些工农干部与知识分子干部的特点,说知识分子干部认为工农干部小气,可据他观察,工农干部往往在小事上小气,在大事上大方;而知识分子干部往往在小事上大方,在大事上小气。比如,你要借一支钢笔用用,工农干部就不太愿意借,而知识分子干部却会很爽快地借给你。但是到了战场,要冲锋陷阵了,工农干部一般不大在乎,而知识分子干部就有点犹豫。他讲这些道理的目的,就是为了要新老干部互相理解和谅解,以取长补短,共同提高。

党的十一届三中全会后,我们党恢复了马克思主义的思想路线、政治路线和组织路线。其中的政治路线,简要说就是"以经济建设为中心,坚持四项基本原则,坚持改革开放"。那时,陈云虽然担任中纪委第一书记、国务院副总理兼财政经济委员会主任职务,但对党的干部工作却十分关心。为了适应党在新的历史时期的这条政治路线,他提出干部队伍要"四化"的意见。他最初讲的干部队伍"四化",是在1980年8月中央政治局扩大会议上说的年轻化、知识化、专业化、制度化。对此,邓小平表示"这些意见讲得好"②。后来,整理会议讲话的同志感到这个提法里缺少政治标准,故在前面加上了一个"革命化",使之变成了"五化"。再往后,为保持干部"四化"的提法不变,又把"制度化"去掉,成为现在说的革命化、年轻化、知识化、专业化。其实,原来讲的那个"四化",已经把政治标准作为大前提了,其中的"制度化",是指干部新老交替要制度化,提拔年轻干部要制度化,老干部退休要制度化,废除干部职务终身制要制度化。不过,关于这个提法上的变化,事先征得了陈云本人的同意。

---

① 《陈云文选》第一卷,人民出版社1995年版,第180页。
② 《邓小平文选》第二卷,人民出版社1993年版,第326页。

当时，大多数领导同志对选拔中青年干部都没有不同意见，然而，一是感觉这个事不那么紧迫，特别是有些老同志刚刚恢复工作，椅子还没"坐热"，总觉得自己不过70岁左右，身体还好，还可以干几年；二是总想在自己熟悉的干部里面选拔接班人，也就是只在少数人里面选。陈云认为，老同志现在看上去红光满面，身体好像很好，但里面的零件已经老化了，不要等到病倒的时候，再被迫地提拔一些不理想的人到领导工作岗位上来，这样对我们党是很不利的。他提出，选拔年轻干部不能一个一个来，那样会有很多争论，耽误时间，要使它成为一个大方针，成千上万地选，每一个部门每一个层级都要选；为此可以多设一些助理、帮办、副秘书长一类的职位，把他们先放到领导岗位上考察、锻炼；这样选，即使一万个人里有10%被淘汰，还能留下九千人。他就此写了一篇题为《提拔培养中青年干部是当务之急》的文稿，提出了12条建议，其中包括建议中组部成立青年干部局和技术干部局。邓小平看后，批示印发1981年6月的中央政治局扩大会议和十一届六中全会，并决定六中全会结束后，把各省区市主要领导同志留下开座谈会，由他和陈云同志专门就这个问题讲话。事实说明，陈云的这一主张对新时期干部队伍的"四化"和新老干部正常交替起了至关重要的作用，有力保证了党在历史新时期政治路线的贯彻。

陈云在呼吁成千上万选拔优秀中青年干部的同时，也提醒干部部门对"文化大革命"造反起家的、帮派骨干分子和打砸抢分子等"三种人"，一个都不能提。有的同志对此不以为然，认为"文化大革命"的事情说不清楚，还是"俱往矣"吧，意思是一风吹吧。陈云同志听到后说不能"俱往矣"，对这些人要"俱在矣"。因为他们都是能量很大的人，而且年纪轻，不能光看他们现在表现"蛮好"，只要今后时机适宜，必会兴风作浪。为此，他在党的十二大发言中着重指出，在提拔中青年干部问题上要讲两句话：一是必须成千上万地提拔，而不能只提拔几十个、几百个；二是"文化大革命"期间的"三种人"，一个也不能提拔，已经在领导班子中的，必须清除出去。事实证明，他的这一主张是非常重要的，也是颇有远见的。

改革开放后，有些干部出国考察，看见外国的摩天大楼、高速公路等，就认为中国不如外国、社会主义不如资本主义、马克思主义不灵了。陈云

陈云关于党的干部工作的思想

高度重视这种现象，认为让这样的干部做领导工作，难以全面执行党的政治路线。为此，他在党的十二届二中全会的大会发言中特别指出："对于这些人，我们要进行批评教育；对其中做意识形态工作的同志，经过教育不改的，要调动他们的工作。"① 可见，党的干部路线必须适应党的政治路线并为政治路线服务的主张，陈云从延安时代一直讲到改革开放时期，是一以贯之的，而且是斩钉截铁、从不含糊的。

二、党的干部选拔任用标准要坚持德才兼备、以德为主

"德才兼备"是中国古代对选人用人标准的一个概括，也是我们党选拔任用干部的重要标准。陈云在主管干部工作期间，对这个标准作了进一步发展，认为德才相比，德更重要，要把德放在第一位，用他的话说，叫作："德才并重，以德为主。"②

什么是德好？不同阶级、不同时代有不同的衡量标准。从陈云的论述看，我们党讲的德好，有两方面内容：一方面是指政治方向正确，执行政治纪律严格，即政治要好；另一方面是指做人的道德品质好，即人品要好。在延安时代，陈云对选拔使用干部的标准特别强调四条：一是要忠实于共产主义事业，忠实于党；二是要密切联系群众，和群众打成一片；三是要能够独立开展工作，能够担负责任；四是要遵守纪律。这四条最早是由共产国际总书记季米特洛夫提出的，由于概括得好，被毛泽东拿来作为我们党当时选拔干部的标准。只要看一下就知道，这四条中只有第三条讲的是能力，其他三条讲的都是政治。所以，陈云指出，这四条实际上是两条，即政治和能力。他说："两者不能缺一，以政治为主。"③ 后来，他多次指出，看一个干部，既要看政治又要看能力，但要把政治放在第一位；德和才，要把德放在优先位置。他经常说："干部如果能力不够，可以给他压压担子，锻炼提高；但品德要是不好，就很难办了。"他还说："考察一个干

---

① 《陈云文选》第三卷，人民出版社 1995 年版，第 332 页。
② 《陈云文选》第一卷，人民出版社 1995 年版，第 214 页。
③ 《陈云文选》第一卷，人民出版社 1995 年版，第 213 页。

部的才和德，主要应看其在完成任务中的表现。"① 拿今天的话讲，就是要看他的实绩。这些主张，他也从延安时代讲到改革开放新时期，也是一以贯之的。

进入改革开放时期，如何掌握干部选拔任用标准的问题，又被尖锐地摆到干部工作面前。那时，一些同志提出，要选"开拓型干部"，选"明白人"，选"能人"；还提出，过去许多规章制度束缚干部的手脚，要给干部"松绑"。对此，陈云讲："开拓型也要，但首先要强调有德，有党性。德才兼备，才干固然要有，但德还是第一。"② 他希望政治局、书记处要注意这个问题，并且反复告诫大家："德才相比，我们要更注重于德"；③ "选干部，首先要看德，有才缺德的人不能用。德好，才差一些不要紧，放到领导岗位上锻炼几年，才干是可以练出来的。"④ 他还针对只看重有的知识分子干部文笔好而忽视他们政治品质的现象指出，对拿笔杆子的人，能写文章的人，"选择的时候要特别注意，要特别谨慎"。他说："必须培养既能写，又有德，德才兼备的人。"⑤ 针对要给干部"松绑"的口号，他讲："党性原则和党的纪律不存在'松绑'的问题。没有好的党风，改革是搞不好的。共产党不论在地下工作时期或执政时期，任何时候都必须坚持党的纪律。"⑥ 他强调，越是在改革开放的情况下，我们越要严格党的纪律，越需要"金刚钻"的干部。

对于党的干部工作部门和纪律检查部门选用干部，陈云认为标准要更高更严格。在他担任中组部部长时，正值抗日战争中党和党的干部大发展的时期，他强调："干部部门要有相当数量和质量的干部，人选力求忠实，公正，有能力（包括有一定的革命经验和社会经验，以及细心、耐烦等），上下信任，使之符合于党的发展的需要。"⑦ 在他担任中纪委第一书记时，

---

① 《陈云文选》第一卷，人民出版社1995年版，第214页。
② 《陈云文选》第三卷，人民出版社1995年版，第359页。
③ 《陈云文选》第三卷，人民出版社1995年版，第317页。
④ 中共中央文献研究室编，朱佳木主编：《陈云年谱（修订本）》下卷，中央文献出版社2015年版，第352页。
⑤ 《陈云文选》第三卷，人民出版社1995年版，第302页。
⑥ 《陈云文选》第三卷，人民出版社1995年版，第275页。
⑦ 《陈云文选》第一卷，人民出版社1995年版，第219页。

正值我国改革开放时期，党的干部队伍不仅面临执政的考验，而且面临市场经济和对外开放的考验。为此，他强调："做纪律检查工作的干部，应当是有坚强的党性，有一股正气的人；应当是能够坚持原则，敢于同党内各种不正之风和一切违法乱纪行为作坚决斗争的人；而不应当是在原则问题上'和稀泥'，做和事佬、老好人的人。"①

三、党的干部政策要重在使干部积极性得到充分发挥

陈云指出："干部政策，拿俗话来讲，就是用人之道。"② 他认为，执行党的干部政策的目的，就是为了调动和保护干部的积极性，充分发挥干部的作用。他把使用干部的原则概括为"量才使用""放手使用"③，并把党的干部政策概括成四句话、十二个字，即"了解人，气量大，用得好，爱护人"。

所谓"了解人"，就是不要只看干部的一时一事，而要历史地、全面地看干部，既要看到干部的短处，更要看到干部的长处。陈云举例说：有的人自高自大，这当然不好，但是反过来看，这种人一般都有点本事、有点才能，我们要想办法利用他的本事，发挥他的才能。有的人谨小慎微，不敢放开手脚工作，这当然是缺点，但是这种人有一个好处，就是一般不敢胡来，用这种人搞机要工作、统计工作就比较合适。总之，人都有长处，要尽量用其所长，而且越是发挥他的长处，就越可以克服他的短处。当然，有人长处里有短处，短处里又有长处，这就更需要辩证地看，深入地了解，恰当地使用。

所谓"气量大"，就是要不拘一格，敢于用各种类型的干部。比如，认为某个人有问题，往往说他"背景复杂"。陈云同志讲，复杂有复杂的好处，这说明他各种事都经历过，比较有经验。他以自己为例说："我的背景就非常复杂。我先是相信吴佩孚的，后来相信国家主义，后来又相信三

---

① 中共中央文献研究室编：《陈云论党的建设》，中央文献出版社1995年版，第279页。
② 《陈云文选》第一卷，人民出版社1995年版，第109页。
③ 《陈云文选》第一卷，人民出版社1995年版，第215、216页。

民主义，最后才相信共产主义，因为经过比较，认识到共产主义是最好的主义。"① 一般说，岁数大一点的人，在社会上走的地方多，社会关系就有可能复杂。不过，岁数大的人也可能很单纯。这里说的"单纯"，是指思想上纯洁的意思。他说，到底是复杂好呢，还是简单好呢？1932 年在上海开办过一个工人干部的训练班，只有六个人，简单倒是很简单，但成不了大事业。而抗战以来，天下英雄豪杰云集延安，不管男女老少，都不远千里，络绎不绝地前来，挡也挡不住，其中大部分是青年学生，也有教授、工程师，各种各色。虽然复杂，但可以干大事业。孙中山是一个伟大人物，武昌起义，几天之内就有十几个省响应，原因之一就是他的气量大，什么红枪会、哥老会、三教九流他都要。因此，"我们也必须善于用人，只要这个人有一技之长，就要用，只有这样，才能成大事业……单枪匹马，革命到底是干不成功的"②。

所谓"用得好"，简单说就是让干部心情愉快，敢于说话，敢于做事，能够发挥主动性、创造性。为了做到这一点，陈云提出三条：首先，领导者的态度要好，要使干部喜欢亲近你，爱和你说话。其次，不要抓住干部的缺点不放，动不动就把小错误提到原则的高度，扣各种"大帽子"。最后，批评干部的时候要和颜悦色，指出错误的根源和纠正错误的方法，使被批评的人心服意满。

所谓"爱护人"，是指对于干部要像父母爱护子女那样，有了问题要帮助解决，有了错误要严肃指出，发现涉及政治生命的事情要十分慎重地处理。在这方面，陈云提出四条：首先，一个干部既然被提拔起来，就要经常留意他的工作，不要使他轻易垮台，"不要今天拉起来，明天又放下去，好像打桩一样"。其次，对干部不安心的问题要想办法解决。"做干部工作，无论大事小事，都要不怕麻烦。"③ 比如，你正忙于工作，有人事先不打招呼跑进来找你，你就应当放下工作，聚精会神地听他说话，耐心郑重地解答各种问题。在这种事情上要设身处地为干部着想，要舍得花时间。

---

① 《陈云文选》第一卷，人民出版社 1995 年版，第 111 页。
② 《陈云文选》第一卷，人民出版社 1995 年版，第 113 页。
③ 《陈云文选》第一卷，人民出版社 1995 年版，第 119 页。

再次,要很慎重、很细心地对待干部的政治生命。有的党员对自己肉体生命可能不太在乎,但非常在乎自己的政治生命。本来他没有什么问题,而由于种种原因给他扣上一个政治上有问题的结论,这个干部就会感到自己还不如在战场上牺牲算了。组织部门发现了这样的事情,宁可多花点工夫,多搞点调查,帮助干部把事情搞清楚。即使犯了错误,只要赶快觉悟,切实改正,还可以将功赎罪。他说,我们共产党是最讲公道的,应该允许人家革命,尽最大努力把有错误的人挽救回来。最后,对干部不要"抬轿子"、拍马屁,那样容易养成干部自高自大,只会害了干部。他说,只有"不客气批评别人的人,才是好人,才够得上是革命同志"[①]。

陈云还提出,对干部要在生活上帮助,以解除他们的后顾之忧。比如,那时处在战争环境,一些干部被派到很远的地方,有的做秘密工作,有的搞武装斗争。组织部门要关心他们的家属特别是孩子,使他们能够放心、安心地在外面工作。对待烈士子女,也要关心,使活着的同志心里得到安慰。正因为如此,那时延安的干部都很愿意到中组部去,中组部也因此得到了"干部之家"的美誉。

四、党的干部管理要注重加强教育、从严要求、纯洁队伍

我们党的干部工作早在建党初期就有了,但在延安时代之前,由于党基本上处于地下状态和流动状态,没有稳定地、从容地开展工作的条件。陈云担任中央组织部部长期间,党中央已把革命的大本营放在了陕甘宁边区,中央领导机关有了相对稳定的环境,工作条件比过去有了很大改善。于是,他抓住有利时机,对干部的教育培养、选拔分配、纪律检查、政治审查等一系列工作,提出了较为完整的要求,有的还建立了相应制度。

陈云认为干部教育不仅包括文化教育、理论教育,也应包括实际工作的教育。他说:"实际工作是重要的教育武器。实际工作的过程,就是教育

---

① 《陈云文选》第一卷,人民出版社 1995 年版,第 121 页。

干部的过程。分配干部适当的工作，使其负责，在工作中受到教育。"① 在干部教育中，他尤为重视马克思主义理论和政治思想教育、党性教育。在1942年延安军事干部会议上，他强调干部要努力学习，加强自己。他说："学习什么呢？学理论，学正确的思想方法。"他针对因为怕犯教条主义错误而不敢读书的现象指出："我们反对教条主义，不是不读书。现在我们的毛病，是马列主义不够。要反对教条主义和经验主义，都需要认真学习马列主义。"②

改革开放初期，一些地方的少数党政军机关和党政干部同不法分子、不法外商相互勾结，钻改革的空子，行贿受贿、走私贩私、贩卖假药假酒，形成一股歪风。对此，陈云在1985年党的全国代表大会上指出，这些问题的发生同我们放松思想政治工作、削弱思想政治工作部门的作用和权威有关，因此，应当加强思想政治工作，并且"应当把共产主义思想的教育、四项基本原则的宣传，作为思想政治工作的中心内容。这种宣传教育不能有丝毫减弱，还要大大加强"。针对"共产主义遥遥无期""社会主义初级阶段没必要宣传共产主义思想"的错误认识，他指出，我们在民主革命时期正是用共产主义思想教育党员和群众中的先进分子，使党始终保持了战斗力，使革命取得了胜利。我们现在是进行社会主义经济建设和经济体制改革，更要用共产主义思想教育党员和群众。

那次党代会闭幕后，陈云在紧接着召开的中纪委全会上通过书面讲话指出："如果我们各级党委，我们的党员特别是老干部，对此（指钻改革开放空子的不法行为和不正之风。——笔者注）有清醒的认识，高度的警惕，有针对性地进行以共产主义思想为核心的教育，那么资本主义思想的侵入并不可怕。"③ 过了一年，他又对中纪委领导同志强调："我们党是处于全国执政的地位，再加上目前对外开放、对内搞活经济，客观环境发生了很大变化。因此，纪律检查部门和全党各级党的组织，必须重视执政党

---

① 《陈云文选》第一卷，人民出版社1995年版，第216—217页。
② 《陈云文选》第一卷，人民出版社1995年版，第261页。
③ 《陈云文选》第三卷，人民出版社1995年版，第355页。

条件下党员的政治思想教育和党性教育。"① "各级党组织和党的纪律检查部门只是查处违法乱纪的案子不行,更重要的是要加强共产党员的党性教育和自觉遵守党的纪律的教育。提高共产党员的素质,是非常重要的事情,是党的建设上的一个根本问题。对这一点要有清楚的认识,要认真地抓紧抓好。"②

在干部的教育培养工作中,陈云十分重视运用批评和自我批评的方法。他说:"党内斗争主要是开展批评和自我批评。""我们应该反对干部里面怕斗争的倾向。我们不主张乱斗,而是主张在原则问题上进行必要的斗争。因为各个干部的思想意识不同,还有剥削阶级的影响,所以对一切不好的倾向必须斗争。斗争是为了教育全党,并帮助一些同志克服他们的毛病,挽救一些人,以免他们的错误继续发展。"③ 他还特别提醒干部部门的同志,指出:"组织部长的责任是,看到一种错误的现象,就要问,就要批评,说这是错误的,值得注意。这项工作应该是主动地去做。如果是被动的,人家不找来就不讲,闹得天翻地覆的时候才讲,那就来不及了。"④

改革开放后,一些人错误地总结"文化大革命"期间的教训,由过分强调斗争哲学、不该斗的也斗,变为怕矛盾、怕斗争、怕得罪人。针对这种现象,陈云在审阅党的十二大报告时指出,目前在我们的党风以至于在整个社会风气中,有一个很大的问题,就是是非不分。这种情况,在"文化大革命"以前也有,但现在比那时要严重得多。对于这个问题,应该把它提到全党思想建设和组织建设的高度去强调。⑤

对于党的干部除了要加强思想理论的教育之外,陈云认为还必须有严格的纪律加以约束。他说:"维护党的统一,不靠刀枪,要靠纪律。"⑥ "党内有争论是正常状态。必须用纪律来约束党组织和党员的行动。"⑦ "党的

---

① 《陈云文集》第三卷,中央文献出版社 2005 年版,第 547—548 页。
② 《陈云文集》第三卷,中央文献出版社 2005 年版,第 541 页。
③ 《陈云文选》第一卷,人民出版社 1995 年版,第 182 页。
④ 《陈云文选》第一卷,人民出版社 1995 年版,第 271—272 页。
⑤ 《陈云文选》第三卷,人民出版社 1995 年版,第 274 页。
⑥ 《陈云文选》第一卷,人民出版社 1995 年版,第 196 页。
⑦ 《陈云文选》第一卷,人民出版社 1995 年版,第 196 页。

纪律是统一的，必须无条件遵守。""无特殊人物，无特殊组织。"① 那么，党的干部都有哪些纪律需要遵守呢？从陈云同志的论述看，他比较多的是强调以下几条：

第一，要言行一致。在一般人看来，言行是否一致只是人的品行、作风问题，而在陈云看来，这却是是否遵守党的纪律的问题。他说："共产党员必须言行一致，这是党规定的。违反了这一条，就是违犯党的纪律。"②因为"我们共产党是言行一致的政党"，共产党内"不允许有对党言行不一致的党员，不允许任何党员对党讲一句假话。我们绝不能像剥削阶级政党那样，党员可以说假话，鬼话连篇，欺骗人民"。他指出，说假话而经教育仍不改正，并且越说越多、越说越大的人，不管口里讲得如何革命，不管过去有多大功劳，"应该立即开除出党，没有价钱可还"。③

第二，要服从组织。陈云指出："组织、多数、上级、中央的决策正确时，自然要服从；如不正确，或不完全正确，怎么办？在行动上必须服从，同时应该按党章规定的权利，提出建议，或保留自己的意见。"④ "即使上级的人比你弱，你也一定要服从。做不到这一步，我们的党就要垮台，因为假如谁都是觉得自己的本领强，自己的意见对，没有一个约束，结果就谁都服从自己，不服从别人，而党的统一就完全没有可能了。"⑤ "纪律有强制性。不自觉遵守，必须强制执行。明知故犯者，要给以处分；情节严重而不愿改正者，应开除出党。"⑥ "不愿意遵守纪律的党员，害怕铁的纪律的新党员，尽可出党。"⑦ 在延安时期，有一个叫刘力功的新干部，由于坚决不服从党组织对他的工作分配，最终被开除出党。为此，陈云专门写了一篇文章，发表在中共中央机关刊物《解放》上，题目就叫《为什么要开除刘力功的党籍》。他写道："今天在党内尤其是新党员中加强纪律的教

---

① 《陈云文选》第一卷，人民出版社1995年版，第196页。
② 《陈云文选》第一卷，人民出版社1995年版，第201页。
③ 《陈云文选》第一卷，人民出版社1995年版，第201页。
④ 《陈云文选》第一卷，人民出版社1995年版，第197页。
⑤ 《陈云文选》第一卷，人民出版社1995年版，第277页。
⑥ 《陈云文选》第一卷，人民出版社1995年版，第197页。
⑦ 《陈云文选》第一卷，人民出版社1995年版，第196页。

育，使他们了解为什么要遵守纪律，怎样做才是遵守纪律，什么事是违犯纪律的等等一类问题，是非常重要的。"①

第三，要严惩以权谋私。早在延安时代，陈云就提出要警惕和防止执政党党员以权谋私的问题。他说，执政党的党员损害群众利益，"特别容易引起群众的不满。你有枪，又当权，群众看到了也不敢讲。所以，一定要严格要求我们的党员和干部，并且经常倾听群众的意见，有人做了违背群众利益的事，就要给以严肃的批评，以至纪律处分。对于违法的人，例如贪污分子，还要发动群众去斗争，并绳之以法"②。改革开放后，面对党员干部以权谋私的问题，陈云进一步指出："对于利用职权谋私利的人，如果不给以严厉的打击，对这股歪风如果不加制止，或制止不力，就会败坏党的风气，使党丧失民心。"③

怎样才算做到了陈云所说的"严厉"呢？不妨试举几个例子加以说明。一件事是，他从文件中看到有些农村党员集训，除伙食补贴之外还要发误工费。对此，他在党的十二届二中全会发言中指出："我看一切集训、开会要钱的人，不能成为共产党员。""凡属要求误工补贴的党员应开除党籍。"④再一件事是，他从中纪委信访简报上看到广东一些地区走私活动猖獗，涉及不少党员干部。对此，他立即批送中央政治局常委传阅，并在批示中写道："对严重的经济犯罪分子，我主张要严办几个，判刑几个，以至杀几个罪大恶极的，并且登报，否则党风无法整顿。"邓小平看到后，又在上面加了八个字："雷厉风行，抓住不放。"⑤还有一件事发生在1986年，他看到内部简报上反映，有的高级干部自己有公家配备的汽车，还向下属单位要新的高级轿车。他批示："凡是别人（或单位）送的和个人调换的汽车（行政机关配备的不算），不论是谁，一律退回，坐原来配备的车。在这件事上，得罪点人，比不管而让群众在下面骂我们要好。"⑥他还多次

---

① 《陈云文选》第一卷，人民出版社1995年版，第128页。
② 《陈云文选》第一卷，人民出版社1995年版，第183页。
③ 《陈云文选》第三卷，人民出版社1995年版，第331—332页。
④ 《陈云文选》第三卷，人民出版社1995年版，第332页。
⑤ 《陈云文选》第三卷，人民出版社1995年版，第273—274页。
⑥ 《陈云文集》第三卷，中央文献出版社2005年版，第543—544页。

指出:"对于危害社会主义建设,败坏党风、社会风气的歪风邪气,熟视无睹,听之任之,除了追究那些为非作歹的个人外,还要追究那个单位、那个地区的党委的责任,包括纪委的责任。"① 看了以上事例,什么是陈云同志心目中的"严厉",大概可以略知一二了。

干部管理中还有一项很重要的工作,即纯洁队伍。陈云在延安时期讲到干部队伍建设时,曾专门讲了这个问题。他说,我们的党员和干部,绝大多数是好的,但也有少数坏人,其中一种是从外面混入的,另一种是在和平环境中产生的。因此,对干部必须审查。他指出:"有人以为共产党内没有坏人,这是完全不对的。在革命运动中,特别在大发展时期,革命队伍里会混进坏人,少数本来革命的人会变质,这是不可避免的现象。我们的任务是不断纯洁干部队伍,纯洁党的组织,与各种坏人作斗争。"② 新中国成立后,他还针对党内防止出野心家的问题指出:"我们不能保证不出野心人物,但是我们可以想方法使乱子不闹大。"③ 他说:"可靠的、永久的办法,可传到我们子孙后代的,就是提高高级领导人的革命觉悟和革命嗅觉。"④

在延安时期,陈云曾经强调干部要稳定,不要频繁调动,以便于他们了解情况、积累经验。而在改革开放时期,考虑到我们党面临的新形势,以及干部队伍的新特点,他的观点发生了一定变化,把着重点放到了干部交流上,提出县级以上干部都应该轮换。他在中组部一份简报上批示:"交流制度很好。一个干部长期在一个地方工作并不好,容易形成帮派。"⑤ 事实说明,这一主张完全符合新时期的实际情况,已经和正在成为我们党干部管理工作中的一项制度。

在改革开放时期,为加强干部管理工作,陈云还提出中组部、中纪委、中央党校三个部门要相互配合,把好用人关。他说:"中央组织部、中央党

---

① 《陈云文选》第三卷,人民出版社1995年版,第356页。
② 《陈云文选》第一卷,人民出版社1995年版,第185页。
③ 《陈云文选》第三卷,人民出版社1995年版,第233页。
④ 《陈云文选》第三卷,人民出版社1995年版,第232—233页。
⑤ 《陈云文集》第三卷,中央文献出版社2005年版,第525页。

校、中央纪律检查委员会这三家是管干部的。"① 只要这三个地方把好关，坏人就上不来，就可以为改革开放打造出政治上可靠、能力上适应需要的干部队伍。

五、做党的干部工作要重视学习尤其学习马克思主义哲学

陈云一向强调读书学习是党的干部的责任，尤其提倡干部要学习马克思主义哲学。他常说，在到延安后，他曾对毛主席讲，他过去有很多错误，其他一些领导同志也犯有一些错误，主要原因是由于缺少经验。毛主席说，不是这样的，你们的经验并不少，主要是思想方法有问题，建议他要学一点哲学，并就这个问题跟他说了三次，还把自己一位叫何培元的秘书派去帮助他学习。于是，他在中组部里组织了一个学习小组。那时，中组部也就是几十个人，他把其中的高级干部如李富春、王鹤寿等人，作为学习小组的正式成员，把其他一些年纪较轻、资历较浅的干部如袁宝华等人作为列席成员。学习小组按照计划，一本一本地精读马克思主义经典作家的原著，平日自学，逐页质疑，由浅入深，由少到多，注意独立思考，并在每个星期讨论一次。每次讨论，气氛总是十分生动活泼，而且有时还有辩论。这个学习小组前后坚持了五年，在延安第一届"五五学习节"（5月5日是马克思诞辰日。——笔者注）上被评选为模范学习小组。陈云由于重视学习，工作抓得有声有色，受到毛泽东多次赞扬，如称赞他善于团结大多数，说"这一点，陈云同志值得我们学习的"；② 还说："陈云同志有'挤'的经验，他有法子'挤'出时间来看书、来开会。"③

对于如何才能做到实事求是的问题，陈云通过认真研读毛泽东的著作、电文，以及深入思考、反复琢磨，总结出了 15 个字的心得，即"不唯上、

---

① 中共中央文献研究室编，朱佳木主编：《陈云年谱（修订本）》下卷，中央文献出版社 2015 年版，第 352 页。
② 中共中央文献研究室编，金冲及、陈群主编，曹应旺副主编：《陈云传》（上），中央文献出版社 2005 年版，第 282 页。
③ 中共中央文献研究室编，金冲及、陈群主编，曹应旺副主编：《陈云传》（上），中央文献出版社 2005 年版，第 310 页。

不唯书、只唯实,交换、比较、反复"。这15个字对他一生坚持运用辩证唯物主义和历史唯物主义观察和处理问题起到了重要作用,也对包括党的干部工作在内的各项工作产生了深远影响。他常对人讲,"学习哲学,可以使人开窍。学好哲学,终身受用"①。大量事实也说明,能不能做好党的干部工作,与学不学哲学、学没学好哲学,关系十分密切。比如,有些地方、有些部门为什么一说干部要年轻化,就对领导班子年龄层层递减以至一些干部过了40岁就感到提拔无望了呢?为什么一说选人用人要民主推荐、民主测评,就完全依赖票数、以票取人,以至拉票成风、当"好人"吃香呢?为什么一说干部要竞争性选拔,明明有合适人选也要动辄面向全国公开选拔呢?为什么一说末位淘汰,明明干部表现都合格,也硬要说人家不合格呢?这些"一刀切"、"一窝蜂"、走极端的现象,讲到底,都与没有学好哲学,因而不懂辩证法,不能从实际出发,做不到实事求是有很大关系。

党的十八大以来,以习近平同志为核心的党中央以纠正四风、反腐倡廉为切入点,从严治党,强调对干部要从严教育、从严管理、从严监督,并提出"信念坚定、为民服务、勤政务实、敢于担当、清正廉洁"的好干部五条标准,使党在思想建设、作风建设、组织建设以及干部队伍建设等方面都呈现出新的局面。在新形势面前,我们更有必要加强对陈云关于党的干部工作思想的学习和研究,从中挖掘宝贵的遗产,为深入理解和切实贯彻以习近平同志为核心的党中央关于全面从严治党、建设高素质干部队伍的战略布局提供历史经验,从而使我们党的各级组织和干部队伍能够更加胜任带领人民实现中华民族伟大复兴的历史使命。

(本文是作者在2015年全国党建研究会纪念陈云同志诞辰110周年研讨会发言基础上撰写而成的,刊载于《中共党史研究》2015年第6期,题为《回顾和学习陈云同志党的干部工作的思想》。收入本书时,作者略作修改)

---

① 《陈云文选》第三卷,人民出版社1995年版,第362页。

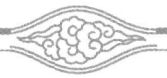

陈云对马克思主义哲学和党的思想路线的贡献

陈云一生酷爱学习，勤奋学习，善于学习，尤其重视对马克思主义哲学的学习。他多次讲过，1937年底他到延安担任中央组织部部长后，在同毛主席谈话中说起自己过去犯错误，原因在于经验少。毛主席说，你的经验并不少，犯错误的主要原因是思想方法不对头；并且建议他今后学点哲学，前后说了三次，还派了一名哲学教员帮助他学习。此后，他在中央组织部成立了一个学习小组，重点学习马恩列斯和毛泽东的哲学著作；学习方法是规定每周每个人看几十页书，然后集中讨论一次。这个学习小组从1938年到1943年坚持了五年，并在1941年延安第一届"五五学习节"（5月5日是马克思诞辰日。——笔者注）上被评选为模范学习小组。通过学习，陈云深切体会到，把思想方法搞对头大有益处。财经战线的许多老同志说，陈云同志一生大错误没犯过，小错误也不多。我认为，这很大程度上同他努力学习马克思主义哲学，认真领会其精神实质，并切实用于分析和解决实际问题有密切关系。

陈云自己重视学习哲学，也要求亲属和身边工作人员学哲学。"文化大革命"期间，他被"下放"到江西，在那里两年多时间，一边按中央要求去工厂"蹲点"，调查研究；一边通读《马克思恩格斯选集》和《列宁全集》。每当子女们去那里看他，他总要同他们说自己读书中的一些重要体会。1972年他回到北京，一度赋闲，给自己又订了一个学习马列和毛泽东哲学著作的计划，并邀请夫人和在京的子女、亲戚一起学，就连两个女婿也被吸收进了这个"家庭学习小组"，方法仍然是每人先按照约定的篇目分头自学，然后利用每个星期天早上六点到九点半的时间集中讨论。

　　我在1981年担任陈云同志秘书后，亲身感受到他对学习哲学的重视。1983年一天晚上，他把我叫去，很郑重地说："今天和你不谈别的事，就谈学哲学的事。我主张你今后也要抽时间学一下哲学，每天晚上看几十页书，并找几个同志一起学，每星期讨论一次，为期两年；先学什么，后学什么，要订一个计划。哲学是最核心的东西。马克思之所以由青年黑格尔派转变为马克思主义者，主要是因为他把黑格尔的辩证法和费尔巴哈的唯物主义，经过改造，结合到了一起。有了这个东西，才有了唯物史观和剩余价值学说。"他又说，在延安那些年学习哲学，使他受益匪浅。过去讲话、文章缺少辩证法，学过哲学后，讲话和写文章就不一样了，就有辩证法了。针对我感到任务比较重，怕学习影响工作、耽误大事的顾虑，他说："耽误一点事情不要紧，文件漏掉一点也不要紧，以后还可以补嘛。有所失才能有所得，要把眼光放远一点。要提高自己的思想水平、工作水平，必须学好哲学。"那次谈话后，我按照陈云同志的要求，拟了一个学习计划，并邀请几位同志组成了一个读书小组。我把这个情况向他汇报后，他十分高兴，说："学哲学很重要，你早晚要独立工作，那时就会用上了。"后来，他还主动问过我几次学习的情况。在他的指导下，这个读书小组终于用两年时间完成了学习计划。读书计划中的那几本马列的书，我在大学期间和工作后也读过，但那时由于社会实践少，不是看不大懂，就是理解不深。这次回过头读，因为有了十多年工作经历，加上可以耳闻目睹陈云同志运用辩证唯物主义和历史唯物主义原理观察、分析、处理问题的鲜活事例，所以，收获自然比过去大得多。

　　陈云不是通常意义上的哲学家，一生并没有什么哲学著述，即使专门谈思想方法的文章、讲话、报告、谈话也不多。但他一向善于从哲学角度思考问题，在他的文章、讲话、报告、谈话中，时时处处闪烁哲学思维的光芒，并充满独到而精辟的哲学见解，显示出精湛的马克思主义的哲学素养。作为以毛泽东同志为核心的党的第一代中央领导集体和以邓小平同志为核心的党的第二代中央领导集体的重要成员，陈云在 70 年的奋斗生涯中，对党对国家作出过多方面的巨大贡献。这种贡献，过去人们一直认为主要体现在对新中国经济建设的开创和领导，以及对我们党的组织建设和纪律检查工作的推进这两个方面。然而，在他去世以后，人们通过回顾和研究，普遍认识到他还有一个贡献，那就是"对马克思主义哲学和党的思想路线的重要贡献"①。这个贡献，我认为主要体现在以下三个方面。

第一，把"不唯上、不唯书、只唯实，交换、比较、反复"作为达到实事求是的路径

陈云多次讲过，他在延安利用养病的一年时间，把毛主席起草的文件、电报都找来仔细看了一遍，发现其中贯穿的一个主要思想就是实事求是。对于"实事求是"这四个字，毛泽东曾在《改造我们的学习》一文中作过一个解释。他说："'实事'就是客观存在着的一切事物，'是'就是客观事物的内部联系，即规律性，'求'就是我们去研究。"②对此，陈云也作过一个解释。他说："实事，就是要弄清楚实际情况；求是，就是要求根据研究所得的结果，拿出正确的政策。"③ 这两个解释的意思差不多，后者更侧重于对决策者而言。可问题在于，怎样才能做到实事求是？

对于大多数人来说，知道了要实事求是就止步了，不再深究如何做到实事求是的问题。可陈云不同，他没有止步，而是反复思考实事求是为什么说起来容易做起来难，并正确地指出，问题的关键在于没有把"实事"看全面。就是说，人们通常不是对实际情况一点都不了解，意见、决定也并非没有一点事实根据，只是了解的情况不够全面，是片面的局部的，误把片面当成了全面，把局部当成了全局。他说："从实际出发的关键是，从片面的实际出发，还是从全面的实际出发？"④ 找到原因后，他仍然不肯止

---

① 《江泽民同志的讲话——在〈陈云文选〉（1—3 卷）、〈陈云〉画册出版发行暨纪念陈云同志诞辰九十周年座谈会上》，载《人民日报》1995 年 6 月 14 日，第 1 版。
② 《毛泽东选集》第三卷，人民出版社 1991 年版，第 801 页。
③ 《陈云文选》第三卷，人民出版社 1995 年版，第 188 页。
④ 《陈云文选》第三卷，人民出版社 1995 年版，第 46 页。

步，接着思考怎样才能把"实事"看全面，并最终总结出了"不唯上、不唯书、只唯实，交换、比较、反复"的方法。

关于这15个字，陈云是这样解释的。他说："不唯上，并不是上面的话不要听。不唯书，也不是说文件、书都不要读。只唯实，就是只有从实际出发，实事求是地研究处理问题，这是最靠得住的。"① 再具体一点说，就是对于上级的指示要执行，对党的文件和马列的著作要学习，但不能唯上级之命是从，对党的文件和马列著作中的话照搬照念，而应当领会精神，把它们和本地区本部门的实际情况结合起来贯彻执行，真正做到一切从实际情况出发。所谓"交换"："就是互相交换意见。比方说看这个茶杯，你看这边有把没有花，他看那边有花没有把，两人各看到一面，都是片面的，如果互相交换一下意见，那末，对茶杯这个事物我们就会得到一个全面的符合实际的了解。"② 所谓"比较"："就是上下、左右进行比较。抗日战争时期，毛主席《论持久战》就是采用这种方法。他把敌我之间互相矛盾着的强弱、大小、进步退步、多助寡助等几个基本特点，作了比较研究，批驳了'抗战必亡'的亡国论和台儿庄一战胜利后滋长起来的速胜论。毛主席说，亡国论和速胜论看问题的方法都是主观的和片面的，抗日战争只能是持久战。历史的发展证明了这个结论是完全正确的。由此可见，所有正确的结论，都是经过比较的。"③ 所谓"反复"："就是决定问题不要太匆忙，要留一个反复考虑的时间。这也是毛主席的办法。他决定问题时，往往先放一放，比如放一个礼拜、两个礼拜，再反复考虑一下，听一听不同的意见。如果没有不同的意见，也要假设一个对立面。吸收正确的，驳倒错误的，使自己的意见更加完整。并且在实践过程中，还要继续修正。因为人们对事物的认识，往往不是一次就能完成的。这里所说的反复，不是反复无常、朝令夕改的意思。"④

对这15个字，陈云十分看重，从延安时代讲到东北解放战争，又从新

---

① 《陈云文选》第三卷，人民出版社1995年版，第371页。
② 《陈云文选》第三卷，人民出版社1995年版，第371页。
③ 《陈云文选》第三卷，人民出版社1995年版，第371—372页。
④ 《陈云文选》第三卷，人民出版社1995年版，第372页。

中国成立讲到改革开放新时期，一直讲到去世之前。他说："这十五个字，前九个字是唯物论，后六个字是辩证法。总起来就是唯物辩证法。"① 有关部门在编辑他的文选时，曾一度把其中的"只唯实"改为了"要唯实"，把"交换"改为了"全面"。经过考虑，他决定还是改回来，说原来那个改动并不符合他的原意。

"实事求是"是中国古书中的话，毛泽东在延安整风期间，为了反对主观主义，借用它来概括马克思主义的认识论。这四个字好懂好记，被全党公认为是党的马克思主义思想路线的精髓。但长期以来，很少有人思考为什么这四个字好懂好记而要做到却很难。所以，当人们知道陈云提出的15个字后，都感到这是对"实事求是"的展开和深化，是对"实事求是"的过程和方法的高度概括，言简意赅地回答了怎样才能做到实事求是的问题，对于人们尤其是决策者按照实事求是原则做工作、定政策，具有非常实际的指导意义。正因为如此，这15个字后来被人称作"十五字诀"，成为我们党的马克思主义思想理论宝库中的一件法宝。

第二，把领导干部有没有民主作风作为检验是否真正实事求是的标准

一个领导干部能不能鼓励大家讲不同意见和虚心听取不同意见，这在过去往往被看成有没有民主作风的问题，属于政治范畴；作决定、定政策之前能不能调查研究、反复论证、准备多个方案，则往往被看成工作方法和领导方法好不好的问题，属于方法论范畴。而在陈云看来，这两个范畴的问题不仅关系工作作风和工作方法、领导方法好不好，而且都关系到思想方法对头不对头，关系到能不能弄清事实的问题。他认为，作为领导干部，平时特别是在决策时鼓励大家提不同意见，固然是民主集中制的要求，是民主作风的体现，但更根本的意义还在于，只有这样才能弄清事实，才能真正做到实事求是。反过来，如果搞一言堂，听不得反对意见，或者唯上级之命是从，搞本本主义，固然违反了民主集中制，是作风不民主的表现，但更根本的危害还在于，这样做是难以弄清事实的，是不可能做到实

---

① 《陈云文选》第三卷，人民出版社1995年版，第372页。

事求是的。正是这个观点，把原本分别属于政治范畴和方法论范畴的问题联系在了一起，都和认识论挂起了钩。

只要留心看陈云著述就会发现，他总是从有利于弄清事实的角度阐释发扬民主的必要性和重要性，把发扬民主作为弄清事实的一种必要方法。他说，一些同志"所以犯错误，也不是对实际情况一点都不了解，只是了解的情况是片面的，而不是全面的，误把局部当成了全面。片面的情况不是真正的实际，也就是说，它并不合乎实际。所谓难也就难在这里"[①]。怎么办呢？他提出，领导干部一定要让人家说话，尤其是允许讲不同意见，讲错了也没关系。因为只有这样，才有可能了解到全面的实际。

从现有文献看，陈云第一次比较完整地解释"交换、比较、反复"，是在东北解放战争时期辽东分局的一次会议上。在那次讲话中，他着重论述的是这六个字与发扬民主之间的关系。他说："所谓交换，就是要互相交换正反两面的意见，以求了解事物的全面情况。交换时要特别找同自己相反的意见，相反的意见可以补充我们对事物认识的不足。相反的意见即使错了，也有可能反映了事物的一个方面，或者包括一些历史经验的推论。因此，对同自己相反的意见，我们也要作些分析，吸取其中有用的部分。"[②]他具体回顾和分析了党内几次错误路线在思想方法上的原因，以及对待这些错误应当采取的正确态度，指出："陈独秀的错误，李立三的错误，王明的错误，不是由于这些人发神经病，或者因为他们是傻瓜，主要是由于他们夸大了事物的一面，所谓知其一不知其二。一九三〇年的革命高潮，只是比一九二七年大革命失败后革命运动处于低落时高，而不是比大革命失败前高。红军力量比过去是大了，但还不是大到足以打垮蒋介石军队的程度。一九三二年的一二八事变，使全国的抗日反蒋运动掀起了一个高潮，但还不是全国革命高潮的到来。四中全会的错误结论，临时中央作出的关于争取革命在一省与数省首先胜利的错误决议，都对当时的形势作了错误的判断。我们不能说犯错误的同志对形势的判断是毫无根据的，

[①] 《陈云文选》第一卷，人民出版社1995年版，第343页。
[②] 《陈云文选》第一卷，人民出版社1995年版，第343—344页。

但是他们夸大了客观事物的一个方面。所以，我们应该收集反对意见。对于正确的反对意见，可以补充我们对客观事物认识的不足。对于不正确的反对意见，我们要把它驳倒。愈是不正确的，就愈要把它驳得彻底。既然要批驳，就得找论据，这可以加深我们的认识。正确的意见往往就是由系统地驳倒不正确的意见而产生的。各种资产阶级的、假马列主义的错误思想，为毛主席的真马列主义的正确思想的产生提供了条件。毛主席的著作都是采取这个办法写的。"① 在作总结时他又说："要做到交换，特别是要做到同反对自己意见的人、同其他阶级的代表交换意见，首先要明确交换的目的在于能使自己对事物认识得更加完整。同时，要设身处地地站在对方立场上想一想，他们的意见是否有道理，凡是有理有据的都要吸取。但是我们有些同志，往往不喜欢同自己意见相反的人谈话，互相交换看法，这是不好的。"②

20世纪60年代初，我国国民经济遇到严重困难。为了统一思想、战胜困难，党中央决定召开一次扩大的中央工作会议，即"七千人大会"。当时中央高层领导在国民经济有困难这一点上，认识是一致的，但对困难的严重程度以及相应解决办法的意见并不统一。面对这种情况，陈云认为在大会上讲出真实意见的条件并不具备，讲出来效果不会好，所以没有讲话，而是在散会后应邀到参加会议的陕西省干部会议上讲了话。在那篇讲话中，他主要还是讲发扬民主、允许大家讲不同意见与端正思想方法、了解真实情况的关系。他说："批评和自我批评是上下通气的必要条件。只有通气，才能团结；只有民主，才能集中。"他尖锐指出："逢人只说三分话，未可全抛一片心"的现象是非常危险的。有些"聪明人"，见面就是"今天天气哈哈哈"，看到了缺点、错误也不提。如果这样下去，我们的革命事业是肯定要失败的。他强调："领导干部听话要特别注意听反面的话。相同的意见谁也敢讲，容易听得到；不同的意见，常常由于领导人不虚心，人家不敢讲，不容易听到。所以，我们一定要虚心，多听不同的意见。还

---

① 《陈云文选》第一卷，人民出版社1995年版，第344页。
② 《陈云文选》第一卷，人民出版社1995年版，第345页。

应该看到,事物是很复杂的,要想得到比较全面的正确的了解,那就必须听取各种不同的意见,经过周密的分析,把它集中起来……我们共产党员要加强修养,养成耐心听取不同意见的良好习惯。"讲到这里,他进一步指出:"如果没有反对意见怎么办?我看可以作点假设,从反面和各个侧面来考虑问题,并且研究各种条件和可能性,这就可以使我们的认识更全面些。"①

1987年,陈云在同当时党中央的负责同志谈话时,再次强调发扬民主、鼓励大家讲不同意见、虚心听取不同意见与端正思想方法、正确决策之间的关系。他说:"对于一件事,我有了一个意见之后,可以先放一放,再考虑考虑,听听有没有不同意见。如果有不同意见,就要认真听取,展开讨论,吸收正确的,驳倒错误的,使自己的意见更加完整。驳倒错误意见的过程,也是使自己的意见更加完整的过程。如果没有不同意见,自己也要假设一个对立面,让大家来批驳。有钱难买反对自己意见的人。有了反对意见,可以引起自己思考问题。常常是,有不同意见的人,他不讲出来。能够听到不同声音,决不是坏事。这和同中央保持一致并不矛盾。"②

1990年,陈云在杭州,同浙江省领导同志谈话时,最后一次详细讲解了他的"十五个字"。他不仅讲了"交换"与发扬民主的关系,而且讲到"比较""反复"和发扬民主的关系。他强调,决定问题时,要把几种不同意见放在一起比较;决定问题要留一个反复考虑的时间,以便听一听不同意见。他说:"如果没有不同的意见,也要假设一个对立面。吸收正确的,驳倒错误的,使自己的意见更加完整。"③

从以上这些论述足以看出,陈云提出的"十五个字",每一个字都与虚心听取不同意见的发扬民主作风有关,每一个字针对的都是"唯上""唯书"和不允许发表不同意见的不民主作风。

陈云历来认为:"难者在弄清情况,不在决定政策。只要弄清了情况,

---

① 《陈云文选》第三卷,人民出版社1995年版,第189页。
② 《陈云文选》第三卷,人民出版社1995年版,第361—362页。
③ 《陈云文选》第三卷,人民出版社1995年版,第372页。

不难决定政策。"① 所以，他主张"领导机关制定政策，要用百分之九十以上的时间作调查研究工作，最后讨论作决定用不到百分之十的时间就够了"②。在他看来，调查研究的目的在于而且完全在于弄清实事，所以，只要能了解和掌握到真实情况，无论用什么方法调查研究都是可以的。他说过，调查研究有各种各样的方法，找有各种不同看法的人交换意见，也是一种方法，"而且是一种重要的方法"③。他说调查研究可以有两种方法，一种是亲自率工作组或派工作组下乡、下厂，另一种是通过敢讲真话的知心朋友和身边工作人员了解基层干部、群众的呼声。"在某种意义上讲，后一种调查研究比前一种调查研究更重要一些。两种调查研究都有必要，缺一不可。"④ 他坚决反对那种不认真听取大家意见、只顾自己讲话或者到下面走马看花式的调查研究方法，因为这种方法不可能了解到真实情况。他说："调查研究的方法，我看不是一百多个部一个一个地都拿本子在书记处会上念一道，大家东插一句、西插一句，最后主持会议的讲一讲就通过了。调查研究的方法，也不是一个星期跑二十二个县，那样无非是坐汽车走一圈就是了。这种工作方法太简单。"⑤

"交换"与正确决策有关，"比较"同样有关。事物的优劣都是相对而言的，凡事有一利必有一弊，只有利而没有弊的事在世界上不存在。好的政策之所以说它好，都是与其他政策比较出来的。没有比较，无所谓正确错误，也无所谓优劣好坏。所以，陈云主张，决策者在决策前要拿出两个或两个以上的方案，以便进行利弊得失的比较，从中选出利多弊少、得多失少的方案。他说："研究问题，制定政策，决定计划，要把各种方案拿来比较。在比较的时候，不但要和现行的作比较，和过去的作比较，还要和外国的作比较。这样进行多方面的比较，可以把情况弄得更清楚，判断得更准确。多比较，只有好处，没有坏处。"⑥ 直到进入晚年，他在谈到中央

---

① 《陈云文选》第三卷，人民出版社1995年版，第46页。
② 《陈云文选》第三卷，人民出版社1995年版，第189页。
③ 《陈云文选》第三卷，人民出版社1995年版，第188页。
④ 《陈云文选》第三卷，人民出版社1995年版，第372—373页。
⑤ 《陈云文选》第三卷，人民出版社1995年版，第359页。
⑥ 《陈云文选》第三卷，人民出版社1995年版，第189页。

书记处讨论决定重大问题应当注意的问题时仍然强调:"事先要调查研究,要准备好方案,而且要准备两个方案,不要只准备一个方案。"①

我在20世纪80年代做陈云同志秘书时,曾亲耳听他讲过当年决策坚持还是放弃南满根据地时所作的利弊得失的比较。他说东北解放战争初期,国民党军队由南向北攻到松花江边,切断了我军北满和南满两块根据地之间的联系。为了同我们争夺东北,国民党制定了"先南后北"的方针,即先集中10万兵力进攻南满,待拿下南满后再打北满。那时,位于今天吉林省白山市的南满根据地被压缩在4个县、20万人口的范围里,主力部队只有两个纵队,加上地方武装,不过两万余人。坚持还是放弃南满?南满根据地领导层中一时出现两种意见。他认为兹事体大,事关全局,所以自告奋勇,由哈尔滨绕道朝鲜前往南满主持工作。他通过实地调查,对两种意见的利弊得失进行了认真比较。他当时的考虑是,如果将南满主力部队撤到北满,过长白山会损失几千人。撤到北满后仍然要打仗,又会损失几千人。而且,如果丢了南满,会增加敌人对北满的压力,那样,北满也可能保不住,部队再往北撤,最后只能撤到苏联境内。但我们是中国共产党人,总有一天要往回打,到那时又要损失几千人。另外,留在南满的地方武装由于主力撤走,也会有很大损失。这几项加在一起,起码有一万多人,占当时南满部队人数的一半。相反,如果坚持南满,部队虽然会有很大损失,可能损失3/4,甚至4/5,但只要守住南满,就可以和北满形成掎角之势,对国民党军队造成很大牵制,不使他们集中力量打北满。两相比较,还是坚持南满比放弃南满损失小。后来的事实证明,这个决策完全符合实际,不仅保住了南满根据地,而且通过"四保临江、三下江南"战役,将围攻南满的敌军南拉北打,最终使东北战场上的敌人由主动变为被动、由进攻变为防御,而我军则由被动变为主动、由防御变为反攻,从而扭转了东北战局,为后来的辽沈决战创造了有利条件。

正确决策需要"交换",也需要"反复"。这是因为按照马克思主义的认识论,人们对事物的认识不可能一次完成,而要经过多次反复。在1962

---

① 《陈云文选》第三卷,人民出版社1995年版,第358页。

年"七千人大会"后的那次陕西省干部会上,陈云解释为什么选出相对好的决策方案后仍然要再反复考虑时说,对于有些问题的决定,当时看来是正确的,但是过了一个时期就可能发现不正确,或者不完全正确。因此,决定问题不要太匆忙,要留一个反复考虑的时间。"我和毛主席在一起工作的时候,发现他对于有些问题也不是一下就决定的。你和他谈问题,他当时嗯一声,但并不一定就是表示同意你的意见。"①

陈云通过讲解交换、比较、反复,深入浅出地阐释决策者鼓励讲和虚心听不同意见,对于弄清实事、科学决策的必要性,不仅有助于人们从认识论的高度,进一步认识发扬民主的意义,也大大丰富了决策学。

第三,把思想方法的端正作为党内思想统一的重要前提

陈云从长期革命和工作实践中发觉,党内每当在一些重大问题上出现分歧,除少数人立场上有错误外,大多数情况下是由于大家看问题的方法不一致。因此,他认为要克服分歧、统一思想,必须先从端正思想方法入手。

20世纪60年代初国民经济困难时期,党内对于要不要进行经济调整,调整力度究竟应当多大才合适,工厂要不要再多关停并转一些,是否需要动员2000万城市人口下乡等问题,意见不一致,而这在很大程度上有来自对当时形势的估计,对于困难程度、克服困难快慢等问题的看法存在分歧。有的同志说,农民吃得好,鸡鸭成群。对此,陈云表示,这样的乡村有没有呢?有,但是极少数,是个别现象,全国大多数地区不是这样,大多数农民粮食不够吃。还有的同志认为,农业虽然有困难,但很快可以恢复,因此只提"经济调整"就行了,不必提"经济恢复"时期,就是说,不必采取"伤筋动骨"的措施。而陈云认为,当时农业生产即使要恢复到1958年的水平,也需要三四年时间。因此,只讲调整,还是既讲调整又讲恢复,可以由中央考虑决定,但领导机关在认识上必须明确,当前的主要任务是恢复,全党必须痛下决心,切实压缩工业基本建设战线,大量进口粮食,减少城市人口,制止通货膨胀,工业支援农业,并把工作基点放在"争取

---

① 《陈云文选》第三卷,人民出版社1995年版,第189页。

快、准备慢"上。由于陈云对困难的判断和解决困难的办法符合实际、切实可行,得到绝大多数领导同志的赞同,最终被中央所采纳。结果,形势好转的速度反而比预计得要快。

"文化大革命"结束后的最初几年,党内对于经济建设上究竟应当大干快上、大批引进国外项目,还是应当先调整严重失调的比例关系,该下马的项目下马,该削减的投资削减,然后再循序渐进地发展等问题,又出现了分歧。这些分歧,涉及对当时国内经济形势、国外资金状况、新中国成立以来经验教训等问题的看法。有同志认为,"文化大革命"耽误了十年时间,应当掀起新的跃进,把被耽误的时间夺回来;从发达国家引进项目可以缩短我们同国际先进水平的距离,价格合算,而且已经签订了合同,不应毁约;财政预算不够可以发票子、借外债,有点通货膨胀不可怕;等等。针对上述看法,陈云说:"我们搞四个现代化,建设社会主义强国,是在什么情况下进行的。讲实事求是,先要把'实事'搞清楚。这个问题不搞清楚,什么事情也搞不好。"[①] 他认为,"文化大革命"十年,农业欠账太多,应当先用有限的外汇多进口粮食,以便减少农村征购任务,让农民休养生息。农民有了粮食,就能增加其他农副产品和经济作物,改善市场供应。资金不够可以借外债,这是粉碎"四人帮"后出现的新形势,没人有反对了;国际市场已是买方市场,这种有利条件也不会轻易失掉。因此,对于外债要分析,那时绝大多数不是自由外汇,而是买方贷款,设备买进后,国内需要有相应的投资和物资与之配套,否则会造成很大被动。如果用多发票子的办法弥补财政赤字,则会引起物价上涨、群众不满,从而引起政治形势不稳。新中国成立以来经济上的主要教训是急于求成,结果欲速则不达。事实反复证明,按比例发展是最快的速度,我们要探索在不再折腾的条件下有较快的发展速度。调整意味着在某些方面的后退,而且要退够,但置之死地而后生,把重大比例关系理顺后,可以为顺利发展打好基础,这不是耽误,不调整才会造成大的耽误。在他的说服下,中央作出了国民经济调整的决定。可是,由于党内思想未能完全统一,实行调整方针

[①] 《陈云文选》第三卷,人民出版社1995年版,第250页。

的第一年，项目不仅没有压下来，相反财政赤字和通货膨胀更加严重，造成物价上涨，引起群众抢购和挤兑。在这种情况下，中央只好再次召开工作会议，进一步统一思想，这才使调整进行下去，并很快扭转了经济形势。

正因为陈云认为党内在重大问题上出现意见分歧，往往是大家看问题的方法不一致造成的，因此，每当出现重大分歧时，他总是阐述如何才能做到实事求是，强调要先把思想方法搞对头，使大家取得共同语言。例如，前面提到的在东北解放战争时期辽东分局会议上那篇题为《怎样才能少犯错误》的讲话，"七千人大会"后陕西省干部会上那篇题为《怎样使我们的认识更正确些》的讲话，1987年中共中央政治局扩大会议上那篇题为《调查研究和党内民主生活制度问题》的讲话，以及同年与中央负责同志那次题为《身负重任和学习哲学》的谈话，1990年与浙江省领导同志那次题为《不唯上、不唯书、只唯实，交换、比较、反复》的谈话，都是针对党内分歧而讲的。1977年在毛泽东主席逝世一周年前夕，他十分罕见地在《人民日报》上发表了一篇题为《坚持和发扬党的实事求是的作风》的文章。文章说，我们对毛主席的最好纪念，就是继承和发扬他倡导的党的优良工作方法和工作作风。毛主席倡导的实事求是的革命作风，不是一个普通作风问题，而是马克思主义唯物主义的根本思想路线问题。坚持毛泽东思想，就必须坚持实事求是。是否坚持实事求是，是区别真假马列主义、真假毛泽东思想的根本标志之一。他之所以发表这篇文章，也是因为当时党内在如何对待毛主席晚年错误的问题上出现了两种意见、两种方针、两种声音：一种主张"两个凡是"，另一种主张把实践当作检验真理的唯一标准。总之，在他看来，如果大家看问题的方法一致，都能做到不唯上、不唯书、只唯实，都能运用交换、比较、反复的方法了解客观情况，那么，"本来是片面的看法，就可以逐渐全面起来；本来不太清楚的事物，就可以逐渐明白起来；本来意见有分歧的问题，就可以逐渐一致起来"①。

当然，能不能做到实事求是、消除分歧，也不完全是方法问题，立场对不对、心术正不正也很重要。所以，陈云在党的七大上说："我们要讲真

---

① 《陈云文选》第三卷，人民出版社1995年版，第188—189页。

理，不要讲面子。是什么就是什么，应该怎样就怎样。有的时候你愈要面子，将来就愈要丢脸。只有你不怕丢脸，撕破了面皮，诚心诚意地改正错误，那时候也许还有些面子。共产党员参加革命，丢了一切，准备牺牲性命干革命，还计较什么面子？把面子丢开，讲真理，怎样对于老百姓有利，怎样对于革命有利，就怎样办。……如果一切从自己面子的角度出发，讨论问题、看问题搀杂个人得失在里面，立场不正，就不会看得很清楚，不会讲真理，结果一定害人害己。"① 在东北解放战争时期的那次辽东分局会议上，他也说："真要做到实事求是，必须有无产阶级的立场。大家如果都能站在无产阶级立场上，方法就容易一致，对问题的看法就容易一致，事情就好办了。"他提出"要论事不论脸"，指出"装洋蒜，一定要跌觔斗。愈怕丢脸，一定会丢脸。不怕丢脸，反倒可能不丢脸"。②

从陈云著述看，他认为要使思想方法一致起来，最有效的办法是学习马克思主义哲学。早在延安时代担任中央组织部部长时，他就提出共产党员的责任不仅是工作，还有学习，尤其是学习马列和毛主席的哲学著作。新中国成立后，他虽然负责全国财经工作，却总是强调干部要学习哲学。他说："学习理论，最要紧的，是把思想方法搞对头。因此，首先要学哲学，学习正确观察问题的思想方法。如果对辩证唯物主义一窍不通，就总是要犯错误。"③ 党的十一届三中全会后，我们党恢复了被一度丢掉的实事求是的马克思主义思想路线。在总结这一历史教训时，他说："延安整风时期，毛泽东同志提倡学马列著作，特别是学哲学，对于全党的思想提高、认识统一，起了很大的作用……建国以后，我们一些工作发生失误，原因还是离开了实事求是的原则。在党内，在干部中，在青年中，提倡学哲学，有根本的意义。现在我们的干部中很多人不懂哲学，很需要从思想方法、工作方法上提高一步。只有掌握马克思主义哲学，思想上、工作上才能真正提高。"④ 1981 年 3 月，他在同邓小平谈《关于建国以来党的若干历史问

---

① 《陈云文选》第一卷，人民出版社 1995 年版，第 296 页。
② 《陈云文选》第一卷，人民出版社 1995 年版，第 346 页。
③ 《陈云文选》第三卷，人民出版社 1995 年版，第 46 页。
④ 《陈云文选》第三卷，人民出版社 1995 年版，第 285 页。

题的决议》稿的起草工作时说:"建议中央提倡学习……重点是学习毛泽东同志的哲学著作。"[1] 1987 年 7 月,他在同当时一位中央负责同志谈话时,再次提议中央要倡导对马克思主义哲学的学习。他指出:"要把我们的党和国家领导好,最要紧的,是要使领导干部的思想方法搞对头,这就要学习马克思主义哲学。"[2] 他还现身说法,以自己的切身体会建议中央领导同志要带头学哲学。他说:"我个人的体会是:学习哲学,可以使人开窍。学好哲学,终身受用。"[3] 他希望能够组织政治局、书记处、国务院的同志都来学习哲学,并把这个学习看成是工作的一部分,是自己的一项重要责任。他强调:"现在我们在新的形势下,全党仍然面临着学会运用马列主义、毛泽东思想的立场、观点、方法分析和解决问题这项最迫切的任务。"[4]

陈云对马克思主义哲学和党的思想路线作出的重要贡献,是毛泽东思想和邓小平理论的组成部分,在社会主义革命、建设、改革的各个历史时期都发挥过积极作用。当前,我国进入了全面建成小康社会的决定性阶段和深化改革的攻坚期、深水区,更加需要加强我们党的组织建设、思想建设,打造经得起风浪考验的高素质干部队伍。党的十八大以来,以习近平同志为核心的党中央面对新形势新任务,高度重视全党对马克思主义哲学的学习和运用,并且带头学习。在 2013 年中央政治局就历史唯物主义基本原理和方法论进行的第 11 次集体学习时,习近平总书记指出:"马克思主义哲学深刻揭示了客观世界特别是人类社会发展一般规律,在当今时代依然有着强大生命力,依然是指导我们共产党人前进的强大思想武器。我们党自成立起就高度重视在思想上建党,其中十分重要的一条就是坚持用马克思主义哲学教育和武装全党。学哲学、用哲学,是我们党的一个好传统。"他号召:"党的各级领导干部特别是高级干部,要原原本本学习和研

---

[1] 《邓小平文选》第二卷,人民出版社 1994 年版,第 303 页。
[2] 《陈云文选》第三卷,人民出版社 1995 年版,第 360 页。
[3] 《陈云文选》第三卷,人民出版社 1995 年版,第 362 页。
[4] 《陈云文选》第三卷,人民出版社 1995 年版,第 362 页。

读经典著作，努力把马克思主义哲学作为自己的看家本领。"① 2015 年 1 月，中央政治局在就辩证唯物主义基本原理和方法论进行的第 20 次集体学习时，他又强调："辩证唯物主义是中国共产党人的世界观和方法论，我们党要团结带领人民协调推进全面建成小康社会、全面深化改革、全面依法治国、全面从严治党，实现'两个一百年'奋斗目标，实现中华民族伟大复兴的中国梦，必须不断接受马克思主义哲学智慧的滋养，更加自觉地坚持和运用辩证唯物主义世界观和方法论，增强辩证思维、战略思维能力，努力提高解决我国改革发展基本问题的本领。"② 这些都说明，陈云关于党中央要特别重视对马克思主义哲学学习的建议，是极富远见的。

我们党早在 37 年前的十一届三中全会上就已恢复了马克思主义的思想路线，如果当前再切实开展对马克思主义哲学的学习，使实事求是的思想原则、思想方法在全党蔚然成风，我们党就一定能更好地担负起领导全国人民建设中国特色社会主义的重任。在此过程，加强对陈云哲学思想的学习和研究，我认为具有格外重要的意义。

（本文是作者为徐建平著《陈云哲学思想研究》写的序言的一部分，原载《党的文献》2015 年第 3 期。收入本书时，作者略作修改）

---

① 习近平：《推动全党学习和掌握历史唯物主义　更好认识规律更加能动地推进工作》，载《人民日报》2013 年 12 月 5 日，第 1 版。
② 习近平：《坚持运用辩证唯物主义世界观方法论　提高解决我国改革发展基本问题本领》，载《人民日报》2015 年 1 月 25 日，第 1 版。

学习陈云看待历史问题的正确态度和方法

党的十八大后，以习近平同志为核心的党中央高度重视、大力提倡认真学习和正确认识党史国史，深刻总结和善于借鉴历史经验，并把这些作为统一思想、凝聚力量、实现"两个一百年"奋斗目标的重要措施。与此同时，西方敌对势力为对我实施西化、分化战略，加紧诋毁、丑化、抹黑我们的党史国史；国内以否定革命和共产党领导为目的的历史虚无主义思潮，也在频频拿我们的党史国史说事。面对这个大背景，我们在陈云同志诞辰110周年之际着重学习他看待历史问题的态度和方法，显得尤为重要。

中华民族是一个有着优良史学传统的民族，我们党是一个历来重视研究历史问题和总结历史经验的党。早在1938年，毛泽东就指出："我们是马克思主义的历史主义者，我们不应当割断历史。"[①] 改革开放后，邓小平也反复强调学习历史知识、总结历史经验的重要性，要求各级党组织用中国近代史和党的历史教育青年。陈云作为以毛泽东同志为核心和以邓小平同志为核心的党的第一代、第二代中央领导集体的重要成员，不仅一生与党史国史息息相关，而且十分重视和关心党史国史的研究、宣传、教育工作。他在对党史国史工作给予指导的过程中，回答了许多人们长期弄不清

---

① 《毛泽东选集》第二卷，人民出版社1991年版，第534页。

楚的疑难问题，提出了许多对人们具有启迪意义的精辟见解，给人们树立了许多运用历史唯物主义立场、观点、方法解决实际问题的范例。所有这些，都值得我们认真学习、深入研究，并从中汲取智慧。

一、要重视对历史和历史经验的运用

陈云自幼家境贫穷，没有多少条件看历史书籍。但他从小酷爱历史，通过民间说唱艺术等形式，获取大量历史知识。14岁那年，他到上海商务印书馆当学徒，有了接触史书的条件。加入中国共产党后，他更抓紧一切机会，学习马克思主义理论和包括历史在内的文化知识。通过学习，他意识到运用口述史形式宣传党的主张、扩大党的影响的重要意义，并在十分危险和动荡的环境下，假借长征途中被俘国民党军医的口吻，亲笔撰写了一篇长达3万余字、题为《随军西行见闻录》的历史纪实性报告文学，生动详细地描绘了红军长征的伟大壮举。该文最初发表于1936年3月巴黎《全民月刊》上，接着在莫斯科出版了单行本。它比斯诺的《西行漫记》还早一年问世，为粉碎敌人对红军的诬蔑，起到了不可替代的作用。

后来，陈云虽然没有时间再写这类体裁的作品，但在讲话、报告、文章中，仍然喜用历史事例阐述革命道理。例如，在党的七大发言中，为了说明个人有成绩应当首先归功于人民的力量和党的领导，他就举过红军长征的例子。改革开放后，他为了说明农村党员集训要误工费是错误的，也曾采用历史对比的方法。他说："解放前，同样在农村，支援战争，运送弹药、伤兵，非但没有误工补贴，而且常常因此而受伤或死亡。相比之下，现在这些误工补贴能算合理吗？"①

陈云在长达70年的革命生涯中，经历了从五卅运动、上海第三次武装起义直至20世纪90年代中期我们党和国家的几乎所有重大事件。他对党

---

① 《陈云文选》第三卷，人民出版社1995年版，第332页。

史国史的研究工作有着特殊感情，给予过热情支持和许多具体指导。在历史新时期，他出任过主要由老一辈革命家组成的中央党史委员会委员，认真审查过革命博物馆的党史陈列，详细解答过党史工作部门提出的各种问题，为许多革命烈士书写过证明材料，为许多革命胜地和革命前辈的纪念碑、纪念书籍、纪念活动题过词，还为专事新中国历史研究的当代中国研究所写过所名。

陈云还十分重视总结和运用历史经验，在主持全国财经工作时，常把国内外经济建设的历史经验、教训作为制定政策的依据。例如，他针对计划编制工作指出："研究合理的比例关系，决不能只依靠书本，生搬硬套，必须从我国的经济现状和过去的经验中去寻找。"[1] 他针对体制改革指出："改革固然要靠一定的理论研究、经济统计和经济预测，更重要的还是要从试点着手，随时总结经验，也就是要'摸着石头过河'。"[2] 三年经济困难时期，他通过总结新中国成立以来四次粮食供应紧张与城市人口增加过多之间的关系，提出动员一部分城市人口下乡的主张。他说这个道理"从历史上看一看就会懂得"[3]。对于困难程度的大小及克服困难的快慢，他也注意从历史的统计中寻找答案。他说第一个五年计划时期，粮食平均每年增产120亿斤，而恢复农业的条件，好坏相抵还不如过去，因此，工作的基点应该放在争取快、准备慢上。为了说明钢铁质量、品种胜于数量的道理，他列举美、英、德、日、苏等国过去90年来钢产量的统计数字，指出这些国家钢产量在500万吨到1000万吨的时候，各种工业就已经比较齐全，把工业基础打下来了。他说："根据历史经验，我们应该从现在开始，争取在一定的时间内，使工业产品品种齐全，质量良好，技术先进，适应需要。"[4]

---

[1]《陈云文选》第三卷，人民出版社1995年版，第56页。
[2]《陈云文选》第三卷，人民出版社1995年版，第279页。
[3]《陈云文选》第三卷，人民出版社1995年版，第161页。
[4]《陈云文选》第三卷，人民出版社1995年版，第213页。

1955 年 3 月 21 日，陈云在中国共产党全国代表会议上作《关于发展国民经济的第一个五年计划的报告》

二、要弄清并尊重历史事实

陈云主张,无论研究历史问题还是总结历史经验,都要先把史实搞清楚,把历史立全面、立准确,使它站得住、立得稳,经得起历史检验。改革开放后,他多次主动过问和亲自主持一些重大历史问题的研究,采取的方法都是先把史实搞清楚,搞准确,用他的话说,叫"铁板钉钉"。其中花费精力较多的有对潘汉年这一历史积案的平反,有对"伍豪事件的前前后后"这一党内文件的撰写,有对《遵义会议传达提纲》这一历史档案及遵义会议前后中央领导机构组成问题的答复,有对"西路军"这一历史问题的澄清,有对东北解放战争方针形成这一历史过程的编写。这些工作为解决党史诸多疑难问题起到了重要作用,也为人们运用历史唯物主义基本观点作出了示范。

纵观陈云一生,他不仅从始至终坚持研究、总结历史都要先把史实搞清楚、弄准确,而且以身作则,绝不随形势和观点的变化而改变对历史事实的认定。例如,他在1977年3月中央工作会议上不顾"两个凡是"的禁令,提出"天安门事件"应当平反,邓小平同志应当早日恢复工作;在1978年底的中央工作会议上再次突破禁令,呼吁实事求是地解决"文化大革命"及其之前的一系列重大历史遗留问题;在党的十一届三中全会之后,同邓小平等同志一道积极推进刘少奇冤案的平反;等等。再如,他在指导东北解放战争历史的编写时,实事求是地看待林彪和苏联的作用,指出"林彪作为四野的司令员,在当时正确的地方,我们也不必否定"。苏联红军出兵东北,打败日本关东军,"为我们的大部队能抢在国民党前面迅速进入这个地区,为改善我们的装备,创造了十分有利的条件"。[①] 再如,党的十一届三中全会后,彭德怀被平反,康生被开除党籍,有关部门要发表他在1978年底中央工作会议上的发言,建议将彭德怀名字后加上"同志",将康生名字后的"同志"去掉,他坚决不同意,说他当时就是那

---

① 《陈云文选》第三卷,人民出版社1995年版,第328、326页。

么讲的,因为当时彭德怀"反党集团头子"的帽子还没有摘掉,中央在康生去世时的悼词中关于"伟大的马克思主义理论家"的称号也没有撤销,在那种情况下,他提出把彭德怀的骨灰放进八宝山,对康生给予批评已不容易,不可能称彭德怀同志,而不称康生同志。他在党的十二大前夕,还断然拒绝把自己履历表里的"小学毕业"改为"相当大学",说他的学历就是高小毕业,不要改。因为他始终坚持这种尊重历史事实的态度,所以他说过的话,无论什么时候总能站住脚。

三、要把历史问题放到一定历史过程中和背景下来看

历史是事物的发展过程,看一个历史事件或历史人物,只有放在历史的全过程中考察,才可能看得清楚,作出科学评价。对于历史唯物主义的这一原理,陈云铭记在心,运用娴熟。1980 年,党中央决定就新中国成立以来党的历史问题起草一个决议(即《关于建国以来党的若干历史问题的决议》,以下简称《历史决议》)。邓小平指出,决议最核心的一条是"确立毛泽东同志的历史地位,坚持和发展毛泽东思想"。决议初稿拿出后,邓小平认为没有很好体现他的设想,要重新来过。为此,陈云建议在决议中增加回顾新中国成立以前 28 年的历史段落,指出:"有了党的整个历史,解放前解放后的历史,把毛泽东同志在六十年中间重要关头的作用写清楚,那末,毛泽东同志的功绩、贡献就会概况得更全面,确立毛泽东同志的历史地位,坚持和发展毛泽东思想,也就有了全面的根据;说毛泽东同志功绩是第一位的,错误是第二位的,说毛泽东思想指引我们取得了胜利,就更能说服人了。"[1] 邓小平当即表示,"这个意见很好"[2],指示起草小组照办。

列宁说过:"在分析任何一个社会问题时,马克思主义理论的绝对要求,就是要把问题提到一定的历史范围之内。"[3] 对于历史唯物主义的这一原理,陈云尤其重视,经常强调,并在实际工作中努力贯彻。例如,20 世

---

[1] 《陈云文选》第三卷,人民出版社 1995 年版,第 284 页。
[2] 《邓小平文选》第二卷,人民出版社 1993 年版,第 303 页。
[3] 《列宁选集》第二卷,人民出版社 2012 年版,第 375 页。

纪80年代初的"两案"审理，涉及不少与林彪集团有牵连的部队老干部。陈云依据《历史决议》的精神，在一个批示中明确指出"文化大革命"是一场内乱，也是在特定的历史条件下的政治斗争。除了对于若干阴谋野心家必须另行处理以外，对其他有牵连的人，必须以政治斗争的办法来处理。他说："这种处理办法，既必须看到这场斗争的特定历史条件，更必须看到处理这场政治斗争应该使我们党今后若干代的所有共产党人，在党内斗争中取得教训，从而对于党内斗争采取正确的办法。"①

又如，20世纪80年代中期进行的经济体制全面改革，涉及对50年代计划经济体制的评价。陈云一方面主张对计划经济体制进行改革，另一方面针对一些人关于我国计划经济学的是苏联那一套的非议指出，对这些问题应"从历史唯物主义观点来看"②。"那时我们不能不学苏联。美国和西方其他国家对中国实行封锁政策。在这种情况下，学美国、英国、法国行吗？""即使那时，我们的经济工作也是按照中国的实际情况办事的，没有完全套用苏联的做法。"③

再如，对外开放后，涉及如何对我国与发达资本主义国家进行比较的问题。陈云认为，进行这种比较，必须放在一定的历史条件下，而且要把发展水平与社会制度区别开来。那时，有些人出国考察，看见外国的摩天大厦、高速公路等，就以为中国不如外国，社会主义不如资本主义，马克思主义不灵了。他在党的十二届二中全会发言中说："对于这些人，我们要进行批评教育；对其中做意识形态工作的同志，经过教育不改的，要调动他们的工作。"④他还在发言最后强调："资本主义必然要被共产主义所代替，这是无可改变的法则……我们可以充满信心，高呼：社会主义万岁！共产主义万岁！"⑤

如何看待时代的性质，也是唯物史观中的重要问题。邓小平根据20世

---

① 《陈云文选》第三卷，人民出版社1995年版，第304页。
② 中共中央文献研究室编，朱佳木主编：《陈云年谱（修订本）》下卷，中央文献出版社2015年版，第460页。
③ 《陈云文选》第三卷，人民出版社1995年版，第337页。
④ 《陈云文选》第三卷，人民出版社1995年版，第332页。
⑤ 《陈云文选》第三卷，人民出版社1995年版，第332—333页。

纪80年代国际形势的变化，作出了和平和发展是当代世界两个突出问题的重要论断，但他从来没有说过当代是和平和发展的时代，而且始终认为战争的危险仍然存在，和平和发展问题一个也没有解决。1989年9月，陈云在同一位中央负责同志谈话中说，列宁论帝国主义的五大特点和侵略别国、互相争霸的本质没有过时。"那种认为列宁的帝国主义论已经过时的观点，是完全错误的，非常有害的。"① 过了八天，邓小平在同一位美籍华裔学者谈话时也说："美国现在有一种提法：打一场无硝烟的世界大战。我们要警惕。"②

四、要分清历史上个人作用与党的作用、党的路线与党的性质的区别

如何看待个人在历史上的作用，站在不同立场，秉持不同历史观，得出的结论不仅不同，有时甚至截然相反。陈云坚持人民群众创造历史的唯物史观，反对不恰当地夸大个人的作用。他说："个人的作用是有的，不过自己不要估计太大了。任何人离开了人民，离开了党，一件事也做不出来。"③ 在党的七届四中全会上，他针对革命胜利后如何防止党内出野心家的问题，讲了两个重要观点：一是不能只靠毛主席一个人，可靠的、永久的、可传到子孙后代的办法，是提高全党高级干部的革命觉悟和革命嗅觉；二是高级干部在胜利的环境中要警惕骄傲，千万不要背所谓"一贯正确"的包袱。

唯物辩证法告诉我们，任何事物都由本质和现象两方面构成，本质是事物比较深刻、比较稳定的方面，现象有时反映本质，有时并不反映本质。党的性质、宗旨与党的路线相比，更具深刻性和稳定性，在历史上，有时党的路线错了，但不等于我们党代表无产阶级和人民根本利益的性质就变

---

① 《陈云文选》第三卷，人民出版社1995年版，第370页。
② 《邓小平文选》第三卷，人民出版社1993年版，第325—326页。
③ 《陈云文选》第一卷，人民出版社1995年版，第295页。

了。这个观点，陈云多次讲过。例如，在党的七大上，他说："内战后期，虽然路线错了，老百姓还是欢迎我们。我这样说不是为那时的错误辩护，而是讲事实。老百姓不说你是教条主义路线，他只看见你是共产主义者、共产党，打土豪分田地，为人民谋利益。"① 后来，在1977年审查中国革命历史博物馆的党史陈列时，他又说："八七会议后，党号召党员积极分子参加农村暴动。当时凡是积极分子都参加了，不是积极分子的就退党了。暴动中有很多人牺牲了……他们虽然是在盲动主义路线下参加农村暴动的，但是为了反对国民党反动统治而英勇牺牲的，被敌人枪杀时还高呼革命口号。"② 可见，党的路线与性质有联系也有区别，不能说我们党的路线什么时候正确就代表无产阶级和人民群众，什么时候错误就不代表了。那样看问题不是历史唯物论，而是历史唯心论。

五、要用正确的思想总结历史经验

在如何总结历史经验教训的问题上，陈云也有一个重要观点，那就是首先要端正指导思想。他认为，指导思想错了，经验是总结不好的。例如，他在1980年作的《经济形势与经验教训》的讲话中就说："开国以来经济建设方面的主要错误是'左'的错误。……在'左'的错误领导下，也不可能总结经验。"③ 他还认为，要重视别人的经验，更要重视自己的经验；要重视成功的经验，更要重视失败的经验。他说："没有自己的经验，光有别人的经验不行。"要"把失败当作成功之母，从失败中吸取经验教训"。④ 他告诫人们，对历史经验要从积极方面总结，不要消极总结。比如，他在1982年审阅党的十二大报告稿时就提出，过去受"左"的指导思想影响，过分强调斗争哲学，不该斗的也斗，动不动就上纲到路线是非。现在又出现了另一种倾向，即怕矛盾，怕斗争，怕得罪人。我们要提倡坚持原则，

---

① 《陈云文选》第一卷，人民出版社1995年版，第294页。
② 中共中央文献研究室编，朱佳木主编：《陈云年谱（修订本）》下卷，中央文献出版社2015年版，第238页。
③ 《陈云文选》第三卷，人民出版社1995年版，第281—282页。
④ 《陈云文选》第二卷，人民出版社1995年版，第186页。

提倡是就是是、非就是非的精神。只有这样,"党才有战斗力,整个社会风气才会跟着好转,才会使正气上升,邪气下降"①。他的这个意见,后来被吸收到了党的十二大报告中。

在总结历史经验教训时,陈云还有一个突出特点,就是常把自己摆进去。例如,1979年3月中央政治局会议上,一些同志对他能重新出来领导经济工作表示很高兴,他在发言中说:"不要把我说得这么好,也有很多反面教训,一百五十六项中,三门峡工程是我经过手的,就不能说是成功的,是一次失败的教训。"② 他还要求把自己写给中央的关于解放战争时期辽东地区土改工作所犯错误的检讨报告,收进他的文选。对此,编辑组几次提出,这个错误在当时带有普遍性,责任不能由他一人负,主张把稿子撤下来,他都没有同意。他说,他这样做就是要让大家知道,他陈云并不是一贯正确,世界上没有一贯正确的人。

党的十八大以来,习近平总书记先后在纪念毛泽东同志诞辰120周年、邓小平和陈云同志诞辰110周年座谈会上发表了三个重要讲话。这些讲话充分体现了对中国近代史和党史国史主流、本质及其不同历史时期互相关系的准确把握,为我们提供了正确看待党史国史特别是改革开放前后两个历史时期关系、反对历史虚无主义思潮的重要指导思想。我们学习陈云同志看待历史问题的正确态度和方法,要同学习、领会和落实以习近平同志为核心的党中央关于坚持历史唯物主义的一系列指示精神结合起来,正确看待历史和总结历史经验,抵制敌对势力歪曲、污蔑党史国史和党的领袖、英雄人物的阴谋,打赢意识形态领域里没有硝烟的战争,为实现"两个一百年"的奋斗目标汇聚更强大的精神力量。

(本文是作者在2015年6月18日中央文献研究室举办的"学习习近平同志重要讲话,纪念陈云同志诞辰110周年学术研讨会"上的发言,原载《前线》2015年第7期,题为《陈云对待历史问题的态度和方法》。收入本书时,作者略作修改)

---

① 《陈云文选》第三卷,人民出版社1995年版,第274页。
② 《陈云文选》第三卷,人民出版社1995年版,第254—255页。

辑二

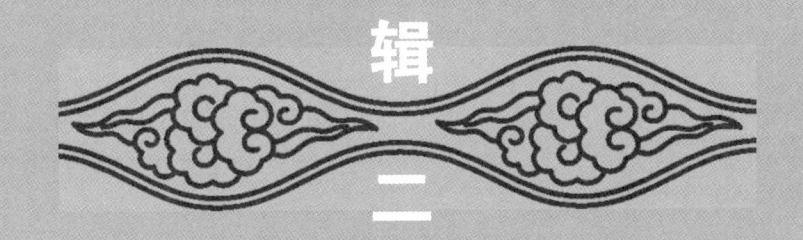

陈云对党的优良作风的践行

1980年2月24日,陈云在党的十一届五中全会上

党的优良作风的光辉典范
——深切怀念陈云同志

陈云同志不幸与世长辞,使我们党和国家遭受无法估量的巨大损失。我们这些从延安时代开始直至社会主义现代化建设新时期,曾先后跟随他工作过的秘书,更是心情沉重,格外悲痛。他在70余年的革命生涯中,对共产主义理想坚贞不渝,始终坚持并善于把马克思主义基本原理同中国具体实际相结合,表现了无产阶级革命家的远见卓识和杰出的领导才能。我们在他身边工作,对这些都有切实的感受。但使我们感受最深的,还是在他身上所体现出的我们党的那些优良作风。

一

实事求是,一切从实际出发,理论联系实际,是党的三大作风之一。为了做到实事求是,毛泽东同志从井冈山时期开始,就大力倡导深入实际,调查研究。对此,陈云同志不仅领会得深,而且一贯模范执行,并在实践中有所创造。他常说,讲实事求是,先要把"实事"搞清楚。要用90%以上的时间作调查研究,用不到10%的时间决定政策。我们都有这样的体会,那就是他从不轻易讲话,更不发表即兴式的空泛议论,每讲一个问题,必要经过深入调查和周密思考,因而,总是讲得有根有据,准确恰当,能够切中要害,行之有效。

1939年，陈云同志在延安担任中央组织部部长。为了研究党在敌后的组织建设问题，他派了两个巡视团，分别去晋东南和冀察晋根据地调查，还建议中央调各大区党委的负责人及一些地、县委书记和乡村支部书记来延安汇报工作。后来，他一一听取了华北来的六个地区党的三级领导同志的汇报，并和九个基层党支部书记谈了话，总共谈了三天三夜。通过调查，他发现华北工作最弱的一环是群众工作。据此，他写了一篇题为《开展群众工作是目前地方工作的中心》的文章，阐述了发展与巩固党的组织同群众工作之间的关系，要求党的区委、支部和小组，必须把研究解决群众的切身问题列入经常的议事日程。由于陈云同志遇事总是先注意弄清情况，然后再制定方针政策，因此，在主持中央组织部工作期间，他有力地指导了党的组织建设。1937年底，当他就任中组部部长时，全国只有党员3万人，而到他离任后的一年，即1945年党的七大召开时，党员人数已发展到121万人。这其中的巨大变化，与他的杰出贡献是分不开的。

新中国成立以后，陈云同志长期主管全国财经工作，提出了许多正确的指导思想、工作方针和重大措施，被全党公认为理财能手，得到过毛泽东同志的高度评价。他所以会取得这样的成就，在很大程度上也得益于他求真务实、深入实际的作风。

为了能及时了解农村的真实情况，陈云同志在20世纪50年代初到60年代初的10余年里，除了在家乡普通农民中约定了几位联系人，请他们经常来信或直接来京反映情况外，还常到全国各地的农村进行调查，仅去家乡青浦县就调查了四次。其中的第四次，他吃住在农民家里，调查了半个月时间。当时，由于受"左"的思想影响，大部分地区限制或取消了家庭养猪。以后，虽然在陈云同志的建议下，中央决定肉猪以私养为主，公养为辅，但对母猪是私养还是公养为主，仍没有明确的方针。陈云同志便在这次调查中，召集集体养猪场和家庭养猪的人分别座谈，并仔细看了十个养猪场和一些农民家里的猪圈。他发现母猪私养比公养养得好，产苗猪多，成活率高。于是，他给中央写了《母猪也应该下放给农民私养》的调查报告，具体举出了母猪私养的几条好处，其中提到私养母猪，"对最后生下来的比较弱的奶猪特别照顾，把它放在奶水最多的第3个奶头上吃奶。经过安排，奶猪就习惯于在固定的奶头上吃，大小长得比较均匀"。陈云同志调查研究之实之细，由此可见一斑。

实践证明，无论肉猪还是母猪都以私养为主的方针，对养猪事业的恢复和发展具有决定意义。但是，陈云同志在那个调查报告中同时指出，上海近郊的蔬菜产区，大约有十个公社，农民过去缺乏养猪经验，暂时不宜把大部分母猪下放给私人养；另外，为了改进猪的品种，种公猪和种母猪，还应由集体饲养。这说明，在他看来，即使对正确的方针，贯彻时也要区别不同情况，不能到处照搬，搞"一刀切"。党的实事求是的作风，在陈云同志身上体现得就是这么彻底。

二

如果说，坚持实事求是，讲起来容易做起来难的话，那么，在有压力或处于逆境的情况下做到实事求是就更难了。而陈云同志求真务实的作风，恰恰突出地表现在这种情况下。他有一句名言，叫作"不唯上、不唯书、只唯实"。这是他对于如何才能做到实事求是的体会，也是他为了党和人民的利益，敢于坚持原则的作风的真实写照。

抗日战争胜利后不久，陈云同志即被中央派往东北，担任东北局委员兼北满分局书记。当时，我们刚刚进入那个地区，对东北情况还处在认识过程；国民党反动派与我们争夺东北的兵力也有一个由少到多的变化过程。因此，中央曾一度向东北局作出过部队要集中作战，守住东北大门，夺取沈阳、长春、哈尔滨三大城市，独占全东北的指示。而陈云同志经过实地调查，大量收集和综合分析各方面信息，认识到，东北的问题，很大程度上是苏美两个大国较量的问题。苏联一方面受《雅尔塔协定》的约束，必须把三大城市及中长路交给国民党；另一方面愿意看到我们党在东北的发展，拒绝美国力量在东北的直接渗入。美国则为了扩张自己的势力范围，动用飞机军舰，加紧运送国民党军队进入东北，积极帮助他们接收三大城市及中长路。在这种情况下，由我们独占三大城市及中长路以独占东北的可能性，暂时是没有的，而占据中长路两侧的中小城市及广大农村，却不仅具有充分的条件，而且十分必要。根据这个认识，他于1945年11月29日主持起草了北满分局领导人给东北局并转中央的电报，提出当前基本方针："应该不是把我们的全部注意力集中于这三大城市，而是集中必要的武装力量，在锦州、沈阳前线给国民党部队以可能的打击，争取时间。同时，将其他武装力量及干部，有计划地主动地和迅速地分散到北满、东满、西满，包括广大乡村、中小城市及铁路支线的战略地区，以扫荡反动武装和土匪，肃清汉奸力量，放手发动群众，扩大部队，改造政权，以建立三大城市外围及长春铁路干线两旁的广大的巩固根据地。"① 这一建议，很快得到了中央的肯定，并被毛泽东同志于同年12月28日为中央起草的《建立巩固的东北根据地》的指示所吸收。

在"大跃进"中，钢产量的指标被一升再升，武昌会议和党的八届六中全会将1959年钢的生产计划定为1800万吨至2000万吨。当时，陈云同志由于在反"反冒进"中曾被批评为"离右派只差50米远"，"大跃进"开始后又被视为"右倾保守"，处境已经很不好。但他不顾个人得失，对这个指标多次提出不同意见，并建议不对外公布钢、煤、粮、棉四大指标。1959年初，当毛泽东同志找他谈话时，他仍表示，当年的生产计划难以完成。在3、4月召开的上海会议和党的八届七中全会上，毛泽东同志对陈云同志的意见表示赞赏，指出这些正确的意见没有被重视，给工作造成很大被动；还说有时真理在一个人手里。会议经过进一步压缩，把钢的指标确定为1800万吨，其中好钢为1640万吨。会后，毛泽东同志对这个指标仍感到不放心，委托陈云同志专门研究一下，看是否可靠。陈云同志集中精力，用近十天的时间，进行了深入细致的调查研究，提出钢的生产指标可以定为1300万吨，相应的钢材指标定为900万吨。中央同意了这个意见，调整了年度钢铁生产计划。执行结果，当年实际生产钢1387万吨，钢材897万吨。陈云同志在极为困难和复杂的情况下，坚持实事求是的原则，妥善处理了这个棘手的问题，对稳定经济和市场起了重大作用。

粉碎"四人帮"后，党中央当时的主要负责同志推行"两个凡是"的

---

① 《陈云文选》第一卷，人民出版社1995年版，第300页。

错误方针，阻挠邓小平同志出来工作和为 1976 年的"天安门事件"平反。1977 年 3 月中央工作会议期间，陈云同志和王震等同志分别在小组会上发言，毅然决然地提出：参加"天安门事件"的绝大多数群众是为了悼念周总理，邓小平与"天安门事件"无关，应当重新恢复他在中央的领导工作。负责会议简报的人搞了个"摘要"，把其中与当时中央主要负责人讲话口径不一致的话去掉，要求陈云同志点头。陈云同志明确表示，发言要登简报就全文登，搞摘要不行。结果，这篇发言竟然未能在简报上刊登。尽管如此，由于陈云同志在党内长期形成的巨大威望，他的发言还是不胫而走，为粉碎"四人帮"后我们党面临的这两件大事的解决，发挥了重要作用。

在 1978 年党的十一届三中全会之前的中央工作会议上，当时党中央的主要负责同志为了继续推行"两个凡是"的方针，为会议设置了只谈经济问题的框框。陈云同志不顾压力，又一次率先在小组会上提出，要把工作着重点转移到社会主义建设上来，先要解决影响大涉及面广的历史遗留问题，并列举了薄一波同志等 61 人和陶铸同志的历史冤案、彭德怀同志的名誉恢复、"天安门事件"的平反、康生的严重错误等六个问题。由于这几个问题都是触及"文化大革命"及其以前的"左"倾错误的关键性问题，因此，他的发言在简报上刊登后，立刻引起与会代表的热烈反响，一下子使会议气氛活跃起来。在与会代表的共同努力下，这些问题一一得到解决，使这次会议开成了解放思想、拨乱反正的会议。以后，邓小平同志在闭幕会上作了题为《解放思想，实事求是，团结一致向前看》的重要讲话。正是因为有这些重大的变化，党的十一届三中全会才得以胜利召开。

陈云同志认为，是不是是非分明，敢不敢坚持原则，怕不怕得罪人，这些都是党风中的大问题。要提倡坚持原则，提倡是就是是、非就是非的精神。只有党内形成坚持原则、是非分明的风气，党的团结才有基础，党才有战斗力，整个社会风气才会跟着好转。在这方面，陈云同志以自己的实际行动为我们树立了榜样。

三

如同陈云同志实事求是的作风与他坚持原则的作风相互关联一样，他的实事求是的作风与他善于倾听各种意见特别是不同意见的民主作风也是相互关联的。在延安整风时，陈云同志考虑如何才能做到实事求是，概括出了"交换、比较、反复"六个字。他说，看问题往往容易产生片面性，多和别人交换意见，可以使本来片面的看法逐渐全面起来。如果没有不同意见，还可以假设一个对立面，从反面和各个侧面来批驳，以使自己的认识更全面些。他还说，有钱难买反对自己意见的人。有了反对意见，可以引起自己的思考。由于陈云同志把听取不同意见看成是克服片面性从而做到实事求是的一种方法，因此，民主作风在他身上体现得十分自然。

第一个五年计划的建设开始以后，我国粮食本来就很紧张的供销矛盾进一步加剧。为了解决这个矛盾，陈云同志考虑对粮食实行统购统销。有了这个基本想法后，他没有把它马上提出来，而是进一步同有关部门的领导商量，除此之外还有没有别的办法，并让身边工作的同志反驳他的意见，看看实行这个办法会有什么毛病。经过反复比较，他认为只能选择统购统销。有风险，他愿承担责任。考虑成熟后，他向中央正式提出了建议，立即得到了中央的肯定与支持。

在干部中提倡学习哲学是陈云同志的一贯主张，在我们国家进入新的历史时期后，他又多次向中央提出这个建议。党的十三大召开前夕，他考虑，在新的形势下，全党仍然面临着学会运用马列主义、毛泽东思想的立场、观点、方法分析和解决问题的迫切任务，希望中央首先组织政治局、书记处、国务院领导的同志学习哲学，把它作为工作的一部分。有了这个想法以后，他先是同五六位领导同志分别交换意见，然后又把这个想法告诉了负责他医疗保健的医生，与这位同志长谈了两个小时。他说，医生是知识分子，这样可以了解知识分子对这个问题的看法。在做了这些征求意见的工作之后，他才向中央当时的主要领导同志提出了建议。

陈云同志乐于听取不同意见，同时，很注意保护提不同意见的干部。

为了鼓励大家解除顾虑，他总是告诉同他谈话的干部，在他面前说话，"左"可以"左"到"左倾机会主义"，"右"可以"右"到"右倾机会主义"；"姜太公在此，百无禁忌"。他说："一个人说话有时免不了说错，一点错话不说那是不可能的。在党内不怕有人说错话，就怕大家不说话。……如果共产党不能进行批评与自我批评，大家见面都是'今天天气哈哈哈'，我看人们就不会参加革命了，也不会愿意当这样的共产党员了。"① 在第二个五年计划执行期间，中央考虑北方缺水，而长江水流量大，可以实施南水北调。陈云同志对水利部和地方的领导同志说：南水北调关系子孙后代，这个工程要搞，但什么时候搞，走哪条线，要慎重，一定要让不赞成搞的同志充分发表意见。为了解除这些同志的顾虑，他建议在东、中、西三线沿途各城市设南水北调问题的专用信箱，以便他们能把意见讲出来。

在爱护干部方面，陈云同志还有一个显著特点，那就是当干部由于种种原因处于困难境地时，他能够为他们说话，替他们担待。在延安时，有一位干部被人指控是托派，被开除了党籍。这个人向中组部提出申诉，并提供了四个证人，有一个还在国外。陈云同志要有关部门一一写信去调查，用两个月时间，终于查明那位同志是被冤枉了。陈云同志针对这件事说，解决一个干部的问题，关系他的政治生命的时候，要很郑重、很谨慎、很细心。用两个月时间挽回一个干部是再值得没有了，因为两个月绝对培养不出一个干部来。对于潘汉年同志的冤案，他多次提出应重新审查。1979年，他因病要动一个大手术，手术前，为了防止不测，他专为此事给中央有关负责同志写信，希望抓紧复查。党的十一届三中全会以后，由于积极贯彻"两个凡是"方针而犯错误的几位领导干部，检讨总是过不了关。陈云同志在一次中央全会上指出："我不赞成这样对犯错误的同志扭住不放。这种检讨没有完没有了的情况，我认为不是党的好作风。"② 由于陈云同志讲了话，这几位同志才过了关。

---

① 《陈云文选》第三卷，人民出版社1995年版，第187、190页。
② 《陈云文选》第三卷，人民出版社1995年版，第272页。

四

无论是新中国成立前还是新中国成立后，陈云同志都十分重视党风问题。特别是在党执政后，他反复告诫全党要防止脱离群众，说这个问题关系党是否丧失民心，关系党的生死存亡，要求党的各级干部在工作中要有群众观点，在廉洁自律上要以身作则。他是这么说的，更是这么做的，为全党率先垂范，堪称楷模。

三年困难时期，陈云同志除集中精力研究如何尽快恢复农业生产的问题外，还拿出很多精力研究了采取哪些应急措施来解决城市副食供应的问题。当时，由于缺少肉类和蛋品，城市居民营养不足，许多人患浮肿病。陈云同志了解到，每人每天最低需要蛋白质70克，0.5公斤粮食含45克，0.5公斤蔬菜含5克，尚缺少20克，正好相当于一两大豆的含量。而我国那时有1亿城市人口，每年拿出15亿公斤大豆，是完全可以办到的。于是，他提出先在大中城市的6000万人口中，每人每天供应一两大豆，每月再供应0.25公斤鱼、0.25公斤肉。他说，人民群众要看共产党对他们到底关心不关心，有没有办法解决生活问题。这是政治问题。

20世纪80年代初，有三件事情突出反映了陈云同志时刻把群众放在心上、为群众办实事的作风，给我们留下了深刻印象。

第一件事是，1982年5月下旬的一天，陈云在《人民日报》第八版的一角，看到有一篇题为《首都少年儿童看戏难》的文章，反映北京儿童剧场濒危停用，首都百万儿童无处看戏。他对秘书说，这篇文章是写给中央领导同志看的，是搞教育的同志通过报纸在向我们呼吁。他们的意见是好的，应该支持一下。他随即给中央和国务院领导写了一封信，建议在"六一"儿童节这一天，全国城镇所有影剧院，机关企业的所有礼堂，免费向孩子们开放。由于时间已临近"六一"，他在信封上还亲笔批写了"特急件"三个字。

第二件事是，这一年7月，北京航空学院一位教师给中央书记处研究室写的信和全国政协关于知识分子政策落实问题调查组写的报告，都反映中年知识分子生活、工作负担重，工资收入低，很多人健康水平下降。陈云同志看后十分重视，当即致信中央常委，指出这是国家的一个大问题，确实要下大决心，在今明两年内解决，不能再按部就班地搞。我们基本建设每年要用500多亿元，为什么不可以用十几亿元来解决他们的问题呢？改善他们的工作条件，应当看成是基本建设的一个项目，而且是基本的基本建设。我们把钱用在中年知识分子身上，是好钢用在了刀刃上。

第三件事是，1984年9月，陈云同志得知报考师范院校的高中毕业生越来越少时，指示有关领导同志，一定要重视教师待遇问题。要想一些切实可行的办法帮助教师，尤其中小学教师，提高他们的社会地位，解决他们的实际困难，如住房问题等，以逐步使教师工作真正成为最受人尊敬、最值得羡慕的职业之一。不久，他又批示，要使中小学教师的工资标准"比同等学力从事其他行业的人略高一点"。他还以身作则，鼓励自己从师范院校毕业的女儿，离开大机关，到中学担任教师。

陈云同志对群众时刻关怀，但对自己却要求很严。他在延安时就提出"从自己做起，从现在做起"的口号，大力倡导言行一致的作风。他一贯公私分明，一点小事也不放过。他喜爱听评弹，一次，他让秘书请上海人民广播电台替他录两个评弹段子，说完即拿出两盒空白录音带，要求交给他们。他给自己立了个不收礼的规矩，并要求工作人员，凡是有人来送礼，必须向他报告，不得擅自收下。一年秋天，一个大军区的两位领导同志来到他住所，向他汇报一次军事演习的情况，并带来当地产的两盒葡萄。当他们汇报完起身告辞时，陈云同志让他们把葡萄拎走。他说，我是中纪委书记，不能收。他们解释说，这值不了几个钱，不是送礼，只是让他尝尝。他说，那我尝十颗，叫"十全十美"，剩下的你们带回去。陈云同志的文选出版以后，秘书请示稿费如何处理，他说全部缴党费。秘书建议先存起来，将来捐给学校或某项事业。他接受了这个意见，并先后把稿费赠送给了新成立的北方曲艺学校和希望工程。

在生活上，用"粗茶淡饭""布衣素食"来形容陈云同志是再合适不过了。他穿的衬衣都是补了又补，一件坎肩，穿了40多年。他吃饭十分简单，逢年过节也不例外。有一次到外地，当地接待部门为他准备了一桌酒席，他很不高兴，坚决要求他们撤掉，直到换上平日的一荤一素才肯吃饭。他用东西也很节约，一个皮箱，是延安时期的，直到1994年春节在上海时还在用。有一个刮胡刀，刀架是1935年9月他由上海秘密去苏联之前买的，刀片是他到苏联之后买的。三个刀片用了十年，而刀架一直用到他逝世之前。

陈云同志在生活上是低标准，但对于学习和工作却十分勤奋刻苦。在延安时，为了学好理论，他在中组部组织了一个学习小组，边工作，边学习，前后坚持了近五年。"文化大革命"中，他被以战备为名，疏散到江西去进行所谓"蹲点调查"。去时，许多日常生活用品没有带，却带了《马恩选集》《资本论》《列宁全集》《斯大林文选》《毛泽东选集》《鲁迅全集》。在近三年时间里，他除了去工厂参加班组会和去农村参观外，其他时间就是在住所看书，特别是看列宁在十月革命后写的有关新经济政策和党内民主生活方面的著作，并联系实际，深入思考我国的经济体制和党的民主集中制问题。

凡事自己动手，是陈云同志的一贯作风。在中组部、东北局、中财委等部门担负领导工作时，许多文件、报告、电报甚至社论都是他亲自起草的。他个人的讲话、发言稿更是自己动手，从不让秘书代劳。在他进入高龄后，有些稿子虽然由秘书按照他的意思先起草，但事后他还要逐字逐句地推敲修改。正是由于这种作风，人们读起他的著作来，总是感到不仅问题讲得深刻透彻，而且文字生动简练，有自己独特的风格。

陈云同志早在红军长征之前就担任了党中央政治局常委，新中国成立后又是党和国家的最高领导人之一。但他一生谦虚谨慎，淡泊名利。1951年，苏联政府送给我国五辆吉斯牌高级防弹车，有关部门决定分配给中央书记处的五位书记使用。一天，他发现自己的车被换成了吉斯车，坚决要求换回来。他说，我不能同毛主席、周总理、朱总司令和少奇同志一样。对于工资级别，他也是这个态度。供给制改为工资制时，有关部门把他们五位书记一律定为一级，报到他那里后，他把自己改为了二级。他从不愿参加各种可以不参加的接见活动和外事活动，不同意对他个人的各种宣传。有关宣传他的文章、书籍，只要报到他那里审阅，一律被他"枪毙"。

在陈云同志身上所体现的党的优良作风还有许多，以上回忆的仅仅是其中的一小部分。现在，他虽然永远离开了我们，但他的这些优良作风也和他的三卷文选一样，是留给我们的宝贵精神财富。我们深切悼念他，就要认真学习他的这些好作风，把它发扬光大。陈云同志永远活在我们心中。

（原载《人民日报》1995年6月23日，由本书作者执笔，署名刘家栋、王玉清、余建亭、周太和、朱佳木、许永跃）

陈云在历史的关键时刻

陈云同志在艰难困苦中度过了童年，又在少年时代只身前往上海商务印书馆当了一名学徒。五卅运动那年，他刚满20岁，便成为工人运动的袖，并且毅然投身革命，加入了中国共产党。从那时起直到1995年逝世的70年革命生涯中，他无论进行地下斗争还是领导根据地建设，无论在基层拼搏还是身居要职，无论处于顺境还是处于逆境，始终忠于党、忠于人民、忠于社会主义和共产主义的信念，始终坚持真理、坚持原则、坚持实事求是的思想路线，始终崇尚真抓实干、埋头苦干、脚踏实地的工作作风，始终摆正个人和党的关系、顾全大局、维护团结、谦虚谨慎、淡泊名利。越是在革命和建设事业遇到困难的关头，他的忠诚、气魄、胆识、担当、智慧、才干、风格表现得越是充分。

如果说历史是一条长河，那么历史的关键时刻便是河中翻起的耀眼浪花；如果说历史是一棵大树，那么历史的关键时刻便是树上开出的炫目花朵。陈云同志每当遇到这样的时候，总是能够不负历史的使命，及时作出正确的选择，拿出解决问题的真知灼见和有效办法，从而构成了他革命生涯中的绚丽篇章。

陈云同志在历史关键时刻的作为和主张，大多数情况下都能即时发挥作用，很快见到成效。例如，在顾顺章叛变后，协助周恩来同志挫败了敌人破坏党中央的计划；在遵义会议前夕及会上，作为长征路上的四位中央政治局常委之一，积极支持毛泽东同志的正确主张，为毛泽东同志回到中央领导岗位起到了重要作用；在莫斯科详细汇报红军长征和遵义会议的情况，为共产国际和苏共中央较早了解和支持中共中央领导层的变动提供了重要根据；在新疆利用苏联与盛世才的关系，胜利完成迎接西路军余部进疆的任务，并为我军培养第一批掌握现代军事技术的人才创造了有利条件；在抗日战争时期担负领导全党组织、干部工作和陕甘宁边区财政工作的任务，为壮大我党组织力量、改善边区财经状况作出了杰出贡献；在南满根据地遭受敌人重点进攻的情况下，作出坚持南满的决策，为扭转东北战局发挥了重要作用；在沈阳主持军管会，为我党创造出第一个接受大城市的成功经验；在全国解放前夕受命组建中财委，并为治理国民党留下的烂摊子，迅速恢复国民经济作出了卓越贡献；在抗美援朝硝烟尚未散尽的情况下，主持"一五"计划的制定，并成功组织了计划的实施，为奠定我国工业化基础作出了重要贡献；在粮食等农产品供应发生严重困难的情况下，及时提出并组织实施了统购统销政策，为社会主义建设顺利进行扫除了关键障碍；在资本主义工商业改造高潮中，决定原有生产、经营方式照旧不变，一定程度上减轻了由于工作过急过粗造成的损失；在毛泽东主席逝世、党和国家面临危难之时，积极参与粉碎"四人帮"的决策过程和斗争，为挽救党和国家贡献了一份力量；在党的十一届三中全会上率先提出解决一系列重大冤假错案问题，得到与会绝大多数代表响应，为会议成为党的历史的伟大转折发挥了特殊作用；在改革开放之初，率先提出计划与市场相结合的思想，为进行突破高度集中的计划经济体制，产生了广泛而深刻的影响；在老一代领导人年事越来越高的情况下，提出成立中央书记处的建议，为增强中央的工作效率发挥了积极作用；在沿海地区少数党员干部走私贩私、贪污受贿致使走私活动猖獗的情况下，提出予以严厉打击、否则党风无法整顿的意见，并由此开始在全国范围掀起一场打击经济领域违法犯罪活动的斗争，为改革开放的健康发展提供了重要保证；在"八九"风波中党中央发出两种声音的情况下，率先表态拥护以邓小平同志为核心的中国共产党，为平息政治风波发挥了独特作用。

陈云同志在历史关键时期的作为和主张，也有一些未能马上发挥作用，而是经过一段时间反复后，才被大家所认识和接受。例如，在我们党和国民党争夺东北之初，提出让开大城市和铁路干线，把部队分散到中小城市和广大农村发动群众、建立根据地；在"大跃进"之后，提出1959年的钢铁指标过高，需要重新考虑；在20世纪60年代初及70年代末，面对经济重大比例严重失调的情况，两次提出应采取果断措施进行经济调整；在粉碎"四人帮"后，面对"两个凡是"的错误方针，在中央工作会议上公开提出邓小平同志应早日出来工作和重新审查"天安门事件"的真相；在党的十一届三中全会后，面对新时期的新形势和新任务，提出干部队伍要革命化、年轻化、知识化、专业化，要成千上万地选拔优秀中青年干部，同时，"三种人""五种人"一个不能提拔，已经在领导岗位的还要撤下来；在创办经济特区的过程中，面对发行特区货币的呼声，表示不赞成的态度，认为这样会把金融秩序搞乱；在1983年面对一些同志认为外汇和黄金储备多了，应当进口高档消费品和出售黄金首饰的主张，提出我国有一二百亿美元和一点黄金储备是必需的，不算多；在1985年针对一些农民不愿种粮食、一些领导同志认为粮食已经过关的情况，指出"无工不富"的声音超过了"无农不稳"，强调"无粮则乱"；在1988年对激进的价格、工资改革思路表示不同意见，提出改革方案没有考虑到农民利益，价格一下子理不顺，财政补贴不可能完全取消；等等。

　　陈云同志还有一些在历史关键时期的作为和主张，很长时间未被接受或未能实施，有的甚至遭到批判，但事后被实践证明是正确的，并且成为党的精神财富。例如，在党的八大上提出"三个主体、三个补充"的构想；在1956年底，针对各地出现的高指标，强调综合平衡，提出反对冒进的主张；在1962年，面对粮食严重短缺的局面，提出在农业落后地区暂时实行"包产到户""分田到户"以渡过难关的建议；等等。

　　历史关键时刻往往是历史最精彩的地方，也是历史对人最严峻、最公正的考验。陈云同志在历史关键时刻的所言所为，凡是当时发挥了积极作用的，他从不居功；凡是当时未被采纳而经过一段时间反复后才发挥作用的，他从不自持；凡是很长时间未被采纳，甚至因此遭受批判、受到长期政治冷遇的，他从不气馁不消沉。他的这种表现，充分显示了他作为伟大的无产阶级革命家的忠诚、坚毅、襟怀坦荡的优秀品格和崇高思想境界，也是他之所以深受全党全军全国各族人民的尊敬和爱戴,在国内外享有崇高威望的原因所在。

(本文是作者在2015年6月1日第九届"陈云与当代中国"学术研讨会上的开幕词,原载《当代中国史研究》2015年第4期,题为《陈云在历史关键时期》。收入本书时,作者略作修改)

陈云与改革开放的三个关键性问题

在 40 年前召开的党的十一届三中全会上,陈云重新当选中央政治局委员、常委,中央委员会副主席,成为以邓小平同志为核心的党的第二代中央领导集体的重要成员。从那时起,他和邓小平、叶剑英、李先念等老一辈无产阶级革命家一起,拨乱反正、开拓创新,殚精竭虑、运筹帷幄,带领人民积极推进改革开放,在新中国头 29 年建立起来的独立完整的工业体系和国民经济体系基础上,使国民生产总值由世界排名第十位,上升到 20 世纪末的第六位。对此,全国各族人民作出了贡献,全党作出了贡献,老一辈革命家们作出了贡献,陈云也作出了自己的独特贡献。我认为,这个贡献从一定意义上说,主要体现在协助和支持邓小平把握改革开放健康发展的三个关键性问题上。

第一,在改革开放的核心问题上,主张处理好政府与市场的关系,做到在宏观控制下搞活经济

早在 20 世纪 50 年代资本主义工商业改造完成后,陈云就提出了"三个主体、三个补充"的设想。党的十一届三中全会开过不久,他撰写的一份提纲在中央政策研究单位进行了传达,其中指出:计划工作制度中除了"有计划按比例"这一条,还应当有"市场调节"这一条。"在今后经济的调整和体制的改革中,实际上计划与市场这两种经济的比例的调整将占很大的比重。不一定计划经济部分愈增加,市场经济部分所占绝对数额就愈缩小，可能是都相应地增加。"① 此后，针对一些部门和地方只顾市场不顾计划、导致国民经济重大比例失调的倾向，他又明确提出"计划经济为主、市场调节为辅""计划与市场相结合"的原则。

陈云的上述主张虽然和后来确立的社会主义市场经济体制改革目标有所区别，但正如党的十四大报告所说，它对于摆脱在计划与市场关系上的传统观念、形成新的认识，"推动改革和发展起了重要作用"②。江泽民同志在纪念陈云同志诞辰 90 周年座谈会上又指出，陈云同志在党的十一届三中全会后率先批判过去计划工作中存在的弊端，"对推动全党解放思想、实事求是，进行突破高度集中的计划经济体制的改革，产生过广泛而深刻的影响"③。胡锦涛同志在纪念陈云同志诞辰 100 周年座谈会上也说，陈云同志"明确提出，在社会主义制度下，只有有计划按比例还不行，还必须有市场调节。他的这个重要认识，对我们突破高度集中的计划经济体制的束缚，曾经产生过广泛而深刻的影响"④。习近平总书记在纪念陈云同志诞辰 110 周年座谈会上进一步指出，党的十一届三中全会之后，陈云同志提出"在社会主义经济中要有意识地发挥和扩大市场调节作用，支持探索符合实际、充满活力的社会主义经济新体制"⑤。

20 世纪 80 年代，陈云经过长期思考，将搞活经济与计划指导比喻成"鸟与笼子"的关系。他说："鸟不能捏在手里，捏在手里会死，要让它飞，但只能让它在笼子里飞。没有笼子，它就飞跑了。"⑥ 一些别有用心的人故意把这个比喻中所说的"笼子"歪曲为真的像鸟笼那样狭小，并据此把陈云的经济思想污蔑为"鸟笼经济学"。其实，只要稍懂经济学常识和稍动脑筋思考的人都会明白，这个比喻恰恰形象地道出了经济学中微观与

---

① 《陈云文选》第三卷，人民出版社 1995 年版，第 247 页。
② 中共中央文献研究室编：《十四大以来重要文献选编》（上），人民出版社 1996 年版，第 18 页。
③ 《江泽民同志的讲话——在〈陈云文选〉（1—3 卷）、〈陈云〉画册出版发行暨纪念陈云同志诞辰九十周年座谈会上》，载《人民日报》1995 年 6 月 14 日，第 1 版。
④ 胡锦涛：《在陈云同志诞辰 100 周年纪念大会上的讲话（2005 年 6 月 13 日）》，载《人民日报》2005 年 6 月 14 日，第 1—2 版。
⑤ 习近平：《在纪念陈云同志诞辰 110 周年座谈会上的讲话（2015 年 6 月 12 日）》，载《人民日报》2015 年 6 月 13 日，第 2 版。
⑥ 《陈云文选》第三卷，人民出版社 1995 年版，第 320 页。

宏观关系的真谛。尤其在这个比喻中，陈云特别强调了"笼子"可大可小，可以跨省跨地区，甚至可以跨国跨洲，作为"笼子"的五年计划本身也要经常调整。这就不仅揭示了微观搞活与宏观控制的关系，而且大大发展了他关于计划与市场关系的思想，为人们进一步思考市场和政府在搞活经济中的各自作用，开辟了更加广阔的空间。

在过去优先发展重工业和资源短缺、法律不健全、利率调节受制约的年代，政府调控经济的主要手段只能是计划。因此，计划与市场的关系，说到底是政府与市场的关系。陈云在这个比喻中所讲的"笼子"，指的虽然是计划，但道出的却是政府在发挥市场机制中应起的作用。正如陈云后来所说："计划是宏观控制的主要依据。搞好宏观控制，才有利于搞活微观，做到活而不乱。""搞活经济是对的，但权力太分散就乱了，搞活也难。"[①] 可见，这个比喻与人们后来强调的"市场经济是法治经济""'看不见的手'与'看得见的手'都要用好"等观点，在本质上是完全一致的。

很多外国人搞不明白，世界上有那么多发展中国家都在实行市场经济，为什么唯独中国发展得最快最稳。其实，这个问题并不神秘，原因就在于中国的市场经济是和社会主义制度相联系的，是有宏观控制的，是和政府作用相结合的，总而言之，是有"笼子"的。习近平总书记指出："我们要坚持辩证法、两点论，继续在社会主义基本制度与市场经济的结合上下功夫，把两方面优势都发挥好，既要'有效的市场'，也要'有为的政府'，努力在实践中破解这道经济学上的世界性难题。"[②] 不难看出，陈云关于"鸟与笼子"的比喻，正是破解这道经济学上世界难题过程中作出的一个重要理论贡献。

第二，在改革开放的方法问题上，倡导先行试点，"摸着石头过河"

任何事情要成功，不仅要有满腔热情的态度、坚忍不拔的意志，还要有适当稳妥的方法。对于改革开放，陈云一方面持积极支持的态度，另一

---

① 《陈云文选》第三卷，人民出版社1995年版，第350、366页。
② 中共中央文献研究室编：《习近平关于社会主义经济建设论述摘编》，中央文献出版社2007年版，第64页。

方面如同在经济建设上主张稳中求进一样，总是不断提醒大家："既要积极，又要稳妥";①"要边走边看，走一步看一步。"②

比如，对待经济体制改革的问题。陈云一方面高度赞扬这个改革，指出："现在搞得经济体制改革，打破了'大锅饭''铁饭碗'，它的意义不下于私营工商业改造。"③"打破这个'大锅饭'，将会大大调动广大工人、农民、知识分子和干部进行四化建设的积极性，使我国的生产力获得一次新的大解放。"他还说政企职责分开很有必要，这样"可以给企业比过去大得多的自主权"。④但他又强调扩大企业自主权，推行经济责任制，必须坚持几个前提：一是"定额应该是平均先进定额"；二是"质量只能提高，不能降低"；三是"单位成本只能降，不能提高"；四是要"统筹全局，要算一算，一年增加多少收入，并从全局来合理分配"。⑤

又如，对待试办经济特区和开放沿海城市的问题。陈云一方面肯定特区要办，赞成增加开放沿海城市；但另一方面指出："广东、福建两省的深圳、珠海、汕头、厦门四个市在部分地区试办经济特区……现在只能有这几个，不能增多。""像江苏这样的省不能搞特区。"⑥"既要看到特区的有利方面，也要充分估计到特区带来的副作用。例如：人民币与外币同时流通，对人民币不利，会打击人民币。"⑦"特区第一位的问题是总结经验。"⑧他提醒有关领导，沿海城市开放后，来料加工产品要有一定比例的内销，但"自己必须发展而且正在发展的东西，不要被外面进口的挤掉了"⑨。"要使自己的东西一步一步地进步，达到先进的水平，这还是应当提倡的。"⑩

再如，对待外资外经外贸的问题。陈云一方面积极支持借外债，说这

---

① 《陈云文选》第三卷，人民出版社 1995 年版，第 338 页。
② 《陈云文选》第三卷，人民出版社 1995 年版，第 324 页。
③ 《陈云文集》第三卷，中央文献出版社 2005 年版，第 488 页。
④ 《陈云文选》第三卷，人民出版社 1995 年版，第 337 页。
⑤ 《陈云文集》第三卷，中央文献出版社 2005 年版，第 489 页。
⑥ 《陈云文选》第三卷，人民出版社 1995 年版，第 306、307 页。
⑦ 《陈云文选》第三卷，人民出版社 1995 年版，第 307 页。
⑧ 《陈云文选》第三卷，人民出版社 1995 年版，第 311 页。
⑨ 《陈云文集》第三卷，中央文献出版社 2005 年版，第 536 页。
⑩ 《陈云文集》第三卷，中央文献出版社 2005 年版，第 535 页。

"是打破闭关自守以后的新形势","今后在自力更生为主的条件下,还可以借些不吃亏的外债"①。针对一些地方进口国外二手设备不划算的问题,他还提出一个大胆设想,即"对外开放不一定都是人家到我们这里来,我们也可以到人家那里去"②,赞成利用有利时机到国外投资办厂,从而成为"走出去"战略的先声。另一方面,他又强调:"利用外资和引进新技术,这是我们当前的一项重要政策措施,不过要头脑清醒。"③ 因为,第一,外债绝大多数不是自由外汇,而是卖方贷款,国内需要资金配套,涉及财政平衡;第二,自由外汇利息高达15%,借多了还不起;第三,现在国际信贷是买方市场,国际关系除非有大的变化,否则这种有利条件不会失去。他针对外贸体制改革初期,一些工业企业和地方为争夺外贸自主权,不计成本、削价竞销、外方得利的现象指出,外贸改革的最终目的是给国家增加外汇,如果适得其反,可以考虑"走两年老路,略加改良"④,看看哪种办法更好。在外贸部门的报告上他批示:"既要调动各方面的积极性,又要坚持统一对外,这是外贸体制改革必须坚持的一条原则。"⑤

　　陈云之所以对改革开放的方法采取这种审慎态度,与他对经济工作的一贯指导思想,即不怕慢、就怕站,如果"出现反复,结果反而会慢,'欲速则不达'"⑥ 是一致的。他说过:"开国以来经济建设方面的主要错误是'左'的错误";⑦ 我们应该探索"在不再折腾的条件下有较快的发展速度"⑧。在回答为什么改革必须经过试点的问题时他明确表示:"因为试点而使改革的进度慢了,与为了加快改革的进度而不经过试点,以致改得不好,还要回过头来重新改,这两种损失相比,前一种比后一种要小些。"⑨

---

① 《陈云文选》第三卷,人民出版社1995年版,第276页。
② 中共中央文献研究室编,朱佳木主编:《陈云年谱(修订本)》下卷,中央文献出版社2015年版,第357页。
③ 《陈云文选》第三卷,人民出版社1995年版,第277页。
④ 中共中央文献研究室编,朱佳木主编:《陈云年谱(修订本)》下卷,中央文献出版社2015年版,第340页。
⑤ 《陈云文集》第三卷,中央文献出版社2005年版,第539页。
⑥ 《陈云文选》第三卷,人民出版社1995年版,第351页。
⑦ 《陈云文选》第三卷,人民出版社1995年版,第281—282页。
⑧ 《陈云文选》第三卷,人民出版社1995年版,第268页。
⑨ 《陈云文集》第三卷,中央文献出版社2005年版,第529页。

他认为，城市改革的步子之所以要稳，重要原因在于城市改革比农村改革复杂，大多数干部对此缺少经验。他说："我们的改革，问题复杂，不能要求过急。改革固然要靠一定的理论研究、经济统计和经济预测，更重要的还是要从试点着手，随时总结经验，也就是要'摸着石头过河'，开始时步子要小，缓缓而行。"① 他又说："这次体制改革涉及范围相当广，广大干部还不很熟悉，在进行中还会出现一些难以预见的问题。因此，必须边实践，边探索，边总结经验。如果用五年时间能够做好改革这件事，那就很好了。"②

改革开放的实践说明，凡事按照先试点、再推广、"摸着石头过河"的方法进行，成功率就高、负作用就少，反之，则挫折多、损失大。党的十八大以来，以习近平同志为核心的党中央对经济工作提出了稳中求进的总基调。习近平总书记指出："稳中求进工作总基调是我们治国理政的重要原则，也是做好经济工作的方法论。"③ 他还说："摸着石头过河，是富有中国智慧的改革方法，也是符合马克思主义认识论和实践论的方法。实践中，对必须取得突破但一时还不那么有把握的改革，就采取试点探索、投石问路的方法，先行试点，尊重实践、尊重创造，鼓励大胆探索、勇于开拓，取得经验、看得很准了再推开……加强顶层设计和摸着石头过河都是推进改革的重要方法。"④ 他的这些论述是对改革开放成功经验的深刻总结，也是对陈云关于改革开放应当稳步前进主张的充分肯定。

第三，在改革开放的方向问题上，强调不能放松共产主义思想教育，败坏党的作风，损害人民的利益

改革开放究竟有没有方向？对这个问题，很长时间里一直存在不同看法。党的十八大后，习近平总书记旗帜鲜明地指出："我们的改革开放是有

---

① 《陈云文选》第三卷，人民出版社1995年版，第279页。
② 《陈云文选》第三卷，人民出版社1995年版，第338页。
③ 中共中央文献研究室编：《习近平关于社会主义经济建设论述摘编》，中央文献出版社2007年版，第332页。
④ 中共中央文献研究室编：《习近平关于全面深化改革论述摘编》，中央文献出版社2014年版，第43页。

方向、有立场、有原则的。"① 他强调："不实行改革开放死路一条，搞否定社会主义方向的'改革开放'也是死路一条。在方向问题上，我们头脑必须十分清醒。我们的方向就是不断推动社会主义制度自我完善和发展，而不是对社会主义制度改弦易张。"② "一些敌对势力和别有用心的人也在那里摇旗呐喊、制造舆论、混淆视听，把改革定义为往西方政治制度的方向改，否则就是不改革。他们是醉翁之意不在酒，'项庄舞剑，意在沛公'。对此，我们要洞若观火，保持政治坚定性，明确政治定位。"③

自从改革开放之始，陈云就十分重视改革的方向问题。他的主要思想基本体现在以下三点上。

一是强调共产党员在改革开放中要始终坚定共产主义的理想信念

早在1983年党的十二届二中全会上，陈云就在大会发言中指出，有些人看见外国的摩天大厦、高速公路等，以为中国就不如外国，社会主义就不如资本主义，马克思主义就不灵了。我们对于这些人要进行教育，对其中做意识形态工作的同志，经过教育不改的，要调动他们的工作。他说："中国现在还很穷，但我们是社会主义国家，我们的根本制度比资本主义优越得多……资本主义必然要被共产主义所代替，这是无可改变的法则。"④

1985年，他在党的全国代表会议的大会发言中强调："我们是共产党，共产党是搞社会主义的。现在进行的社会主义经济体制改革，是社会主义制度的自我完善和发展。"⑤ "现在有些人，包括一些共产党员，忘记了社会主义和共产主义的理想，丢掉了为人民服务的宗旨。"因此，"应当把共产主义思想的教育、四项基本原则的宣传，作为思想政治工作的中心内容。这种宣传教育不能有丝毫减弱，还要大大加强"。⑥

---

① 中共中央文献研究室编：《习近平关于全面深化改革论述摘编》，中央文献出版社2014年版，第14页。
② 中共中央文献研究室编：《习近平关于全面深化改革论述摘编》，中央文献出版社2014年版，第15页。
③ 中共中央文献研究室编：《习近平关于全面深化改革论述摘编》，中央文献出版社2014年版，第19页。
④ 《陈云文选》第三卷，人民出版社1995年版，第332—333页。
⑤ 《陈云文选》第三卷，人民出版社1995年版，第350页。
⑥ 《陈云文选》第三卷，人民出版社1995年版，第352页。

在随后召开的中纪委第六次全体会议上,他再次指出:"对外开放,不可避免地会有资本主义腐朽思想和作风的侵入。这对我们社会主义事业,是直接的危害。如果我们各级党委,我们的党员特别是老干部,对此有清醒的认识,高度的警惕,有针对性地进行以共产主义思想为核心的教育,那么资本主义思想的侵入并不可怕。我们相信,马克思主义、共产主义的真理,一定会战胜资本主义腐朽思想和作风的侵蚀。"①

改革开放初期有一种议论,说共产主义遥遥无期,今后只讲社会主义就行了,不必再讲共产主义,甚至提出共产党的名字也应当改。陈云听到后明确表示:"这个观点是不对的,应当说,共产主义遥遥有期,社会主义就是共产主义的第一阶段。"在纪念陈云同志诞辰 110 周年座谈会上,习近平总书记引用了他的这句话,并指出:"我们纪念陈云同志,就要学习他坚守信仰的精神。"②

二是强调在改革开放中要始终加强党风建设,严格党的纪律,惩治以权谋私,打击经济犯罪

党的十一届三中全会刚刚闭幕,陈云就作出了"执政党的党风问题是有关党的生死存亡的问题"的著名论断,强调:"党风问题必须抓紧搞,永远搞。"③ 过了几年,随着改革开放的深入,他再次指出:"抓党风的好转,仍是全党的一件大事。这些年来,中央抓了党风问题。但是,要实现党风的根本好转,任务还非常重。现在确有少数党员、党员干部,特别是个别老党员、老干部,不能坚持党性原则,遇到歪风,跟着干。"④ 他认为,"一切向钱看"是对党风和社会风气起严重腐蚀作用的资本主义思想。他说:"我们搞社会主义,一定要抵制和清除这些丑恶的思想和行为,要动员和组织全党和社会的力量,以除恶务尽的精神,同这种现象进行坚决的斗争。"⑤ 他"希望所有党的高级领导人员,在教育好子女的问题上,给全

---

① 《陈云文选》第三卷,人民出版社 1995 年版,第 355 页。
② 习近平:《在纪念陈云同志诞辰 110 周年座谈会上的讲话(2015 年 6 月 12 日)》,载《人民日报》2015 年 6 月 13 日,第 2 版。
③ 《陈云文选》第三卷,人民出版社 1995 年版,第 273 页。
④ 《陈云文选》第三卷,人民出版社 1995 年版,第 351 页。
⑤ 《陈云文选》第三卷,人民出版社 1995 年版,第 356 页。

党带好头。决不允许他们依仗亲属关系，谋私谋利，成为特殊人物"①。他要求对于败坏党风、社会风气的歪风邪气，凡是熟视无睹、听之任之的，"除了追究那些为非作歹的个人外，还要追究那个单位、那个地区的党委的责任，包括纪委的责任"②。

改革开放初期曾经刮起一股歪风，指责党的纪律束缚了干部的手脚，不利于改革开放。陈云听说后，在一份报告上批示："党性原则和党的纪律不存在'松绑'的问题。没有好的党风，改革是搞不好的。共产党不论在地下工作时期或执政时期，任何时候都必须坚持党的纪律。"③

对于一些党员干部钻改革空子、以权谋私的行为，陈云更是深恶痛绝。他说："对于利用职权谋私利的人，如果不给以严厉的打击，对这股歪风不加制止或制止不力，就会败坏党的风气，使党丧失民心。"1982年初，他看到中纪委信访简报，反映南方沿海省份不法之徒内外勾结，大搞走私活动，涉及不少党员干部，群众意见很大，当即批转中央政治局常委，指出："对严重的经济犯罪分子，我主张要严办几个，判刑几个，以至杀几个罪大恶极的，并且登报，否则党风无法整顿。"邓小平看后加了八个大字："雷厉风行，抓住不放。"④

针对1985年少数党员、党员干部，特别是个别老党员、老干部不能与社会上的歪风作斗争，相反遇到歪风跟着干的现象，陈云又指出："一说对外开放，对内搞活，有些党政军机关、党政军干部和干部子女，就蜂拥经商。仅据十几个省市的调查，从去年第四季度以来一下子就办起了两万多个这样那样的公司。其中相当一部分，同一些违法分子、不法外商互相勾结，互相利用。钻改革的空子，买空卖空，倒买倒卖，行贿受贿，走私贩私，弄虚作假，敲诈勒索，逃避关税，制造和销售假药、假酒，谋财害命。"他指示各级纪委："无论是谁违反党纪、政纪，都要坚决按党纪、政纪处理；违反法律的，要建议依法处理。各级纪委必须按此原则办事，否

---

① 《陈云文选》第三卷，人民出版社1995年版，第352页。
② 《陈云文选》第三卷，人民出版社1995年版，第356页。
③ 《陈云文选》第三卷，人民出版社1995年版，第275页。
④ 《陈云文选》第三卷，人民出版社1995年版，第273—274页。

则就是失职。"①

三是强调改革绝不能以损害民生为代价

陈云历来主张:"搞经济建设的最后目的,是为了改善人民的生活。"②无论对基本建设还是经济改革,陈云都有一条底线,就是不要破坏物价水平的总体稳定,不要损害民生,不要引发社会动荡。1980年,由于用增发票子的办法大搞基本建设,致使通货膨胀,许多商品涨价,严重影响人民生活。陈云指出:"这种涨价的形势如果不加制止,人民是很不满意的。"③

对于价格改革,陈云同样坚持这条原则。他认为,减少各种不合理的补贴,使价格尽可能反映价值是对的;但制定价格改革方案时一定要想到低收入群众的承受能力和弱势产业的发展,权衡经济与政治、社会等各方面的利弊得失。1981年,他在中央政治局扩大会议讨论五届全国人大四次会议政府工作报告稿时发言,建议把其中讲"物价与价值要一致"的话删去。他说这个话写上去,会引起调高价格的猜测,弄得人心不安。价格与价值应当符合,但是现在有相当大的一部分不能不背离。如果马克思活到现在,"他也会赞成保持一种合理补贴的社会主义,即小的方面不合理,大的方面仍然是合理的"④。

1988年,党中央酝酿更大幅度的价格和工资改革,总体思路是在五年时间里,每年价格上涨10%,人均收入增加11%—14%,以期初步理顺价格关系。陈云对此明确表示不赞成,他对中央有关领导同志说:"物价上涨后不拿工资的农民怎么办。"⑤ "理顺价格在你们有生之年理不顺,财政补贴取消不了。"⑥ 当时的中央主要负责人听不进去这个话,坚持认为"物价这一关非过不可"。中央政治局会议原则通过的改革方案一经公布,果然引起居民恐慌,出现多年少见的全国性抢购商品和提款风潮,物价指数猛

---

① 《陈云文选》第三卷,人民出版社1995年版,第355、356页。
② 《陈云文选》第三卷,人民出版社1995年版,第280页。
③ 《陈云文选》第三卷,人民出版社1995年版,第277页。
④ 《陈云文集》第三卷,中央文献出版社2005年版,第496页。
⑤ 中共中央文献研究室编,金冲及、陈群主编,曹应旺副主编:《陈云传》(下),中央文献出版社2005年版,第1791页。
⑥ 中共中央文献研究室编,金冲及、陈群主编,曹应旺副主编:《陈云传》(下),中央文献出版社2005年版,第1792页。

涨20%多，迫使国务院发出紧急通知进行解释，表示银行将开办保值储蓄。然而这一切都晚了，事情已经闹大。是年底和翌年初，极少数人利用党和政府工作中的失误和人民群众对物价上涨的焦虑和担忧，以及对一些党员干部中存在腐败现象的不满情绪，煽动反对中国共产党和社会主义制度，直至引出1989年春夏之交的动乱。动乱被平息后，陈云在同中央政治局常委姚依林的谈话中说："动乱的一个重要原因是物价上涨，影响面大，不仅在城市，而且波及农村。"① 同刚刚担任党中央总书记的江泽民谈话中，他再次指出："国家财政补贴取消不了。暗补、明补，都是补贴。在我国，还是低工资、高就业、加补贴的办法好。这是保持社会安定的一项基本国策。即使是发达的资本主义国家，对某些产品也是实行补贴的。当然，通过改善经营管理，提高经济效益，可以逐步减少一些不合理的补贴，例如某些企业的亏损补贴，但要从根本上取消补贴是不可能的。"②

习近平总书记在党的十八届三中全会上指出："全面深化改革必须以促进社会公平正义、增进人民福祉为出发点和落脚点。这是坚持我们党全心全意为人民服务根本宗旨的必然要求……如果不能给老百姓带来实实在在的利益，如果不能创造更加公平的社会环境，甚至导致更多不公平，改革就失去意义，也不可能持续。"党的十九大报告进一步指出："增进民生福祉是发展的根本目的。"要"让改革发展成果更多更公平惠及全体人民"。可见，陈云关于改革不能以牺牲民生为代价的思想，同样是经受住了实践反复检验的真理，同样应当坚持坚持再坚持。

从党的十一届三中全会至今的40年里，有的社会主义大国解体了，有的发展中大国战乱了，但中国无论作为社会主义大国还是发展中大国，始终岿然屹立在世界东方，不仅经济飞速发展，国力不断增强，而且人民生活持续改善，社会大局总体稳定。其中原因固然在于实行了改革开放，但同时也是因为正确解决了改革开放核心、方法、方向等问题的结果。党的十八大以来，以习近平同志为核心的党中央贯通总结改革开放前后两个时

---

① 中共中央文献研究室编，金冲及、陈群主编，曹应旺副主编：《陈云传》（下），中央文献出版社2005年版，第1806页。
② 《陈云文选》第三卷，人民出版社1995年版，第376页。

期的历史经验,在改革开放的核心、方法、方向等问题上,提出了一系列更加成熟的方针和措施,从而校正了党和国家前进的航向。我们研讨陈云与改革开放的关系,就要更加深入地总结这方面的经验,为新时代中国特色社会主义事业提供更多更有实践意义和理论价值的智力支持。

(本文是作者2018年6月7日在福建龙岩举办的第十二届"陈云与当代中国"学术研讨会上的开幕词,原载《毛泽东邓小平理论研究》2018年第9期。收入本书时,作者略作修改)

陈云与改革开放后的意识形态斗争

陈云同志是伟大的无产阶级革命家、政治家，杰出的马克思主义者，也是以毛泽东同志为核心和以邓小平同志为核心的党的第一代、第二代中央领导集体的重要成员。从延安时代后期到新中国成立后很长时间，他一直领导党的经济工作，用他自己的话说，"是搞吃饭穿衣的"。但自改革开放后，他开始高度关注意识形态领域的斗争，并且发表了许多振聋发聩的具有预见性、战略性的重要意见，有些直到今天仍然对我们有着重要的启示意义。

一、要坚定共产主义的理想信念

我们党是干社会主义的，最终目标是实现共产主义，这在革命年代和改革开放前都是不成问题的。如果说那时有问题，主要是发生在性急上，一度想三步并作两步走，为此还付出过沉重代价，也接受了惨痛教训。然而，自改革开放后，党内有些人特别是有些领导干部，又从一个极端走到另一个极端，认为共产主义是乌托邦，根本实现不了；中国应当先补资本主义的课，不要再举社会主义的旗。我们的党风和社会风气之所以会出现那么多问题，与此有着很大关系。那时，陈云同志正兼任中纪委第一书记，他关注这个问题，首先还是从整顿党风这个角度出发，强调坚定共产主义理想信念对于共产党员的重要性。

改革开放初期,一些干部从国外考察回来,到处作报告,宣传发达资本主义国家如何先进,鼓吹我们不仅在技术上要学人家,而且在制度上也要学。在1983年党的十二届二中全会之前,陈云同志在起草发言稿时特别交代,要讲一下防止对外开放中消极后果的问题,最后还要写上"社会主义万岁,共产主义万岁"[1]这样的话。后来,他在大会发言中指出:"对外开放时,我们也讲了要充分注意对外开放中带来的消极东西。但现在看来,防止消极后果的工作还做得不够。""有些人看见外国的摩天大厦、高速公路等等,以为中国就不如外国,社会主义就不如资本主义,马克思主义就不灵了。对于这些人,我们要进行批评教育;对其中做意识形态工作的同志,经过教育不改的,要调动他们的工作。"发言中有些话是他审稿时亲笔加上去的,比如,"中国现在还很穷,但我们是社会主义国家,我们的根本制度比资本主义优越得多。在资本主义国家里有百万富翁,但他们的财富是剥削劳动人民得来的。资本主义必然要被共产主义所代替,这是无可改变的法则。现在世界上共产党领导的社会主义国家的存在,这就是社会主义、共产主义必然要代替资本主义的铁证"。在发言的最后,他提高嗓门对全体中央委员说:"我们可以充满信心,高呼:社会主义万岁!共产主义万岁!"[2]

针对个别同志提出"共产主义遥遥无期"的观点,陈云同志说:"这个观点是不对的,应当说,共产主义遥遥有期,社会主义就是共产主义的第一阶段嘛。"[3]"无期"和"有期"虽然只有一字之差,却鲜明地反映了两种截然相反的世界观和思想境界。针对有人要求我们党改名的主张,他说:"共产党的名字表明了她的奋斗目标,改名字怎么能行!延安时期就有人提过让共产党改名的建议,毛主席说:'什么名字好?国民党的名字最好!可惜人家已经用了。'"[4]为了抵制这类错误思想,陈云同志只要有机会就强调坚定共产主义理想信念的问题。1985年,中纪委召开全国端正党

---

[1] 朱佳木:《论陈云》,中央文献出版社2010年版,第6页。
[2] 《陈云文选》第三卷,人民出版社1995年版,第332—333页。
[3] 朱佳木:《论陈云》,中央文献出版社2010年版,第6页。
[4] 朱佳木:《论陈云》,中央文献出版社2010年版,第6页。

风工作经验交流会,他在书面讲话中再次指出:"要使全党同志明白,我们干的是社会主义事业,最终目的是实现共产主义。这一点,非常重要。"他还说,我们进行的经济建设"是社会主义的经济建设,经济体制改革也是社会主义的经济体制改革。任何一个共产党员,每时每刻都必须牢记,我们是搞社会主义的四个现代化,不是搞别的现代化;我们进行的事业,是社会主义事业"。①

对于共产党员要坚定共产主义理想信念,陈云同志不仅时常给大家敲警钟,而且主张要同违背共产主义理想的言行进行斗争。在党的十二大前审阅大会报告稿的过程中,他特意让秘书转告起草组,在报告里要加上提倡斗争精神的意思,要提倡坚持原则,提倡是就是是、非就是非的精神。只有我们党内首先形成是非分明的风气,整个社会风气才会跟着好转,才会使正气上升,邪气下降。后来,在中纪委另一次会议的讲话中,他更加明确地提出:"要同一切违反共产主义理想的错误言行,进行坚决斗争。"②

陈云同志不仅这样要求别人,而且自己率先垂范的。他在 1983 年党的十二届三中全会前从简报上看到,有些农村党员集训,除了伙食补贴以外,还要求发误工费,他认为这种做法很不合理。于是,他在大会发言中说:"解放前,同样在农村,支援战争,运送弹药、伤兵,非但没有误工补贴,而且常常因此而受伤或死亡。相比之下,现在这些误工补贴能算合理吗?拿误工补贴的共产党员应该想一想,这样做是不是合乎一个共产党员的标准?共产党员的标准是不惜牺牲自己的生命为共产主义而奋斗终身。"③他提出,一切集训、开会要钱的人不能成为共产党员,凡要求集训发误工费的党员应开除党籍。有的同志知道了他的意见,提出不同观点,认为职工党员开会不扣工资,为什么农民党员开会不可以拿误工费?了解到这个看法,陈云同志说,这个问题涉及两种分配制度,不能相提并论。

---

① 《陈云文选》第三卷,人民出版社 1995 年版,第 347 页。
② 《陈云文选》第三卷,人民出版社 1995 年版,第 348 页。
③ 《陈云文选》第三卷,人民出版社 1995 年版,第 332 页。

二、要加强宣传思想政治工作和精神文明建设

陈云同志提醒党内要注意宣传工作对社会稳定的作用，是讲得比较早的。1980年7月，波兰发生团结工会事件，陈云同志敏锐地察觉到宣传工作在其中所起的消极作用，及时提出要把宣传工作和经济工作都作为社会主义政权稳固的重要条件。他说："如果我们经济工作处理得不好，宣传工作处理得不好，有可能发生波兰事件。"① 后来，他又让人转告《人民日报》负责人说："经济工作搞不好，宣传工作搞不好，会翻船的。我讲的宣传工作，不只是讲报纸宣传工作，实际上包括党的整个政治工作。"②

报纸宣传要搞好，需要注意哪些问题呢？从已知的陈云同志当时的讲话中，起码可以看出以下两点：一是要防止在生活福利上讲一些暂时做不到的事，把群众的胃口吊起来却又兑现不了，从而引起群众不满，有些事情甚至可以只做不说。比如，他在1980年底的中央政治局常委和书记处书记的会上说："解决夫妻两地分居的问题，报上登得很厉害。你能够都解决吗？宣传要有人把关。可以做，但不要登报。好事要做，但要量力。有时做好事，不必讲话。"③ 在相隔一个月的中央工作会议上他又提出："有些好事，只能做，不登报。"④ 二是要坚持正确的舆论导向，多鼓劲，少泄气。比如，1981年初他用将近一个月的时间仔细阅读了《人民日报》刊发文艺、杂感类文章的副刊，发现其中20天里都有一些消极的东西，于是在一次谈话中指出："报纸杂志是党的宣传思想工作的重要媒体，应当特别注意坚持正确的舆论导向，多发表积极向上、催人奋进的文章。"⑤

如何看待毛泽东和毛泽东思想，是改革开放后意识形态领域中面临的

---

① 中共中央文献研究室编，朱佳木主编：《陈云年谱（修订本）》下卷，中央文献出版社2015年版，第299页。
② 《陈云文集》第三卷，中央文献出版社2005年版，第475页。
③ 《陈云文集》第三卷，中央文献出版社2005年版，第471页。
④ 《陈云文选》第三卷，人民出版社1995年版，第280页。
⑤ 中共中央文献研究室编，朱佳木主编：《陈云年谱（修订本）》下卷，中央文献出版社2015年版，第307页。

一个焦点问题,也是宣传思想政治工作亟需正确解决的紧迫问题。在党的十一届三中全会纠正了"两个凡是"的错误方针后,各领域的拨乱反正得以深入进行,特别是历史上的冤假错案陆续平反,使人们长期被束缚和压抑的思想获得极大解放,大大有利于集中精力投身社会主义现代化建设。但与此同时,"文化大革命"中积累的一些社会问题也凸显出来,社会上怀疑和否定党的领导、社会主义制度、无产阶级专政、毛泽东思想的错误思潮开始泛滥。对此,邓小平同志及时而鲜明地提出了四项基本原则,并在《关于建国以来党的若干历史问题的决议》(以下简称《历史决议》)起草过程中提出"确立毛泽东同志历史地位、坚持和发展毛泽东思想"的指导方针和对历史问题"宜粗不宜细"的起草原则。邓小平同志深刻指出,评价毛泽东是同我们党和国家的历史分不开的,丢掉毛泽东思想的旗帜就否定了我们党。对于邓小平同志的这些意见,陈云同志不仅完全赞成,而且建议在《历史决议》中增加回顾新中国成立以前28年历史的段落,以便更有力地说明毛泽东同志的功绩是第一位的、错误是第二位的。他对《历史决议》起草组负责人胡乔木同志说:"一定要在我们这一代还在的时候,把毛主席的功过敲定,一锤子敲定,一点一点讲清楚。这样,党的思想才会统一,人民的思想才会统一。如果我们不这样做,将来有可能出赫鲁晓夫,把毛主席真正打倒,不但会把毛主席否定,而且会把我们这些作含糊笼统决议的人加以否定。因此,必须对毛泽东的功过问题讲得很透彻。"[①]他还建议,在《历史决议》通过后,要组织全党和青年学生认真学习毛泽东和马恩列斯的经典著作,学习中国革命史和党的历史。

由于"文化大革命"中"四人帮"搞"假大空"的宣传,加上改革开放后以经济建设为中心,一些人错误地认为宣传和思想政治工作可有可无,甚至对宣传和思想政治工作部门冷嘲热讽,使这些部门的威信受到很大伤害,工作一度很难开展。陈云同志认为,"文化大革命"中的宣传和思想政治工作部门犯错误,是党一时犯错误的结果,不等于这个工作不重要,

---

① 中共中央文献研究室编,朱佳木主编:《陈云年谱(修订本)》下卷,中央文献出版社2015年版,第294—295页。

相反，能否在党的十一届三中全会路线下将这项工作做好至关重要。他在1985年党的全国代表大会上讲话指出："现在有些人，包括一些共产党员，忘记了社会主义和共产主义的理想，丢掉了为人民服务的宗旨。他们为了私利，'一切向钱看'，不顾国家和群众的利益，甚至违法乱纪。""这些问题的发生，同我们放松思想政治工作、削弱思想政治工作部门的作用和权威有关，应引为教训。"他强调："各级党组织都应把思想政治工作认真抓好，都要积极维护思想政治工作部门的权威。"①

有些人认为，只要抓好物质文明建设，精神文明自然会提高；还有人认为，现在先集中精力抓物质文明建设，等这个问题解决得差不多了，再回过头来抓精神文明也不晚。对于这些观点，陈云同志自始至终都是坚决反对的。他在1983年党的十二届三中全会前提到，他在全会上的发言要讲三个问题，其中一个就是"物质文明和精神文明要一起抓"。他说，对于竞争中出现的某些消极现象和违法行为必须重视，并进行必要的管理和教育，不使它们泛滥成灾，败坏我们的党风和社会风气。"我们是社会主义国家，我们既要有高度的物质文明，也要有高度的社会主义精神文明，这是我们永远要坚持的奋斗方向。"②他在1985年中纪委第六次全会的书面讲话中再次指出，必须在思想上纠正忽视精神文明建设的现象。"社会主义建设，包含物质文明建设和精神文明建设，两者是不能分离的。社会主义事业不可能是单纯的物质文明建设，又不可能是单纯的精神文明建设。社会主义事业也不可能先进行物质文明建设，然后再来进行精神文明建设。"他还说："在党内，忽视精神文明建设，忽视思想政治工作，就不可能有好的党风；在社会上，忽视精神文明建设，忽视共产主义思想教育，就不可能有好的社会风气。总之，忽视社会主义精神文明建设，我们的整个事业就可能偏离马克思主义，偏离社会主义道路。那种'人不为己、天诛地灭'的资本主义哲学，那种不顾国格人格的奴才思想，就是危害社会主义事业的因素。"他告诫大家，当时比较普遍存在的忽视精神文明建设的现

---

① 《陈云文选》第三卷，人民出版社1995年版，第352页。
② 《陈云文选》第三卷，人民出版社1995年版，第338—339页。

象"绝不是一个小问题,全党同志务必高度重视"。①

思想政治教育和精神文明建设究竟应当以什么为核心,要不要以共产主义教育为核心,对这个问题曾一度存在很大争论。其实,这个问题说到底在于共产主义理论是否科学,我们党还要不要以共产主义作为自己的奋斗目标。对此,陈云同志明确表示:"应当把共产主义思想的教育、四项基本原则的宣传,作为思想政治工作的中心内容。"② 他还说,在精神文明建设中也要有针对性地进行以共产主义思想为核心的教育。因为我们党在民主革命时期,尚且用共产主义思想教育党员和群众中的先进分子,现在进行社会主义经济建设和经济体制改革,"更加要有为共产主义事业献身的精神"③。他的这一论述实际上是在告诉人们,如果说共产主义的思想教育在民主革命时期尚且发挥了重要作用的话,那么到了社会主义时期总不会离共产主义更远吧。

三、要警惕帝国主义的和平演变阴谋

警惕帝国主义对社会主义国家和平演变的问题,是毛泽东同志最先提出的。不过,当帝国主义还在对中国实施全面封锁的状态下,要使这一战略在中国发生效力也是不大容易的。然而,自从中国打破了帝国主义封锁,尤其是实行对外开放政策后,他们认为时机已到,开始实行接触加遏制的两手政策,加紧对中国和平演变的步伐,而且把主攻方向选在思想文化领域。20世纪50年代美国中央情报局针对社会主义国家的所谓"十条戒令"流传很广,尽管有人怀疑它的真实性,但事实说明他们就是那么干的。比如,其中很重要的一条就是要尽一切可能利用电影、书籍、电视、无线电波等做好传播工作,以便把青年的注意力吸引到色情、性的滥交、享乐、游戏、宗教、犯罪上,破坏他们的传统价值观,毁灭他们的道德人心,使他们逐渐摆脱共产主义的"说教"。如果有人认为这个例子还不足以说明

---

① 《陈云文选》第三卷,人民出版社1995年版,第354、355页。
② 《陈云文选》第三卷,人民出版社1995年版,第352页。
③ 《陈云文选》第三卷,人民出版社1995年版,第353页。

问题，我们可以再看看美国政治家布热津斯基于20世纪90年代提出的所谓"奶嘴计划"。这个计划的大意是，为避免全世界80%的人对贫富悬殊产生不满和反抗情绪，尤其是为防止发展中国家的实力超过美国，就要像安抚婴儿一样，给那些国家的人民塞一个"奶嘴"，即用开放色情行业、鼓励网络游戏、大量报道明星和娱乐八卦、拍摄偶像剧和播放真人秀等发泄性娱乐和满足性游戏，刺激他们的感观，麻醉他们的神经，使他们沉溺于享乐和安逸中，丧失思考能力。接着，美国《时代》周刊的封面果然陆续出现了中国电影明星的大幅照片，中国年轻人中也果然兴起追星热和"韩流"等一个又一个热潮。对于这个现象，陈云同志也是注意比较早、看得比较重的。

在20世纪80年代初打击沿海走私活动时，陈云同志发现，从海外走私进来的东西中不仅有日用消费品，而且有不少淫秽色情的印刷品、录像带和录音带，其中有些已经和反党反社会主义的非法刊物一起流传到一部分群众特别是青少年手中了。陈云同志针对这个情况当即指出："黄色书刊、图片等要和非法刊物一样处理，要严查严办……对为首的和教唆犯要严惩。"1982年2月，他又告诉中宣部说："现在期刊和广告上用女人、美人的像太多。我们国家应该是宣传英雄主义的。要特别严格地掌握这个问题。"1983年9月，他在一份反映社会上淫书淫画流行问题的内部简报上批示："对社会上特别是学校中流行的诲淫性手抄本，必须干净、彻底、全部收缴。今后凡是制造者要处重刑，传抄的也要处罚。"[1] 1985年3月，他在同中纪委领导同志谈话时又指出："现在，有些小报上面讲的，无非是男女关系等乱七八糟的东西，它会腐蚀干部，腐蚀青年。这不只是党的问题，还关系到我国青年的志向问题。把青年的思想和兴趣引向这些乌七八糟的方面，也会亡党亡国的。"[2] 同年，在前面提到的中纪委第六次全会那个讲话中，当他强调要严重注意资本主义腐朽思想和作风渗入问题时，特意把"贩卖、放映淫秽下流录相，引诱妇女卖淫"同制造和销售假药、假酒谋

---

[1] 中共中央文献研究室编，朱佳木主编：《陈云年谱（修订本）》下卷，中央文献出版社2015年版，第323、334、387页。

[2] 《陈云文集》第三卷，中央文献出版社2005年版，第541页。

财害命等违法犯罪活动相提并论，把它们都作为必须抵制和清除的丑恶行为。①

对于中西文化交流中出现的不健康思想、作品、表演等现象，邓小平同志曾用"精神污染"一词加以概括，并把它们提到关系党和国家前途命运的高度看待。在1983年党的十二届二中全会上，邓小平同志就这个问题专门发表了关于思想战线不能搞精神污染的讲话，指出在对外文化交流中，有些人热心写阴暗的、灰色的以及胡编乱造、歪曲革命的历史和现实的东西，大肆鼓吹西方的所谓"现代派"思潮，公开宣扬文学艺术的最高目的是"表现自我""个别的作品还宣传色情"；有些人"对于西方各种哲学的、经济学的、社会政治和文学艺术的思潮，不分析、不鉴别、不批判，而是一窝蜂地盲目推崇……以至连一些在西方国家也认为低级庸俗或有害的书籍、电影、音乐、舞蹈以及录相、录音，这几年也输入不少"。他强调："不要以为有一点精神污染不算什么，值不得大惊小怪。有的现象可能短期内看不出多大坏处。但是如果我们不及时注意和采取坚定的措施加以制止，而任其自由泛滥，就会影响更多的人走上邪路，后果就可能非常严重。从长远来看，这个问题关系到我们的事业将由什么样的一代人来接班，关系到党和国家的命运和前途。"②

"八九"政治风波使帝国主义和平演变社会主义国家的问题以更加尖锐的形式提了出来，引起邓小平、陈云等老一辈革命家的反思。风波刚过，邓小平同志就指出："整个帝国主义西方世界企图使社会主义各国都放弃社会主义道路，最终纳入国际垄断资本的统治，纳入资本主义的轨道。"③1989年9月8日，陈云同志在同一位中央负责同志谈话中也鲜明提出："从历史事实看，帝国主义的侵略、渗透，过去主要是'武'的，后来'文'、'武'并用，现在'文'的（包括政治的、经济的和文化的）突出起来，特别是对社会主义国家搞所谓的'和平演变'。"他大声疾呼："那

---

① 《陈云文选》第三卷，人民出版社1995年版，第355—366页。
② 《邓小平文选》第三卷，人民出版社1993年版，第45页。
③ 《邓小平文选》第三卷，人民出版社1993年版，第311页。

种认为列宁的帝国主义论已经过时的观点,是完全错误的,非常有害的。"① 时隔八天,邓小平同志在接见外宾时进一步指出:"美国现在有一种提法:打一场无硝烟的世界大战。我们要警惕。资本主义是想最终战胜社会主义,过去拿武器,用原子弹、氢弹,遭到世界人民的反对,现在搞和平演变。"②

在"八九"政治风波中,赵紫阳同志的问题暴露了出来。邓小平同志说:"过去两个总书记都没有站住,并不是选的时候不合适。选的时候没有选错,但后来他们在根本问题上,就是在坚持四项基本原则的问题上犯了错误,栽了跟头。"③ 对于这个问题,陈云同志也发表了看法。他在审阅中央政治局常委关于赵紫阳同志所犯错误情况的报告稿上批示:"赵紫阳同志长期重用一批有严重资产阶级自由化思想的人。"④ 随后,他又在前面提到的那次同中央一位负责同志关于帝国主义论的谈话中说:"反对资产阶级自由化,应当包括政治、经济和文化等方面的内容。经济工作方面,赵紫阳在所谓'国家调控市场,市场引导企业'的口号下,中央下放的权力过多,削弱了国家调控经济的能力。"⑤

"八九"政治风波过后,陈云同志对意识形态问题愈发重视。1990年,当他看到几份有关利用宗教进行渗透,特别是披着宗教外衣从事反革命活动的材料后,立即批转时任中央总书记的江泽民同志,并在附信中指出:"利用宗教,同我们争夺群众尤其是青年,是国内外阶级敌人的一贯伎俩,也是某些共产党领导的国家丢失政权的一个惨痛教训。现在是中央应该切切实实抓一抓这件大事的时候了。"⑥ 后来发生的一系列事件清楚地表明,陈云同志当年的这个提醒的确是见微知著、未雨绸缪的。

---

① 《陈云文选》第三卷,人民出版社1995年版,第370页。
② 《邓小平文选》第三卷,人民出版社1993年版,第325—326页。
③ 《邓小平文选》第三卷,人民出版社1993年版,第324页。
④ 中共中央文献研究室编,金冲及、陈群主编,曹应旺副主编:《陈云传》(下),中央文献出版社2005年版,第937页。
⑤ 中共中央文献研究室编,朱佳木主编:《陈云年谱(修订本)》下卷,中央文献出版社2015年版,第482、486页。
⑥ 中共中央文献研究室编,朱佳木主编:《陈云年谱(修订本)》下卷,中央文献出版社2015年版,第490页。

四、要继承和发扬祖国优秀的传统文化

改革开放初期,在大量引进和介绍国外有益文化的同时,也出现了对中华民族优秀传统文化采取虚无主义态度的现象,以及教育界重理工轻文科等偏向。这种情况同样引起了陈云同志的注意,其中抓得比较早的一个问题是对古籍的抢救和整理。他早年在商务印书馆当学徒时就接触过中国古代典籍,一直为其中是文言文、没标点、看不懂而遗憾。新中国成立后,国务院曾设立了一个古籍整理出版规划小组,北京大学中文系也创建了培养古籍整理研究人才的古典文献专业,遗憾的是都在"文化大革命"中被迫关门,只是由于毛主席的过问,《二十四史》等古籍的校点工作才得以进行。粉碎"四人帮"后,陈云同志也开始思考古籍整理问题。恰在这时,教育部要调整文科专业设置,决定撤销北大这个全国唯一的古典文献专业,引起有关师生强烈不满,并把意见反映到陈云同志这里。于是,他经过反复斟酌,在1981年春天系统发表了一篇关于这个问题的谈话。

在这篇谈话中,陈云同志既讲了古籍整理的意义和方法,也对组织工作、依托单位、文献收存、人才培养、经费支持等问题提出明确意见。他指出:"整理古籍,把祖国宝贵的文化遗产继承下来,是一项关系到子孙后代的重要工作。"[1] 他说,我们的学校教育注意理工科较多,这虽是国民经济的需要,但学理工的人没有一点中国文化传统知识也不行,而且从小学开始就要读点古文。我国现存古籍一说8万多种,一说12万多种,但已整理出版的只有2000多种,还差得很远。整理古籍不能只作标点、注释、校勘、训诂,还要有今译,使多数能读报纸的人看得懂,这样才会有兴趣去读。他要求恢复国务院的古籍整理出版规划小组,并先制定为期30年的规划;对现有古籍的孤本、善本要加强保护、抢救、翻印,对散失海外的古籍要设法弄回或复制;对高校古典文献专业不但不能取消,还要扩大师生规模,成立研究所。他强调:"整理古籍是一件大事,得搞上百年,希望现

---

[1]《陈云文选》第三卷,人民出版社1995年版,第289页。

在就认真抓一下。"① 他的这篇谈话受到中央书记处的高度重视,将全文以《中共中央关于整理我国古籍的指示》的形式印发,并得到了认真贯彻落实,从而使大批濒危的文物古籍得以保存、整理,也使硕果仅存的研究队伍得以发展、壮大,为在改革开放条件下将中华民族优秀传统文化发扬光大发挥了积极作用。

除了关注古籍整理工作,陈云同志还十分重视评弹艺术的继承和发展。评弹是流行于我国苏浙一代的民间说唱艺术,听评弹是他自幼养成的爱好。20世纪五六十年代,他在养病期间重拾这一爱好,并在欣赏大量评弹录音和广泛接触评弹艺人、创作人员的过程中,就如何继承和发展这一古老艺术的问题发表了大量真知灼见,后来被集中编入《陈云同志关于评弹的谈话和通信》一书。他的这些意见大体可以概括为以下几条:第一,"文艺是意识形态的东西,要为经济基础服务,要为人民服务,为社会主义服务"②。第二,对传统书目要整理、保留、演出,"如果不整理,精华部分也就不会被广大听众特别是新一代接受"。"闭目不理有几百年历史的传统书,是一种历史虚无主义。只有既说新书,又努力保存传统书的优秀部分,才是百花齐放。"③ 第三,"对待现代题材的新书,要采取积极支持的态度"。"对老书,有七分好才鼓掌;对新书,有三分好就要鼓掌。"第四,评弹"应该是既严肃又活泼"。听众来听曲艺,"不是来上政治课。做报告也要讲几句笑话。思想教育的目的要通过艺术手段来达到"。④ 从这几条意见,我们可以看出,评弹对他来说既是艺术,也是意识形态,是具有意识形态属性的艺术。

改革开放后,陈云同志把听评弹和接触评弹界人士作为工作之余松弛思想的方法,同时也作为他了解文艺界情况、用党的文艺方针引导文艺工

---

① 《陈云文选》第三卷,人民出版社1995年版,第291页。
② 本书编辑小组编:《陈云同志关于评弹的谈话和通信》,中国曲艺出版社1983年版,第85页。
③ 本书编辑小组编:《陈云同志关于评弹的谈话和通信》,中国曲艺出版社1983年版,第2、101页。
④ 本书编辑小组编:《陈云同志关于评弹的谈话和通信》,中国曲艺出版社1983年版,第2、14、51页。

作者的一个途径。1981年，针对评弹界的状况，他提出"出人出书走正路"的响亮口号，对曲艺界乃至文艺界、学术界都产生了很大影响，成为当时思想文化领域的一个重要指导方针。1984年春节前夕，中央有关部门为做好节日新闻报道，要求中央主要领导都要参加一次公开活动。陈云同志提出，届时就在家里会见曲艺界人士的代表，并提前准备了一个用于新闻报道的谈话稿，对"出书出人走正路"作了进一步阐发。他说："出人，就是要热心积极培养年轻优秀的创作人员和演员，使他们尽快跟上甚至超过老的。出书，就是要一手整理传统的书目，一手编写反映新时代、新社会、新事物的书目，特别是要多写多编新书。走正路，就是要在书目和表演上，既讲娱乐性，又讲思想性，不搞低级趣味和歪门邪道……只要做到这几条，曲艺就一定能适应时代的需要、群众的需要，不断发展，日益繁荣。"在那次谈话中，他还针对当时文艺界某些人抵制邓小平同志关于"思想战线不能搞精神污染"讲话精神的问题指出："现在，有些同志对批评和自我批评很敏感，以为某某人一受批评就大事不好了。其实，批评也罢，自我批评也罢，都是我们党解决思想性质问题的行之有效的老方法。我们在文艺界也要提倡这个方法，使它形成风气，逐渐为人们所习惯。"[1]陈云同志正是通过这种方式，在党的思想文化战线与邓小平同志相互呼应，共同捍卫社会主义的意识形态阵地。

意识形态阵地从来是党的重要阵地之一。改革开放以来，我们党不仅在经受长期执政的考验，而且在经受市场经济和外部环境的考验；不仅要集中精力发展经济、增加物质财富，还要在境外敌对势力利用我们对外开放的机会加大渗透和西化、境内资产阶级自由化分子不断制造思想混乱的情况下，守住并扩大意识形态阵地。对比其他一些社会主义国家，应当说要做到这些是很不容易的，而我们党为什么做到了呢？原因固然有很多，其中有一个原因不能不看到，那就是我们党拥有像邓小平、陈云同志那样一批久经考验、经验丰富、深谋远虑的老一辈革命家。现在，这些老一辈革命家已相继去世，但以习近平同志为核心的党中央接过了他们的火炬，

---

[1]《陈云文集》第三卷，中央文献出版社2005年版，第531、532页。

正带领全党在坚持以经济建设为中心的同时，继续为巩固党的意识形态阵地而不懈奋斗。习近平总书记指出："当前，各种敌对势力一直企图在我国制造'颜色革命'，妄图颠覆中国共产党领导和我国社会主义制度。这是我国政权安全面临的现实危险。他们选中的一个突破口就是意识形态领域，企图把人们思想搞乱，然后浑水摸鱼、乱中取胜……历史和现实都警示我们，思想舆论阵地一旦被突破，其他防线就很难守得住。在意识形态领域斗争上，我们没有任何妥协、退让的余地，必须取得全胜。"[1] 我坚信，只要按照以习近平同志为核心的党中央的要求去做，敢于斗争，善于斗争，我们就一定能取得意识形态斗争的完全胜利，一定能最终实现社会主义现代化和中华民族伟大复兴。

（原载《马克思主义研究》2020年第6期。收入本书时，作者略作修改）

---

[1] 中共中央文献研究室编：《习近平关于社会主义文化建设论述摘编》，中央文献出版社2017年版，第37页。

陈云与经济特区

陈云同志在党的十一届三中全会上重新当选中央政治局委员、常委、党中央副主席,这是全党全国人民都知道的;在那之后,他和邓小平同志携手推进改革开放,这也是全党全国人民公认的。正如习近平总书记所指出的:"党的十一届三中全会后,陈云同志积极支持邓小平同志倡导的改革开放,支持和推动农村和城市改革,支持从沿海到内地不断扩大对外开放。"[1] 然而,一度有人以陈云同志强调特区要总结经验,要重视技术含量高的、能打到国际市场的"拳头产品",反对特区发行独立货币等为由,制造舆论说他反对兴办特区、反对改革开放。这是怎么回事呢?我们要把历史搞清楚、立准确,对此不能不查。

从公开文献上看,陈云同志最早提出经济特区要总结经验,是在1981年12月各省、市、自治区党委第一书记座谈会上。在那次会议的讲话中,他提出现在特区只能是深圳、珠海、汕头、厦门四个市的部分地区,不能增多,特别是像江苏那样的省不能搞特区;特区第一位的任务是认真总结经验。当时,国民经济调整时期还没结束,四个特区从筹办到试办也才两年多时间,而个别地方的领导又犯头脑发热的老毛病,不顾条件地提出在本省的一些地方甚至全省都可以办特区。陈云同志的上述讲话,正是在这个背景下、针对这种现象而说的。就是说,特区刚刚试办,其中有利方面有哪些、

---

[1] 习近平:《在纪念陈云同志诞辰110周年座谈会上的讲话(2015年6月12日)》,载《人民日报》2015年6月13日,第2版。

副作用有哪些,还不是很清楚,因而先不要急着办新的特区。从这篇讲话中还可以看到,陈云同志认为试办特区有两点需要注意:一是来料加工搞多了,要防止"把我们自己的产品挤掉了";二是"人民币与外币同时流通,对人民币不利,会打击人民币,因人民币'腿短',外币'腿长'"。可见,他提出"现在第一位的任务是认真总结经验"[1],起码包含这两方面内容。

1982年10月,广东省委、省政府向中央上报了《关于试办经济特区的初步总结》,陈云同志在中办秘书局送中央政治局常委的传阅件上批示:"特区要办,必须不断总结经验。力求使特区办好。"[2] 那时我已负责陈云同志办公室的工作,所以,时任总理的赵紫阳看到批示后即打来电话,要我问问陈云同志,不断总结经验究竟指什么。刚好,那天我把新华社关于"广东沿海走私活动重新抬头,省政府及时采取措施予以打击"的内部参阅材料送到陈云同志手上,他便批给了赵紫阳,并在上面写道:"要不断总结,因为走私分子会用各种办法进行活动。此件上说的不能'以罚代刑',很好。必须既有罚,又有刑。"[3] 随后,他又让我给赵紫阳回话,说他之所以强调不断总结经验,就是因为特区在试办过程中会不断遇到新情况新问题,只总结一次两次经验是不够的。

1984年春天,陈云同志按惯例在杭州休养。3月下旬,中央根据邓小平同志此前关于对外开放和特区工作的意见召开会议,决定开放大连、青岛等14个沿海城市,实行经济特区的某些政策。在会议纪要发出前,时任副总理的谷牧同志受邓小平同志委托,专程到杭州,向陈云同志汇报,听取陈云同志的意见。谷牧副总理到后把我叫去,说请陈云同志先看看会议纪要,然后他再去汇报。我把纪要送给陈云同志,他用半天时间,很细心地看了两遍,第二天便请谷牧副总理过去。陈云同志和他谈了两个小时,其中既有关于文件的内容,也有很多其他方面的内容。事后我考虑,谷牧副总理当时没有做记录,为使传达尽可能准确,还是有个文字材料比较好,

---

[1] 《陈云文选》第三卷,人民出版社1995年版,第307页。
[2] 《陈云文集》第三卷,中央文献出版社2005年版,第516页。
[3] 中共中央文献研究室编:《陈云年谱(1905—1995)》下卷,中央文献出版社2000年版,第308页。

于是起草了一个谈话纪要稿，经过陈云同志审阅后，当天送到谷牧副总理的住地。他见到后非常高兴，对我说，他正发愁回去怎么传达呢，有了这个东西就好办了。

陈云同志在谈话中，首先明确表示同意关于开放14个沿海城市的座谈会纪要，然后说，纪要中有两个问题他很注意，一是提出开放城市要有"拳头产品"，二是提出国外来料来样的加工产品要有"一定比例的内销"。他指出，现在经济特区还没有"拳头产品"，但深圳有新的管理办法，这也是"拳头"，这样管理发展得很快。据我理解，座谈会纪要和他所说的"拳头产品"，指的都是有自主知识产权、能占领国际市场或替代进口的先进工业产品和高科技产品。在谈话中，陈云同志还指出，对中外合资、合作企业来料来样加工的产品，国内市场不能不让出一些，否则对外资没有吸引力，问题是让多少，"一定比例"可大可小；对国内工业，"保护落后是不应该的，但自己必须发展而且正在发展的东西，不要被外面进口的挤掉了。发电机组，开始是几千千瓦，现在搞到三十万千瓦，像这样的东西就要保护"。① 为了说明这个道理，他还用了一句家乡的俚语说："癫痢头的儿子，还是自己的好。"他这段话的意思是，我们要吸引外资，当然要给国外产品让出一部分国内市场，但同时也要保留足够的市场份额，保护我们需要发展和正在发展的那些在国民经济中将起骨干作用的产品。这类产品的质量一开始可能不如国外，但不能因此就不给市场，如果那样，民族工业永远发展不起来。

在那次谈话中，陈云同志特别谈到了是否搞特区货币的问题，说对这个问题他考虑得比较多。那时，一些同志力主发行特区货币，陈云同志认为不妥。他指出，特区货币究竟是一个特区发，还是每个特区都发？"如果各个特区都发货币，实际上就是两种货币并存。而两种货币并存，人民币的'腿'会越来越短，特区货币的'腿'会越来越长。因为，'优币驱赶劣币'，这是货币的客观规律。"② 后来，他在中国银行两位工作人员就反

---

① 《陈云文集》第三卷，中央文献出版社2005年版，第536页。
② 中共中央文献研究室编：《陈云年谱（1905—1995）》下卷，中央文献出版社2000年版，第353页。"优币驱赶劣币"是由金银复本位制条件下"劣币驱赶良币"的表述演化而来的。

对发行特区货币写给中央领导的信上批示："特区货币发行权必须在中央。决不能让特区货币与人民币在全国范围内同时流通。如果不是这样做，就会出现国民党时期法币发行之前的状况。"① 再后来，他在听取谷牧副总理等关于特区货币问题的汇报时又讲："如果大家坚持要搞，我提出两条：一是发行权属于中央，二是封关以后只能在特区流通。"② 那时，特区货币已经印好，特区有关管理部门听到陈云同志的意见后，感到这件事不那么简单，所以搁置下来，没有发出。

那段时间，有人和海外一些舆论相呼应，说陈云同志"左"了、保守了，反对改革开放、反对办经济特区。他听到后一笑置之，对我说："好哇，能把我'一贯右倾'，'老右倾机会主义'的帽子摘掉，我很高兴呀！"他还以开玩笑的口气问我，他到底是右了还是"左"了。我回答说："你没有右，也没有'左'，还是站在原处没有动。变地方的是那些昨天说你右今天又说你'左'的人。他们过去站在你的'左'边，觉得你右了；现在又站到了你的右边，所以觉得你'左'了。"后来，针对国外有些人把中国共产党党内分成改革派、保守派的言论，邓小平同志明确表示反对，还说他是改革派不错，但如果要说坚持四项基本原则是保守派，他又是保守派。所以，比较正确地说，他是实事求是派。1992 年 6 月，李先念同志逝世，邓小平同志请陈云同志写一篇悼念文章。陈云同志在文章中特别提到，先念同志和他"虽然都没有到过特区，但我们一直很注意特区建设，认为特区要办，必须不断总结经验，力求使特区办好"。他强调指出："这几年，深圳特区经济已经初步从进口型转变成出口型，高层建筑拔地而起，发展确实很快。"③ 可见，陈云同志那些关于特区意见的实质，不是要不要改革开放、要不要兴办特区，而是如何使改革开放发展得更好，使特区能够行稳致远。

---

① 中共中央文献研究室编：《陈云年谱（1905—1995）》下卷，中央文献出版社 2000 年版，第 355 页。
② 中共中央文献研究室编：《陈云年谱（1905—1995）》下卷，中央文献出版社 2000 年版，第 408 页。
③ 《陈云文选》第三卷，人民出版社 1995 年版，第 379 页。

关于改革开放，邓小平同志说过："我们的方针是，胆子要大，步子要稳，走一步，看一步。"① 习近平总书记也说："推进改革胆子要大，但步子一定要稳。胆子大不是蛮干，蛮干一定会导致瞎折腾。"② 陈云同志曾长期主持全国财经工作，而且被公认为行家里手，就连毛泽东同志也说经济建设工作中间的许多问题还不懂得，别人比我懂，少奇同志、恩来同志、小平同志比我懂，"陈云同志，特别是他，懂得较多"③。因此，陈云同志在改革开放包括特区发展的问题上，在"稳"字上考虑得更多一些，是很自然也是很必要的。今天回过头看，我感到陈云同志在经济特区问题上讲的那几条，尤其是特区要重视不断总结经验、要注重自己的"拳头产品"、不要发行特区货币的意见，不仅被实践证明是完全正确的，而且对特区的平稳、健康、顺利发展起到了非常重要的作用，其中关于注重"拳头产品"的意见，更是被特区特别是深圳特区逐渐做到了。总部设在深圳的华为、大疆、比亚迪等公司，就是几个最为鲜活的例证。我们可以满怀信心地预言，只要在以习近平同志为核心的党中央领导下，继续沿着"胆子要大、步子要稳"的路子走下去，改革开放就一定会发展得越来越好，这样的"拳头产品"也一定会越来越多。

（原载《世界社会主义研究》2020 年第 4 期）

---

① 《邓小平文选》第三卷，人民出版社 1993 年版，第 113 页。
② 中共中央文献研究室编：《习近平关于全面深化改革论述摘编》，中央文献出版社 2014 年版，第 41 页。
③ 中共中央文献研究室编，逄先知、金冲及主编：《毛泽东传（1949—1976）》（下），中央文献出版社 2003 年版，第 1203 页。

略论陈云的历史贡献

一

一个人一生能对党和人民作出哪怕一个贡献，已经十分难能可贵，如果能作出多个贡献就更不容易了。而陈云在自己从事的几乎每一项工作中都有所建树，为党和人民作出了多方面贡献。这些贡献有物质层面的，也有精神层面的；有经济领域的，也有政治、党建乃至思想文化领域的。

1956年，毛泽东在推荐陈云担任党中央副主席时说："我看他这个人是个好人，他比较公道、能干，比较稳当，他看问题有眼光。……不要看他和平得很，但他看问题尖锐，能抓住要点。所以，我看陈云同志行。""他是工人阶级出身，不是说我们中央委员会里工人阶级成分少吗？我看不少，我们主席、副主席五个人里头就有一个。"[1]

1995年，陈云逝世，中共中央、全国人大常委会、国务院、全国政协、中央军委发布讣告，评价他是"伟大的无产阶级革命家、政治家，杰出的马克思主义者，是中国社会主义经济建设的开创者和奠基人之一，党和国家久经考验的卓越领导人"[2]。"在国内外享有崇高的威望，深得全党、

---

[1] 《毛泽东文集》第七卷，人民出版社1999年版，第112页。
[2] 《人民日报》1995年4月13日。

全军和全国各族人民的尊敬和爱戴。"①

1995年6月,时任中共中央总书记的江泽民在纪念陈云同志诞辰90周年座谈会上指出:"在陈云同志的身上,我们看到党的老一代领导人的精湛的马克思主义理论修养和生机蓬勃的创造精神,看到中国共产党人对中国社会发展规律的深刻理解和把握,看到无产阶级勇往直前的革命精神和严格求实的科学态度的有机统一。""他对党、对人民的贡献是巨大的、多方面的。"②

2005年,时任中共中央总书记的胡锦涛在纪念陈云同志诞辰100周年座谈会上指出:"他长期领导全国财政经济工作的成功实践和取得的显著成就,给人们留下了难忘的印象。在经济建设的一些重大问题上,特别是在困难关头,人们总是希望听到陈云同志的意见,他也总是能够不负众望,洞悉全局,抓住要害,及时拿出解决问题的有效办法。"③

2015年,习近平总书记在纪念陈云同志诞辰110周年座谈会上指出:"在20世纪中国苦难而辉煌的历史进程中,涌现出一大批用特殊材料制成的优秀共产党人。陈云同志身上表现出来的坚定理想信念、坚强党性原则、求真务实作风、朴素公仆情怀、勤奋学习精神,永远值得我们学习。"④

在陈云身上有一些看似矛盾的地方,解析这些矛盾,恰恰有助于人们找到他所以能为党和人民作出多方面贡献的答案。

陈云在填写个人履历时,学历一栏永远填"高小毕业",即使后来有人提议改为"相当大学",他也坚持不改。然而,无论在领导能力还是在理论乃至文字上,他的水平都是有目共睹、被人们广为称道的。这个矛盾恰好说明,他是一个十分务实、低调的人,也是一个勤于自学、思考、动笔的人。

陈云出身贫苦,自幼营养不良、身体较弱,然而却活到90岁,堪称长寿。这个矛盾恰好说明,他是一个意志极为坚定的人,毅力和自控能力超

---

① 《江泽民同志的讲话——在〈陈云文选〉(1—3卷)、〈陈云〉画册出版发行暨纪念陈云同志诞辰九十周年座谈会上》,载《人民日报》1995年6月14日,第1版。
② 《江泽民同志的讲话——在〈陈云文选〉(1—3卷)、〈陈云〉画册出版发行暨纪念陈云同志诞辰九十周年座谈会上》,载《人民日报》1995年6月14日,第1版。
③ 胡锦涛:《在陈云同志诞辰100周年纪念大会上的讲话(2005年6月13日)》,载《人民日报》2005年6月14日,第1—2版。
④ 习近平:《在纪念陈云同志诞辰110周年座谈会上的讲话(2015年6月12日)》,载《人民日报》2015年6月13日,第2版。

乎寻常。

陈云参加革命的时间比建党初期的领导人要晚一些，而且，在党的八届十中全会到十一届三中全会前的16年里还一直遭受政治冷遇。然而，他在党中央领导岗位的时间，前后加起来却有近半个世纪，跨越了革命、建设、改革各个历史时期，既是以毛泽东同志为核心的党的第一代中央领导集体重要成员，也是以邓小平同志为核心的党的第二代中央领导集体重要成员。这个矛盾固然与他的长寿有关，但更主要的原因还在于他有无比忠诚、百折不挠的精神和不计名利、能上能下的高风亮节。

二

历史的关键时刻往往是历史的闪亮点，也是历史人物在政治上展示自己作为的舞台。陈云能成为我们党和国家的重要领导人，就是因为每当革命处在关键时刻，他总能作出恰当反应，出色完成历史赋予他的责任。

1931年4月，中央特科负责人顾顺章叛变，把党中央一下子置于极端危险之中。党的地下工作者截获情报后，由于一时与中央特科联系不上，便找到时任江苏省委书记的陈云。陈云迅速报告了中央，并协助周恩来召集紧急会议，采取应变措施，连夜转移中央机关、销毁秘密文件，使敌人扑了空。由于他在行动中显示出非凡的机智和才华，中央决定由他担任整顿后的特科书记。在他领导下，特科改变了工作方法，为保卫中央、消灭叛徒、沟通组织、筹集经费，发挥出显著作用。

中央红军在长征出发时的中央政治局常委中有博古、周恩来、张闻天和陈云四人。由于广大干部对中央主要负责人在军事指挥上的错误越来越不满，高级干部普遍要求召开一次能从组织上解决问题的政治局会议。周恩来在进入遵义城后，就即将召开的中央会议性质问题征求张闻天和陈云的意见，陈云明确表示赞成张闻天应该召开政治局会议的主张。会上，陈云和多数同志一起，支持毛泽东的意见，不同意博古的报告。会后，他又和张闻天一起到部队传达会议精神，并为此写出了具有重要历史价值的《遵义会议传达提纲》。后来，他受中央派遣回上海恢复白区组织，并根据中共驻共产国际代表团指示前往苏联。在那里,他以亲历者身份,向共产国际翔实系统地汇报了长征和遵义会议情况,对苏共领导在此后的中共党内斗争中支持毛泽东,产生了重要影响。

抗战胜利后,陈云被中央任命为东北局委员和北满分局书记,执行"控制东北"的战略任务。他从苏联与国民党政府签有把东北铁路沿线大城市移交后者的协议,以及我们党在东北没有根据地、缺少群众基础的实际情况出发,向中央提出北满工作应以广大乡村和中小城市为中心和迅速派部队前来、分散到铁路支线发动群众的建议,得到中央的同意,为后来制定"放手发动群众、建立巩固的东北根据地"的战略方针提供了重要支撑。在国民党采取"南攻北守、先南后北"的作战方针,集中兵力进攻我南满根据地的危机时刻,他又主动请缨,以南满分局书记和辽东军区政委的身份,成功领导了坚持南满的斗争,并因此扭转了东北战场上敌攻我守的态势,为辽沈决战创造了有利条件。

在"四人帮"被粉碎,但"两个凡是"方针却严重阻碍党和国家继续前进的紧要时刻,陈云不顾当时中央主要负责人就不要触及"天安门事件"和邓小平出来工作等敏感问题打的所谓"招呼",在1977年3月中央工作会议上毅然提出这两个问题。他当时虽然只被保留中央委员的职务,但由于发言道出了广大干部群众的心声,加上他在党内的资格和威望,因此影响很大,当时的中央主要负责人不得不表态,"适当时机让邓小平同志出来工作"①。此后,邓小平恢复了工作,然而"两个凡是"方针仍在推行。于是,陈云在党的十一届三中全会前的中央工作会议上,又率先提出解决一系列历史遗留问题的意见,引起与会者广泛而热烈的响应,由此扭转了会议方向,并迫使当时的中央主要负责人就"两个凡是"问题作了自我批评。在邓小平的领导和其他老一辈革命家的支持下,党的十一届三中全会结束了粉碎"四人帮"之后两年徘徊前进的局面,实现了新中国成立以来党的历史的伟大转折,开启了改革开放的历史新时期。

---

① 中共中央党史研究室:《中国共产党历史》第二卷(1949—1978)下册,中共党史出版社2011年版,第992页。

1989年春夏之交，北京发生了一场有计划有组织的反党反社会主义的政治风波，邓小平和中央政治局多数同志旗帜鲜明地表示反对，而时任中共中央总书记的赵紫阳却表示支持。面对中央发出两种声音的局面，当时担任中央顾问委员会主任的陈云从休养地返回北京，召集中顾委常委会，明确提出"现在是关键时刻""要坚决拥护以邓小平同志为核心的中国共产党"[1]。这一表态，对于广大干部群众在中央发出两种声音、党和国家面临生死存亡的关头作出正确选择，发挥了别人难以替代的重要作用。

三

人们对陈云的印象一般聚焦在经济方面，他自己也说财经工作是他的"本行"，他是搞"吃饭穿衣"的。但他在从事经济工作前后，实际上有过很长时间从事党的组织、干部和纪律检查工作。从1937年起，他担任了七年中央书记处书记兼中央组织部部长，后来又从1978年起担任了九年中央政治局常委兼中央纪委第一书记，加在一起长达16年之久。他对党的建设所做的贡献，主要体现在这些年的工作上。

党中央到延安前，一直处于地下和流动的状态，没有也难以有全国统一的组织和干部工作。到延安后，中央和各抗日根据地以及国统区的地下组织之间，逐渐建立了稳定的经常性的联系，中央组织部这才有了开展对干部政策的制定、对干部工作的指导和统一调配重要干部的条件。而那个时期，正是陈云担任中组部部长、负责全国党建的时期。据老同志说，中组部工作制度和作风的基础，基本上就是那个时期打下的。

陈云在中组部除了亲自抓有关制度、政策、规章、纪律的制定，干部的审查甄别，违纪党员的处分等项工作外，还先后发表了一系列讲话、报告、文章，论述做一名党员和干部的条件，以及党的组织建设和干部政策。他接手中组部时，全国党员只有4万人，而当他离任时已发展到50万人。那一期间，国统区地下组织也没再遭受过大的破坏。这些成绩，与他的工

---

[1] 《陈云文选》第三卷，人民出版社1995年版，第368页。

作无疑是分不开的。

党的十一届三中全会后,干部队伍面临青黄不接的严重局面。那时,陈云虽然不分管干部工作,但他作为中央决策层的一员,感到这个问题关系党的前途命运,是当务之急,必须尽快解决。他提出,对拥护三中全会路线的年轻干部不能只是几十个几百个地选拔任用,而要放开手脚,成千上万地提拔培养;同时,对于"文化大革命"中的"三种人",不能采取"俱往矣"的态度,而应记录在案,一个也不能提拔,已经提拔的必须从领导班子中清除。在他的反复呼吁下,这个意见终于被中央所接受。后来,他又提出干部队伍"四化"的方针和在各级领导班子中建立"第三梯队"、解决知识分子入党难问题、改善中青年知识分子工作条件和生活条件等建议,也被中央逐一采纳。所有这些,对我们党顺利实现干部队伍新老交替,保证国家各项事业持续健康发展,都发挥了至关重要的作用。

在陈云领导中央纪委时,正是我们党既面对党的民主集中制被"文化大革命"严重破坏、亟需恢复,又面对经济体制改革和对外开放给党的队伍带来新考验、亟需整顿的时期。针对这种复杂局面,陈云把整顿党风提高到党的建设前所未有的高度,鲜明指出:中央纪委的基本任务"就是要维护党规党法,整顿党风";[1] "执政党的党风问题是有关党的生死存亡的问题";[2] "党性原则和党的纪律不存在'松绑'的问题。"[3] 针对一些干部放松对子女要求的现象,他提出党的高级干部要"在教育好子女的问题上,给全党带好头。决不允许他们依仗亲属关系,谋权谋利,成为特殊人物"[4]。针对当时中央要求北京党政军机关在实现党风和社会风气根本好转中做表率,提出"做表率首先从中央政治局、书记处和国务院的各位同志做起"[5]。针对改革开放初期南方沿海一带一些党员领导干部充当走私活动"保护伞"、使走私贩私成风的现象,他主张必须严厉打击,并得到邓小平

---

[1] 《陈云文选》第三卷,人民出版社1995年版,第240页。
[2] 《陈云文选》第三卷,人民出版社1995年版,第273页。
[3] 《陈云文选》第三卷,人民出版社1995年版,第275页。
[4] 《陈云文选》第三卷,人民出版社1995年版,第352页。
[5] 《陈云文集》第三卷,中央文献出版社2005年版,第543页。

的支持,由此掀起一场打击经济领域严重犯罪活动的斗争,遏制了这股歪风,保证了改革开放的健康发展。

四

陈云从15岁起就在上海商务印书馆当学徒、站柜台、打算盘,在从事党的秘密工作后,又不时和钱庄、票号、银行打交道。这些经历使陈云对中国资本主义经济有了比较多的了解,为他后来领导经济工作做了一定铺垫。

陈云领导经济工作大体有以下几个阶段。第一,延安时代后期领导西北财经办事处;第二,解放战争时期领导东北财经委员会;第三,从新中国成立前夕到1954年领导中财委;第四,从1954年至1958年以国务院副总理和中央财经工作五人小组组长身份领导全国经济工作;第五,在1962年担任中央财经小组组长,主持国民经济调整;第六,1979年至1980年以国务院财经委员会主任身份,领导第二次国民经济调整。陈云对经济工作的贡献,主要就体现在以上几个阶段的工作中,特别是他在党中央领导下做的几件大事,如新中国初期统一经济、稳定物价,"一五"计划的制定和实施,统购统销政策的提出和贯彻执行,对资本主义工商业的改造,对国民经济的两次调整,等等。一些老同志说:实践证明,陈云在领导经济工作中,大错没犯过,小错也不多;凡是按照他的意见办,建设事业的发展就顺利,反之,就遭受损失,甚至停滞倒退。

陈云不同于只负责经济决策而不具体组织实施的领导人,也不同于专门从事经济理论研究而不具体做经济工作的经济学家。他一方面要面对经济生活中不断出现的新问题,弄清实际情况,提出相应对策,并在得到中央批准后组织各有关部门实施;另一方面他善于运用唯物辩证法和历史唯物论的理论,分析解决问题,注重在经济工作实践中随时总结经验,并把经验上升到理论高度,因而形成了既属于毛泽东思想、邓小平理论的组成部分,又带有自己特色的经济思想。

陈云经济思想的内容十分丰富,概括起来,我认为主要是两句话八个字:稳中求进,活而不乱。

在陈云看来，搞建设必须建立在"稳"字的基础之上，只有"稳"，才有可能"进"。稳还是不稳，主要看物价，看民生，看人民生活必需品的供应。而要"稳"，必须做到财政收支、银行信贷、物资供求、外贸进出口，以及基建与民生、基建与生产等重大关系的综合平衡；使工业与农业、重工业与轻工业、重工业内部各门类，以及工业与交通运输业、经济建设与技术人才培养等重大关系按比例发展。他认为，在资金、物资、人才都短缺的情况下，综合平衡只能是紧张的平衡，但再紧张也绝不能弄到平衡破裂的程度。他说："所谓综合平衡，就是按比例；按比例，就平衡了。"① 因此，综合平衡要从制订计划时做起，而且要按短线（即今天说的短板）来平衡。这样，"表面上看来像慢，但实际上是快"②。因为"按比例发展是最快的速度"③，是"不再折腾的条件下"④ 的发展速度。"搞建设，真正脚踏实地、按部就班地搞下去就快，急于求成反而慢。"⑤

陈云在经济建设上主张稳中求进，对体制改革同样主张稳中求进。他说："体制改革涉及范围相当广，广大干部还不很熟悉，在进行中还会出现一些现在难以预见的问题。因此，必须边实践，边探索，边总结经验。……既要积极，又要稳妥。只要这样做了，这次改革就一定能够成功。"⑥

陈云强调"稳"，与他的思想方法有关，与他的工作担子也有关。他主持全国经济工作，必须对全国人民负责。毛泽东在建设速度、农业恢复方法等问题上和陈云的看法有过分歧，但他认为陈云对经济有研究，提出的意见比较有把握。"大跃进"中党的八届七中全会上，毛泽东称赞陈云坚持对粮、棉、钢、煤四大指标的意见，认为"正确的就是陈云一个人"⑦。会后，他委托陈云落实1959年钢铁指标。庐山会议前夕，他在个别谈话中又表示：陈云同志提过先安排好市场再安排基建，有同志不赞成。

---

① 《陈云文选》第三卷，人民出版社1995年版，第211页。
② 《陈云文选》第三卷，人民出版社1995年版，第268页。
③ 《陈云文选》第三卷，人民出版社1995年版，第251页。
④ 《陈云文选》第三卷，人民出版社1995年版，第268页。
⑤ 《陈云文选》第三卷，人民出版社1995年版，第311页。
⑥ 《陈云文选》第三卷，人民出版社1995年版，第338页。
⑦ 中共中央文献研究室编，逄先知、金冲及主编：《毛泽东传（1949—1976）》（下），中央文献出版社2003年版，第940页。

"现在看来,陈云同志的意见是对的。"① 他还说:"国乱思良将,家贫思贤妻。陈云同志对经济工作是比较有研究的,让陈云同志来主管计划工作、财经工作比较好。"② 在"七千人大会"上,当他讲到别的中央领导比他懂工业、商业时,着重说道:"陈云同志,特别是他,懂得较多。"③

陈云在经济工作上的另一个主张是,要把经济搞活,不能搞死;同时,又要注意中国人口多、耕地少、底子薄的国情,不能把经济搞乱。他曾用鸟和笼子作为比喻,形象地阐述了这个思想。他说:"鸟不能捏在手里,捏在手里会死,要让它飞,但只能让它在笼子里飞。没有笼子,它就飞跑了。如果说鸟是搞活经济的话,那末,笼子就是国家计划。当然,'笼子'大小要适当,该多大就多大。"可以跨省跨地区,还可以跨国跨洲,"但无论如何,总得有个'笼子'"。④ 他的这一比喻,生动而深刻地道出了宏观控制与市场经济关系的真谛,引起中外经济学界的广泛兴趣。

正是从上述思想出发,陈云在资本主义工商业改造刚刚完成、计划经济体制建立不久的1956年,就提出过一个体制改革的设想,即在所有制上,以国家和集体为主体,以个体为补充;在生产计划上,以国家计划生产为主体,以根据市场变化进行自由生产为补充;在市场管理上,以国家统一市场为主体,以自由市场为补充。这个"三为主三为补"的设想,当年由于种种原因未能实行,却成为改革开放初期的指导方针,对"突破高度集中的计划经济体制的改革,产生过广泛而深入的影响"⑤。1979年初,他对这一思想作了进一步丰富和发展,他指出,无论苏联还是中国的计划工作,主要缺点是"只有'有计划按比例'这一条,没有在社会主义制度下还必须有市场调节这一条"⑥。他主张:"整个社会主义时期必须有两种经

---

① 中共中央文献研究室编,逄先知、金冲及主编:《毛泽东传(1949—1976)》(下),中央文献出版社2003年版,第963页。
② 中共中央文献研究室编,金冲及、陈群主编,曹应旺副主编:《陈云传》(下),中央文献出版社2005年版,第1176页。
③ 中共中央文献研究室编,逄先知、金冲及主编:《毛泽东传(1949—1976)》(下),中央文献出版社2003年版,第1203页。
④ 《陈云文选》第三卷,人民出版社1995年版,第320页。
⑤ 《江泽民同志的讲话——在〈陈云文选〉(1—3卷)、〈陈云〉画册出版发行暨纪念陈云同志诞辰九十周年座谈会上》,载《人民日报》1995年6月14日,第1版。
⑥ 《陈云文选》第三卷,人民出版社1995年版,第245页。

济：(1) 计划经济部分（有计划按比例的部分）；(2) 市场调节部分（即不作计划，只根据市场供求的变化进行生产，即带有盲目性调节的部分）。"① 他还提出在经济体制改革中："不一定计划经济部分愈增加，市场经济部分所占绝对数额就愈缩小，可能是都相应地增加。"②

随着经济的发展和改革的深入，我国计划经济体制早已转变为社会主义市场经济体制。但是，如果把计划理解为主要是指导性计划，把宏观控制理解为政府作用，那么，陈云关于计划与市场关系的思想，就仍然没有失去现实意义。例如，他提出在价格改革上不能完全取消财政补贴，工资与物价上涨挂钩要考虑到农民利益；企业承包要保证设备完好、生产安全，防止掠夺式地使用资源；在基本建设中，必须把处理污染问题放在设计的首要位置，真正做到"防害于先"；③ 特区不能发行单独的货币，要防止把金融搞乱；引进外资要考虑还款能力，引进设备的同时要买技术，买专利；搞来料来样加工，要注意保护"自己必须发展而且正在发展的东西，不要被外面进口的挤掉了"；④ "对外开放不一定都是人家到我们这里来，我们也可以到人家那里去。"⑤ 这些意见都被实践证明是正确的，也都被历届中央所采纳，在改革开放中发挥了积极作用。

陈云经济思想和许多伟大历史人物的思想一样，不能不受到所处时代的局限。但他这一思想的核心内容，也同许多伟大历史人物的思想一样，是超越时代的。这些思想体现了对我国基本国情的深刻把握，对社会主义现代化建设的全面理解，对宏观经济运行规律的科学认识。只要我们的基本国情没变，我们进行的是社会主义现代化建设，经济运行中还存在宏观与微观的关系，这些思想就不会过时，相反，会在新的条件下继续发挥作用。

五

陈云考虑问题总是从大局着眼，常说"过去旧商人中，有一种头戴瓜皮

---

① 《陈云文选》第三卷，人民出版社 1995 年版，第 245 页。
② 《陈云文选》第三卷，人民出版社 1995 年版，第 247 页。
③ 《陈云文选》第三卷，人民出版社 1995 年版，第 263 页。
④ 《陈云文集》第三卷，中央文献出版社 2005 年版，第 536 页。
⑤ 《陈云文集》第三卷，中央文献出版社 2005 年版，第 537 页。

帽、手拿水烟袋的人，他们是专门考虑战略问题的"①。他提倡干部要拿出时间，"'踱方步'，考虑战略性的问题"②。他这样要求别人，自己也是这么做的。他一生为考虑党和国家的战略性问题殚精竭虑，贡献了全部聪明才智。

比如，大家都说要实事求是，但很少有人思考如何才能做到实事求是，而陈云就琢磨这个问题。他在延安时代按照毛泽东的建议，认真学习了马克思主义哲学著作，还把毛泽东起草的全部文件、电报通读一遍，最后得出结论，就是要实事求是。然后，继续思考怎样做才能实事求是，结果发现关键在于把"实事"看全面，并为此总结出了"不唯书、不唯上、只唯实，交换、比较、反复"15 个字的经验。他把这 15 个字作为实现实事求是的方法，也把做到这 15 个字同干部民主作风、党内统一思想认识相联系，对深化党的实事求是的思想路线，促进干部形成听取不同意见的习惯，具有重要启示意义。他的经济思想、党建思想在一定程度上可以说，正是他的这一思想方法的体现和展开。

再如，党的十一届三中全会后，党中央决定对新中国成立以来党的若干历史问题进行总结，其中一个最重要的问题就是如何确立毛泽东的历史地位。陈云经过考虑，建议在《历史决议》中增加回顾新中国成立前 28 年的历史。他的这个建议得到了邓小平的赞成，被党中央所采纳，为我们党解决在纠正毛泽东晚年错误的同时维护毛泽东历史地位、坚持和发展毛泽东思想的问题，发挥了重要作用。

作为党的十一届三中全会后的中央政治局常委，陈云对党的意识形态工作、国家的文化建设同样十分关心，提出了许多产生深远影响的意见。例如，他主张，对认为社会主义不如资本主义，马克思主义不灵了的党员要批评教育，对其中做意识形态工作且经教育不改的人，要调动他们的工作；要加强宣传思想政治工作，经济工作和宣传工作搞不好都可能翻船；社会主义建设包括物质文明和精神文明两方面建设，不可能先进行物质文明建设再进行精神文明建设；帝国主义的侵略、渗透，过去主要是"武"

---

① 《陈云文选》第三卷，人民出版社 1995 年版，第 377 页。
② 《陈云文选》第三卷，人民出版社 1995 年版，第 377 页。

的，后来"文""武"并用，现在"文"的突出出来，那种认为列宁的帝国主义论已经过时的观点，是完全错误的；利用宗教同我们争夺群众尤其是青年，是国内外阶级敌人的一贯伎俩，对此要高度重视。

陈云的一生与党史新中国史息息相关，同时又是党史新中国史编研事业的热心参与者、支持者和指导者。20世纪80年代，他曾先后主持了对《"伍豪事件"的前前后后》这一历史文件的撰写和《东北解放战争史》一书的编纂、对西路军历史问题的澄清，确认并说明了《遵义会议传达提纲》的真实性和产生过程，回答了中央党史部门提出的有关中央领导机关长征前后变动情况的问题，不仅使党史研究搞清楚了许多过去长期没有搞清的历史，而且指出了党史研究应当采取的正确立场、观点和方法。

陈云还就整理古籍问题发表过谈话，被中央书记处作为文件印发，使原本要撤销的古典文献专业得以保留，使在"文化大革命"中被迫停止工作的国务院古籍整理出版规划小组得以恢复，也使硕果仅存的古籍研究、整理队伍得以发展，为中华民族文化瑰宝的挖掘、保存和发扬光大作出了重要贡献。

陈云自幼喜爱听评弹，新中国成立后，他在养病期间重新拾起了这一爱好，边听边思考评弹如何适应时代不断发展等问题，并以"老听客"的身份发表了许多令评弹界心悦诚服的真知灼见。例如，评弹应当既严肃又活泼，思想教育要通过艺术手段实现；对传统书目要在整理后保留、演出，对现代题材的新书要积极支持；评弹艺术要"出人出书走正路"；等等。这些意见在评弹界乃至文艺界广为传播，对繁荣发展社会主义文艺产生了积极的引导和推动作用。

陈云离开我们已有25年，但他对党和人民历史贡献的光芒并没有随着时间的流逝而熄灭。正如习近平总书记指出的："陈云同志为新中国的建立、为社会主义基本经济制度和政治制度的确立、为改革开放和社会主义现代化建设建立的功勋，党和人民将永远铭记。"[1]

(原载《中国井冈山干部学院学报》2020年第5期)

---

[1] 习近平：《在纪念陈云同志诞辰110周年座谈会上的讲话（2015年6月12日）》，载《人民日报》2015年6月13日，第2版。

陈云通读《列宁全集》留给我们的启示

陈云酷爱学习、勤于读书，特别是热衷于读马列经典著作，这在党内党外早已闻名。但他通读过《列宁全集》，还作过大量批注，对这件事知道的人就没那么多了。

延安时代，陈云担任中央组织部部长，曾响应毛主席号召，在部内组织学习小组，攻读马恩列斯原著。他请教员列出书目，规定大家每天读若干页，每周讨论一次，前后坚持了五年，被中央机关评为模范学习小组。毛主席讲到干部要挤时间学习时，还以陈云为例，说"陈云同志有'挤'的经验，他有法子'挤'出时间来看书、来开会"[1]。

20世纪60年代初，陈云遭受政治冷遇。他没有抱怨，也没有消沉，而是利用这个机会集中精力读书学习。"文化大革命"中下放江西，他更是抓紧时间读书。回到北京后，他不仅自己坚持看书，还把夫人、孩子组织起来，成立"家庭学习小组"，直至党的十一届三中全会。后来他由于工作忙、年纪大，自己没时间看书了，又要求秘书抽时间学习哲学。正因为如此，习近平总书记在党中央纪念陈云同志诞辰110周年座谈会讲话上，强调陈云同志身上有五种永远值得我们学习的精神，其中就包括他"勤奋学习精神"[2]。

---

[1] 中共中央文献研究室编，金冲及、陈群主编，曹应旺副主编：《陈云传》(上)，中央文献出版社2005年版，第310页。

[2] 习近平：《在纪念陈云同志诞辰110周年座谈会上的讲话（2015年6月12日）》，载《人民日报》2015年6月13日，第2版。

"文化大革命"中下放江西，是 1969 年。那时因为战备，陈云被紧急疏散到南昌郊区，入住部队干部休养所，走的时候只带了被褥和换洗衣服，却带了三箱子书。从那时起直到 1972 年返回北京，他在那里生活了两年零七个月，每天除上午到附近工厂"蹲点"外，下午和晚上都用来看书，主要是重读《马克思恩格斯选集》《资本论》《斯大林选集》《毛泽东选集》。1972 年回到北京后，周总理让他协助自己抓外贸，直到 1975 年 1 月召开四届全国人大，他被选举为常委会副委员长，没有了具体工作。从这时起，他决定通读《列宁全集》。

陈云通读的《列宁全集》，是中共中央马恩列斯著作编译局根据苏联俄文第四版翻译的，由人民出版社 1958 年出版发行。他没有从第 1 卷开始看，而是从载有 1917 年二月革命后《远方来信》的第 23 卷看起。从他在书上标注的读书时间可以看出，他几乎坚持每天读二三十页，只是在 1976 年 9 月毛主席逝世至 10 月"四人帮"被粉碎那段时期，有将近 50 天暂停，随后终于在 12 月 25 日读完了载有列宁生前最后一篇文章《宁肯少些，但要好些》的第 33 卷。此后，他又抽时间读了专收书信和补收前面 33 卷漏收著述的第 35 卷和第 36 卷。

我在陈云同志那里工作时曾听他说过，他之所以从《远方来信》开始看《列宁全集》，主要是想了解十月革命成功后，苏联都遇到了哪些问题，又是怎么解决的。他还对我说，1977 年小平同志再次恢复工作后去看他，说起通读《列宁全集》的事。他告诉小平同志，粉碎"四人帮"后，他刚好读完列宁的最后一篇文章，小平同志听后说了一句："这也是一个胜利。"

陈云通读《列宁全集》是在一个十分特殊的年代，所以很少写批语，仅有的一些也是记录读某卷某文的时间，或对某文某个观点本身的评论，基本不直接联系当时国内的实际。但即便如此，我们仍能从中得到不少富有价值的启示。

启示之一：读书要像陈云那样按照计划，持之以恒

韩愈说："业精于勤荒于嬉。"陈云通读《列宁全集》这种大部头著作，之所以能读下来，原因就在于他事先经过深思熟虑，定下计划，然后按计划坚持读，不轻易动摇，更不半途而废。正如他在延安时说："读书要与懒惰作斗争。要订出一个切实的读书计划，照着去办，坚持不懈。"①

仅从陈云在《列宁全集》第 28 卷上标注的几处读书时间，我们便可看出他每天读书的分量确实是很大的。例如，第 19 页下面注明的时间是 1976 年 4 月 11 日上午，而第 80 页下面注明的时间是同年 4 月 13 日。就是说，他在 2 天之内读了 60 页书，平均每天读 30 页，2 万字。

再如，第 31 卷第 157 页下面标注："76.7.30 上午于北京医院。"由此可见，即使生病住院，他仍然在坚持读书。唯其如此，他才有可能在做其他事、看其他书的同时，最终按计划读完加起来共 13 卷 400 余万字的《列宁全集》。

启示之二：读书要像陈云那样认真细心，力求弄懂

陈云在延安时代写的《学习是共产党员的责任》一文中说："要读就读懂，不要一知半解……一本书多读几次，逐渐增加参考书，逐渐加深理解，得益更多些。"② 这种读书方法，从他读《列宁全集》的批注，可以看得很清楚。

例如，1976 年 6 月 12 日他在第 29 卷《论第三国际的任务》文尾处旁批："这一篇是选集未选进去的好文章。"后来他在该卷目录的该文题目处又旁批："这篇［是］未选入选集的好文章。"像这种指出全集某篇文章很好却未收入选集的情况，在陈云批注中还有好几处，如第 30 卷的《向意大利、法国和德国的共产党人致敬》《全俄苏维埃第七次代表大会》《为战胜邓尼金告乌克兰工农书》等。

再如，同日，他在第 29 卷的目录最后空白处有两个批注，上午 12 点半写道："不知什么原因，这卷中没有列入列宁 1919 年 7 月 31 日给高尔基的信"；过了 15 分钟又接着写了一行字："此刻查到是 35 卷中选来［过］的。"这表明，他看书的确很仔细，不仅发现第 29 卷按时间排列漏掉了这封信，而且很快意识到有可能放进集中收入书信的第 35 卷，而且果然被他

---

① 《陈云文选》第一卷，人民出版社 1995 年版，第 189 页。
② 《陈云文选》第一卷，人民出版社 1995 年版，第 189 页。

找到了。

从批注中还可以看出，陈云读《列宁全集》并非只读原文，而是一边读原文，一边查阅和对照历史资料，关注历史事件的进展。例如，他在第25卷《革命的一个根本问题》一文标题处旁批：（1917年）"八月卅一日九月五日彼得堡和莫斯科苏维埃中，布尔什维克已占多数。"再如，他在第28卷《在前米赫里逊工厂群众大会上的演说》题目处旁批："列宁在这次演讲后被刺"；在同卷《莫斯科党的工作人员大会》一文处旁批："此时布列斯特条约已废除"；在同卷共产国际第一次代表大会《开幕词》的标题处旁批："30国52个代表。"第31卷《共产主义运动中的"左派"幼稚病》中有一段既讲到1908年又讲到1905年对沙皇议会的抵制，他在"但是当时"一句旁批："指1908年"；同卷《给德国和法国工人的信》中有一句"迪特曼和克里斯平等等总是动摇的"，他在这两个名字下面用红铅笔画了杠杠，旁边写道："曾经参加共产国际第二次代表大会。"他还在第33卷目录《向解放了的沿海区致贺》旁批："解放海参崴"；在同卷《论"双重"领导和法制》一文指出"大多数地方审查委员会在清党过程中有向个人和地方挟嫌报复的行为"处旁批："审查委员会是审查党员的"；在同卷《〈给CLARTÉ〉社》的书信中"我（指列宁。——笔者注）由于生病"一句旁批："重病一年多"；又在同卷《在莫斯科苏维埃全会上演说》标题处旁批："列宁最后的演说。"

这样细致地读书，即使在马克思主义理论工作者中，恐怕也是不多见的。

启示之三：读书要像陈云那样结合实际，积极思考

孔子说："学而不思则罔。"陈云读《列宁全集》的批注，虽然囿于当时政治环境限制而很少直接联系国内实际，但这并不等于说他读书是不带着实际问题的，批注是没有针对性的。相反，从他的批注中我们可以清楚看出，他读《列宁全集》是结合我国实际并力图找寻列宁当年是如何处理类似问题的，有哪些解决问题的经验，是有相当针对性的。

例如，第27卷有一篇列宁1918年在全俄中央执行委员会会议的报告，论述为了恢复铁路运输，为了建设社会主义，在当时条件下必须实行国家资本主义，向资产阶级专家、工程师支付高额薪金，在革命政权领导下对企业采取一长制和泰罗制。对此，陈云在第286、289、293页作了如下批注："这就是资产阶级法权"；"当时列宁主张一长制，实际上是在那些组织中建立共产党的领袖［导］权"；"这是建立一长制的当时的客观条件"。联系到"四人帮"在"文化大革命"特别是"批林批孔"运动中歪曲毛主席关于"无产阶级专政的理论"，掀起批判"资产阶级法权"和"一长制"等狂潮，可以明显看出他批注时的思考，以及批注的针对性。

再如，第28卷《莫斯科党工作人员大会》一文论述当时现实力量对比促使资产阶级和知识分子中立，出现了利用他们建设社会主义的机会，陈云在旁批中写道："对于改造旧俄知识分子问题的看法。"把这个批注与"文化大革命"对知识分子的错误估计相联系，其针对性也是十分显著的。

再如，第30卷上有列宁在1920年纪念第三国际一周年庆祝会上的演说，指出十月革命初期许多人都以为世界大战一结束，西欧就会开始社会主义革命，假如西欧无产阶级没有那么深刻的分裂，社会党领袖没有那么大的叛变行为，这种情形本来是可能发生的。陈云在这段话旁边批注："这反映了当时共产党人（包括列宁在内）的希望。但没有实现。"至于这个希望为什么未能实现，批注没有写，但意思已经十分清楚了，就是认为列宁和苏共领导人当时对于革命形势的估计还是过于乐观了。

再如，在同卷《无产阶级专政时代的经济和政治》一文中，列宁论述为什么说倒卖粮食的农民是工人的阶级的敌人，陈云旁批："十分重要的解释"；论述剥削者虽被击溃但还没有被消灭，他们还有国际资本的支持，陈云又旁批："地主资本家的力量所在。"从这些批注中都可以明显地感到，他是在联系新中国成立初期打击投机、稳定物价和统购统销的实际。

再如，第33卷《在莫斯科苏维埃全会上的演说》，列宁论述了新经济政策实行一年半以来，资本主义强国仍然在抵制我们，因此必须用单干取得成就，陈云旁批："列宁对租让制的估计。"后来，他又在同卷《共产国际第四次代表大会》报告中关于"现在所谈的租让等等，只是纸上空谈，差不多没什么结果"的论述处旁批："租让没什么结果。"把这两处批注合起来看，也可以清楚地看出他对这个问题的思考，即租让制是克服暂时困难的一个途径，但帝国主义和外国资本家并不会轻易租你的企业和土地，因此必须做好依靠自己单干来战胜困难的准备。

陈云读《列宁全集》的旁批虽然不多，但画重点的地方却很多，有的用红铅笔或黑铅笔画，有的用钢笔画；有的画横道，有的画竖道，有的打对钩，有的画圈圈；有的圈圈画一个，有的画两个乃至三个。其中第27、28卷和第30—33卷这六卷中，画的重点最多，有的卷几乎每页都画，甚至一页画好几处。粗略计算，仅这几卷中画重点的地方就不下上千处。从这些画重点的地方我们也不难看出他关注和感兴趣的问题。依我的粗浅理解，这些问题大致有以下几类：

第一类：关于国家与革命问题，包括如何看待帝国主义的特征，民主革命与社会主义革命的关系，革命过程中的困难，议会道路，国家消亡和无产阶级专政，资产阶级的所谓自由平等，十月革命后国内阶级斗争和帝国主义武装干涉的形势，国内与国际之间的资本联系，为什么签订《布列斯特和约》，为什么一国能取得革命胜利，等等。

第二类：关于经济建设问题，包括政治与经济的关系，工业国有化，多种经济成分，苏维埃加电气化，制定经济计划的意义和重点，工人学习管理国家，高薪聘用资产阶级专家，向资本家学习，工厂实行一长制和泰罗制，建立劳动军，实行新经济政策，允许国家引导下的自由贸易，建设不要图快贪多，等等。

第三类：关于国家资本主义问题，包括租让制的必要性、好处、性质、做法和实际状况，如何看待资本主义的历史进步性，如何认识社会主义和资本主义两种制度下的国家资本主义，如何把握实行国家资本主义的分寸和实施有效监督，等等。

第四类：关于粮食和农民、农业问题，包括余粮征集制的背景、弊病，由征集制向粮食税的转变，对小农经济的分析，工农联盟和农业合作制的意义，尊重大多数农民的意志，粮食对于稳定物价和货币的基础作用，等等。

第五类：关于社会主义向共产主义的过渡问题，包括由资本主义过渡到共产主义必须经过社会主义阶段，十月革命后的最初时期是过渡阶段的过渡阶段，星期六义务劳动具有共产主义因素，过渡阶段的国民经济必须建立在对个人利益的关心上面，物质奖励制具有重要意义，等等。

第六类：关于文化教育与宗教问题，包括知识是劳动群众获得解放的武器，学校不可能脱离政治，要无条件招收工人和贫苦农民出身的人上学并发给助学金，要提高教员的地位，文化上的胜利要比军事和政治上的胜利困难，对宗教偏见的斗争要特别慎重，等等。

第七类：关于党的领导和党的建设问题，包括党与工会的关系，工农检查院与中央监察委员会机构的合并，脱离群众是最大的危险，要团结非党知识分子，正确对待党内斗争，重视反对"左"右两种倾向的斗争，加强民主集中制，开展批评与自我批评，反对官僚主义、命令主义、教条主义、骄傲自满和贪污腐化，重视党员质量，通过清党纯洁队伍，清党要防止挟嫌报复，等等。

第八类：关于思想方法问题，包括具体问题具体分析，要注意事物的限度，要区分历史发展的一般规律和个别规律，学习要结合实际，退却有时是为了更好前进，不要怕承认错误、弱点和本领不大，只有什么也不干的人才不会犯错误，对错误要分析理论根源，没有失败就没有胜利，危险的是不承认失败，自欺是最有害的，等等。

陈云读书历来重视学以致用、学用结合的原则。他主持全国财经工作之后，之所以"在一些重大问题上，特别是在困难关头，总能不负众望，洞悉全局，抓住要害，及时拿出解决问题的有效办法"[1]，一个重要原因，我认为就在于他善于把学到的马克思主义基本理论与中国国情及经济建设的实际相结合。仅从他在"文化大革命"期间由江西回京部分恢复工作，特别是党的十一届三中全会后主持第二次国民经济调整和主持全党纪律检查工作的一系列主张、论述中，就很可以看出通读《列宁全集》对他的影响。

例如，1973年他受周总理委托研究外贸问题，鲜明提出要研究当代资

---

[1] 引自胡锦涛：《在陈云同志诞辰100周年纪念大会上的讲话（2005年6月13日）》，载《人民日报》2005年6月14日，第1—2版。

本主义，说不研究资本主义要吃亏；不要把自力更生方针同利用资本主义信贷对立起来；资本主义市场的商品交易所有两重性；进口棉花再加工出口与自力更生并不矛盾，不这样做是傻瓜；用进口化肥设备和化肥的办法增产粮食，然后出口大米和肉类，同进口棉花加工棉布出口的道理是一样的；要给我国出口商品的推销商、中间商好处，使他们有利可图；等等。

再如，1979 年初他写了一个关于计划与市场问题的提纲，指出 60 年来，无论苏联或中国的计划工作制度中出现的主要缺点是，只有"有计划按比例"这一条，没有在社会主义制度下还必须有市场调节这一条；现在计划太死，包括的东西太多，缺少市场自动调节的部分，生产不能丰富多彩，人民所需日用品十分单调；忽视价值规律，没有"利润"概念，是大少爷办经济，不是企业家办经济；等等。

以上这些观点固然是陈云总结多年领导中国经济工作实践而形成的，但无疑也是他通读《列宁全集》过程中结合自己经验而深入思考的结果。《列宁全集》第 33 卷《工会在新经济政策条件下的作用和任务》一文开头部分有一段话说："新经济政策并不改变工人国家的实质，然而却根本改变了社会主义建设的方法和形式，因为新经济政策容许建设中的社会主义同力图复活的资本主义，在通过市场来满足千百万农民需要的基础上实行经济竞赛。"还说，"社会化的国营企业也在改用所谓经济核算制，即商业原则"。在这几段话下面，陈云都用红铅笔画了横道。显然，他对这些话十分赞赏，并从中汲取了营养。党的十一届三中全会后，陈云之所以能与邓小平同志携手推进改革开放，我想与他结合自己实践经验通读《列宁全集》，也是不无关系的。

更值得注意的是，从陈云著作中甚至可以看到他对《列宁全集》中一些论述的直接引用。

例如，1973 年他听取中国人民银行工作汇报时说道："列宁讲过：到共产主义时代，会用金子修一些公共厕所。我看，现在离那个时代还很远。"① 列宁这段话，就来自他画过重点的《列宁全集》第 33 卷《论黄金

---

① 《陈云文选》第三卷，人民出版社 1995 年版，第 218 页。

在目前和社会主义完全胜利后的作用》一文。

再如，1979年他在中纪委第一次全会上的讲话中，说到十月革命后最初几年苏共党内生活非常正常时，举了两个例子。一个是，1918年面对德国进攻，为了保住新生的工农政权，列宁主张签订布列斯特和约，但在中央委员会表决时，他的主张处于少数，未能通过；后来局势发生变化，再不签要付出更大代价，有两票转到列宁方面，这才通过。另一个是，1920年12月列宁在一次党内会议讲道"我们的国家实际上不是工人国家，而是工农国家"时，布哈林在后面喊："什么国家？工农国家？"举过这两个例子后，陈云指出："可以看出，当时在列宁领导下，民主气氛是很浓的。"[1] 这两个例子，也都来自陈云画过重点的《列宁全集》的文章。

再如，"八九"政治风波后，陈云同一位中央领导同志谈话，指出列宁的帝国主义论的观点并没有过时，并复述了列宁论帝国主义的五个特点，即"从自由经济到垄断经济，从工业垄断到金融垄断，形成财政寡头，然后是资本输出，分割殖民地，最后就要打仗"[2]。列宁关于这个问题的详细论述，主要见著于1916年写的《帝国主义是资本主义的最高阶段》，但《列宁全集》第23卷之后，仍有对这个问题的概述，而且也被陈云画上了重点。

我们党是一个以马克思主义为指导、用马克思主义理论武装的党，也是一个十分重视对马克思主义理论学习的党。毛主席自从延安时代起，便一直倡导全党特别是高级干部要学习马克思主义经典著作。他曾先后发出过学习马列五本书、十二本书、二十二本书的号召。"文化大革命"后期，全党全军县团级以上干部还在他的提议下开展了一次读马列六本书的学习活动。改革开放后，邓小平也高度重视对马克思主义理论的学习。1981年党中央起草第二个《历史决议》期间，他去看望陈云，陈云提出了两条建议，其中第二条是要提倡学习毛主席的哲学著作和马恩列斯的著作。邓小平认为这个建议很好，说："我看应当搞学习运动，认真学习马克思、列宁

---

[1] 《陈云文选》第三卷，人民出版社1995年版，第241页。
[2] 中共中央文献研究室编，金冲及、陈群主编，曹应旺副主编：《陈云传》（下），中央文献出版社2005年版，第1809页。

和毛泽东同志的著作。"①

中国特色社会主义进入新时代后,以习近平同志为核心的党中央更加重视马克思主义理论学习。习近平总书记指出:"只有理论上清醒才能有政治上清醒,只有理论上坚定才能有政治上坚定。所以,要全面提高马克思主义理论素养,掌握辩证唯物主义和历史唯物主义思想武器。"② 当前,我们党正在带领全国人民进行全面建设社会主义现代化国家的新征程,各种风险、挑战明显增多,更需要我们加强对马克思主义的学习,用马克思主义武装全党,进一步坚定理想信念,提高解决实际问题的能力。在这种形势下了解陈云通读《列宁全集》的情况,从中感受他勤奋学习的精神,领悟他读书的方法,对于促进大家响应党中央关于学习马克思主义理论的号召,引发人们阅读马克思主义经典著作的兴趣,都是不无裨益的。

(原载《世界社会主义研究》2020年第10期)

---

① 《邓小平文选》第二卷,人民出版社1994年版,第381页。
② 中共中央文献研究室编:《习近平关于协调推进"四个全面"战略布局论述摘编》,中央文献出版社2015年版,第137页。

陈云的调查研究与他的"十五字诀"

2015年6月12日,习近平总书记在纪念陈云同志诞辰110周年座谈会上的讲话指出:"陈云同志身上表现出来的坚定理想信念、坚强党性原则、求真务实作风、朴素公仆情怀、勤奋学习精神,永远值得我们学习。"[①] 他号召大家学习陈云同志实事求是的精神,指出"对实事求是,陈云同志践行了一生"。"延安时期,在同毛泽东同志反复探讨怎样才能少犯错误这个话题之后,陈云同志提炼出'不唯上、不唯书、只唯实,交换、比较、反复'这样一个带有鲜明特点的'十五字诀'。""依靠调查研究作决策,是陈云同志坚持实事求是的思想方法和工作方法。每逢重大决策之前,陈云同志总要做大量调查研究,听取多方面意见。他脚踏实地,反对虚夸浮躁、急功近利。"习近平总书记强调:"实践反复证明,能不能做到实事求是,是党和国家各项工作成败的关键。"[②] 2023年3月,党中央发出全党大兴调查研究的号召,在工作方案中特别引用了陈云"十五字诀"的头九个字,并要求"听真话、察实情,坚持真理、修正错误,有一是一、有二是二,既报喜又报忧,不唯书、不唯上、只唯实"[③]。这些都说明,党中央对陈云

---

① 习近平:《在纪念陈云同志诞辰110周年座谈会上的讲话(2015年6月12日)》,人民出版社2015年版,第5页。

② 习近平:《在纪念陈云同志诞辰110周年座谈会上的讲话(2015年6月12日)》,人民出版社2015年版,第9—10页。

③ 《中办印发〈关于在全党大兴调查研究的工作方案〉》,载《人民日报》2023年3月20日,第1版。

依靠调查研究作决策的思想方法、工作方法是高度评价的，也是同他的"十五字诀"紧密联系在一起的。

中国共产党一向以辩证唯物主义、历史唯物主义作为自己的指导思想，也一向把调查研究作为自己的重要工作方法。毛泽东的两句话，即"实事求是，一切从实际出发"和"没有调查，就没有发言权"，可以说最精练、最生动地反映了中国共产党的这一鲜明特点。对此，陈云一生努力实践，为我们树立了光辉榜样，堪称实事求是和调查研究的楷模。

1947年东北解放战争期间，陈云回忆他曾就人为什么会犯错误，犯错误是否因为经验少的问题请教毛泽东同志。毛泽东同志对他说："犯错误是思想方法问题"，并以张国焘的经验并不少为例加以说明，建议他学习哲学。① 后来，他把毛泽东同志从井冈山到延安写的著作、起草的文件和电报都找来看，研究他处理问题的方法，最后得出一个结论，就是实事求是，而且，"关键是要把'实事'看全面。"② 怎样才能把"实事"看全面呢？通过深入思考，他得出了15个字的体会。后来，人们普遍认为这15个字最准确最精练地概括出了达到实事求是的路径，所以把它称作"十五字诀"。

关于"十五字诀"，陈云在晚年一次谈话中作了完整而详细的解释。他说："不唯上，并不是上面的话不要听。不唯书，也不是说文件、书都不要读。只唯实，就是只有从实际出发，实事求是地研究处理问题，这是最靠得住的。交换，就是互相交换意见。……过去我们犯过不少错误，究其原因，最重要的一点，就是看问题有片面性，把片面的实际当成了全面的实际。作为一个领导干部，经常注意同别人交换意见，尤其是多倾听反面的意见，只有好处，没有坏处。比较，就是上下、左右进行比较。……所有正确的结论，都是经过比较的。反复，就是决定问题不要太匆忙，要留一个反复考虑的时间。……这里所说的反复，不是反复无常、朝令夕改的意思。"③ 我们只要结合陈云调查研究的实践就会清楚，他的调查研究的确是他的"十五字诀"的具体运用；或者说，他的"十五字诀"最集中地体

---

① 《陈云文选》第一卷，人民出版社1995年版，第342页。
② 《陈云文选》第三卷，人民出版社1995年版，第361页。
③ 《陈云文选》第三卷，人民出版社1995年版，第371—372页。

现在他的调查研究之中。

一、"只唯实"是陈云调查研究的目的所在

陈云重视调查研究的目的只有一个,就是把实际情况看清楚、弄准确。出于这个目的,他可以集中几天时间下基层蹲点或到多个地方考察,也可以随机抽出时间到现场了解情况,还可以派身边的人下去了解情况或请既了解情况又敢说真话的人上来面谈。就是说,只要有利于掌握真实情况,他的调研方法总是根据工作需要和客观条件而定,从不拘泥于某种形式。同样出于这个目的,他特别反对为调查研究而调查研究,在调查研究上搞形式主义的做法。他在晚年的一次会议上说:"调查研究的方法,我看不是一百多个部一个一个地都拿本子在书记处会上念一道,大家东插一句、西插一句,最后主持会议的讲一讲就通过了。调查研究的方法,也不是一个星期跑二十二个县,那样无非是坐汽车走一圈就是了。这种工作方法太简单。"①

陈云逝世后,他在新中国初期的秘书周太和曾写过一篇回忆文章,题为《陈云同志四下农村调查的前后》。其中的第一次是 1955 年 1 月,用三天时间在青浦县小蒸乡,征求对统购统销政策的意见。第二次是同年 5 月下旬,再到青浦县的练塘区,用四天时间就统购统销、资本主义工商业改造、农业增产等问题进行调研,然后到苏州地区进一步调研粮食问题。②第三次是 1957 年 3 月下旬,利用去杭州开会的机会,专程去青浦县,用两天时间了解那里血吸虫病的传染源、渠道和防治办法。第四次是 1961 年 6 月下旬至 7 月下旬,到江浙沪三地调研,其中用 15 天到青浦县小蒸公社,吃住在农民家里,专题调研三年困难时期农村政策的调整问题。

陈云搞调研,除了自己下基层,也请基层干部上来开会。1961 年 8 月,他出席在庐山召开的中央工作会议,参与讨论关于贯彻执行"调

---

① 《陈云文选》第三卷,人民出版社 1995 年版,第 359 页。
② 原文说这次调研从 5 月到 7 月,历时两个月,还到了黑龙江、广东、陕西等地,属记忆有误。

廉政与党风

1961年6月27日至7月11日，陈云（二排中间）在上海市青浦县小蒸公社作农村调查时，与公社干部合影

整、巩固、充实、提高"八字方针而制定的"工业七十条"和"工业八条"。① 当时，工业方面的突出问题，是总产值大幅度滑坡。陈云在讨论中说：抓工业调整要做好调查研究，不弄清问题究竟出在哪里，是无法动手解决的。他提出，调查研究要从两方面入手，一是派工作组下去独立调研；二是以部为单位，先开小型座谈会，每个部来五六个单位或工厂的老工人、技术人员、行政干部。"目的是能够弄出个头绪来，提出问题，然后按问题进行研究"，最后再开中会、大会。对于陈云提出的从内外两方面入手调研的意见，毛泽东当场表态赞成，说"这个办法好"。② 随后，陈云用两个月时间，主持煤炭、冶金两个部的座谈会，总共开了40次会，最后形成了给周恩来总理的报告。周恩来总理看后说："这一下把原因说清楚了。"③

为了了解真实情况，陈云在工作之余还不时就近暗访。中财委（中央财政经济委员会的简称。——笔者注）的老干部回忆，新中国成立初期，陈云每个月都要抽出一些时间，到北京的王府井、东单菜市场、前门大街、天桥市场等商业集中的地方，了解日用百货和蔬菜、肉类等副食品的供应情况和物价动态，观察群众的反应。有一次下班很久，陈云家里给机关打电话，问陈云怎么还没回家，机关的人说他早就走了。这一下，大家都慌了，后经了解，原来是他到前门的大栅栏看市场、察行情去了。

陈云调研还有一种方法，就是通过敢讲真话的人了解情况。他曾说过："调查研究有两种方法：一种是亲自率工作组或派工作组下乡、下厂，这当然是十分必要的；另一种是每个高中级领导干部都有敢讲真话的知心朋友和身边工作人员，通过他们可以经常听到基层干部、群众的呼声。后一种调查研究，有'真、快、广'的特点。所谓真，就是他们敢于反映真实情况，敢讲心里话。因为他们信得过你，知道你不会整他们。我就有这样一些朋友。所谓快，就是当问题处于萌芽状态时，就能够及时发现。所谓广，

---

① "工业七十条"是《国营工业企业工作条例（草案）》的简称；"工业八条"是《中共中央关于当前工业问题的指示》的简称。
② 中共中央文献研究室编，金冲及、陈群主编，曹应旺副主编：《陈云传》（三），中央文献出版社2015年版，第1282页。
③ 薛暮桥：《杰出的经济工作领导者——陈云同志》，见本书编辑组编：《陈云与新中国经济建设》，中央文献出版社1991年版，第40页。

就是全国各省市各行各业，都有许多高中级干部（包括离休、退休的）。在某种意义上讲，后一种调查研究比前一种调查研究更重要一些。两种调查研究都有必要，缺一不可。"①

1952年，陈云在编制"一五"计划时需要了解农村情况，由于一时脱不开身，便托1927年一起搞农民运动的一位老战友，从家乡找两位政治上表现好又敢讲真话的农民来京谈话。后来，经过地方党组织审定，推荐了两位农民来京。那两位老乡反映了当地群众在新中国成立后满意的和不满意的事，使陈云了解到许多实际情况。1952年夏天，陈云委托一位青浦在北京上学的中学生利用暑假回家的机会，调查一下那里的农村情况。这位学生经过调查，写了一份材料，反映家乡三年歉收，然而征粮指标不减，造成农民生活普遍困难。陈云把这份材料报送毛主席，受到毛泽东重视，批转华东局，使问题得到了解决。1962年，陈云担任新设立的中央财经小组组长，在布置完国民经济调整任务后，因工作强度过大而病倒。他在上海养病期间，仍考虑如何调动农民积极性、尽快恢复农业生产的问题。由于自己下不去，便请身边工作人员到附近农村调研，并请经济工作部门的几位领导干部到他那里谈话，交换对"包产到户"和"分田到户"办法的意见。

20世纪80年代初期，我在陈云同志那里工作。那时，他由于年龄和身体原因，已经不能到基层调研，但仍然想办法了解基层实际。比如，同敢讲真话的干部谈话，同身边工作人员聊天，看机关内部的信访简报，阅读《人民日报》的读者来信等。他关于"对严重的经济犯罪分子，我主张要严办几个，判刑几个，以至杀几个罪大恶极的，雷厉风行，抓住不放，并且登报，否则党风无法整顿"②的批示，就是写在中纪委反映沿海一些地区走私活动猖獗、涉及不少党员干部的信访简报上的。传阅到邓小平那里，邓小平在上面又加了八个字："雷厉风行，抓住不放。"③ 正是这个批

---

① 《陈云文选》第三卷，人民出版社1995年版，第372—373页。
② 《陈云文选》第三卷，人民出版社1995年版，第273—274页。
③ 中共中央文献研究室编，金冲及、陈群主编，曹应旺副主编：《陈云传》（下），中央文献出版社2005年版，第1721页。该页注释写道："1986年，经陈云同意，在出版《陈云文选（一九五六—一九八五）》时，将这一批语的文字修改为'对严重的经济犯罪分子，我主张要严办几个，判刑几个，以至杀几个罪大恶极的，雷厉风行，抓住不放，并且登报，否则党风无法整顿。'"

示，引出了一场打击经济领域违法犯罪活动的斗争，对保证改革开放的健康进行，起到了重要作用。陈云发出"要继续想办法帮助教师主要是中小学教师解决一些实际问题，提高他们的社会地位，使教师真正成为社会上最受人尊敬，最值得羡慕的职业之一"①的倡议，提出"对中小学教师，不仅要有工龄工资，而且要使他们的工资标准，比同等学力从事其他行业的人略高一点才好"②的建议，也是看到《人民日报》第8版上一位中学教师反映师范院校招生难的文章后作出的。

陈云把"不唯上"作为"十五字诀"中的第一句，说明他认为这是做到"只唯实"的最重要条件。对于什么叫"不唯上"，除前面引述的"并不是上面的话不要听"外，他还在晚年一次谈话中说过："能够听到不同声音，决不是坏事。这和同中央保持一致并不矛盾。"③可见，他的"不唯上"的意思，是讲对上级乃至中央的指示必须坚决执行，与党中央在思想上、政治上、行动上必须保持一致，但绝不能脱离实际、照搬照套，而要从本部门本地区的实际出发，与本部门本地区的实际相结合。因为只有这样，才能真正做到实事求是，才能把上级乃至中央的指示精神执行好。

1959年到1961年，我国发生连续三年自然灾害，加之"大跃进"和"反右倾"的错误，使国民经济遭受严重困难。1961年初，毛泽东发出大兴调查研究之风的号召，提出"不要图虚名而招实祸"④。随后，中央各位常委先后组织和领导调查组，分赴基层调研。在此前后，陈云已用三个月时间，到河北、山东、河南等八个省调研了农业情况。6月，他又专程去青浦小蒸公社蹲点调研。那时，中央在调整农村政策过程中，虽然已经着手纠正将肉猪、母猪统统收归集体公养的"左"的政策，但由于说的是允许公养和私养"两条腿走路"，所以大多数地方揣摩中央精神，只把肉猪下放给社员私养，对母猪是否也私养仍在持观望态度；虽然说要将公社化

---

① 中共中央文献研究室编，朱佳木主编：《陈云年谱（修订本）》下卷，中央文献出版社2015年版，第410页。
② 中共中央文献研究室编，朱佳木主编：《陈云年谱（修订本）》下卷，中央文献出版社2015年版，第456页。
③ 《陈云文选》第三卷，人民出版社1995年版，第361—362页。
④ 《毛泽东文集》第八卷，人民出版社1999年版，第237页。

后归公的自留地放还给农民,但没有明确按什么标准发放,所以许多地方只将公社化前占耕地5%的自留地中的一部分发还了,而且主要不是大田。另外,那时为了增产粮食,要求过去不种双季稻的江浙农村也必须种双季稻。由于政策调整没"退到位",农民群众的积极性仍然得不到调动。针对这些问题,陈云在干部座谈会上说:"共产党领导人民闹革命的目的,就是要改善人民的生活,使大家有饭吃,有衣穿。现在老百姓的肚子还吃不饱,生活还那么困难,说明我们的工作没有做好,还存在不少问题。……我们一定要想办法尽快改进工作,这次来调查研究,就是这个目的。"[①] 随后,他用半个月时间,吃住在农民家里,每天上午开座谈会,下午到田头、养猪场和各家各户考察,把情况了解清楚了;然后,带着上述三个问题,又到江浙其他地方调研,同省市领导交换意见;最后向中央写出了关于《母猪也应该下放给农民私养》《种双季稻不如种蚕豆和单季稻》《按中央规定留足自留地》三个调查报告,被批转印发同年8月召开的中央工作会议。

"唯上"就不可能做到实事求是,但要"不唯上",有时要牺牲个人利益。毛泽东曾提倡"不怕杀头,不怕坐牢,不怕开除党籍,不怕撤职,不怕老婆离婚"的"五不怕"精神,意思就是要大家为了坚持真理、坚持原则,不要怕牺牲个人利益。事实说明,陈云就是这么做的。前文说到,陈云1962年在上海养病期间,调研恢复农业生产的办法。就在那时,他看到安徽关于"包产到户"的材料,又看了田家英关于"分田到户"(那时说的分田到户,实际上就是改革开放后实行的土地承包。——笔者注)的调查报告,认为这些都是非常时期的非常办法,叫作"包产到户"也好,叫作"分田到户"也好,总之,国家遇到如此大的天灾人祸,必须发动全体农民实行《国际歌》中的号召:"全靠我们自己。"回到北京,他先同中央政治局常委分别交换了意见,然后提出约毛泽东同志面谈。有的同志担心毛泽东主席接受不了,劝他慎重考虑,不必急于提出。他却说:"我担负全

---

① 中共中央文献研究室编,金冲及、陈群主编,曹应旺副主编:《陈云传》(下),中央文献出版社2005年版,第1260页。

国经济工作的领导任务，要对党负责，对人民负责。此事既然看准了，找到了办法，提与不提，变与不变，关系到党的声誉，关系到人心向背，怎能耽延误时机！"① 后来，他还是约见了毛泽东同志，当面陈述了自己的意见，果然引起毛泽东的误解，认为这是要解散人民公社，要走单干道路。从此，他遭到政治冷遇，直到党的十一届三中全会才重新回到党中央领导岗位，前后长达 16 年。

陈云坚持"不唯上"的精神，贯穿改革开放前后。20 世纪 80 年代初，有关部门酝酿发行特区货币，甚至连货币都印出来了。中央领导将有关这个问题的不同意见批转陈云，陈云当即明确批示："我不同意发行特区货币。"② 1987 年，他在一次谈话中回忆起这件事，说他 1984 年专门把有关负责同志请去谈特区货币问题，指出："如果大家坚持要搞，我提出两条：一是发行权属于中央，二是封关后只能在特区流通。那时，特区货币已印好，后来，特区同志自己感到这件事不那么简单，就搁置起来了。"③

改革开放后，很多人认为国家每年拿出大量财政收入补贴物价，负担太大，也不符合经济规律，主张进行物价改革，闯过"物价关"。陈云认为，在保持物价基本稳定的前提下，可以进行物价改革，但要从根本上取消物价补贴是不现实的。1988 年，当时的中央主要负责人力推大幅度的物价和工资改革。陈云听了这个改革方案的通报后表示："物价每年要上涨百分之十，连涨五年，对此我打个很大的问号。物价连续上涨百分之十影响面很大。不拿工资的农民怎么办？"④ 他直言道："每年物价上涨百分之十，办不到。我是算账派，脑子里有数目字。理顺价格在你们有生之年理不顺，财政补贴取消不了。"⑤ 那位主要负责人听不进陈云的意见，结果改

---

① 周太和：《陈云同志四次农村调查的前后》，见本书编辑组编：《陈云与新中国经济建设》，中央文献出版社 1991 年版，第 168 页。
② 中共中央文献研究室编，金冲及、陈群主编，曹应旺副主编：《陈云传》（下），中央文献出版社 2005 年版，第 1675 页。
③ 中共中央文献研究室编，朱佳木主编：《陈云年谱（修订本）》下卷，中央文献出版社 2015 年版，第 461 页。
④ 中共中央文献研究室编，朱佳木主编：《陈云年谱（修订本）》下卷，中央文献出版社 2015 年版，第 466 页。
⑤ 中共中央文献研究室编，朱佳木主编：《陈云年谱（修订本）》下卷，中央文献出版社 2015 年版，第 466 页。

革方案刚一公布，立即引起市场抢购、银行挤兑，物价直冲19.3%，只好紧急刹车，并且决定进行经济的治理整顿。

二、"交换"是陈云调查研究的重点所在

陈云"十五字诀"中的"交换"，指的是领导人要经常同干部群众交换意见，尤其是倾听不同意见，从而全面了解和掌握实际情况。关于"交换"的必要性和重要性，他在多个场合反复讲，而且往往与发扬民主联系在一起讲，从革命战争年代讲到新中国成立，又从改革开放前讲到改革开放后，可以说讲了一辈子。

1947年，陈云任中央东北局副书记，鉴于国民党军集中兵力围攻南满，南北满被切断，他主动请缨去南满地区，兼任南满分局书记。他在分局会议上说："实事求是既容易做到，也难以做到。要做到实事求是，就要从具体分析实际情况中找出对策。……我们过去所以犯错误，也不是对实际情况一点都不了解，只是了解的情况是片面的，而不是全面的，误把局部当成了全面。片面的情况不是真正的实际，也就是说，它并不合乎实际。"① 怎样才能避免片面性呢？他提出要"交换、比较、反复"，并说其中的"交换是带头的。所谓交换，就是要互相交换正反两面的意见，以求了解事物的全面情况"。②

陈云于1956年担任国务院副总理兼商业部部长，他在部党组会议上说："从实际出发的关键是，从片面的实际出发，还是从全面的实际出发？有些同志不花时间去弄清楚全面情况，弄清楚事物的本质，而是看到一些现象，就想当然，发议论，作结论，这是十分有害的。所以，重要的是要把实际看完全，把情况弄清楚，其次是决定政策，解决问题。难者在弄清情况，不在决定政策。""集体讨论、大家交换意见，是达到全面认识的重要方法。肯用脑筋想问题、发议论的同志，是很好的同志。不想问题，不

---

① 《陈云文选》第一卷，人民出版社1995年版，第343页。
② 《陈云文选》第一卷，人民出版社1995年版，第343页。

发议论，天天搞五福布（五福布是当时一种印有五个蝙蝠商标的白布，这里指事务性工作。——笔者注）的，就要差一点。在交换意见时，对于提出不同意见的人，决不要生气。他们的意见，对的或者错的，都有益处。正确的东西，是在否定错误的东西中生长起来的。"①

在1962年"七千人大会"上，毛泽东请陈云在大会上讲话，陈云没有讲。毛泽东说，陈云"不调查清楚他就不讲话"。"这一次我说请他讲话，他说不讲。我说你哪一年讲？他说过半年可以讲。"②改革开放后，陈云在一次谈话中谈到当时没有讲话的原因，说"和稀泥这不是我陈云的性格，同时不能给毛主席难堪"③。但在大会结束后，陈云在陕西省干部会上就怎样使认识更正确的问题，讲了一篇话。他说："领导干部听话要特别注意听反面的话。相同的意见谁也敢讲，容易听得到；不同的意见，常常由于领导人不虚心，人家不敢讲，不容易听到。"他又说："看问题往往容易产生片面性。比如这个茶杯放在桌子上，对面的人看见茶杯是有花没有把的。可是这面的人看见茶杯是有把没有花的，两人各看到一面，都是片面的，都不全面。如果两人把各人看到的一面'交换'一下，那就全面了。我们常讲实事求是。实事，就是要弄清楚实际情况；求是，就是要求根据研究所得的结果，拿出正确的政策。……用什么办法来弄清情况呢？办法之一，就是多和别人交换意见。这样做，本来是片面的看法，就可以逐渐全面起来；本来不太清楚的事物，就可以逐渐明白起来；本来意见有分歧的问题，就可以逐渐一致起来。如果没有反对意见怎么办？我看可以作点假设，从反面和各个侧面来考虑问题，并且研究各种条件和可能性，这就可以使我们的认识更全面些。"④他的那句"领导机关制定政策，要用百分之九十以上的时间作调查研究工作，最后讨论作决定用不到百分之十的时间"⑤的至理名言，

---

① 《陈云文选》第三卷，人民出版社1995年版，第46—47页。
② 中共中央文献研究室编，金冲及、陈群主编，曹应旺副主编：《陈云传》（下），中央文献出版社2005年版，第1292页。
③ 中共中央文献研究室编，金冲及、陈群主编，曹应旺副主编：《陈云传》（下），中央文献出版社2005年版，第1292页。
④ 《陈云文选》第三卷，人民出版社1995年版，第188—189页。
⑤ 《陈云文选》第三卷，人民出版社1995年版，第189页。

就是在那次会上讲的。

陈云以上论述说明,在他看来,实事求是的关键在于把实事看全面,而要把实事看全面的关键在于同别人交换意见。因此,同干部群众交换意见,便成为陈云调查研究的重点。正是这个重点,决定了陈云调查研究的几个特点。

第一,轻车简从。陈云搞调研,无论亲自下基层蹲点或到多地考察,还是派人下去或请人上来,都是为了核实文件中反映的情况,或了解文件中没有反映的情况,而不是为了宣传。因此,他随行的人很少,也从不通知报社,不带记者,不搞前呼后拥。为了不打扰当地干部,他也很少让他们陪同,用他的话叫"不请不到,不迎不送"。以至于后来有关部门普遍抱怨,陈云生前的影像资料太少,仅有的几张照片和少量文字记载,也往往是被调研单位自己拍摄和记录的。

早在1948年5月,解放战争大势已定,党中央就考虑将陈云由东北调回中央,主持全国财经工作。翌年5月,党中央从西柏坡移至北平,决定陈云出任新成立的中财委主任。上任伊始,他除了组建新机构,处理应急事务外,面临的一个重要问题是如何稳定新解放区尤其是上海的物价,保证解放军继续南下作战的物资供应。为此,他带领中财委少数干部,乘一节火车前往上海调研,途中因遭遇敌机骚扰,机车水箱被射穿,耽误了到达时间,车站竟连迎接的人也没有。他在上海主持召开了华东、华北、华中、东北、西北五大解放区财委领导人参加的全国财经会议,一开场便直奔主题说:"会议的目的是帮助南方前线解决困难,同时交换一下意见,看看明年全国的财经情况怎么样。"[1]

当时,上海刚刚解放,水陆交通不便,又常常遭受敌机轰炸,煤、粮、棉等物资运不进,工厂生产的产品运不出,人们一度酝酿将工厂和学校迁往外地。起初,陈云也曾考虑把一部分工厂和学校迁到东北,但经过调研,发现工厂搬出去,原料问题倒是解决了,却会出现厂房、电力、机械维修

---

[1] 中共中央文献研究室编,金冲及、陈群主编,曹应旺副主编:《陈云传》(上),中央文献出版社2005年版,第622页。

等无法解决的新问题。所以,他最后决定,上海工业的主要部分留下来,想办法克服困难。事后证明,这个决策对于上海在国民经济恢复乃至各个时期的经济建设中发挥中心作用,具有至关重要的意义。然而,就是这么重要的一次调研活动,竟没能留下一张照片。

第二,深入细致。陈云作风深入、工作细致,是在他领导下工作过的干部们的共同印象。他们说,陈云同志做工作总是一竿子插到底,绝不浮在表面,不搞走马观花、蜻蜓点水。他了解问题非常注意细节,尤其关注数字。向他汇报工作,事先一定要做好充分准备,否则很可能被问倒。这些特点在陈云的调查研究中,表现得特别突出。

仍然以前述1961年青浦调查为例。那次,陈云选择比较熟悉的小蒸公社作为调研点,先派身边工作的同志去调查了一周,然后亲自前往,在农民家里住了半个月。其间除了去农户家中观察养猪、种自留地、吃住情况,去田间和养猪场查看土地、农作物生长和集体养猪等情况外,还听取了公社党委的两次汇报,召开有农民参加的十次座谈会,列出了十个问题让大家讨论。通过调研,他发现公养母猪,一个饲养员管十头,忙不过来,喂食像开"大锅饭",母猪、肉猪、好猪、病猪一起喂,干稀一律,吃多吃少没人管;圈内只用少量稻草垫,水淋淋的,母猪、奶猪常常遍地泥浆,容易得病,导致苗猪死亡率高;另外,苗猪肉长得慢,肥积得少,耗费劳力多。而私养母猪,农户基本上一家养一头,对母猪像对产妇、对苗猪像对婴儿一样关心,青草垫圈,圈内清洁;喂食按照不同需要,有时给精饲料,有时给青饲料,有时喂干,有时喂稀;随时观察它们喜欢吃什么,有病容易及时发现,母猪快生产时,农民就睡在猪棚旁守护,防止母猪压死苗猪;对瘦弱的苗猪常放在母猪的第三个奶头吃奶,因为那个奶头奶水最多。所以,苗猪死亡率低,肉长得快,肥积得多,节省劳力和稻草。算总账,公养猪亏本,私养猪赚钱。根据对比,他得出母猪也应该下放给农民私养的结论。

陈云常说,他是算账派,脑子里有数字。在1961年青浦调查的报告中,为了说明母猪公养不如私养好、种双季稻不如种蚕豆和单季稻,他引用了大量数据,用数字说话。例如,他说1960年小蒸公社公养母猪共有

1500头，但只生了6704头苗猪，平均一头母猪生4头半苗猪，死亡率高达89%；而在公社化前实行母猪私养时，平均一头母猪一年生十四五头苗猪。肉猪私养平均每头每天可以长肉半斤，20斤的苗猪养四五个月就能长到100斤上下，相当于平均一个月长十五六斤；而公养平均一个月只能长五六斤。每头猪每年私养能出肥约200担，而公养只能出肥100—120担，而且质量不好，肥效低。私养肉猪不误工，而公养每个劳力全年平均只能养8头，相当于每头用三四十个工。私养母猪每头全年合计误工一二十天，而公养每个劳力全年平均只能养4头，相当于每头用七八十个工。私养母猪，一年生苗猪12—16头，可以卖180—200元。私养肉猪，一年养两头，可以卖60—80元。而公养猪大多亏本，全社一年亏了3.8万元，平均每户负担16元。

为了说明种双季稻不如种单季稻和蚕豆，陈云同样采用了算账办法。他说，种双季稻全年共收800斤上下，种单季稻一般收580斤上下。表面看，种双季稻比种单季稻增产，但全面算账，并不合算。首先，双季稻的晚稻需占用单季稻田寄秧苗，导致单季稻减产约150斤。其次，每亩双季稻需用稻种合计55斤，而单季稻只需用15斤，少用40斤。再次，种双季稻后不能再种夏熟作物，而种单季稻还可种蚕豆或小麦，每亩可收80—100斤，扣除种子可收60—80斤。以上三项合计，种双季稻虽然比单季稻多收220斤上下，但亏损250—270斤。最后，双季稻用肥多，用工多。如果把这些肥料和劳力用到种单季稻，可增产60斤。两相比较，种双季稻显然得不偿失。

1955年，对资本主义工商业改造进入全行业公私合营、实行定息、组织专业公司的阶段。按照陈云原先的部署，需要先一个一个企业做好清产核资、改组改造、安排生产、安置人员的工作，然后成熟一个合营一个。然而，由于种种原因，由北京带头，全国各地在两个月时间里忽然掀起了社会主义改造的高潮，资本家、小业主天天敲锣打鼓、放鞭炮，申请公私合营，势头甚猛。1956年初，北京市的私营工商业被全部批准公私合营，不到一个月，全国其他大城市和很多中等城市也都实行了公私合营。结果，本应在前面做的工作被放到了后面，连不雇店员的夫妻店也被批准拿定息、拿工资，许多工厂、商店改变了原来的经营办法。为了纠正这些问题，中央根据陈云意见发出指示，要求对已经批准的公私合营企业，原有的进销货办法和管理、会计、工资制度，暂时原封不动。

当时，毛泽东听到公私合营后的东来顺涮羊肉、全聚德烤鸭不好吃了的反映，请陈云在最高国务会议上讲讲原因。陈云通过调查，在会上讲到，东来顺的羊肉不好吃的原因是："它原先只用三十五斤到四十二斤的小尾巴羊，这种羊，肉相当嫩。我们现在山羊也给它，老绵羊也给它，冻羊肉也给它，涮羊肉怎么能好吃？羊肉价钱原来一斤是一块二角八，合营以后要它和一般铺子一样，统统减到一块零八，说是为人民服务，为消费者服务。这样它就把那些本来不该拿来做涮羊肉的也拿来用了，于是羊肉就老了。本来一个人一天切三十斤羊肉，切得很薄，合营后要求提高劳动效率，规定每天切五十斤，结果只好切得厚一些。羊肉老了厚了，当然就不如原来的好吃了。"[1] 关于全聚德的烤鸭，陈云说："'全聚德'用的鸭子，原来从小喂起，大概要喂一百天左右，饲料主要是绿豆和小米，粮食统购统销以后，给它劳改农场养的老鸭子，烤的鸭子就不好吃了。"[2] 他由此指出："我们是要改组工商业的，但并不是每个小厂统统需要改组，也不是所有的商店都要调整。如果轻率地并厂并店，就会给经济生活带来很多不便。""不论工业、商业，都要想尽一切办法保持原来好的品种和质量。公私合营后，企业的资方经理或副经理应该有一个人专门负责品种和质量。"[3] 毛泽东当场表示："要羊肉继续好吃，烤鸭子更加好吃，才能证明社会主义的优越性。"[4]

第三，实话直说。陈云一向提倡大家讲真话，而且要直来直去、不兜圈子。同时，他要求领导干部要倾听真话，哪怕是怪话、牢骚话，只要多少能反映实际情况，就要耐下心来听。早在党的七大大会发言中，他就提

---

[1]《陈云文选》第二卷，人民出版社1995年版，第296页。
[2]《陈云文选》第二卷，人民出版社1995年版，第296页。
[3]《陈云文选》第二卷，人民出版社1995年版，第295—296页。
[4] 中共中央文献研究室编，金冲及、陈群主编，曹应旺副主编：《陈云传》（下），中央文献出版社2005年版，第983页。

出:"我们要讲真理,不要讲面子。是什么就是什么,应该怎样就怎样。"①在1962年"七千人大会"期间,他说我们党内"逢人只说三分话,未可全抛一片心"的现象非常危险。"在党内不怕有人说错话,就怕大家不说话。有些'聪明人',见面就是'今天天气哈哈哈',看到了缺点、错误也不提。如果这样下去,我们的革命事业就不能成功,肯定是要失败的。"②他还把听不同意见作为调查研究的一种方法,指出:"调查研究有各种各样的方法,找有各种不同看法的人交换意见,也是一种方法,而且是一种重要的方法。"③改革开放初期,他再次指出:"目前在我们的党风中,以至在整个社会风气中,有一个很大的问题,就是是非不分。……要提倡坚持原则,提倡是就是是、非就是非的精神。"④

在20世纪60年代初的农村调查中,陈云一再谈到要讲真话、听真话的问题。他指出,下面不说真话,不把真实情况反映上来,领导就不可能作出正确的决策,这是十分危险的。"河南信阳的毛病,就是吹了牛,不改口,搞得下面不敢说真话,情况反映不上来。一个领导机关听不到反面意见,很危险。提倡讲老实话,但是要有讲老实话的条件。我跑了几个省,一讲到1958年,就含含糊糊。过去领导工作,下去总要问一问干部情况,大家也是敢讲的。现在除了第一书记、组织部长还可以讲一点,其他人都不敢讲,这是党内一种不正常的现象。"⑤陈云每下农村蹲点调研,之所以总喜欢到他的家乡或从事过农民运动的地方,原因就是为了能听到真话。因为那里的老乡了解他、信任他,肯把心里话对他讲。

周太和在回忆陈云四次农村调查的文章中写到,陈云同志特别注意倾听批评的意见。三年困难时期,农民对干部不参加劳动、说大话、缺少自我批评不满,说干部"嘴唇两张皮,翻来复去都有理","干部吹牛皮,社员饿肚皮","干部出风头,农民吃苦头"。对于农民的意见,陈云不仅耐

---

① 《陈云文选》第一卷,人民出版社1995年版,第296页。
② 《陈云文选》第三卷,人民出版社1995年版,第187页。
③ 《陈云文选》第三卷,人民出版社1995年版,第188页。
④ 《陈云文选》第三卷,人民出版社1995年版,第274页。
⑤ 中共中央文献研究室编,金冲及、陈群主编,曹应旺副主编:《陈云传》(下),中央文献出版社2005年版,第1219—1220页。

心听，而且作解释，有些还主动承担责任。① 他在干部座谈会上讲，我们的工作"还存在不少问题。应该说主要责任在中央，是我们中央的几个同志工作没有做好，我就是其中之一"②。

前文提到，1952 年，陈云在编制"一五"计划过程中需要了解农村情况，但一时离不开北京，故请家乡党组织推荐了两位农民来京面谈。陈云开门见山地问他们："新中国建立、农村土改后，农民有哪几条好处？有哪几条坏处？"③ 那两位农民也是坦诚相告，讲了五点满意，两点不满意，一点担心。陈云听后赞赏他们的直言不讳，并约定他们作为他今后了解农村情况的长期联系人。

1959 年陈云做工业调查，召开煤炭工业座谈会。考虑到"反右倾"以来，一些人不敢讲真话，他在座谈会开始时，先鼓励大家解除顾虑。他说：这是调查研究的会，不是在喇叭（指麦克风）前面讲话，要"无所顾忌地随便地讲，要左思右想地考虑问题，不要怕什么右倾机会主义或'左'倾机会主义"④。他特别叮嘱，在座谈会上"报告情况不是评功摆好，而主要是讲存在的问题"⑤。在他鼓励下，大家畅所欲言，就一系列问题发表了自己的看法，使座谈会开得既生动又实在，找出了当时煤炭工业各种问题的症结所在，使煤炭行业调整有了明确方向和良好开端。

陈云在调研中鼓励别人有话直说，自己反映调研中了解的情况也是直截了当、直言不讳。1961 年 3 月，中央通过的"六十条"⑥ 草案虽然加大了农村政策调整的力度，但仍然坚持"公共食堂必须办好"的提法。当时，陈云正在浙江调研化肥生产设备问题，他根据此前在河北、山东、河

---

① 周太和：《陈云同志四次农村调查的前后》，见本书编辑组编：《陈云与新中国经济建设》，中央文献出版社 1991 年版，第 166 页。
② 中共中央文献研究室编，金冲及、陈群主编，曹应旺副主编：《陈云传》（下），中央文献出版社 2005 年版，第 1260 页。
③ 周太和：《陈云同志四次农村调查的前后》，见本书编辑组编：《陈云与新中国经济建设》，中央文献出版社 1991 年版，第 158 页。
④ 中共中央文献研究室编，金冲及、陈群主编，曹应旺副主编：《陈云传》（下），中央文献出版社 2005 年版，第 1276 页。
⑤ 中共中央文献研究室编，金冲及、陈群主编，曹应旺副主编：《陈云传》（下），中央文献出版社 2005 年版，第 1277 页。
⑥ "六十条"是《农村人民公社工作条例》的简称。

南、安徽农村调查的情况,在谈话中明确表示不办公共食堂好,主张把粮食分配到户,给农民一定自主权。他说:"不一定都吃食堂,没有食堂难道社会主义就会垮台吗?"① 同年五六月间,中央工作会议通过了"六十条"修正草案,改变了"办好公共食堂"的提法,规定"在生产队办不办食堂,完全由社员讨论决定","社员的口粮,不论办不办食堂,都应该分配到户,由社员自己支配"。②

那时,陈云对"大跃进"以来的浮夸风十分反感。在南京休养期间,他听到一段歌颂"大跃进"的评弹,其中有诸如"水稻高产二十万斤"、"一个西瓜两百斤,桃子大得像脸盆"③ 一类唱词。他当场毫不客气地说:"这一类东西,过去唱了算了,现在则不必再唱。要通知江苏省检查一下。"④

1961年,陈云在青浦调查中了解到,青浦农民原本晚间到黄浦江打鱼,黎明时分正好沿江到上海出售,自从上海市向青浦县派购鲜鱼以来,县里怕完不成派购任务,规定农民必须把鱼先运回,卖给县水产公司,再由水产公司运到上海。这样做,不仅浪费运力、耽误时间,而且把鲜鱼变成了死鱼,影响效益。陈云认为很不合理,劝青浦县的有关领导允许农民把鱼直接运到上海出售。但县委回答,这先要让上海市委取消下达给青浦的派购任务,而上海市是绝对不会同意的。陈云听后对随行工作人员说:"我一个党中央副主席,连这样一个小问题都解决不了,实在对不起全国人民。"⑤

进入改革开放新时期,陈云很少再到基层调研,但他仍然通过其他方法了解基层实际,并且依然保持着反映意见不加掩饰的风格。

---

① 中共中央文献研究室编,金冲及、陈群主编,曹应旺副主编:《陈云传》(下),中央文献出版社2005年版,第1257页。

② 中共中央文献研究室编,金冲及、陈群主编,曹应旺副主编:《陈云传》(下),中央文献出版社2005年版,第1256—1257页。

③ 中共中央文献研究室编,金冲及、陈群主编,曹应旺副主编:《陈云传》(三),中央文献出版社2015年版,第1304页。

④ 中共中央文献研究室编,金冲及、陈群主编,曹应旺副主编:《陈云传》(下),中央文献出版社2005年版,第1294页。

⑤ 薛暮桥:《杰出的经济工作领导者——陈云同志》,见本书编辑组编:《陈云与新中国经济建设》,中央文献出版社1991年版,第39—40页。

粉碎"四人帮"后,排除了极左思潮的干扰,可以通过借外债进口设备。那时,从上到下怀着大干快上的急迫心情,希望把"文化大革命"耽误的时间抢回来,掀起了一场"洋跃进"。陈云认为,在自力更生为主和不吃亏的前提下,借外债、引进技术是必要的。但对外债要分析,其中大部分是卖方信贷,不是自由外汇。前者需要国内拿出大量配套资金,涉及综合平衡;后者利息高达15%,涉及还款能力。所以,头脑要冷静。他在1980年底的中央工作会议上直率地说,"我们必须清醒地看到,外国资本家也是资本家。……对外国资本家在欢迎之中要警惕"[1]。

自从农村实行联产承包责任制后,粮食产量大幅度提升。这时,一些领导同志忽视了粮食增产的多方面因素,乐观地认为中国的粮食"过关了",今后农民愿意种什么就种什么,不必再干预,并且鼓励农民外出务工经商。陈云根据多年经验,认为人口多、耕地少是中国的基本国情,不能轻言中国粮食问题解决了。为此,他在1985年党的全国代表会议上的讲话中直言:"现在有些农民对种粮食不感兴趣,这个问题要注意。""发展乡镇企业是必要的。问题是'无工不富'的声音大大超过了'无农不稳'。""十亿人口吃饭穿衣,是我国一大经济问题,也是一大政治问题。'无粮则乱',这件事不能小看就是了。"[2] 果然,由于主观上放松了粮食生产,导致1985年至1988年连续四年粮食减产,引起物价波动,直到1988年后方才止跌回升。

第四,结论扎实。正因为陈云的调研深入细致、注意材料的真实性,所以,调研得出的结论也总是扎实可靠、经得起实践检验。

1958年底,毛泽东对"大跃进"中的高指标、浮夸风有所觉察,提出"压缩空气"[3]、降低指标,认为原先定的1959年钢铁产量2700万吨到3000万吨的指标太高了,要降到1800万吨到2000万吨。在党的八届六中全会期间,陈云认为这个指标仍然太高,最好不要写在会议公报中。1959年初,在毛泽东召集的小会上,他直接对1800万吨能否完成表示怀疑,但

---

[1] 《陈云文选》第三卷,人民出版社1995年版,第277页。
[2] 《陈云文选》第三卷,人民出版社1995年版,第350页。
[3] 《毛泽东文集》第七卷,人民出版社1999年版,第445页。

未被接受。同年三四月份,毛泽东在上海召开的中央政治局会议和党的八届七中全会期间,发觉1800万吨的指标确实过高,感到陈云的意见是正确的,于是在大会上说:"发表1959年粮、棉、钢、煤的数字问题上,正确的就是陈云一个人。"① 会后,有关部门核实1958年的钢产量,发现好钢(指符合质量标准的钢。——笔者注)只有800万吨。在毛泽东提议下,中央书记处会议决定由陈云领导中央财经小组,研究落实1959年的钢铁指标。

在此之前,陈云经过调研,已经了解到钢铁生产中存在运输、洗煤、矿山、电力等薄弱环节。接到中央任务后,他又找国家计委、冶金部具体负责同志个别谈话,倾听他们掌握的实际情况;然后,连续六天听取冶金部汇报,分别了解矿石、焦炭、耐火材料、钢铁冶炼、钢铁品种等各个环节的问题;最后根据冶金部、国家计委、国家经委各自提出的方案,正式向中央建议,1959年钢的生产指标为1300万吨、钢材生产指标为900万吨,被中央所采纳。执行结果,年底钢和钢材的实际完成数分别为1378万吨和897万吨,与陈云的建议数基本吻合。

三、"比较""反复"是陈云调查研究后作决策的要领所在

对于领导机关和领导干部来说,通过调查研究弄清实际情况的最终目的,是为了作决策。陈云的"十五字诀"的"比较""反复",主要就是针对决策方法提出的。关于"比较""反复"的意思,本文开头引用的陈云论述中已作了说明,这里再通过他在1962年"七千人大会"期间和1987年中央政治局扩大会议上的讲话,进一步加以说明。

首先,关于"比较",陈云的观点是:"讨论决定重大问题时,事先要调查研究,要准备好方案,而且要准备两个方案,不要只准备一个方案。"把各种方案拿来比较的时候,不但要和现行的作比较,和过去的作比较,

---

① 中共中央文献研究室编,逄先知、金冲及主编:《毛泽东传(1949—1976)》(下),中央文献出版社2003年版,第940页。

还要和外国的作比较。这样进行多方面的比较，可以把情况弄得更清楚，判断得更准确。"多比较，只有好处，没有坏处。"①

其次，关于"反复"，陈云的观点是："作了比较以后，不要马上决定问题，还要进行反复考虑。对于有些问题的决定，当时看来是正确的，但是过了一个时期就可能发现不正确，或者不完全正确。因此，决定问题不要太匆忙，要留一个反复考虑的时间，最好过一个时候再看看，然后再作出决定。"②"决定问题不要太匆忙，要留一个反复考虑的时间。这也是毛主席的办法。他决定问题时，往往先放一放，比如放一个礼拜、两个礼拜，再反复考虑一下，听一听不同的意见。如果没有不同的意见，也要假设一个对立面。吸收正确的，驳倒错误的，使自己的意见更加完整。并且在实践过程中，还要继续修正。"③可见，在陈云看来，调查研究和决策是一个完整过程，要使决策符合实际，仅仅调查研究的方法正确还不够，还必须做到决策的方法也正确才行。而要使决策的方法正确，要领就在于"比较""反复"。综观陈云的决策实践，"比较""反复"主要体现在四个方面。

一是勤思考。就是说，决策时要多动脑筋，考虑各种可能出现的结果。前文所述毛泽东称赞陈云在发表1959年粮、棉、钢、煤四大指标问题上是唯一正确的人的那次讲话中，他同时强调领导干部要多谋善断，并举了陈云多次提出很好的建议却没有被采纳的例子。④多谋善断，这确实是陈云的一大风格。他常讲，领导干部要"踱方步"⑤，意思是不要整天陷在事务堆里，要拿出时间思考一些大问题。他说，旧社会商店中有一种人，头戴瓜皮帽，手拿水烟袋，不站在柜台前卖货，而是在后面观察，看什么货走得快，什么货走得慢，考虑什么时候应该进什么货，这些都是战略性问题，

---

① 《陈云文选》第三卷，人民出版社1995年版，第358、189页。
② 《陈云文选》第三卷，人民出版社1995年版，第189页。
③ 《陈云文选》第三卷，人民出版社1995年版，第372页。
④ 中共中央文献研究室编，逄先知、金冲及主编：《毛泽东传（1949—1976）》（下），中央文献出版社2003年版，第939页。
⑤ 中共中央文献研究室编，金冲及、陈群主编，曹应旺副主编：《陈云传》（三），中央文献出版社2015年版，第1063页。

"我们要有这样的战略家"①。事实说明,他就是这样的战略家。

三年困难时期,陈云通过调查研究,不仅摸清了困难的情况和原因,而且深入思考克服困难的有利条件和具体办法。他在1962年刘少奇主持的中央政治局常委扩大会议(俗称"西楼会议")和周恩来主持的国务院各部委党组成员会议上,先后两次讲话,一方面实事求是地摆出了财经方面面临的农业减产、基建规模过大、货币超发、通货膨胀、城市人民生活水平下降等五个困难;另一方面列出了政策调整已收到效果、农产品产量有所回升、工业和交通生产能力有所扩大、人民群众会同中国共产党合作、党的各级干部通过教训取得了经验等五条克服困难的有利条件。然后,拿出了克服困难的一系列措施,其中包括把今后十年的经济规划分为恢复和发展两个阶段,减少城市人口,采取一切办法制止通货膨胀,把一切可能的力量用于农业增产,尽力保证城市人民的最低生活需要等。他说:"农业问题,市场问题,是关系五亿多农民和一亿多城市人口生活的大问题,是民生问题。解决这个问题,应该成为重要的国策。"②

陈云特别提到了离农村耕地较远的1亿城市人口的吃穿问题,他说:"这样的问题,是国家大事。"③ 为此,他想出了一些解决问题的办法。例如,为了增加市民的蛋白质,防止浮肿病,可以供应每人每月3斤大豆。他通过请教专家了解到,每人每天最低需要70克蛋白质,一斤粮食含45克,一斤蔬菜含5克,一两大豆含20克。这在缺肉少蛋的情况下补充营养,是可靠的办法。那时每年大豆产量有120亿斤,拿出30亿斤给城市是可能的。再如,划拨一些钢材制造机帆船,让水产部门出海多捕一些鱼,给每人每月分配半斤鱼;再设法多收购一些猪,给每人每月增加半斤肉。这样,一个五口之家,仅鱼和猪两项,就有5斤肉。再如,棉布和布票太少,孩子的袜子不够穿,拿出一点外汇,进口1000吨尼龙,织4000万双袜子,如果织尼龙底的袜子,产量还可加倍。这样,顾客欢喜,国家也能回笼货币,公私两利。再如,把价值几千万元的山珍海味拿出来办高价饭

---

① 《陈云文选》第三卷,人民出版社1995年版,第310页。
② 《陈云文选》第三卷,人民出版社1995年版,第210页。
③ 《陈云文选》第三卷,人民出版社1995年版,第209页。

馆，既可改善一部分高收入人群的生活，也能回笼不少货币；再进口一部分糖，制作高价糖果，同样可以收到一举两得的效果。

"文化大革命"时期的"九一三"事件后，陈云从"战备疏散地"江西返回北京，被周恩来安排协助自己抓对外贸易。那时，中苏关系恶化，贸易额大幅下降，按照陈云的计算，对外贸易已由过去75%对苏联东欧，变为75%对资本主义国家。因此，每年春秋两次在广州举办的中国出口商品交易会（简称"广交会"），成为打破封锁和禁运的重要渠道。1973年10月，广交会举办时，正值国内极左思潮甚嚣尘上、国际金融动荡不定之时。为了打开和扩大我国出口局面，陈云决定亲自前往调研。通过实地考察，他发现许多问题属于思想受束缚造成的，并一一提出了有针对性的建议。例如，有人认为出口工艺品的价格只能升不能降。陈云指出，稳价多销不对，但高价高到卖不出去也不对，作价原则还是要从汇率中找出规律。提价不一定是马列主义，降价也不一定是机会主义。再如，有人认为资本主义国家的商品交易所是投机商活动的场所，我们不能利用。陈云则对香港华润公司所属五丰行利用商品交易所购买砂糖期货的做法大加赞扬，并为外贸部起草了向国务院的请示报告，指出商品交易所具有两重性："我们应该研究它，利用它，而不能只是消极回避。"[1] 那时，有人认为进口棉花加工棉布出口，违背了自力更生原则。陈云对外贸部负责同志说："这种看法是不对的。"[2] 现在国内棉花不够，英美棉花多但人工费用高，搞纺织工业不合算。我们的工资比他们低得多，进口棉花，加工棉布出口，可以为国家创造外汇收入，加快国家的工业建设，"不这样做就是傻瓜"[3]。由于受极左思潮影响，一些人把出口工艺品题材中凡有观音、弥勒佛及历史人物肖像的，都当成封建迷信，使生产和出口遇到极大阻力。陈云了解到这个情况，建议外贸部向中央写个报告，请示《西游记》《三国演义》《水浒传》《岳飞传》等书中的题材是否可用，只要中央批准，下面就好动了，否

---

[1]《陈云文选》第三卷，人民出版社1995年版，第222页。
[2]《陈云文选》第三卷，人民出版社1995年版，第223页。
[3]《陈云文选》第三卷，人民出版社1995年版，第223页。

则会影响创作的积极性。① 这些建议，都是他经过调研后深思的结果。

二是多方案。就是说，决策时不要只有一个方案，要多几个方案。陈云反复讲："研究问题，制定政策，决定计划，要把各种方案拿来比较。"② "必须作出几个比较方案，择优选用。"③

新中国是在小农经济的基础上开展大规模工业化建设的，农业生产力落后，粮食商品率低，因此，1953年实施"一五"计划建设、城市人口急剧增加后，对粮棉等农产品需求的压力陡然加大。全国解放后，粮食产量比新中国成立前有了较大提高，但国家粮食收支仍然出现严重赤字。1953年至1954年粮食年度，国家收购340亿斤，销售480亿斤，缺口140亿斤。陈云解释其原因说，新中国成立前，"是少数人能够吃饱、穿暖，现在是几万万翻身了的劳动人民都有饭吃、都有衣穿。只要全国每一个人一年多穿一件衣服，一年就要多消费三千万到四千万匹布；多吃一斤肉，一年就要多消费六百万到七百万头猪；几万万人的消费水平提高，就会使增产了的消费品发生供不应求"④。这个问题如果得不到解决，大规模工业化建设将难以为继。为此，陈云考虑了八个应对方案，即又征又配、只配不征、只征不配、原封不动、"临渴掘井"、动员认购、合同预购、各行其是。几经比较，反复权衡，只有又征又购，即在农村征购、城市配给，也即统一征购、统一销售，或叫计划收购、计划供应的方案可行。这是因为征购来的粮食，除了要满足城镇人口的口粮外，还要拿出1/4左右返销给农村的菜农、烟农和灾民、渔民、牧民、林民、盐民；拿出相当数量的粮食、大豆，以及以粮食为基础的肉、蛋、水果等农副产品用于出口，以便进口国外的工业设备和橡胶。以上八个方案，说到底是两个方案，要么国家搞到足够的粮食，要么搞不到。陈云说："我现在是挑着一担'炸药'，前面是'黑色炸药'，后面是'黄色炸药'。如果搞不到粮食，整个市场就要波动；如

---

① 中共中央文献研究室编，金冲及、陈群主编，曹应旺副主编：《陈云传》（下），中央文献出版社2005年版，第1420页。
② 《陈云文选》第三卷，人民出版社1995年版，第189页。
③ 《陈云文选》第三卷，人民出版社1995年版，第280页。
④ 《陈云文选》第二卷，人民出版社1995年版，第259页。

果采取征购的办法，农民又可能反对。两个中间要选择一个，都是危险家伙。"① 经过中央慎重研究，最后决定采取统购统销政策。由于政府制定的征购数量和价格是农民可以接受的，加上广泛的政治动员和粮食部门、农村干部的细致工作，终于使统购统销政策得以顺利实行。

三是慢出台。就是说，确定了决策方案后，不要急于出台。1951年初，在毛泽东提出"三年准备、十年计划经济建设"②的思想后，周恩来、陈云等人即着手编制第一个五年计划的纲要草案。经过一年多，编出了《关于编制五年计划轮廓的方针》和《中国经济状况和五年建设的任务及附表》，作为请苏联提供援助的材料。此后，在与苏联洽谈援助项目的过程中，对"一五"计划轮廓草案又进行了两次修改。1954年，"一五"计划的骨干项目已经启动了一年，毛泽东要求3月中旬必须拿出计划纲要草案的初稿。陈云虽然按时完成了任务，但感到有些方面还是不够可靠，于是重新组织了一个计划纲要的起草小组，用半个月时间编出了《1953—1957年国民经济发展计划纲要初稿》，交由政务院和中央政治局讨论，并在6月底向中央提交了《关于第一个五年计划的几点说明》。尽管对可能遇到的问题作了周密考虑，但他仍然主张"一五"计划不要过早出台，还是边执行、边观察、边调整为好。后来，苏联将对华援助的骨干企业由141项扩大到156项，陈云主持"一五"计划编制小组对草案作了进一步修订，于年底又将草案交给中央各部和地方各省分别开展讨论，然后根据讨论的意见，对草案作了补充修改，终于在1955年2月完成了编制工作，并先后经过3月召开的党的全国代表会议和7月召开的全国人大一届二次会议审议通过。

20世纪90年代，参加过"一五"计划编制工作的宋劭文在回忆文章中说："一五"计划经过反复酝酿，前后数易其稿，费时四年，边建、边改、边学，终于编成，付诸实施。由于计划是建立在大量调查研究的基础之上，实行了决策的民主化、施工的程序化，到1957年底，计划全面提前

---

① 《陈云文选》第二卷，人民出版社1995年版，第208页。
② 中共中央文献研究室编：《毛泽东年谱（1949—1976）》第一卷，中央文献出版社2013年版，第303页。

超额完成，构成了中国工业布局的基本框架。"可以说，我国'一五'计划的提前完成，为我国打下了一个工业化的初步基础。'一五'时期，我国工业的发展速度远远超过了主要的资本主义国家，经济建设取得了举世瞩目的成就，充分显示出社会主义制度的优越性。'一五'建设的成功经验是多方面的，至今仍然有很多值得我们认真地加以总结和借鉴的地方。"①

粉碎"四人帮"后，集中精力抓生产、借外债、进口设备等禁锢被打破，人们希望通过大干快上，把"文化大革命"中损失的时间抢回来，结果形成了"洋跃进"，造成已经失调的农业和工业、重工业和轻工业、积累和消费、税收和投资等重大经济比例关系的进一步失调。党的十一届三中全会后，陈云回到中央领导岗位，力主进行国民经济调整，理顺比例关系，砍掉一批包括靠卖方贷款引进的基本建设项目。经过激烈的思想斗争，党中央领导层统一了认识，决定由陈云出任新成立的国务院财经委员会主任，主持新中国的第二次国民经济调整。在调整中首当其冲碰到的一个问题是，如何处理上海宝山钢铁厂（简称"宝钢"）项目。这个项目的主体是从日本引进的成套设备，已经开始施工，而且已经使用外汇近6000万美元，预计全部工程将达到57亿美元（合人民币200亿元），超过原来估算一倍多。因此，该项目是上马还是下马，备受各方瞩目。1979年5月，国家计委等七个部委向中央写出报告，一方面认为宝钢项目应当继续搞下去，另一方面主张压缩投资、延长工期。究竟怎么办，陈云为此不仅在北京召开了多次座谈会，还用一周时间到上海调研，同上海冶金部门和企业的干部座谈。在同年6月16日的国务院财经委员会的会议上，他说："在近一个半月中间，我对宝钢如何建设的问题，有过三次反复的考虑。"然后，他具体讲述了三次反复的过程，并说"这三次反复，对我来说是很有益处的"。②最后，他综合各方意见和自己的反复考虑，提出了八点意见，总的意思是按照六部委和银行的报告办，同时又补充和强调了一些内容。实践

---

① 宋劭文：《周总理和我国第一个五年计划》，见本书编辑组编：《我们的周总理》，中央文献出版社1990年版，第162页。
② 《陈云文选》第三卷，人民出版社1995年版，第259—260页。

证明，这个决策是一个成功范例，它使宝钢这个特大项目不仅在调整中被保留了下来，而且适应了调整的需要，最终用七年时间完成了一期工程，在现代化建设中发挥了重要作用。

四是再完善。就是说，决策即使出台了，仍然要密切跟踪执行情况，在实施过程发现问题要及时纠正，使决策更加完善。陈云之所以提倡决策时要多准备几个方案，就是因为在他看来，任何方案都有利有弊、有得有失，区别只在于利大还是弊大，得多还是失多。被选作决策的方案，并不会因此变得只有利与得，没有弊与失。这就决定了在决策实施过程中，不仅要设法对决策方案中固有的弊与失加以限制，防止这一面扩大，而且要随时总结经验，不断纠正可能出现的偏差。

前文提到，1953年为解决粮食购销矛盾，在诸多方案中选出了"统购统销"这一方案作为国家粮食工作的大政策。这虽然是当时唯一可行的方案，但陈云在亮明自己主张后，首先不是让大家再摆摆这一方案的好处，而是指出，"如果大家都同意这样做的话，就要认真考虑一下会有什么毛病，会出什么乱子"[①]，并且具体列举了可能发生的几个乱子。然后他说："毛病还可以举出好多，因为我们没有经验，意想不到的事情一定会有。"[②] 他在这里特别提出，要努力做到向农民征购后，"不仅要给他们钞票，还要供应他们物资"[③]。后来，他通过农村调查，了解到有的地方将"产量估高了"，征了"过头粮"，调剂用粮无法买卖，留口粮缺乏标准等问题。陈云一方面指出对统购统销政策必须坚持，有缺点、有漏洞可以补充改造，但不能动摇；另一方面要求对统购统销进行"补课"，而且最好及早动手，指出迟作不如早作，迟了就被动了。他向中央建议，在统购统销基础上，实行定产、定购、定销的"三定"办法，即在一个粮食年度中，连征带购总数一定三年不变；粮食产量由各地政府预估，不得超过实际产量；农民留粮标准按照各地现有消费水平制定，允许粮食自给户、缺粮户将卖出的周转粮照数买回，从统购统销总数中扣除，得到了中央批准，形成文件下

[①]《陈云文选》第二卷，人民出版社1995年版，第210页。
[②]《陈云文选》第二卷，人民出版社1995年版，第211页。
[③]《陈云文选》第二卷，人民出版社1995年版，第211页。

达。农民反映，有了这"三定"，人心也就定了。这个例子充分说明，决策出台后，不仅应当完善，也是可以完善的。

陈云重视决策出台后的完善，在发现决策错了的时候，也敢于自我否定。他在制定"一五"计划时，感到其中最大的薄弱环节是农业特别是粮食生产。当时考虑，在粮食增产的三个办法，即开荒、修水利、合作化中，最现实的办法是合作化，因为搞合作化可以平均提高产量15%—30%，花钱少、收效快。后来发现，这个增产幅度带有恢复性，是不可持续的。所以，他把注意力又放到了化肥上。20世纪60年代初，化肥厂的重要设备如高压反应筒和高压压缩机等已试制成功。陈云原先主张，把发展化肥工业的重点放在年产800吨到2000吨的合成氨小型氮肥厂上。但实践证明，中小型的氮肥厂质量都不过关。于是，他果断决定进口关键材料，制造年产2.5万吨至5万吨合成氨大型氮肥厂的成套设备，并就此进行了部署。

1962年"七千人大会"上，毛泽东指出，在社会主义建设上，我们还有很大的盲目性，还有许多未被认识的必然王国，并说自己有许多问题还不懂得。讲到这里，他说："别人比我懂，少奇同志比我懂，恩来同志比我懂，小平同志比我懂。陈云同志，特别是他，懂得较多。"[1] 接着，他说了一句："他（指陈云）的方法是调查研究。"[2] 可见，在毛泽东看来，陈云在经济建设上之所以比别人懂得多的秘诀，就在于重视调查研究。历史证明，陈云的一生是践行"十五字诀"的一生，也是调查研究的一生。

当前，世界百年未有之大变局正在加速演进，不确定、难预料因素增多，国内改革发展稳定面临不少深层次矛盾，各种风险挑战、困难问题比以往更加严峻复杂。党中央此时发出大兴调查研究的号召，正是为了通过转变工作作风、密切联系群众，找到破解难题的办法和路径。我们要按照习近平总书记在纪念陈云同志诞辰110周年大会讲话提出的要求，"把实事求是贯穿到各项工作中去，经常、广泛、深入开展调查研究，努力把真实

---

[1] 中共中央文献研究室编，逄先知、金冲及主编：《毛泽东传（1949—1976）》（下），中央文献出版社2011年版，第2168页。

[2] 中共中央文献研究室编，金冲及、陈群主编，曹应旺副主编：《陈云传》（下），中央文献出版社2005年版，第1286页。

情况掌握得更多一些、把客观规律认识得更透一些,为协调推进'四个全面'战略布局打下扎实的工作基础"①,力争在2035年基本实现社会主义现代化,新中国成立100周年时把我国建成富强、民主、文明、和谐、美丽的社会主义现代化强国。

(原载《世界社会主义研究》2024年第1期。收入本书时,作者略作修改)

---

① 习近平:《在纪念陈云同志诞辰110周年座谈会上的讲话(2015年6月12日)》,人民出版社2015年版,第10页。

陈云家风
——共产党人家风的典范

家风者,家庭的风气、风貌之谓也,是指家庭中的长辈通过日常言传身教,影响家庭成员思想感情、人格品德、生活态度、行为规范而形成,并为后代所传承的一种精神力量。自古以来,中国就有重视家风的传统,把塑造良好家风视作扶正民风、社会风气的核心和基础。正因为如此,《孔子家语》《颜氏家训》《朱子治家格言》等家规范本,在我国流传久远,被家庭和私塾当成儿童的启蒙教材。然而,普通人家的家风无论好与不好,影响范围毕竟有限,除自己的家庭成员外,顶多波及周围邻里。对民风、社会风气产生较大影响的家风,当数社会地位比较高、名气比较大的家庭,地位越高、名声越大,家风影响范围也越广。所以,这种家风的好与不好,不仅是他们一家的事,也关系民风和社会风气。

中国共产党是在近代中华民族灾难日益深重,中国工人阶级伴随帝国主义经济侵略和民族资本主义发展而产生,中国先进知识分子和劳苦大众被俄国十月革命所唤醒的时代大背景下诞生的。组织这个党和较早加入这个党的人,绝大多数都是胸怀国家与民族兴亡,以解救天下劳苦大众为己任,信仰马克思主义,愿为中国独立和人民幸福不惜牺牲个人一切的人。因此,当他们在组建家庭、有了子女后,往往会很自然地用自己的崇高追求和人格、情操去感染家庭的成员,从而形成革命的家风;当革命胜利、共产党取得全国政权、他们成为掌握国家权力的人后,也不会像往日的农民起义军那样一旦建立政权便忘乎所以、腐化堕落，而会自觉地慎重地看待手中的权力，通过言传身教和日常生活的点点滴滴，影响自己的家庭成员，使他们也能拥有谦虚谨慎、平等待人、公私分明、遵纪守法、勤俭节约、助人为乐的品德，从而保持革命的家风，为普通人家树立榜样。在所有这类家风中，陈云同志的家风称得上是一个典范。

俗话说，"言教不如身教"。陈云同志的家庭之所以能有一个好家风，说到底，首先因为他自己有一个好作风，凡是要求别人做的，都是自己已经做到的。他虽然出身贫寒，幼年父母早逝，由舅父母抚养，但从小就很有志气。14 岁那年，因无力继续上学，经人介绍到上海的商务印书馆当了一名学徒，并由于勤快能干，提前一年升为店员。1925 年五卅运动爆发，他刚满 20 岁，因平时克勤克俭、追求上进，在工友中享有很高威信，被推举为罢工委员会的领袖。斗争中，他表现英勇机智，很快加入了中国共产党。对于自己入党的动机，他在后来的自传中说，是大革命的影响和通过看马克思主义书籍，"了解了必须要改造社会，才能解放全人类"。他写道："做店员的人，有家庭负担的人，常常在每个重要关头，个人利益与党的利益有冲突时，要不止一次的在脑筋中思想上发生矛盾，必须赖于革命理论与思想去克服个人利益的思想。"[①] 后来的无数紧要关头都证明，他的确是抱着这种崇高的革命理想而入党的，革命意志也的确是经受住了任何一种考验的。

在革命的征途上，陈云同志经过各种斗争的锤炼，使自己的思想越来越成熟，经验越来越丰富，领导艺术越来越高明，终于成长为一位伟大的无产阶级革命家。1930 年，他 25 岁时便进入了党中央委员会，以后又被指定为临时中央的政治局委员和政治局常委。在 1934 年临时中央与中央革命根据地的苏区中央局合并后，他当选为中央政治局委员和政治局常委（又称书记处书记）。从那时起直到"文化大革命"中间的党的九大，他一

---

① 中共中央文献研究室编，金冲及、陈群主编，曹应旺副主编：《陈云传》（上），中央文献出版社 2005 年版，第 36 页。

直是党中央领导集体的重要成员。粉碎"四人帮"后，他在党的十一届三中全会上重新当选为中央政治局委员和政治局常委，重新回到中央领导集体，直至党的十四大，以 87 岁高龄离职休养。在 70 年革命生涯里，无论处于地下斗争还是战争环境，身居要职还是遭受政治"冷遇"，他都能始终保持坚定的革命信念、积极的人生态度、旺盛的斗争精神、负责的工作态度、低调的处事风格，并能始终严格要求自己的家人、亲属和身边工作人员，要他们"读好书，做好人，以普通劳动者身份自居，不搞特殊化"。正因为如此，他的家庭才形成了一个既有老一辈革命家家风共性又有自身特点的良好家风。根据我的体会，陈云家风有以下几个特点。

小心谨慎，坚持原则

陈云同志要求自己的家属和身边工作人员做人做事既要谦虚谨慎又要敢于坚持原则，就是说，既不要马马虎虎、松松垮垮、不负责任，也不要唯唯诺诺、谨小慎微、跟着风跑。只要注意观察就会发现，他的一生就是这么做的。

我担任陈云同志秘书是在 20 世纪 80 年代初，在我即将离开他那里到基层工作时，他同我作了一次谈话，主要内容就是谈小心谨慎与坚持原则的关系。他说："我有在中央根据地失败的经验，因此，1945 年到东北后，兢兢业业工作。解放后，我到上海开会，抓'二白一黑'，打破帝国主义封锁。有人提出把工厂搬出上海，我考虑不行，只能从外地调大米、棉花。结果，到 1953 年，经济就恢复到了战前水平。那时，我算出全国只要每年有 2780 亿斤粮食，就不会出大问题。毛主席很奇怪，不知我是怎么算出来的。但我也有硬的一面。1962 年七千人大会时，毛主席要我讲话，我不肯讲，在陕西组的会上讲了'交换、比较、反复'。1978 年底中央工作会议上，我也是顶的，讲了彭德怀的问题，超出了当时华国锋关于平反冤假错案不得超出'文化大革命'的界限。后来，审判'四人帮'，政治局开会讨论，许多同志主张江青判死刑。我说不能杀，同'四人帮'的斗争终究是一次党内斗争。有人说，党内斗争也可以杀。我说党内斗争不能开杀戒，否则后代不好办。总之,我是一方面小心谨慎,一方面又很硬。"[1]

说到陈云同志对待工作之小心谨慎,考虑问题之周全细致,我是深有体会的。长期以来,他的讲话、发言都是由他亲自动笔,从不让人代劳。在我当他的秘书时,他已是80岁左右的老人,因此,有些讲话、发言就由我事先按他的意思起个草稿,然后送他审定。每当稿子写好送给他审,他都看得十分认真仔细。1982年底,出席五届全国人大五次会议的上海代表团要派代表来看望他,他交代我先拟一个谈话稿,并要求在里面说一下搞活经济与计划指导的关系。于是我按照此前他听取时任国家计委主任的宋平等同志汇报时的谈话纪要,以及他在讨论五届全国人大五次会议政府工作报告稿的中央政治局会议上的发言精神,写了这样一段文字:"搞活经济是在计划指导下搞活,不是离开计划的指导搞活。这就像鸟和笼子的关系一样,鸟不能捏在手里,捏在手里会死,要让它飞,但只能让它在笼子里飞。没有笼子,它就飞跑了。如果说'鸟'是搞活经济的话,那末,'笼子'就是国家计划。当然,'笼子'大小要适当,经济活动不一定限于一个省、一个地区,在国家计划指导下,也可以跨省跨地区。"他看过后,亲笔在"'笼子'大小要适当"后面加了"该多大就多大"六个字,在"也可以跨省跨地区"后面加了"甚至不一定限于国内,也可以跨国跨洲"16个字。虽然只增加了二十几个字,却使"鸟"与"笼子"这个形象的比喻得到了更加完整而准确的表述,被赋予了更加丰富而深刻的内涵。

至于说陈云同志坚持原则、敢于碰硬的故事,那就更多了。新中国成立后,在财经战线特别是计划、财政、金融、物资、粮食、劳动等综合部门工作过的老同志,几乎都知道他有一句名言:"原则问题,该顶必顶,现在不顶,以后检讨。"因为在那个年代,许多地方、部门为了本地区本部门的发展,都千方百计争项目、争资金,一些领导同志也往往出面说情、批条子,使得综合部门左右为难,压力很大。不同意吧,要得罪人,甚至遭到批判;同意吧,国家的财力、物力就那么多,如果这个也批准,那个也

---

[1] 中共中央文献研究室编,朱佳木主编:《陈云年谱(修订本)》下卷,中央文献出版社2015年版,第432页。

通过，搞"冒"了，今后肯定又要调整，要"下马"，最终国家受损失，点头的部门也免不了作检讨。所以，陈云同志提倡在综合部门工作的同志"头皮要硬"，要顶得住。他自己就是因为"顶"，结果在反"反冒进"中遭到了严厉批判。当然，历史已经证明，那时正确的是他。

改革开放后，陈云同志担任中纪委第一书记，在中央政治局常委中分管党风党纪工作。他要求各级纪委要做"铁纪委"，不当"老太婆纪委"，并指出对于钻改革开放空子以权谋私的人和事，必须以除恶务尽的精神与之斗争，无论是谁违反党纪、政纪，都要坚决处理，违反法律的还要建议依法处理，"各级纪委必须按此原则办事，否则就是失职"[①]。他这样要求别人，自己首先以身作则。1982年初，在他和小平同志推动下，全国掀起了一场打击严重经济犯罪的斗争。有些同志担心大张旗鼓地打击经济犯罪会影响改革开放，他针对这种顾虑说："怕这怕那，就是不怕亡党亡国。"他对我说："抓这件事是我的责任，我不管谁管？！我准备让人打黑枪，损子折孙。"他要我转告他的子女，出门时要注意安全，还交代我也要小心。当我转身走到门口时，他又把我叫回来补了一句："让你的爱人也要注意。"他就是抱着这样的决心和勇气，对待反腐败斗争的。

陈云同志这种既小心谨慎又敢于碰硬的精神，使他的家人受到很大熏陶。他的二女儿陈伟华在"文化大革命"期间高中毕业，被分配到北京远郊区当了一名小学教师。每当周末回到城里休息，周日晚上一定要乘坐长途汽车赶回学校。有一次，由于返校时遇上大雪，长途汽车停驶，为了按时给学生上课，她硬是踏着雪步行了几十里路。因为工作勤勤恳恳、热心公益事业，她被县教育局评为了优秀教师，还被批准加入了中国共产党。陈云同志得知她入党的消息，非常高兴，嘱咐她一定要做名副其实的共产党员。

陈云同志的夫人于若木，"文化大革命"中被下放到湖南衡东中国科学院的"五七"干校。她对江青的奢侈有所了解，尤其看不惯江青在"文化大革命"中的那种嚣张表现，没有和任何人商量，便在"一打三反"运

[①]《陈云文选》第三卷，人民出版社1995年版，第356页。

动中用真名真姓贴出了两张揭发批判江青资产阶级生活作风的大字报，遂被打成现行反革命，开除党籍，隔离审查。可以想象，在当时那种政治气候下，没有超乎寻常的斗争勇气，要这样做是根本不可能的。幸亏后来陈云同志亲自给毛主席写信，总算保住了她的党籍。

公私分明，勤俭持家

不占公家便宜，不搞特殊化，是陈云同志家风的一大特色。全国解放初期，陈云同志担任中财委主任，于若木同志也在中财委机关工作，本来完全可以搭乘他的汽车上下班。但于若木同志从来是自己骑自行车去机关，没有搭过一次便车。以后，于若木同志调到中国科学院工作，单位在香山，平时住单位，周六要骑一个半小时的自行车才能到家。改革开放后，有人就这件事采访她，她的回答很简单："我们的家风有一个特点，就是以普通的劳动者自居，以普通的机关干部标准严格要求自己，不搞特殊化。"

新中国成立初期，由战争年代的供给制改为工资制，而他家三个孩子都在住宿制学校上学，学费、伙食费要从工资中扣，一下子交不出来。为了省钱，于若木同志只好把他们转到附近的小学走读，在家吃住。三年困难时期，国家棉布实行定量供应，为了省布票，于若木同志就把大人的衣服拆了，改给小孩穿；又把大孩子的衣服拆了，改给更小一点的孩子穿。那时，孩子的衣服和书包都是她用缝纫机缝，就连陈云同志的衬衣、睡衣也都是她做的。"文化大革命"期间，陈云同志被下放到江西南昌，身边没有一个亲人，陈云同志的大女儿陈伟力向单位请假去照顾他。他对陈伟力说："你来照顾我这段时间，不能拿工资，要把工资退还给公家。"后来，陈伟力果真按照父亲的要求，把那段时间的工资退给了单位，单位的财务部门还因此给她开了一张收据。

上海刚解放时，陈云同志给家乡一位老战友的孩子回信，叮嘱他和自己在家乡的表弟，"千万不可以革命功臣的子弟自居，切不要在家乡人面前有什么架子或者有越轨违法行动"；要求他们"必须记得共产党人在国家法律面前是与老百姓平等的，而且是守法的模范"。信中还说："我与你父亲既不是功臣,你们更不是功臣子弟。""你们必须安分守己,束身自爱,丝毫不得有违法行为。我第一次与你通信,就写了这一篇,似乎不客气,但我深觉我有责任告诫你们。"① 可见,他不仅对自己的家人严格要求,对所有沾亲带故的人也都是这样要求的。

陈云同志要求家人、亲属公私分明,自己分得更清楚,更严格。他是江浙人,从小喜欢听评弹,新中国成立后,为了养病和休息,把听评弹录音当成自己的主要业余爱好。20世纪50年代,他一直使用苏联送给我们中央政治局几位常委的那种笨重的磁带录音机,但用久了,经常坏。改革开放后,工作人员拿来一个台式录音机让他用,他一问,是从机关拿来的,立即让拿回去。后来,他的长子陈元用工资给他买了一台,这才留下,一直用到去世。

有一年,上海评弹团在进京演出前,让我请示陈云同志可不可以到他家里演出一次。我去问他,他说:"见见他们可以,但不必听演出。我每天听录音不是很好吗?在这种事上(指设专场。——笔者注),还是要严肃一些。"还有一次,他要我请上海广播电视台的同志帮助录一段评弹,说完从桌上拿出两盒没有开封的空白磁带交给我。我一下子没有反应过来,不知给我那两盒磁带是做什么用的。他看出我的疑惑,解释说:"这是让他们录音的。"我这才明白。

还有一件事,也很能说明陈云同志在公私问题上分得之清楚之细微。那是1984年,中国人民银行送来三枚新中国成立35周年的纪念币,每枚面值1元。他把我叫去说:"要给他们钱,否则我不要。"我当然只能照办,弄得对方都不知道该怎么下账。

陈云同志对属于公家的东西秋毫无犯,对于自己私人范围的事,要求也十分严格,有时几近苛刻。他平日粗茶淡饭,生活极其俭朴,出门轻车简从,而且从不吃请、不收礼。他吃饭非常简单,中午两菜一汤,菜谱每周一轮,都是一些家常菜,每餐必吃光喝净,不剩一粒米一口汤。有一年春节我值班,到他吃饭的小房间,见仍然是两菜一汤,一荤一素,便对他

---

① 《陈云文选》第一卷,人民出版社1995年版,第396页。

说:"过节了,加个菜吧。"他笑着说:"不用加,我天天过节。"意思是说,现在的伙食和过去艰苦年代比,就和过节一样。有一次他到外地,接待的宾馆不知道他的规矩,第一顿饭为他摆了一桌子菜。他一看就不高兴,无论如何不肯就座。人家没办法,只好按他的习惯重新做两菜一汤。虽然耽误了吃饭时间,但他看到把宴席撤掉了,兴致却很高,和我坐在餐厅边等饭菜边聊天,足足聊了一个小时。

陈云同志每到外地休养,对当地领导一律有个"八字原则",叫作"不迎不送,不请不到"。他认为自己不是为工作去的,不应再给当地领导添麻烦。有一次在杭州,一位省领导因为知道他的"原则",所以没打招呼便过来看他。人已经到了住地门口,我立即去报告。陈云同志说:"我这里没事,要他回去做工作。"我只好如实回答,并陪着那位领导在客厅聊了一会儿。我心想,人家是不扰民,陈云同志是连"官"也不扰啊。

陈云同志拒绝宴请和送礼是出了名的。他说过,只有毛主席和周总理送的礼他才收,因为他们没有什么事要求他办。有一天,他要外出开会,让我帮他从办公桌连体柜里找个公文包。我看到里面有好几个包,不知他要哪一个,便都拿了出来。他指着其中一个皮包说:"其他都是会上发的,只有这个包是荣毅仁送的。他在公私合营时代表资本家同我们谈股息,他送的东西我不能不收。"这个话说的是 20 世纪 50 年代,我们党决定对资本主义工商业实行赎买政策,但资方固定资产如何折旧,国家按多少利率付股息,还需要政府同资方具体算账。政府方面主管这项工作的是陈云同志,资方出面的是荣毅仁等。荣赠送皮包,是为了表示对陈云同志的敬重,如果不收,不仅失礼,也会影响工作气氛。所以,陈云同志说,他只收过荣毅仁的礼。

但对于党内同志送的礼,陈云同志就没那么"客气"了,不仅铁面无私,而且在旁人看来有时甚至有些"不近人情"。我就遇到过一次这样的事。一位同陈云同志非常熟悉的部队老同志知道他肠胃不好,医生要他每天吃香蕉,所以特意从广州带回一箱香蕉,派秘书送来,已到了中南海大门口,给我打电话。我们这些工作人员都知道陈云同志的规矩,凡是有人来送礼,必须向他报告,不得擅自收下,所以我只能请示。陈云同志回答得很干脆："我这里有香蕉，让他拿回去，自己吃。"我不好意思回电话，便骑自行车到中南海大门口，向人家当面答谢和解释，眼看着来人扛着那箱香蕉怏怏而去。

对于陈云同志这种克勤克俭、严于律己的精神，于若木同志和子女都很了解，也都很支持。因此，他们从不为自己的事去麻烦陈云同志，相反，陈云同志对他们提出的要求，则会欣然照办。在陈云同志80大寿时，有人提出召集一些老同志和他在一起吃顿便饭，庆祝一下。他知道后，坚决不同意。于是于若木及子女们经过同他协商，决定全家照张合影，用这种再简单不过的形式，为他过了80岁的生日。

1984年，陈云同志从报纸上了解到师范学校招生难，认为这个问题很值得重视。他要我转告有关领导，教师质量不高对下一代影响很大，应当使中小学教师的工资比同等学力从事其他行业的人略高一点，并帮助他们解决一些实际问题，提高他们的社会地位，使教师真正成为社会上最受人尊敬、最值得羡慕的职业之一。在那次谈话中，他还提到陈伟华，说她过去是小学教师，以后上了师范大学，但毕业分配到国家机关，对此他是不赞成的，今后应当"归队"。我把陈云同志的这个意思告诉了陈伟华，她很痛快地表示，正好她也在考虑离开机关重新干老本行的事，父亲的话促使她下了决心。不久，她回到自己的母校，当了一名普通的中学教师，在这个岗位上一直干到退休。

淡泊名利，酷爱学习

陈云同志晚年为了锻炼身体，开始练习写大字。他写得最多的条幅之一是："个人名利淡如水，党的事业重如山。"这两句话可以说是他在市场经济条件下向全党同志发出的告诫，是向家人和身边工作人员的提醒，也可以看成是他自己一生的写照。

陈云同志对名利一向看得很淡，总是见到工作朝前站，遇到名誉往后靠，凡是宣传他的东西，只要送他审查，一概被他"枪毙"。有人说他谦虚，他说这不是谦虚，是实事求是。20世纪60年代初，中国青年出版社编辑丛书《红旗飘飘》，组织人撰写当时七位中央政治局常委青少年时代的革命故事，把关于他的那篇送他审阅。他坚决不同意发表，说他和毛、刘、周、朱（指毛泽东、刘少奇、周恩来、朱德。——笔者注）不能一个规格。他给自己立下的这条杠杠，还用在了许多其他事情上。例如，20世纪50年代初，苏联以斯大林名义送给当时党中央五位书记一人一辆吉斯牌轿车，他同样以这个理由没有要，而是仍旧坐原来那辆吉姆车。我在他那里当秘书时，有一次谈到定工资级别的事，他对我说："在这种事上要自知之明，自己不要争。"当年供给制改工资制，有关部门把党中央五位书记定成最高级别一级，他知道后，给时任中央组织部部长的安子文打电话，说对他要和对毛、刘、周、朱有所区别，他们是"第一排"的，他属于"第二排"，他只能定二级。后来，毛主席知道了这件事，问为什么给陈云同志定二级。有关部门如实答复，毛主席听后大为赞赏。

改革开放后，陈云同志和小平同志的威望最高，尽管在正式排名上他们并不在最前面，但在全党全国人民心目中，他们两位无疑是处在最前面的。而且，无论是革命年代还是"文化大革命"前，陈云同志的名字一直是排在小平同志前面的，但他总是强调，小平同志是全党的核心。1983年，他听说《陈云文选》第一卷在发行的宣传规格上和《邓小平文选》发行时一样，便让我转告时任中央宣传部部长的邓力群同志，说他的书在宣传规格上要比小平同志的书略低一些，小平同志应当比他高一些。

1982年初，为了配合当时党的思想作风的整顿，中央决定发表陈云同志在党的七大上的发言，并冠以《要讲真理，不要讲面子》的标题。文章发表后，报纸上刊发了几篇学习体会。他看到后对我说，发表那篇讲话就行了嘛，为什么还要登学习体会！"告诉他们，不要再登这些东西了，明天就刹车。这种事我要说话，自己不说话，别人不好说。"在党的十二大之前，当他审阅中央委员会向大会作的报告稿，看到里面写到他"在党的八大上早就提出过关于社会主义经济体制的正确主张，可惜后来没有照着去做"时，也让我告诉起草组同志，要把他的名字从报告中删掉。

党的十二大之前，中央组织部一位负责同志给我打电话，说现在许多老同志在填写十二大代表简历时，都将学历一栏按现有文化程度作了修改，有的填"相当高中"，有的填"相当大专"；他们考虑将陈云同志原来填写的"高小毕业"，也改为"相当大专"，让我请示陈云同志。我说，这一栏是填学历，不是填水平，陈云同志上学只上到高小毕业，但论水平，恐怕博士毕业也比不了，不信让一个博士来领导中国经济试试，所以我建议还是不改为好。那位负责人坚持要我请示陈云同志，我于是向陈云同志报告。他听后说："不要改。简历中要填写的是指接受正规教育的情况，不是指实际水平。我只上过小学，只能写高小毕业。至于说实际水平，大家都清楚嘛。"后来，陈云同志简历上的学历一栏，仍然写的是"高小毕业"，没再改过。

党的十二大之后，中央新闻电影制片厂向我提出，他们那里有其他中央领导平日工作、休息的镜头，唯独缺陈云同志的，希望能来拍一些，留做资料。我考虑这件事在他工作时间做肯定不行，便让他们等年初去南方休养时试试看。到了杭州，我向陈云同志报告了这件事。他起初勉强答应了，但拍了一两次便烦了，不让再拍，并对我说，他历来不主张搞这种宣传个人的东西，没有电影镜头没有关系，他现在还死不了，等将来死了，有一张照片就行了。话说到这份上，事情只好作罢。

遵义会议纪念馆给陈云同志来信，说为了恢复当年中央领导同志住过的旧址，希望他回忆一下是否住过遵义会议的那栋楼，还说打算把当年他担任政委、刘伯承担任司令员的遵义卫戍司令部旧址内的单位迁出，辟为纪念地。他要我回信，说他没有在遵义会议会址里住过，也不要恢复遵义卫戍司令部的旧址，只要在会址说明词中写上他参加过会议、当时住在哪里就行了。他还要我告诉他们，他历来不赞成搞这种东西，以前有人提出要把他老家的房子搞成纪念室，他就没有同意，说以后也不能搞。

陈云同志所以淡泊名利，缘于他对自己既不是功臣更不是"大官"的定位。1949年陈云同志从东北到北京工作后，他的长女陈伟力进入一所住宿制小学，一次周日回家，陈云同志把她叫去，提醒她和同学们相处不可有任何优越感，到什么地方都要守规矩，不可以认为自己的父亲是什么大官，自己就怎么样了。他说："我自己实际上是个工人出身的人，共产党的干部就是为人民服务的，你长大了也要这样为人民服务。"他的三女儿陈伟兰调到北京市委组织部工作后,把她叫去谈话,问:"如果你工作中有了一点别人认为做得不错的地方怎么办?"陈伟兰说:"我就谦虚谨慎啊。"他又问:"怎么才能谦虚谨慎?"陈伟兰说:"在思想上保持警惕。"他听后对陈伟兰说:"最重要的一条是摆正自己的位置。工作是大家一起做的,不能把成绩算到自己的账上,要算到组织和群众的账上。"

正是在陈云同志的反复提醒、谆谆教诲下,于若木同志及子女们在外面都很注意,从不张扬,不主动显露自己的家庭出身,这种家风也传给了第三代。有一年陈云同志过生日,于若木同志和孩子们都到他的办公室来祝贺,由我用照相机给他们照全家福。照相过后,陈云同志听说陈伟力的女儿一直在练习大字,便让她写几个毛笔字给他看。我抓住这个机会,照了一张陈云同志观看孙女练习写大字的照片。后来,陈云同志要我向有关部门转达他关于中小学应当重视书法课的意见,《中国少儿报》知道后,希望陈云同志为此题个词,他于是写了"从小要练好毛笔字"几个大字。为推动这件事,我把陈云同志观看孙女写大字的那张照片一并送给报社发表。直到这时,他那位孙女所在班级的老师和同学们才知道,她的爷爷原来是陈云同志。

陈云同志对个人名利看得很淡,对学习却看得很重。他虽然只上过小学,但一生酷爱学习,勤奋学习,善于学习,特别是重视对马克思主义哲学的学习。早在延安担任中央组织部部长期间,他在部内就组织了一个学习小组,重点学习马恩列斯和毛泽东的哲学著作,前后坚持了五年。"文化大革命"期间,他因战备紧急疏散,被下放到南昌郊区,走时只带了五个箱子,其中三箱子是马恩列斯、毛泽东、鲁迅的著作。到了住地,他每天上午去附近工厂"蹲点",其余时间便用来看书。当他把《马克思恩格斯选集》《资本论》《列宁选集》《斯大林文集》《毛泽东选集》通读了一遍后,又开始一篇一篇地精读《列宁全集》中1917年二月革命以后的各卷。每当有孩子们来看他,他便同他们谈自己的读书体会。

陈云同志自己热爱学习,也要求和帮助家人学习,而且在他带动下,全家老少都对学习感兴趣。他和于若木同志在延安结婚时,接连用三个晚上给她讲党史,被传为"洞房上党课"的佳话。"文化大革命"中,于若木同志被隔离审查，每月只发20元生活费。即使这样，她仍拿出5元订阅《人民日报》。陈元上初中时，便阅读了《马克思传》，读高中和大学时又自学哲学，通读了《资本论》。陈伟华在"文化大革命"期间给远在江西的父亲写信，表示自己也想学习马克思主义著作，希望给予指导。陈云同志及时给她回信，教给她学习的方法，要她先看《人民日报》或《北京日报》，并且自己订一份《参考消息》，以便了解国内外大势；再看《中国近代史》《世界革命史》，以便了解历史背景知识；然后从马克思主义基本著作中选几篇重点书目读，如《共产党宣言》《社会主义从空想到科学的发展》等，还告诉她从家中哪个地方能找到这几本书。后来，她果真按照陈云同志的指点，订阅了《参考消息》，阅读了那几篇马列的著作。陈云同志的小儿子陈方到江西去看望父亲，陈云同志和他谈得最多的也是学习，还教给他看报纸的方法，要他通过看报纸提高分析问题判断问题的能力。

1973年，陈云同志由江西回到北京，由于中央只是安排他协助周总理调研外贸问题，工作不是太忙，决定再拿出两年时间，有计划地精读一遍毛泽东著作和《马克思恩格斯选集》《列宁选集》，并吸收于若木和几位在京工作的女儿、女婿，以及于若木同志的妹妹组成一个家庭学习小组，一起学习。学习方法仍然是每人按规定书目分头阅读，然后利用每个周日上午集中讨论，先从《实践论》学起。老一辈革命家有良好家风的并不少，但像陈云同志这样组织家属集体学习哲学的实在不多见。由于陈云同志重视子女的学习，加上于若木同志在孩子们放寒暑假时总让他们看书、练大字、做针线活，结果弄得他们都没有学会打扑克。没有打扑克之风而有读书学习之风，这大概是陈云家风中最大的特色了。

陈云同志不仅带动家属学哲学，也要求和指导身边工作人员学。我就亲身接受过他在这方面的教诲，并从中获益良多。1983年的一天，他把我叫去，郑重地对我说："今天和你不谈别的事，就谈学哲学的事。我主张你今后也要抽时间学一下哲学，每天晚上看几十页书，并找几个同志一起学，每星期讨论一次，为期两年；先学什么，后学什么，要订一个计划。"针对我感到任务比较重，怕学习影响工作、耽误大事的顾虑，他说："耽误一点事情不要紧，文件漏掉一点也不要紧，以后还可以补嘛。有所失才能有所得，要把眼光放远一点。要提高自己的思想水平、工作水平，必须学好哲学。"自从那次谈话后，我按照陈云同志的要求，拟了一个包括《共产党宣言》《社会主义从空想到科学的发展》《费尔巴哈和德国古典哲学的终结》等书目在内的学习计划，并邀请几位也在中央领导同志身边工作的同志组成了一个读书小组，规定大家先按计划分头读书，每两周拿出一个晚上讨论一次。当我把这个情况向他汇报后，他很高兴，说："学哲学很重要，你早晚要独立工作，那时就会用上了。"后来，他还主动问过我几次学习的情况。在他的指导下，这个读书小组终于用两年时间完成了学习计划。计划中的那几本著作，我在大学期间和工作后虽然也读过，但那时由于社会实践少，不是看不大懂，就是理解不深。这次回过头读，因为有了十多年工作经历，加上可以耳闻目睹陈云同志运用辩证唯物主义和历史唯物主义原理观察、分析、处理问题的鲜活事例，所以，收获自然比过去大得多。

陈云同志曾经深刻指出，对整顿党风这件事，"各级领导干部，特别是高级领导干部要重视。要真正身体力行，作出榜样"[①]。他提出："希望所有党的高级领导人员，在教育好子女的问题上，给全党带好头。决不允许他们依仗亲属关系，谋权谋利，成为特殊人物。"[②] 可见，在陈云同志看来，党和国家各级领导干部尤其高级干部的作风和家风，也是党风的组成部分，而且是重要的组成部分；抓党风好转，首先要从领导干部的作风、家风抓起。事实告诉我们，群众看我们的党和党风，往往就从领导干部的作风和家风中看。因此，领导干部的作风和家风好与不好，不仅关系党的形象，也关系党风和社会风气的好坏。古人讲："身修而后家齐，家齐而后国治，国治而后天下平。"这个话很有道理。如果我们领导干部连自己的作风、家风都搞不好，怎么可能把党把国家治好，又怎么可能推进国家治理体系和治理能力现代化呢？

党的十八大后，以习近平同志为核心的党中央狠抓纠正"四风"，大力推进党风廉政建设和反腐败斗争，而且高度重视领导干部的家风建设。

[①] 《陈云文选》第三卷，人民出版社1995年版，第351—352页。
[②] 《陈云文选》第三卷，人民出版社1995年版，第352页。

最近，习近平总书记多次强调要加强社会公德、职业道德、家庭美德、个人品德建设，营造全社会崇德向善的浓厚氛围。他说："家庭是社会的基本细胞，是人生的第一所学校。不论时代发生多大变化，不论生活格局发生多大变化，我们都要重视家庭建设，注重家庭、注重家教、注重家风，紧密结合培育和弘扬社会主义核心价值观，发扬光大中华民族传统家庭美德。"① 他的这些论述具有极强的针对性。我们应当乘势而上，通过各种途径，促进各级领导干部重视作风、家风的建设，并把它与转变党风和社会风气，树立社会主义核心价值观联系起来。在这个过程中，包括陈云同志在内的老一辈无产阶级革命家的家风，不失为领导干部家风建设的有益教材。只要我们各级领导干部的作风、家风是好的，我们的党风和社会风气何愁好不了，社会主义核心价值观何愁树立不起来，国家治理体系和治理能力现代化的目标何愁不能实现。

（本文是作者为浙江人民美术出版社出版的《陈云家风》一书写的序言，原载《百年潮》2015年第6期。收入本书时，作者略作修改）

---

① 《习近平在2015年春节团拜会上的讲话（2015年2月17日）》，载《人民日报》2015年2月18日，第2版。

陈云书风
——陈云风格的侧影

中国汉字是人们交流的工具，也是一种视觉艺术，承载着中国文化的深厚内涵。古人在长期运用汉字笔画、笔势、结构的过程中，逐步形成了一种被称为书法的东西。虽然大部分人的书写谈不上是书法，但几乎每个使用汉字书写的人，都会自觉不自觉地与书法之间产生某种联系，都会透过字迹或多或少地反映出受中国文化的影响程度以及对中国文化的修养水平，同时也能反映出这个人的性格、气质等。而那些堪称书法的书写，更会显露出书者所特有的一种风格、风韵，这也就是人们所说的书风。

陈云同志从小生活清贫，然而学习却十分刻苦，写大字尤其认真。据他自己回忆，上小学时，每天早起必先写一会儿大字，然后才去上学。由于学习成绩在班里一直名列前茅，深受班主任张行恭老师的器重。可惜家境不好，无力升学，故在14岁那年，经张老师通过自己在上海商务印书馆工作的弟弟推荐，前去做了发行所文具柜的一名学徒。因身材瘦小，一开始还不如柜台高，只好站在小木凳上卖货。但因勤学好问、工作努力，他很快掌握了柜台业务，遂被提前一年升为店员。他平日住在商务印书馆的职工宿舍，业余时间就到附近的上海图书学校学习英文，练习大小楷的毛笔字，直到1925年五卅运动参加革命。我做他的秘书时，有一次谈到写字，他对我说，那时他起得比别人早，起来后，先到房顶平台写一阵大字，在那里可以不打扰别人，也没人打扰他。冬天天冷，他就往手上和墨盒里哈气。由于从小注重写大字，打下了坚实的书法功底，以后在革命环境里，虽说很难再有习字时间，但他的字一直写得很好。这一点，从他现存的最早一份手稿中便可清楚地看出。

记得1982年初，我收到中央档案馆送来的一个请陈云同志辨认的档案。那是一份有七八页纸的手稿，从内容上看，主要是介绍遵义会议背景、过程、结论、决定等情况的。对这些内容记载得如此详细、具体、明确的历史文献，过去还从未发现过。但遗憾的是，它缺少第一部分，也没有注明作者和形成时间。据中央档案馆同志说，他们已请当年参加过遵义会议的邓小平、聂荣臻、杨尚昆以及邓颖超等同志都辨认过了，都说记不得，因此想请陈云同志再看一看，帮助回忆一下。

那时，陈云同志正忙，一直等到他去杭州休息时，我才拿给他看。记得那天午饭后，我把这份档案送去请他辨认。他刚看了一会儿便说，这个很像是他的字，并要我拿给他夫人于若木同志也看看。过去，打字不方便，于若木同志常替陈云同志抄写手稿，所以对他的字迹很熟悉。她看了一会儿也说，很像是陈云同志的字。于是，他让我把档案放在那里，说他再仔细看看。

下午，陈云同志把我叫去说，这份东西是他的笔迹，是他在遵义会议后，为向中央纵队传达会议情况而写的传达提纲，时间大约是在从威信到泸定桥的路上。因为过了泸定桥，中央决定他去上海恢复白区组织，从那以后他就离开了长征队伍。这份东西很可能就是当时留下的，后被带到延安。我为了准确起见，把他的话先写成电话稿，送他过目确认，然后才给中央档案馆回电话。接电话的同志听后既惊喜又激动，不仅逐字作了记录，还要我在那份电话稿上签字寄给他们，以示郑重。

后来听档案馆的同志说，这份档案是1956年中央办公厅从苏联接收原中共驻共产国际代表团文件时一起接收过来的，有人据此怀疑这是陈云同志当年在莫斯科向共产国际汇报时的稿子，不是在长征路上写成的。他知道后对我说，他在苏联没有写过这样的东西。为了证实自己的记忆，他让中央档案馆把档案原件拿来，并在看后说这些纸不是好纸，是从练习本撕下来的，上海话叫"帕子簿"，字也是用钢笔写的。当年遵义城能够买到那种练习本，墨水也能买到。因此，可以肯定，这是他在遵义会议之后写的。出于慎重，他又要我通过中央党史资料征集委员会了解20世纪30年代的遵义城内，是否确实有这样的练习本和钢笔墨水卖。他们了解后答复我，确实有得卖。据此，陈云同志更加确定这份手稿就是他在长征路上写的传达提纲。

档案馆的同志后来告诉我，解放战争初期，我们党为了防止国民党军进攻延安，曾将一部分档案转移到苏联保存，这份档案有可能就是那次被送到苏联的。再后来，有关部门发现了陈云同志1935年10月在莫斯科向共产国际报告红军长征和遵义会议情况的记录，与那份传达提纲的内容有很大差别，这才使持怀疑观点的人改变了看法。这时，我再把那份手稿拿出来，和陈云同志此后的字迹仔细对照，发现前后风格虽有一些变化，但基本笔画、笔顺是一致的，个别字连写法都完全一样。

这份遵义会议的传达提纲是目前能看到的陈云同志最早的一份手稿，尽管这是在红军长征那种艰苦和紧迫的环境下写成的，但通篇疏密有致，行笔流畅，很少涂改，而且字字规整，毫不马虎，让人十分容易辨认。由此，人们既能看出陈云同志扎实的书法功底，也能看出他思绪缜密、遇事不慌、作风稳健、为人平实的特点，堪称他青年时代书风的代表之作。

陈云同志较早的手迹，除了遵义会议传达提纲之外，现在能看到的便是他在延安时期和新中国成立初期写的讲话提纲、批示、书信、题词了。从这些手迹看，用钢笔写的比较多。20世纪50年代后期和60年代前期，偶尔也能看到他用毛笔写的题字题词，但从"文化大革命"开始直到80年代初期就很少再见到他的毛笔字了。

我担任陈云同志秘书是1981年。起初，一些部门和地方请他题字题词，他都是用钢笔或油性笔写。比如，商务印书馆建馆65周年时，请他题词，他用油性笔写道："商务印书馆是我在那里当过学徒、店员，也进行过阶级斗争的地方。应该说商务印书馆是中国的一个很重要的文化教育事业单位。"中央档案馆编辑了一本《毛泽东题词墨迹选》，请他题写书名，他用的也是油性笔。

廉庆与党风

1982年5月9日，陈云在杭州，作者拿来一份由中央档案馆转来的名为《遵义政治局扩大会议》的手稿，请陈云辨认。经陈云回忆，此手稿是他当时写的有关遵义会议的传达提纲，写作时间大约为1935年2月11日至3月11日

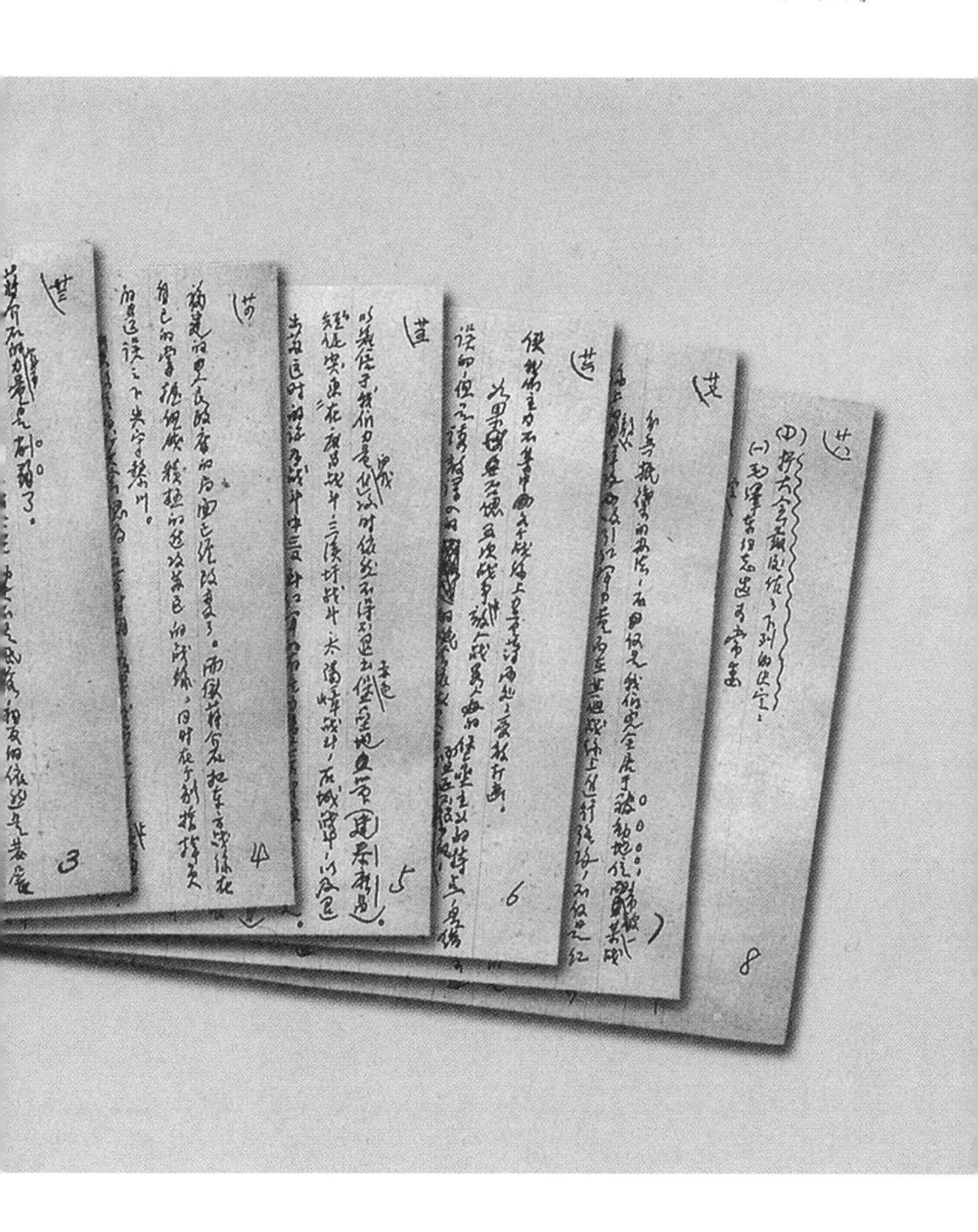

陈云书风

1984年，大概是5月间由杭州休养回到北京，陈云同志提出要练习写大字，而且站着悬腕写。个中原因，我想第一是因为党的十二大之后，他虽然还在担任党中央政治局常委，但基本处于第二线，日常工作不像过去那么多了，可以拿出一些时间增加业余活动；第二，那时他已年近80岁，平时除每天两次散步和晚上睡觉前做一遍自己编的体操外，几乎没什么其他运动，而写大字既是一种带有艺术享受的休息，又是一种气功和身体锻炼，很适合老年人；第三，那时请他题字题词的越来越多，用毛笔写，一方面更显郑重，另一方面更能发挥中华优秀传统文化的特长。练习写大字最初一段时间，由于搁笔久了，写起来有些生疏，他对自己的字还不大满意，所以题字题词仍用钢笔和油性笔。写了一段，他渐渐找到了感觉，少儿时代的童子功开始起作用，题字题词开始更多地选用毛笔。再往后，他的大字越来越劲挺潇洒，用他自己的话说，叫作"有些飘逸感了"，从此题字题词一概用毛笔写了。

从陈云同志晚年的题字题词看，一般有三种情况：一种是应有关部门、地方请求写的，一种是主动写来送人的，一种是作为习字而写的。第一种情况中，为革命烈士、革命纪念地、党和国家的工作部门及企事业单位、重要纪念日、大型活动、书刊写得比较多，如为《革命烈士传》、《向警予文集》、五卅运动纪念碑、《武钢工人报》、周恩来祖居、张闻天故居等题字，为遵义会议50周年、南京雨花台烈士陵园、《中国老年》杂志、《东北抗联史料丛书》、国防科工委、张秉贵塑像、国家环保局等题词。第二种情况中，一般是给一些领导同志和老同志、亲属、身边工作人员写的，如给张闻天的夫人刘英、国务院原第一机械工业部的副部长沈鸿、时任浙江省委书记的李泽民等人写的题词。第三种情况中，主要是抄录警句、诗词和联语。而在所有这些题词中，他写得最多的有毛主席的话，"实践是检验真理的唯一标准"；有鲁迅的话，"横眉冷对千夫指，俯首甘为孺子牛"；有他自己的话，"不唯上、不唯书、只唯实，交换、比较、反复"，"出人出书走正路"；有他经常喜欢说的警句，"个人名利淡如水，党的事业重如山"，"有关家国书常读，无益身心事莫为"，"未出土时先有节，及凌云处尚虚心"；还有古人的诗句，如"人生自古谁无死，留取丹心照汗青"，"桐花万里丹山路，雏凤清于老凤声"；等等。从这些题字题词不难看出，陈云同志写大字并不仅仅是为了休息和锻炼身体，同时也是在用书法的形式，寄托对革命先烈的哀思，表达对年青一代的希望，宣传马克思主义的真理和为人民服务的精神，抒发对党和人民的热爱及自己老当益壮的情怀。

陈云同志的晚年，无论做什么事，都不忘人民群众的利益，尤其关心青少年的成长和教育问题。有一年"六一"节前夕，他看《人民日报》上刊登了一篇反映首都儿童看戏难的文章，便把我叫去说，去年报纸也登过反映这个问题的文章，他给中央书记处写信，建议向儿童开放机关内部礼堂，中央办公厅率先开放了中南海的怀仁堂；今年"六一"节，全国城镇所有影剧院和机关、企业的礼堂，也都应免费向孩子们开放一天。我按他的要求给中央书记处和国务院领导起草了一封信，他看后签了名，并在信笺上方写了"特急件"三个字，还在下面画了三个圈圈。信送出后，中央办公厅和国务院办公厅联合下发了紧急通知，要求全国影剧院和礼堂、俱乐部在"六一"节向少年儿童开放。还有一次，他从报上看到反映高中毕业生很少有人把师范院校当作高考第一志愿的文章，让我转告中央有关领导同志，要重视这篇文章提出的问题，继续想办法帮助教师主要是中小学教师解决一些实际问题，提高他们的社会地位，使教师真正成为社会上最受人尊敬，最值得羡慕的职业之一。他的这个意见传达后，有关部门迅速召开会议，研究贯彻落实的问题。后来在工资改革中，党中央、国务院决定拿出十几亿元，为全国几百万中小学教师增加了工资。就在那次关于要重视师范教育的谈话中，陈云同志还特别提到了小学书法教育问题，建议教育部门要重视小学生的毛笔字训练。他说："要把大字课作为小学的基础课，严格要求。在今后很长时间里，汉字仍会是我们的主要书写文字。因此，让孩子们从小把字写好很重要。"我传达了他的意见后，《中国少儿报》来信请他为提倡书法教育题词。于是，他写了"从小要练好毛笔字"几个大字。事后，报纸把他的这一题词和我拍摄的一幅陈云同志指导孙女写大字的照片一并刊登出来，对教育部门和家长重视孩子学习毛笔字，起到了积极的推动作用。

古人说："书，如也。如其学，如其才，如其志。总之曰：如其人而已。"概括说，就是字如其人。事实正是这样。从陈云同志的字，尤其从他

提高党员素质，搞好党的建设

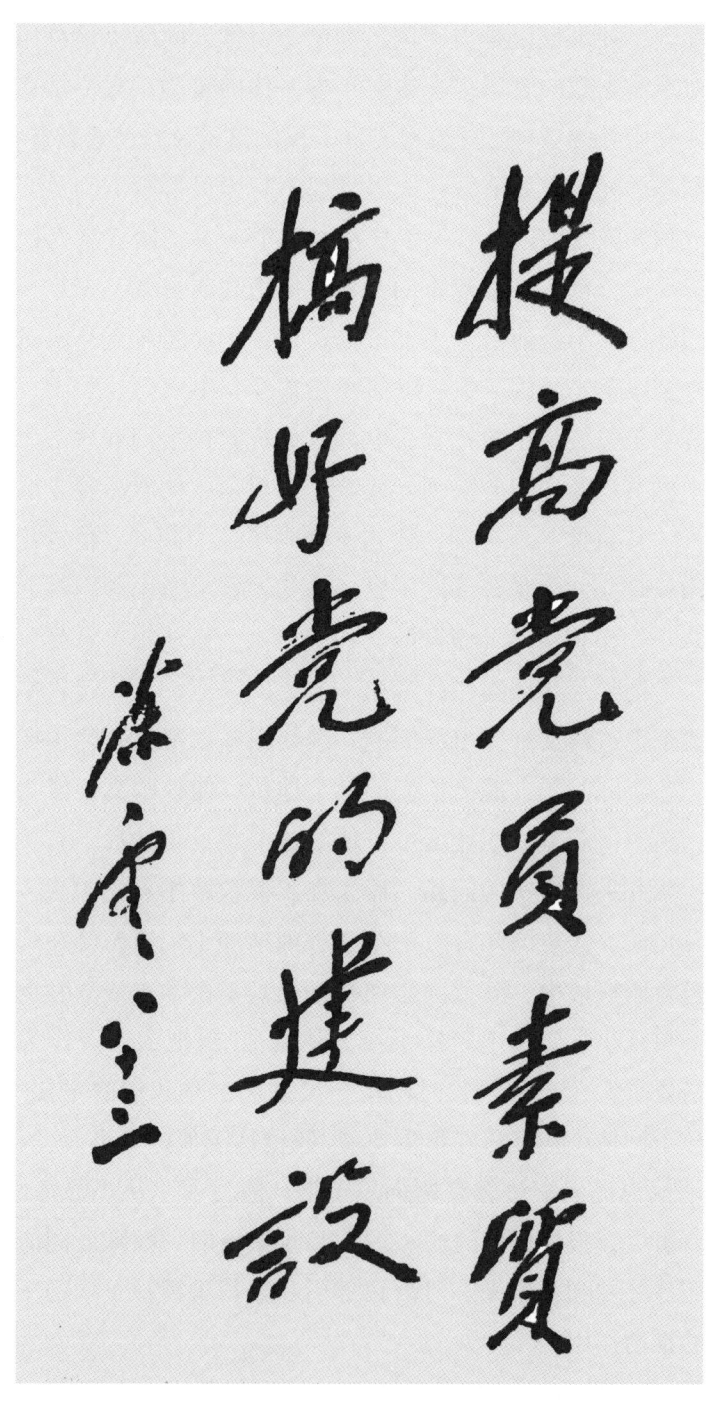

陈云

1987年11月，陈云为中共中央宣传部《党建》杂志题词

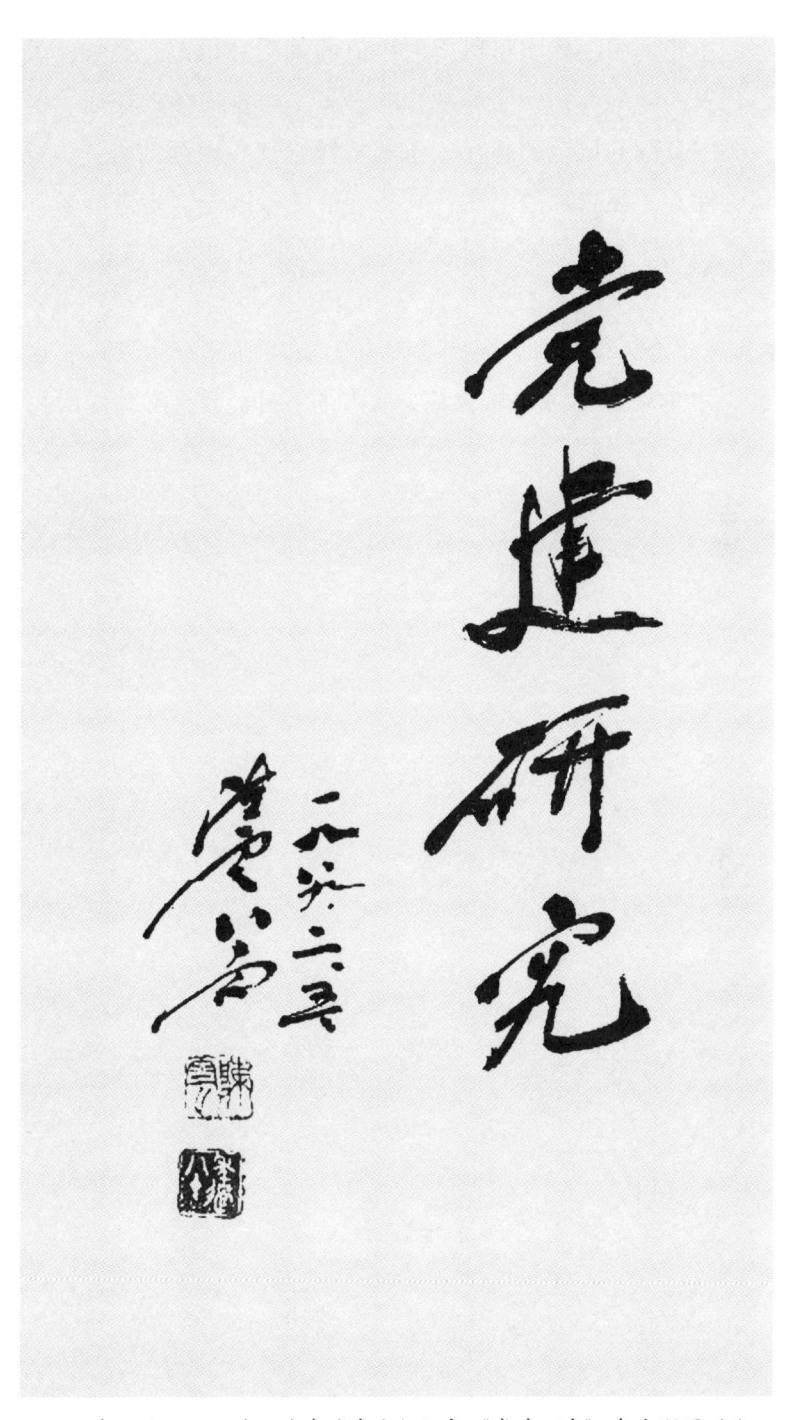

1989年2月5日，陈云为中共中央组织部《党建研究》杂志题写刊名

晚年那些题字题词中，确实可以折射出他的气质和风范。比如，敦厚朴实的人品，稳重内敛的性格，恬静平和的心态，含蓄谨慎的作风，坚如磐石的精神，柔中寓刚的风范，超凡入圣的情操，气吞山河的胸怀，等等。所以，我认为欣赏、品味陈云书法，既是了解陈云同志、走进陈云同志内心世界的一条途径，也是向陈云同志精神和作风学习的一种方法。

（本文是作者为浙江人民美术出版社出版的《陈云书风》一书写的序言，原载《中华魂》2015年第8期。收入本书时，作者略作修改）

辑三

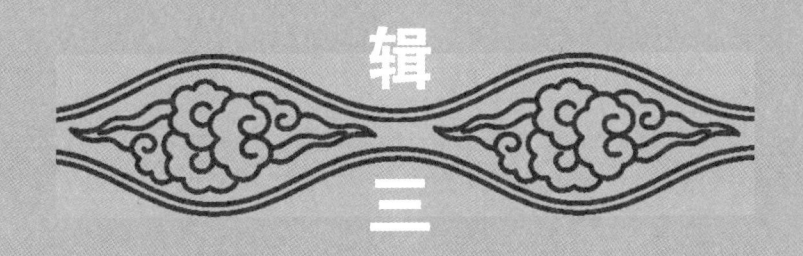

对陈云作风的亲身感受

陈云会见评弹界领导，站立者为作者

为共产主义事业奋斗到底的一生

——我所了解的晚年陈云

今年是陈云同志诞辰100周年,中央决定隆重纪念。10年前,江泽民总书记在中央纪念陈云同志诞辰90周年座谈会上发表的重要讲话中指出:"陈云同志的一生是坚贞不渝的共产主义者的一生。他对共产主义崇高理想、对党和人民的伟大事业无限忠诚。"他还说:"陈云同志的业绩和著作,他的思想、品德和风格,属于我们伟大的党,属于我们伟大的国家和民族。他永远是我们学习的楷模。"[①] 我作为曾在陈云同志身边工作过的人,对于这些评价有着特别深切的体会。

我是1981年至1985年期间担任陈云同志秘书的。那几年,正是我们党在新时期的基本路线趋于完备、改革开放逐步深入的时期,也是陈云同志已经步入晚年但仍在以邓小平同志为核心的党的第二代中央领导集体中发挥重要作用的时期。通过在他身边工作,我亲眼目睹了他对党、对国家前途命运的运筹帷幄,亲耳聆听了他对社会主义建设重大理论和实践问题的真知灼见,亲身感受了他对人民的赤胆忠心和他的高风亮节。后来,我又因为主持《陈云年谱》的编写,对他的生平和思想有了更多的了解。正是这些直接的和间接的了解,使我认识到陈云同志身上那种为共产主义事

---

① 《江泽民同志的讲话——在〈陈云文选〉(1—3卷)、〈陈云〉画册出版发行暨纪念陈云同志诞辰九十周年座谈会上》,载《人民日报》1995年6月14日,第1版。

业奋斗的精神不仅是坚定的，而且是始终如一的。下面，我就结合自己的所见所闻，谈谈这种精神在他晚年的一些表现。

心中始终悬着共产主义大目标

陈云同志在高小毕业后，为了不加重家中的负担，到上海商务印书馆当了一名学徒。1925年，他学徒期满，转入虹口书店当店员。正是那一年，上海发生了震惊中外的五卅惨案。陈云同志在同事的介绍下，开始涉足政治。他在后来写的自传中说："以前，我很赞成吴佩孚，后又很相信国家主义派是'外抗强权，内除国贼'。看了三民主义，觉得孙中山的道理'蛮多'。"[①] 因此，他加入了国民党，并成为商务印书馆发行所分部的首创人之一。8月中旬，商务印书馆工人运动的积极分子在中国共产党的发动下，加入罢工行列。在罢工中，他先后被推选为发行所职工会委员长和发行所职工会、印刷所工会、总务处同人会的联合罢工执行委员会委员长，并经商务印书馆中的早期共产党人董亦湘、恽雨棠介绍，加入了中国共产党。后来，他在回忆自己的入党动机时写道："入党动机显然由于罢工运动和阶级斗争之影响。此时看了《马克思主义浅说》《资本制度浅说》，至于《共产主义ABC》还看不懂。这些书看来它的道理比三民主义更好。罢工斗争和看了两本书就加入了党，但是我自觉入党时经过考虑，而且入党以后，自己觉得此身已非昔比，今后不是做成家立业的一套，而是要干革命，这个人生观的改革，对我以后有极大的帮助。"他还说："那时确了解了必须要改造社会，才能解放人类。这个思想对于我影响很大。"[②] 那年，他20岁。

早在党的七大上，毛泽东同志就说过："每个共产党员入党的时候，心目中就悬着为现在的新民主主义革命而奋斗和为将来的社会主义和共产主义而奋斗这样两个明确的目标，而不顾那些共产主义敌人的无知和卑劣的敌视、污蔑、谩骂或讥笑。"[③] 陈云同志在延安时期也说过："一个愿意

[①] 中共中央文献研究室编：《陈云年谱（1905—1995）》上卷，中央文献出版社2000年版，第20页。
[②] 中共中央文献研究室编：《陈云年谱（1905—1995）》上卷，中央文献出版社2000年版，第25页。
[③] 《毛泽东选集》第三卷，人民出版社1991年版，第1059页。

献身共产主义事业的共产党员，不仅应该为党在各个时期的具体任务而奋斗，而且应该确定自己为共产主义的实现而奋斗到底的革命的人生观。"[①] 历史证明，陈云同志就是这种不断为党的各个时期具体任务而奋斗，同时心中始终悬着共产主义远大目标的共产党人。无论是在白色恐怖下做秘密工作，还是在根据地过艰苦生活；无论是单独执行特殊使命，还是身居重要领导职务；无论是处于顺境，还是遇到逆境，他一直脚踏实地地为着共产主义事业而奋斗。他一方面反对种种脱离实际、急于向共产主义过渡的做法；另一方面又反对只顾眼前利益，动摇甚至抛弃共产主义理想的言行。

我到陈云同志那里工作后，有一次他和我谈到当时个别同志提出的"共产主义遥遥无期"的观点，他说："这个观点是不对的，应当说，共产主义遥遥有期，社会主义就是共产主义的第一阶段嘛。"他还针对当时海外有的人要求我们党改名的问题，对我说：共产党的名字表明了它的奋斗目标，改名字怎么能行！延安时期，就有人提过让共产党改名的建议，毛主席说："什么名字好？国民党的名字最好！可惜人家已经用了。"改革开放后，有些人出国转了几天，回来便鼓吹中国不如外国，社会主义不如资本主义。对于这种现象，陈云同志十分重视，在1983年准备党的十二届二中全会发言时，特别嘱咐我，要在他的发言稿里写上"资本主义必然要被共产主义所代替"，最后要高呼"社会主义万岁！共产主义万岁！"[②]

还有一件事，也很能说明陈云同志始终不忘共产主义大目标的心境。那是在1983年党的十二届二中全会之前，主持中央日常工作的同志说，邓小平同志要在会上讲话，希望他届时也能讲一讲。陈云同志要我先起草发言稿，并交代要强调一下执政党的党风问题。当时，他从简报上看到，有些农村党员集训，除了给伙食补贴之外，还要发误工费，甚至有的党员不给钱就不去开会。他说："这在党执政以前是不可想象的。解放前，同样在农村，支援战争，运送弹药、伤兵，非但没有误工补贴，而且常常因此而

---

① 《陈云文选》第一卷，人民出版社1995年版，第137页。
② 《陈云文选》第三卷，人民出版社1995年版，第332—333页。

受伤或死亡。相比之下,现在这些误工补贴能算合理吗?拿误工补贴的共产党员应该想一想,这样做是不是合乎一个共产党员的标准?共产党员的标准是不惜牺牲自己的生命为共产主义而奋斗终身。我看一切集训、开会要钱的人,不能成为共产党员。"①

另外有一件事,是我离开陈云同志后发生的。那时,由于有关改革开放的一系列相应的法规制度一时跟不上,加上党内出现了只注意物质文明建设而忽视精神文明和思想政治工作的现象,个别领导干部甚至鼓吹"一切向钱看"的理论,造成一部分人钻改革开放的空子,种种买空卖空,倒买倒卖,行贿受贿,走私贩私,弄虚作假,敲诈勒索,逃避关税,制造和销售假药、假酒,以致贩卖、放映淫秽录像、引诱妇女卖淫的丑事坏事都出现了。针对这种情况,陈云同志在中纪委六次全会上发表了一篇书面讲话,指出对外开放会有资本主义腐朽思想和作风的侵入,只要我们各级党委,我们的党员特别是老干部,对此有清醒的认识,高度的警惕,有针对性地进行以共产主义思想为核心的教育,资本主义思想的侵入并不可怕。他号召,"要动员和组织全党和社会的力量,以除恶务尽的精神,同这种现象进行坚决的斗争"。"无论是谁违反党纪、政纪,都要坚决按党纪、政纪处理;违反法律的,要建议依法处理。各级纪委必须按此原则办事,否则就是失职。"②

对共产主义的信念,来源于马克思主义对人类社会发展规律的科学揭示。因此,陈云同志一向重视和提倡党员特别是党员干部要读一些马列的著作。1983年下半年,中央决定进行为期三年的整党,有关部门拟了一个整党的学习文件目录。他看后说:"这个目录中没有马列的书,应当选几篇进去。比如,《共产党宣言》《社会主义从空想到科学的发展》《在马克思墓前的讲话》《帝国主义是资本主义的最高阶段》等等,还有毛主席的《中国革命战争的战略问题》《论持久战》。"有的同志说,马列的书太长。他说:"可以搞摘要,还可以把我的文章减去几篇,只留一两篇就行了

---

① 《陈云文选》第三卷,人民出版社1995年版,第332页。
② 《陈云文选》第三卷,人民出版社1995年版,第356页。

(当时书目上列了5篇陈云同志的文章。——笔者注)。这不是谦虚,我们的东西都是从马列那里来的。"后来,中央就此作出决定,在整党完成后组织党员干部学习马克思主义的一些基本著作。

能否坚定共产主义的理想信念,是与对帝国主义本质的认识联系在一起的。20世纪80年代,有人认为新的科技革命改变了资本主义的本质,资本主义有了不断自我更新的机制,因此,列宁的帝国主义论已经过时了。这种观点引起陈云同志的高度关注。1989年政治风波之后,他同一位中央负责人谈话时尖锐指出,列宁论帝国主义的五个特征和侵略别国、互相争霸的本质,并没有过时,认为过时的观点是完全错误的,非常有害的。他在历数了从1917年至70年代末帝国主义战争和无产阶级革命的主要史实后说:"从历史事实看,帝国主义的侵略、渗透,过去主要是'武'的,后来'文'、'武'并用,现在'文'的(包括政治的、经济的和文化的)突出起来,特别是对社会主义国家搞所谓的'和平演变'。"① 几乎与此同时,邓小平同志也讲了类似的看法。邓小平在1989年9月16日同李政道先生的谈话中说:"美国现在有一种提法:打一场无硝烟的世界大战。我们要警惕。资本主义是想最终战胜社会主义,过去拿武器,用原子弹、氢弹,遭到世界人民的反对,现在搞和平演变。"② 后来,他还在1992年南方谈话中指出:"帝国主义搞和平演变,把希望寄托在我们以后的几代人身上。"③ 正是由于老一辈无产阶级革命家对帝国主义本质有这种深刻的清醒的认识,才会做到无论世界风云如何变幻,始终坚信"社会主义经历一个长过程发展后必然代替资本主义"④。

抵制歪风邪气和坚持原则的勇气不减当年

共产主义事业具有空前的艰巨性、复杂性,要为共产主义事业而奋斗,

---

① 《陈云文选》第三卷,人民出版社1995年版,第370页。
② 《邓小平文选》第三卷,人民出版社1993年版,第325—326页。
③ 《邓小平文选》第三卷,人民出版社1993年版,第380页。
④ 《邓小平文选》第三卷,人民出版社1993年版,第382页。

就要有自我牺牲的准备。这种牺牲不仅可能是流血、掉脑袋,也可能是因为坚持原则而遭受冤枉和打击。因此,做一个共产党员要有勇气对敌斗争,也要有勇气坚持原则,维护真理,抵制各种错误思想。陈云同志一向提倡共产党员要敢讲真话,敢于顶不正确的意见,哪怕这种意见来自上边或者一时居于上风。他最欣赏在原则问题上"能顶"的干部,称赞这种人"头皮硬";最瞧不起那些见风使舵的人,把这种人称为"风派"。

党的十二大之前,陈云同志一边审阅党的十二大报告稿,一边不时让我把他对稿子的意见转告给起草组的负责同志。有一次,他对我说目前在我们的党风中,以至在整个社会风气中,有一个很大的问题,就是是非不分。对于这个问题,如果只从维护党纪提出来还不够,应该把它提到全党思想建设和组织建设的高度。后来,党的十二大报告吸收了他的这个意见。

陈云同志倡导干部要勇于坚持原则,不随波逐流,他自己首先做到了。1959年4月,毛泽东同志就陈云同志向他当面表示当年钢铁生产指标难以完成一事,在党的八届七中全会的讲话中特别指出:"那个时候有人说陈云是右倾机会主义,并非马克思主义,而自己认为是十足的马克思主义。其实陈云的话是很正确的。"[①] 接着,他说陈云同志"这个人是很勇敢的,犯错误勇敢,坚持真理也勇敢"[②]。这里所说的陈云同志"犯错误勇敢",是指他1956年"反冒进"的所谓错误而说的,历史已经证明,把那说成错误并不符合实际;但说他"坚持真理勇敢",则是确实的。

在我即将离开陈云同志秘书的岗位之前,他同我谈了一次话,说他一生一方面小心谨慎,另一方面又很硬。他说:"一九六二年七千人大会时,毛主席要我讲话,我不肯讲,在陕西组的会上讲了'交换、比较、反复'。一九七八年底的中央工作会议上,我也是顶的,讲了彭德怀的问题,超出了当时华国锋关于平反冤假错案不得超出'文化大革命'时期的界限。以

[①] 中共中央文献研究室编,逄先知、金冲及主编:《毛泽东传(1949—1976)》(下),中央文献出版社2003年版,第939页。

[②] 中共中央文献研究室编:《陈云年谱(1905—1995)》下卷,中央文献出版社2000年版,第13页。

1985年，陈云和夫人于若木同作者交谈（宋平摄）

后，审判'四人帮'，政治局开会讨论，许多同志主张江青判死刑。我说不能杀，同'四人帮'的斗争终究是一次党内斗争。有人说，党内斗争也可以杀。我说党内斗争不能开杀戒，否则后代不好办。"[①] 这里所说的1978年底的中央工作会议上的发言，现在知道的人很多了。正是他的那个发言，带头扭转了当时中央主要负责人为会议设定的轨道，促使那次会议开成了一个充分发扬民主、彻底清算"两个凡是"错误方针的会议，为党的十一届三中全会重新确立党的实事求是的路线奠定了充分的思想基础。在此之前还有一次会议，陈云同志也是顶"两个凡是"的。那是1977年3月召开的"四人帮"粉碎后的第一次中央工作会议，当时中央主要负责人在会上打招呼，要求大家不要提为"天安门事件"平反和邓小平同志恢复工作的事。但陈云同志顶住压力，在小组会上提出了这两个主张，并一口拒绝了要他同意按照当时中央主要负责人讲话口径来修改发言简报的要求。

一个人上了年纪，尤其到了晚年，往往锐气会越来越少，暮气会越来越多。但这个规律在立志为共产主义事业奋斗到底的共产党人身上，不发生作用。陈云同志虽然在我做他秘书期间已是80岁上下的老人，但他坚持原则的精神依旧不减当年。就像唐朝诗人王勃那句名言说的："老当益壮，不坠青云之志。"那时，陈云同志除了担任中央政治局常委外，还兼任着中纪委第一书记。有一件涉及领导干部在出国招商引资中违反外事纪律、变相索贿受贿的案子，中纪委办理起来阻力很大。于是，他亲自出面找有关领导同志谈话，做工作。我记得，一天晚上已经很晚了，他还给一位中央负责同志打电话，说这个案子一定要办，否则党风搞不好，无法向几百万烈士和几千万牺牲的战士交代。他要我转告中纪委领导同志，对这件事一定要顶住，处分决定通不过，就拿到政治局会上，政治局通不过，就拿到中央委员会的会上。他说："开放政策是对的，但越是在开放的地方，越是要加强政治思想工作，干部越是要'金刚钻'的。"后来，这个处分决定经过折中，虽然在中央书记处会上通过了，但党内反响很强烈，认为处理

---

① 中共中央文献研究室编：《陈云年谱（1905—1995）》下卷，中央文献出版社2000年版，第381页。

太轻。中央只好又重新处理，并在报上公布了进一步处理的决定。

20世纪80年代初，广东、福建等沿海省份的不法之徒，内外勾结，大搞走私活动，涉及不少党员干部，群众意见很大。1982年1月5日，陈云同志要我去他办公室，指着前一天送给他看的中纪委反映广东一些党员干部参与走私、贪污腐化的信访简报，情绪十分激动地说："告诉王鹤寿①，要重办，要杀掉几个。杀几个，可以挽救一大批。解放初期，贪污几千元就杀。"他停下想了想又说："干脆，我来批一下。"于是，他拿起铅笔，把这份简报批给了几位中央常委，写道："对严重的经济犯罪分子，我主张要严办几个，判刑几个，以至杀几个罪大恶极的，并且登报，否则党风无法整顿。"② 几位领导人阅后均表示同意，邓小平同志还特别在他的批语中间加了八个字："雷厉风行，抓住不放。"六天后，中央书记处召开会议，研究贯彻中央常委关于要打击严重走私贩私、贪污受贿等违法犯罪行为的批示精神，决定立即召开中央和国家机关各部委以及军队系统负责人会议，派中央负责同志前往广东、福建、浙江、云南等沿海沿边省份，并就此向全国各地发出紧急通知。一场打击经济领域违法犯罪活动的斗争，由此开展起来。

过了一段时间，中纪委在一份关于传达学习《中央紧急通知》中若干思想反映的材料上反映：有的同志认为，中央抓打击严重经济犯罪很必要，但抓晚了，问题已相当严重，积重难返了。陈云同志看到后，在上面批示："现在抓，时间虽晚了些，但必须抓到底。中纪委必须全力以赴。"③ 对于这场斗争的艰巨性，陈云同志作了充分的思想准备。他说："抓这件事是我的责任，我不管谁管?!我准备让人打黑枪，损子折孙。"他要我转告他的子女，出门时要注意安全。后来，他又把一份香港报纸上的有关评论批转给黄克诚④、王鹤寿同志，指出："对于经济犯罪案件必须严办。阻力再大

---

① 王鹤寿，时任中纪委常务书记。
② 中共中央文献研究室编：《陈云年谱（1905—1995）》下卷，中央文献出版社2000年版，第287页。
③ 中共中央文献研究室编：《陈云年谱（1905—1995）》下卷，中央文献出版社2000年版，第291页。
④ 黄克诚，时任中纪委第二书记。

也必须办。"①

党的十二大之后的一天，陈云同志把我叫去，说十二大上有人提意见，认为中纪委在处理历史遗留问题上很果断，但在处理现实的案子时软弱。他让我转告中纪委负责同志，对涉及领导干部的案子要大胆地搞，搞不动就由他提到中央常委会上。总之，纪委不能当"老太婆纪委"，要做"铁纪委"。在党中央和陈云同志的领导和督促下，这场斗争取得了很大胜利。仅开展严打的第一年，在纪委系统立案的党员经济犯罪案件就有 16 万件之多，其中结案并开除党籍的有 5500 多人，移交司法部门判刑的有 3 万多人，情节特别严重的，如汕头地委政法委原副主任王仲还被判了死刑，震慑了党内少数以权谋私分子，遏制了经济领域严重犯罪的势头，对保证改革开放健康进行起到了重要作用。

后来，我在中央文献研究室工作，编辑《陈云论党的建设》一书时，还了解到这样一件事，也很能体现陈云同志这种是非分明、不怕得罪人的风格。那是 1986 年，中纪委反映中央有的部门违反规定，给领导干部购买高级小轿车的事，陈云同志看到后批给当时主持中央工作的负责同志，指出自己有车，还向下属单位要新的高级车，这样的事，在高级干部中，可能不仅这几位同志。"中央要求，在北京的党、政、军机关，要在实现党风和社会风气根本好转中做表率。我建议，做表率首先从中央政治局、书记处和国务院的各位同志做起。凡是别人（或单位）送的和个人调换的汽车（行政机关配备的不算），不论是谁，一律退回，坐原来配备的车。在这件事上，得罪点人，比不管而让群众在下面骂我们要好。"他还建议将自己的这个意见批发给在京中委、中顾委、中纪委成员和党政军各部委，以便监督执行。②

当年，财经战线的干部中流行着陈云同志的四句话，叫作"原则问题，该顶必顶，现在不顶，今后检讨"。他这四句话是说给综合部门的，也是说

---

① 中共中央文献研究室编：《陈云年谱（1905—1995）》下卷，中央文献出版社 2000 年版，第 301 页。

② 中共中央文献研究室编：《陈云论党的建设》，中央文献出版社 1995 年版，第 303 页；中共中央文献研究室编：《陈云年谱（1905—1995）》下卷，中央文献出版社 2000 年版，第 391 页。

给自己的。这是因为在过去计划经济时期，一些地方和工业部门的领导人往往倾向于把自己那个地区那个部门的项目、投资尽可能搞多一点，产值、利润尽可能搞高一点，发展速度尽可能搞快一点。但资金、原材料、动力、运力就那么多，不可能满足各方面的需求。因此，计委、财政部门、物资部门、商业部门、粮食部门、银行等综合部门，往往成为矛盾的焦点，压力特别大。在这种情况下，是屈从于压力，勉强答应那些做不到或一时虽然能做到，但从全局看长远看并不利的要求呢？还是顶住压力，坚持按照客观经济规律和实际情况办事呢？这对于综合部门的干部和领导综合部门的陈云同志来说，都是严峻的考验。

20世纪60年代的那次国民经济调整，陈云同志顶住压力，坚持大幅度压缩基本建设规模和城市人口，从而使经济迅速好转的事，大家都清楚，不多说了。就说70年代末的那次经济调整，开始时，阻力也相当大。许多地方和工业部门的负责同志思想不通，认为"资金不足可以借外债，发票子"，"有点通货膨胀不可怕"，"调整是多此一举，会耽误建设时间"。由于认识不统一，1979年和1980年的基本建设规模不仅没有降下来，相反出现了新中国成立以来最大的财政赤字，外贸逆差20亿美元，增发货币130亿元，造成物价大幅上涨。面对这种情况，陈云同志从解决思想问题入手，在中央工作会议、省区市委第一书记会议等各种场合，反复给大家讲道理。他说："要承认经济工作中存在很大的意见分歧，不仅做财经工作的同志之间有分歧，中央内部有分歧，而且中央与地方之间也有分歧。原因是财贸方面的同志不熟悉工业，工业方面的同志不了解财贸；中央不完全了解地方，地方不一定了解中央的困难。"[1] 他指出经济调整是必要的，并不是多此一举。调整不是耽误，如不调整才会造成大的耽误。[2] 对外债要分析，自由外汇贷款数量有限，而买方信贷的使用则取决于国内为它配套所需的投资数量。用发票子的办法弥补基建投资赤字，无以为继，到了一定时候

---

[1] 中共中央文献研究室编：《陈云年谱（1905—1995）》下卷，中央文献出版社2000年版，第252页。

[2] 《陈云文选》第三卷，人民出版社1995年版，第264、282页。

就会"爆炸"。① 通货膨胀数量不大不可怕,但数量很大的我害怕。② 在党中央和陈云同志的竭力推动下,调整方针终于得以贯彻,并很快理顺了严重失调的各种重大比例关系,为后来的全面改革和经济快速发展创造了稳定而宽松的环境。

但是,情况稍有好转,一些同志单纯追求产值、速度的老毛病又犯了。他们以实现党中央关于在20世纪末实现工农业年产值翻两番的目标为由,提出要"提前翻两番",要"翻三番、翻四番"。陈云同志敏锐地觉察到这个苗头,要我转告党的十二大报告起草组负责同志,在报告稿中要把20世纪的最后20年分成两步走,前十年主要是打好基础,积蓄力量,为后十年的振兴创造条件。起草组采纳了这个意见,并得到了党中央的批准。党的十二大之后,他在听取国家计委负责同志汇报时,针对一些地区和部门要求突破计划上项目的情况指出:要分清前十年和后十年,要抓住这两个十年的区别。今后各地要求开口子,计委要顶住。③ 五届全国人大五次会议期间,他又在和上海代表团部分代表的座谈时指出,只要前十年把各方面关系理顺,做好一些大骨干项目的前期工作,后十年的发展速度就可以搞得快一些,翻两番的奋斗目标就可以实现。"如果急于求成,把本来应该放在后十年办的事也勉强拿到前十年来办,在'六五'和'七五'期间乱上基本建设项目,那末,经济又可能出现混乱,翻两番的任务反而有可能完不成。"④ 到了80年代中期,经济又出现过热现象。他在党的全国代表会议上再次提醒大家,百分之二十几的工业发展速度是不可能搞下去的,因为目前的能源、交通、原材料等都很难适应这样高速度的需要。他说:"还是要有计划按比例地稳步前进,这样做,才是最快的速度。否则,造成种种紧张和失控,难免出现反复,结果反而会慢,'欲速则不达'。"⑤

---

① 《陈云文选》第三卷,人民出版社1995年版,第265页。
② 中共中央文献研究室编:《陈云年谱(1905—1995)》下卷,中央文献出版社2000年版,第253页。
③ 中共中央文献研究室编:《陈云年谱(1905—1995)》下卷,中央文献出版社2000年版,第309页。
④ 《陈云文选》第三卷,人民出版社1995年版,第318页。
⑤ 《陈云文选》第三卷,人民出版社1995年版,第351页。

陈云同志在事关党的重大原则问题上从不退缩，在党和国家的危难关头更是无所畏惧，挺身而出。1989年春夏之交，他正在外地养病，但当首都发生政治风波、党中央发出两个声音后，他毅然提前返回北京，召集中顾委常务委员开会，旗帜鲜明地指出，作为老同志，现在要坚决拥护以邓小平同志为核心的中国共产党；并说："现在是关键时刻，不能后退。如果后退，两千万革命先烈用人头换来的社会主义的中华人民共和国，就会变成资本主义的共和国。"[1] 由于他当时任中顾委主任，在党内又有着崇高的威望，因此，他的这一表态对于平息那场政治风波，起到了至关重要的作用。

对于陈云同志这种高度的共产党人原则性，一些人出于种种原因，或者不理解，或者予以责难。从20世纪50年代中期开始直到70年代末，陈云同志在一个很长的时间里，曾被认为是"右倾保守"的代表人物，甚至是"右倾机会主义分子"，并因此几度受到冷遇。对此，他不以为然，一笑了之。记得我去他那里工作，见他的第一面时，他就指着自己的鼻子说："我是一个'老机会主义者'。"可是，到了80年代中期，一些人又议论他"左"了，"保守"了，"僵化"了，甚至境外敌对势力的舆论也跟着鼓噪。这个话传到陈云同志耳朵里，他笑着说好哇，能把我"一贯右倾""老右倾机会主义"的帽子摘掉，我很高兴呀！有一次，在说到这件事时，陈云同志以开玩笑的口吻问我，他到底是右了还是"左"了。我对他说："你没有右，也没有'左'，你还是站在原处，没有变地方。变地方的是那些说你右和'左'的人。当他们站在你的'左'边时，觉得你右了；当他们站在你的右边时，又觉得你'左'了。"我这样说是有事实根据的。

过去，当一些人指责陈云同志的思想"右"时，右的其实并不是陈云同志，而是由于党在指导思想上不顾客观条件，急于向共产主义过渡，出现了"左"的偏差，在这种"左"的潮流下显得他"右"了。而当一些人议论陈云同志"左"了时，"左"的其实也不是陈云同志，倒是议论他

---

[1] 《陈云文选》第三卷，人民出版社1995年版，第368页。

"左"的人自己的思想右了。那时，社会上流传党内分为"改革派"和"保守派"的说法，并把陈云同志划入"保守派"中。陈云同志对此不屑一顾，照样讲他认为该讲的话。但在私下里，他对我说："要说改革，我是大改革派。搞加工订货、对资本家采取'定息'办法，这不是改革？"实际上，不仅在20世纪50年代私营工商业改造中，陈云同志提出了许多不同于过去苏联的做法；即使70年代末、80年代初进行的改革开放，一开始在很大程度上所依据的，也正是他在1956年党的八大上所提出的有别于苏联高度集中计划经济模式的"三为主三为辅"的构想。

我通过在陈云同志身边工作看到，他对改革开放不仅始终是真诚拥护、积极支持的，而且提出过许多具有战略意义的建议。例如，社会主义只有"有计划按比例"这一条还不够，还必须有市场调节这一条；对外开放不一定都是人家到我们这里来，我们也可以走出去向国外投资；等等，就都是他最早提出的。在1981年9月中央政治局会议上，他高度评价经济体制改革，说这一改革打破了"大锅饭""铁饭碗"，"意义不亚于私营工商业的改造"[1]。在党的十二届三中全会讨论通过《关于经济体制改革的决定》时，他又明确提出："现在，我国的经济规模比五十年代大得多，也复杂得多。五十年代适用的一些做法，很多现在已不再适用。……如果现在再照搬五十年代的做法，是不行的。即使那时，我们的经济工作也是按照中国的实际情况办事的，没有完全套用苏联的做法。"[2] 但与此同时，他也反复提醒全党必须注意改革开放中出现的消极现象和违法行为，纠正忽视精神文明的现象，加强思想政治工作，紧紧抓住执政党的党风问题不放松，对党性原则和党的纪律不能"松绑"。他强调："我们国家现在进行的经济建设，是社会主义的经济建设，经济体制改革也是社会主义的经济体制改革。任何一个共产党员，每时每刻都必须牢记，我们是搞社会主义的四个现代化，不是搞别的现代化……"[3] 如果这就叫作"左"，哪一个真正的共产党

---

[1] 中共中央文献研究室编：《陈云年谱（1905—1995）》下卷，中央文献出版社2000年版，第279页。
[2] 《陈云文选》第三卷，人民出版社1995年版，第337页。
[3] 《陈云文选》第三卷，人民出版社1995年版，第347页。

人不"左"呢？邓小平同志曾深刻指出："很多人只讲现代化，忘了我们讲的现代化是社会主义现代化。……这些是一九七八年我们党的十一届三中全会以来一直这样讲的，从来没有变过。""国外有些人过去把我看作是改革派，把别人看作是保守派。我是改革派，不错；如果要说坚持四项基本原则是保守派，我又是保守派。"① 对于这一点，忘记或根本抛弃共产主义远大目标的人，当然无法理解；用资产阶级价值观观察世界的人，更是永远也不会弄明白的。

不断为党和国家谋划长远利益

共产主义是千秋万代的事业，作为党和国家的领导人，陈云同志为共产主义事业而奋斗，突出表现在他对党和国家战略问题的深谋远虑上。他常讲要"踱方步"，意思是说领导干部不要整天陷在事务堆里，要拿出时间来思考一些大问题。他还常讲"瓜皮帽，水烟袋"，意思是指旧社会的商店中，有一种人，头戴瓜皮帽，手拿水烟袋，他们不站在柜台前卖货，而是在后面观察，专门考虑什么货缺、什么时候应该进什么货这类"战略性"问题。1982年春节，他约当时国家计委的几位领导同志到他家开座谈会，那天我也在场，记得他在谈话中又一次提到"瓜皮帽、水烟袋"。他说："我们要有这样的战略家。"② 纵观陈云同志的一生，可以说他就是为我们党和国家长远利益殚精竭虑、不断出谋划策的战略家。前面提到的毛泽东同志在党的八届七中全会上的那次讲话里就讲过："在武昌发表一九五九年粮、棉、钢、煤的数字问题上，正确的就是陈云一个人。一月上旬，也是他正确，不是别个同志正确，别个同志不善谋。"③ 他讲陈云同志多谋善断，我理解，指的就是陈云同志善于考虑战略性问题。

陈云同志在抗日战争时期曾担任过七年中央组织部部长，新中国成立

---

① 《邓小平文选》第三卷，人民出版社1993年版，第209页。
② 《陈云文选》第三卷，人民出版社1995年版，第310页。
③ 中共中央文献研究室编，逄先知、金冲及主编：《毛泽东传（1949—1976）》（下），中央文献出版社2003年版，第940页。

后又长期处于党中央的最高领导层，在历史新时期更直接领导中纪委工作。在这个过程中，他对党的建设问题做过许多战略思考，提出了许多具有深远意义的前瞻性建议。过去，他身体一直比较弱，在历史新时期恢复工作后，一再声明自己一个星期只能工作两个半天，多了不行。但我发现，他常常是在听评弹之后把我叫去，说一些大政方针上的意见。这说明，他表面看起来在休息，实际上脑子并没有休息，而是在思考问题。我感到，他在党的建设方面思考最多的，除了搞好党风外，主要是如何端正思想路线、保证党内民主和选拔优秀中青年干部的问题。

1980年，中央决定制定《关于建国以来党的若干历史问题的决议》，决议起草组在起草过程中，分别向一些老一辈革命家征求意见。当问到陈云同志的意见时，他讲："延安整风时期，毛泽东同志提倡学马列著作，特别是学哲学，对于全党的思想提高、认识统一，起了很大的作用。……建国以后，我们一些工作发生失误，原因还是离开了实事求是的原则。在党内，在干部中，在青年中，提倡学哲学，有根本的意义。现在我们的干部中很多人不懂哲学，很需要从思想方法、工作方法上提高一步。"[1] 20世纪80年代中期，当时党内面对改革开放后经济和思想领域出现的新情况新问题存在一些不同认识，陈云同志在同当时中央一位负责同志谈话时，再一次提出要学习哲学的意见，并把它同担负好党和国家的领导责任联系起来。他说现在党和国家领导人的担子很重，这是因为，第一，"我们国家有现在这样的局面，来之不易。它是千千万万革命先烈、全党同志和全国各族人民流血牺牲、艰苦奋斗换来的"。第二，"我们国家是十亿人口的社会主义大国，无论是今天还是将来，在世界上都处于举足轻重的地位"。而"要把我们的党和国家领导好，最要紧的，是要使领导干部的思想方法搞对头，这就要学习马克思主义哲学"。他建议首先组织政治局、书记处、国务院的同志学习，要把它看成是工作的一部分，是自己的一项重要责任。[2] "八九"政治风波之后，他又一次提出学习哲学的问题。他指出："过去我们

---

[1]《陈云文选》第三卷，人民出版社1995年版，第285页。
[2]《陈云文选》第三卷，人民出版社1995年版，第360—362页。

犯过不少错误，究其原因，最重要的一点，就是看问题有片面性，把片面的实际当成了全面的实际。"①

陈云同志号召大家学哲学，自己首先认真学，并要求子女和身边工作人员也学。他曾经为学习哲学的事，专门和我谈过一次话，要求我抽时间学哲学，每天看几十页书，并找几个同志一起学，每星期讨论一次，并且要订学习计划。他说哲学是最核心的东西。马克思之所以由青年黑格尔派转变为马克思主义者，主要就是因为他把黑格尔的辩证法和费尔巴哈的唯物主义，经过改造，结合到了一起。有了这个东西，才有了唯物史观和剩余价值学说。他还说，在延安学习哲学，使他受益匪浅。过去，他的讲话、文章缺少辩证法，学过哲学后，讲话和写文章就不一样了，就有辩证法了。②

在党的建设方面，陈云同志考虑较多的另一个带战略性的问题，就是如何发扬党内民主、保证民主集中制落到实处的问题。中纪委成立后召开的第一次全体会议上，陈云同志讲中纪委的基本任务是要维护党规党法，整顿党风。那时说的党风，主要指的就是恢复和发扬党内民主和实事求是、群众路线、批评和自我批评的优良作风。他说党的十一届三中全会和此前的中央工作会议，"真正实现了毛泽东同志所提倡的'又有集中又有民主，又有纪律又有自由，又有统一意志、又有个人心情舒畅、生动活泼，那样一种政治局面'。全会决定，一定要把这种风气扩大到全党、全军和全国各族人民中去，而且永远这样做。这是一件大事。这件大事对于党的工作着重点从今年起转移到社会主义现代化建设上来，对于党内安定团结，有十分重要的意义"。"我们做好这件事，对我们这样一个在九亿人口国家中的执政党，是一种重大的工作，对于国际共产主义运动也是一种重大的责任。"③

怎样才能发扬党内民主呢？从陈云同志的讲话中可以看出，他讲得最

---

① 《陈云文选》第三卷，人民出版社1995年版，第371页。
② 中共中央文献研究室编：《陈云年谱（1905—1995）》下卷，中央文献出版社2000年版，第330页。
③ 《陈云文选》第三卷，人民出版社1995年版，第239—240页。

多的是要允许大家说不同意见，尤其是要允许说错话。1962 年"七千人大会"期间，陈云同志参加陕西省的小组会，指出："一个人说话有时免不了说错，一点错话不说那是不可能的。在党内不怕有人说错话，就怕大家不说话。"他还提出："领导干部听话要特别注意听反面的话。相同的意见谁也敢讲，容易听得到；不同的意见，常常由于领导人不虚心，人家不敢讲，不容易听到。"① 我在担任他秘书期间常听他说，即使没有不同意见，自己也要假设一个对立面，让大家来批驳。有钱难买反对自己意见的人。有一次，为了处理一件事，他就让我做他的对立面，和我辩论，直到把我说服才做决定。有人到他那里谈话，他一开始总要说："姜太公在此，百无禁忌。"为了打消对方的顾虑，他说在他这里说话，"左"可以"左"到"'左'倾机会主义"，"右"可以"右"到"右倾机会主义"。

通过总结党的历史经验，陈云同志认为，党内民主不仅应当是一种作风，而且应当是一种制度，必须做到制度化。他常常以关系列宁的两件事为例，说明俄国十月革命胜利后的头七年，党内生活是非常正常的，民主气氛是很浓的。一个例子是，在同德国签订《布列斯特和约》前，列宁的意见虽然是正确的，但拿到中央委员会里表决是少数，结果只好少数服从多数。只是后来由于形势的发展，加上列宁做工作，有两票转了过来，才使列宁的意见得以通过。另一个例子是，列宁在中央会议上发表讲话时，其他人可以插话。② 党的十二大之前，陈云同志审阅十二大报告稿，看到其中有一句话，说党内民主集中制、民主生活很不够是"文化大革命"得以发生的重要原因之一。他要我转告报告起草组负责人，指出"这个问题实际上应该说，党内民主集中制没有了，集体领导没有了，这是'文化大革命'发生的一个根本原因"③。有鉴于此，陈云同志早在 1980 年中央决定成立中央书记处的党的十一届五中全会上就提出："书记处工作要实行一人一票制。"④

---

① 《陈云文选》第三卷，人民出版社 1995 年版，第 187、188 页。
② 《陈云文选》第三卷，人民出版社 1995 年版，第 241 页。
③ 《陈云文选》第三卷，人民出版社 1995 年版，第 274 页。
④ 中共中央文献研究室编：《陈云年谱（1905—1995）》下卷，中央文献出版社 2000 年版，第 257 页。

1987年1月政治局会议上,他又就中央民主生活制度化问题提出,党内要有民主生活制度。常委会议,政治局会议,政治局扩大会议,应该分开来开,多长时间开一次也要立个规矩。"民主集中制要坚持。经常开会讨论,经常交换意见,就不至于出大的问题。"①

在十一届三中全会确立了思想路线和政治路线之后,我们党面临的一个很大的问题是,由于十年"文化大革命"的干扰破坏,干部青黄不接的现象十分严重。对于这个问题,陈云同志比较早地注意到了,而且作为一个大的战略问题提了出来。1979年,陈云同志在主持新成立的国务院财经委员会第一次会议时就讲,要找一些40岁到50岁的干部到财经委工作。"培养这样的人,我看很有必要。"② 以后,他在那一年10月的省、市、自治区党委第一书记座谈会上,又提出建立中央书记处并由年纪相对轻一些的同志组成的建议。③ 1980年2月,中央书记处成立时,他又进一步指出:"书记处和全党的一个重要任务,是要在各级选择合格的年轻干部。"他说:"从中央到县委,大部分人头发都已经白了。""现在我们主动地来选择人才,还有时间,再等下去,将来就没有时间了。党的交班和接班的问题,在国际共产主义运动中间,在我们中国党内,有过痛苦的教训,这一点,我不说大家也知道。"④ 接着,他又在那一年12月中央工作会议上提出了干部"四化"的方针。一开始,他讲的是年轻化、知识化、专业化、制度化,印文件时,经有的同志建议,前面加了一个"革命化",成为"五化"。后来,经过反复推敲,去掉了"制度化",还是"四化"。从此,这"四化"成为我们党在历史新时期最基本的干部工作方针。

对于干部"年轻化",大家都是赞成的,但很多人紧迫感不够。对此,陈云同志十分着急。1981年5月,他在杭州休养,越想越觉得这个问题大,便亲笔写了一份题为《提拔培养中青年干部是当务之急》的12条意

---

① 《陈云文选》第三卷,人民出版社1995年版,第359页。
② 《陈云文选》第三卷,人民出版社1995年版,第258页。
③ 中共中央文献研究室编:《陈云年谱(1905—1995)》下卷,中央文献出版社2000年版,第253页。
④ 《陈云文选》第三卷,人民出版社1995年版,第270、269页。

见书，分送胡耀邦同志和邓小平同志。邓小平同志看后说，老干部方面的问题还没有处理得好。于是，陈云同志回到北京后又召集中组部和总政治部的同志开座谈会，研究老干部离休退休的有关问题，并形成了一个纪要。党的十一届六中全会后，中央把各省、市、自治区党委第一书记留下来，和中央各部门负责人一起开了三天会，专门讨论陈云同志写的意见书和座谈会纪要。那天，我作为中央机关的工作人员列席了会议。会上，陈云同志进一步强调了要抓紧培养和提拔成千上万中青年干部的重要性。他说，现在省部一级领导大部分都是老干部，对此，我们面前有两种选择：一种是拖下去，等到老干部病倒了病死了，再被迫提拔一些不理想的人到领导工作岗位上来；另一种是立即主动地提拔培养大批中青年干部。他以美国卡特政府和里根政府办公室主任分别为32岁和40岁为例，说明我们提拔中青年干部，不仅要提50多岁的，还要提40岁上下的，以保证我们的干部队伍能稳定有序地新老交替。邓小平同志也在会上讲了话，他说去年12月中央工作会议以后，陈云同志更尖锐地提出要成千上万地提拔中青年干部的问题，提得好，我赞成，原来手脚还是小了一点。在那次讲话中，他还情真意切地说："我和陈云同志交过心的，老实说，就我们自己来说，现在叫我们退，我们实在是心里非常愉快的。当然，现在还不行。我们最大的事情是什么？国家的政策，党的方针，我们当然要过问一下，但是最大的事情是选拔中青年干部。我们两个人的主要任务是要解决这个问题。"[1]

　　在考虑抓紧提拔中青年干部的同时，陈云同志考虑的另一个大问题是，"文化大革命"期间的"三种人"问题。他们当中许多人也很年轻，也有知识，有专业，但他们又很会看风向，可以变得很快，如果不掌握政治标准，不严格考察历史表现，在大量提拔中青年干部的情况下，很可能让这些人混进来。因此，他从一开始就强调，闹派性的骨干分子，打砸抢分子，一个也不能提拔。对此，有的人不大以为然，说对"文化大革命"的那些事情要"俱往矣"，意思是事情已经过去，就让它过去吧，不必再深究了。陈云同志听到后说，不是"俱往矣"，是"俱在矣"。他指出："对于这些

---

[1]《邓小平文选》第二卷，人民出版社1994年版，第388页。

人，不要只看他们现在一时表现好。现在这些人大概表现是'蛮好'，他要爬上来，现在只能表现好，因为老家伙还在。但是，到了气候适宜的时候，党内有什么风浪的时候，这些人就会变成为能量很大的兴风作浪的分子。……当时闹派性的、'造反'的人很多，许多是随大流的，但里头的骨干分子不能提到领导岗位上来，一个也不能提拔，手不能软了。"① 党的十二大前夕，陈云同志向我交代，他在大会发言中别的都不讲，就讲两句话，一句是必须成千上万地提拔中青年干部，不能只提拔几十个、几百个；另一句是"文化大革命"期间的"三种人"一个也不能提拔，已经提拔的，必须从领导班子中清除出去。那篇发言稿总共21个自然段，2000多字，但当他在大会上发言时，却先后12次被掌声所打断。可见，他的意见切中要害，充分反映了全党的意志。

与选拔中青年干部问题相联系的，还有一个如何正确对待知识分子的问题。那时，"文化大革命"中把知识分子贬成"臭老九"的观点虽然已经受到了批判，但知识分子入党和提拔使用还很难。为此，陈云同志指出，新中国成立后，我们培养了几百万的大专学生和技术人员，他们都经过了一二十年的实际工作锻炼。"必须肯定，七十年代、八十年代的技术水平，应该来之于这些五十年代、六十年代水平的技术骨干。"② 在那份关于成千上万提拔中青年干部的意见书中，他更鲜明地提出："没有老干部不能实现四化，没有大批知识分子参加到我们党的干部队伍中来，也决不能建成现代化的新中国。"③ 在他建议下，中组部向中央作出了加强在中年知识分子中发展党员的报告，并成立了技术干部局。1982年夏天，当他看到两份反映中年知识分子生活、工作负担重，但工资收入低，很多人健康水平下降的材料后指出，这是国家的一个大问题，要想办法抢救他们。他们正当壮年，四化建设要靠他们。这批人顶多500万人，如果每人每月给他们增加20元，一年不过十几亿元。现在一年的基本建设要用500多亿元，完全

---

① 《陈云文选》第三卷，人民出版社1995年版，第301—302页。
② 《陈云文选》第三卷，人民出版社1995年版，第281页。
③ 《陈云文选》第三卷，人民出版社1995年版，第296页。

可以把这笔钱当成基本建设中的一个项目，这是基本的基本建设。①他的意见得到了邓小平同志和其他常委们的赞成，被中央有关部门在工资改革中所采纳，从而保护和发挥了中年知识分子建设四化的积极性。

新中国成立后，陈云同志的主要任务是领导全国财经工作。由于他尊重和深入实际，看问题全面，因此，他对国情认识得比较清楚，对经济建设的规律把握得也比较准确。但自从1958年反"反冒进"，尤其是"大跃进"之后，陈云同志就逐渐靠边站了。1959年，毛泽东同志觉察到了"大跃进"出现的一些问题，在同一位省委负责同志谈话中说："国乱思良将，家贫思贤妻。陈云同志对经济工作是比较有研究的，让陈云同志来主管计划工作、财经工作比较好。"②1962年，毛泽东同志在"七千人大会"上讲到我们对社会主义建设还有很大的盲目性，还有许多未被认识的必然王国，他自己还有许多问题不懂得之后说："别人比我懂，少奇同志比我懂，恩来同志比我懂，小平同志比我懂。陈云同志，特别是他，懂得较多。"③事实证明，他对陈云同志的这些评价确实是很中肯的。

我国是在经济十分落后的条件下搞社会主义建设的，因此，无论是党的领导层，还是党的各级干部，以至广大群众，要求改变落后面貌的心情都很迫切。尤其是粉碎"四人帮"后，大家都想大干快上，把被"文化大革命"耽误的时间抢回来。在这种情况下，人们很容易犯急性病，很容易片面强调速度、产量、产值，而忽略客观可能性，忽略经济规律，忽略全面协调可持续地发展。正因为如此，陈云同志在总结历史经验时指出："开国以来经济建设方面的主要错误是'左'的错误。"④他说，人民"要求经济有较快的发展。但他们又要求不要再折腾，在不再折腾的条件下有较快的发展速度。我们应该探索在这种条件下的发展速度"⑤。他在研究1979

---

① 《陈云文选》第三卷，人民出版社1995年版，第312页。
② 中共中央文献研究室编，逄先知、金冲及主编：《毛泽东传（1949—1976）》（下），中央文献出版社2003年版，第953页。
③ 中共中央文献研究室编，逄先知、金冲及主编：《毛泽东传（1949—1976）》（下），中央文献出版社2003年版，第1203页注释①。
④ 《陈云文选》第三卷，人民出版社1995年版，第281—282页。
⑤ 《陈云文选》第三卷，人民出版社1995年版，第268页。

年钢铁生产指标问题时曾语重心长地说道:"单纯突出钢,这一点,我们犯过错误,证明不能持久。……共产党员谁不想多搞一点钢?过去似乎我是专门主张少搞钢的,而且似乎愈少愈好。哪有这样的事!我是共产党员,也希望多搞一点钢。问题是搞得到搞不到。……冶金部提出不拖别人的后腿,实际上不可能。搞那么大的建设规模,那么高的速度,别的工业配合不上。"① 这是他的经验之谈,也是他的肺腑之言。

关于经济建设,陈云同志特别关注的是一些影响我们长期发展的制约因素。他反复提醒有关方面,必须头脑清醒,在安排国民经济计划和长远规划、确定工业发展速度时,一定要把这些因素考虑进去。1983年6月,中央要召开工作会议。事先,陈云同志向我口授在会上讲话的要点,说建设一定要有重点,如果不分轻重缓急,大家一齐上,势必会因小失大。"什么是重点?现在看,农业、能源、交通是重点,一批骨干企业的建设和改造是重点,科技教育事业的发展、环境污染的防治以及知识分子生活待遇的提高等等也是重点。这些是从整个国家的全局利益和长远利益出发考虑的。"②

长期以来,陈云同志对农业特别是粮食问题一直高度重视。他在1978年中央工作会议上《关于当前经济问题的五点意见》中的第一条,就是讲先要把农民这一头安稳下来。他说:"建国快三十年了,现在还有讨饭的,怎么行呢?要放松一头,不能让农民喘不过气来。如果老是不解决这个问题,恐怕农民就会造反……"③ 1979年,他又在3月中央政治局会议上说:"搞建设,必须把农业考虑进去。所谓按比例,最主要的就是按这个比例。"④ 进入80年代,粮食连续几年丰收,一些同志十分乐观,认为中国粮食问题过关了,主张放开手脚,让农民种自己想种的东西,结果粮食播种面积大幅度减少。1982年10月,我把新华社反映这一情况的一份内部参考材料送给陈云同志,他阅后批给了国务院领导同志,指出:"'决不放

---

① 《陈云文选》第三卷,人民出版社1995年版,第251—252页。
② 《陈云文选》第三卷,人民出版社1995年版,第323页。
③ 《陈云文选》第三卷,人民出版社1995年版,第236页。
④ 《陈云文选》第三卷,人民出版社1995年版,第251页。

松粮食生产的同时，积极开展多种经营'，现在是否后一句话在起作用，前一句话在逐步下坡？稳定粮田在大粮食观点中，仍是一个要点。"① 第二年秋收后，有的产粮大省发生储粮难的问题，向中央告急，一位中央负责人把电话记录批给陈云同志看，意思是说粮食确实多了。陈云同志看后批示："依我看来，中国的粮食并不多，每年还进口一千多万吨。"② 1985年8月，陈云同志在党的全国代表大会上发言，继续强调要注意粮食问题。他说，现在"无工不富"的声音大大超过了"无农不稳"，并针对当时一些农民对种粮不感兴趣的情况，提出了"无粮则乱"的警示。他说："十亿人口吃饭穿衣，是我国一大经济问题，也是一大政治问题。"③ 话音未落，秋粮即减产，而且此后粮食连续四年减产，使人均产量由1984年的786斤减到了1988年的716斤，引起物价全面上涨。后来，陈云同志曾经对浙江省的领导同志讲："我们这些人在世时，粮食过不了关。……下一代人如果在科学上没有突破，粮食也很难过关。"④

中国自古就是一个农业立国的国家，同时又是水旱灾害频仍的国家。总体上看，南方水多，北方水少，全国人均水资源严重不足，只是世界人均拥有量的1/4。对于这一国情，陈云同志早在新中国成立之初就注意到了。1951年，他在党的第一次全国宣传工作会议上讲话，着重谈了防止水旱灾害的问题，他说："从长远看，要以蓄为主，蓄泄兼顾。以后我们要重视蓄水，许多地方要修水库、筑塘堰，山区更要注意种树种草、保持水土，对水一定要好好利用。在华北、西北有些地方，还要多打水井……"⑤ 从那时起，他就开始研究南水北调的问题，并一直强调要节约用水。事隔近30年，他在重新恢复工作并兼任国务院财经委员会主任后，给财经委的副主任李先念和秘书长姚依林写的第一封信，便是谈注意水资源的问题。他

---

① 中共中央文献研究室编：《陈云年谱（1905—1995）》下卷，中央文献出版社2000年版，第308页。

② 中共中央文献研究室编：《陈云年谱（1905—1995）》下卷，中央文献出版社2000年版，第341页。

③ 《陈云文选》第三卷，人民出版社1995年版，第350页。

④ 中共中央文献研究室编：《陈云年谱（1905—1995）》下卷，中央文献出版社2000年版，第412页。

⑤ 《陈云文选》第二卷，人民出版社1995年版，第141页。

指出:"农业要用水,工业要用水,人民生活要用水。有些地区水资源已很紧张,如天津、北京等地。今后工厂的设立必须注意到用水量。……即使有水资源的工厂,也应该有节约用水的办法。"在那封信中,他还提出了另一个应当尽早注意的问题,即防止工业污染问题。他说,"今后办厂必须把处理污染问题放在设计的首要位置,真正做到防害于先"。[①] 90年代,他已退居二线,但对水资源和环境保护问题仍然十分关心。当他看了水利专家张光斗、陈志恺写的一篇文章后,立即批给中央和国务院领导同志,并指出:"要从战略高度来认识水的问题的严重性。""应该把计划用水、节约用水、治理污水和开发新水源放在不次于粮食、能源的重要位置上"[②]。他还多次把反映工业生产造成环境污染的材料批给有关领导,指出:"治理污染、保护环境,是我国的一项大的国策,要当作一件非常重要的事情来抓。"[③]

陈云同志在主持全国财经工作的过程中,对于我国由于人口多而形成的资源、商品供应和就业压力,一直感受深切。因此,早在20世纪50年代,他就极力主张节制生育。70年代末,他刚刚恢复工作,便再次尖锐地提出这个问题。他在1979年3月政治局会议上说:"人口多,要提高生活水平不容易;搞现代化用人少,就业难。我们只能在这种矛盾中搞四化。"[④] 为了解决好这个矛盾,他提出了一系列对策,主要可以归纳为三条:一是大力发展经济,二是强制推行计划生育,三是在引进先进企业和改革企业内部管理体制时要照顾到就业问题。他说人口是个爆炸性问题,不仅要大造计划生育的舆论,而且要"制定法令,明确规定只准生一个";要"对独生子女实行优待政策,如在招工时先安排等";要"实行社会保险,解决'养儿防老'问题"。[⑤] 他还对国务院有关负责同志提出,要把人口问题纳入国民经济发展的长期计划中去。正是在他的大力推动下,中共

[①]《陈云文选》第三卷,人民出版社1995年版,第263页。
[②]《陈云文选》第三卷,人民出版社1995年版,第375页。
[③]《陈云文选》第三卷,人民出版社1995年版,第364页。
[④]《陈云文选》第三卷,人民出版社1995年版,第250页。
[⑤] 中共中央文献研究室编:《陈云年谱(1905—1995)》下卷,中央文献出版社2000年版,第246页。

廉政与党风

中央和国务院于 1979 年 9 月 25 日发出了《关于控制人口增长问题致全体共产党员、共青团员的公开信》，号召一对夫妇只生一个孩子。

在强调计划生育的同时，陈云同志主张要从我国人口多的实际情况出发，尽可能多地安排就业。他指出："在我们国家，先进的企业、落后的企业并存的局面，要在一个相当长时期内存在。否则，容纳不了那么多就业人员，有人就要闹事。"① 他还提出，不要完全取消国家补贴。他说："通过改善经营管理，提高经济效益，可以逐步减少一些不合理的补贴，例如某些企业的亏损补贴，但要从根本上取消补贴是不可能的。""在我国，还是低工资、高就业、加补贴的办法好。这是保持社会安定的一项基本国策。"② 他曾对"文化大革命"之后国家安排了 2000 多万返城知识青年和城市居民就业一事说过："这样的事资本家绝不干，他们是用人越少越好，而我们必须这样做，这样做才能换来社会的安定团结。所以，补贴和广泛就业的办法是合乎实际的，从小的方面看不合理，从大的方面看仍然是合理的。如果马克思活到现在，也会赞成这个办法。"③

我在陈云同志身边工作过程中，感到他考虑最多的一个经济问题是计划与市场的关系问题。我们在新中国成立初期，为了优先发展重工业，选择了计划经济体制。陈云同志作为全国财经工作的最高领导人，为这一体制的建立发挥了重要作用。但是，他在领导经济计划工作中有两个显著的特点：一是力主制订计划要遵守客观经济规律，反对长官意志，反对"拍脑袋"决策；二是力主在国家计划之外，允许有按照市场变化自由生产的空间，包括允许有一定数量的个体经营，作为计划生产和国家经营、集体经营的补充。但由于种种原因，他的这些主张要么实行起来很难，要么根本就没有能实行。"文化大革命"中，他利用在外地"蹲点"和在家赋闲的时间，大量阅读马克思主义经典著作，对计划与市场的关系问题进行了深入思考。因此，当他在 1972—1974 年协助周恩来总理抓外贸工作时，提

---

① 《陈云文选》第三卷，人民出版社 1995 年版，第 253 页。
② 《陈云文选》第三卷，人民出版社 1995 年版，第 376 页。
③ 中共中央文献研究室编：《陈云年谱（1905—1995）》下卷，中央文献出版社 2000 年版，第 283 页。

出要适应我国在尼克松访华后与资本主义贸易上升的情况，首先在外贸领域中要把国内计划经济的规矩变一变，"不要被那些老框框束缚住"①。为此，他提出出口商品定价要灵活、要照顾中间商利益、在进口时可以利用国外的商品交易所、要利用国内丰富劳动力大搞进口棉花然后加工成棉布出口等一系列按照市场经济规律办事的措施。

粉碎"四人帮"后，陈云同志明确提出了计划经济与市场经济相结合的方针。1982年5月的一天，陈云同志叫我到他办公室，把几张写满铅笔字的便条交给我，说这是他过去写的一个提纲，原来打算把它写成一篇东西，但现在没有精力写下去了，要我拿去收起来。我回去一看，讲的是计划与市场的关系问题。他在提纲中写道："无论苏联或中国的计划工作制度中出现的主要缺点：只有'有计划按比例'这一条，没有在社会主义制度下还必须有市场调节这一条。"他指出：整个社会主义时期必须有两种经济：（1）计划经济部分（有计划按比例的部分）；（2）市场调节部分（即不作计划，只根据市场供求的变化进行生产，即带有盲目性调节的部分）。②他还指出："在今后经济的调整和体制的改革中，实际上计划与市场这两种经济的比例的调整将占很大的比重。不一定计划经济部分愈增加，市场经济部分所占绝对数额就愈缩小，可能是都相应地增加。"③这篇提纲在中央文献研究室内部刊物发表前，需要注明写作时间，我从其中一张用来当稿纸的台历判断，是1979年3月写的。后来听说，1979年初，中央书记处研究室曾传达过他的这些意见，并在起草中央有关文件时已有所体现。这份提纲所探讨的，在当时的经济学界，仍然属于比较前沿的问题。因此，当它收入1982年8月出版的《三中全会以来重要文献选编》一书后，在党内外引起了热烈反响。江泽民同志说过，他的"这些观点，当时对推动全党解放思想、实事求是，进行突破高度集中的计划经济体制的改革，产生过广泛而深刻的影响"④。

---

① 《陈云文选》第三卷，人民出版社1995年版，第219页。
② 《陈云文选》第三卷，人民出版社1995年版，第244—245页。
③ 《陈云文选》第三卷，人民出版社1995年版，第247页。
④ 《江泽民同志的讲话——在〈陈云文选〉（1—3卷）、〈陈云〉画册出版发行暨纪念陈云同志诞辰九十周年座谈会上》，载《人民日报》1995年6月14日，第1版。

对于计划与市场的关系，陈云同志曾用过"以计划经济为主、以市场调节为辅"的表述。有人认为，陈云同志从计划与市场相结合的提法后退了。其实，陈云同志在提出计划与市场相结合时，所说的市场经济本来就是在计划经济为主体的前提下的市场调节。他之所以要把计划经济为主这一面特别突出出来，主要是针对当时一些地方一些部门片面理解市场调节作用，违反国家计划乱上基本建设项目，导致货币发行过量、外汇储备下降、物价指数上升的现象，强调加强国家的宏观控制，以免把刚刚调整好的经济再度搞乱。

陈云同志对计划与市场的关系，还用"鸟与笼子"的比喻表述过。一些人望文生义，把它贬为什么"鸟笼经济"思想。而照我看，这一比喻恰恰最生动也最深刻地道出了经济微观搞活与宏观控制的真谛。陈云同志的原话是这样说的："搞活经济是对的，但必须在计划的指导下搞活。这就像鸟一样，捏在手里会死，要让它飞，但只能让它在合适的笼子里飞，没有笼子，它就飞跑了。'笼子'大小要适当，但总要有个'笼子'。"[①] 后来，他又在多个场合说过："'笼子'就是国家计划。不一定一个省就是一个'笼子'，'笼子'也可以跨省跨地区。"[②] "'笼子'大小要适当，该多大就多大。……可以跨省跨地区，甚至不一定限于国内，也可以跨国跨洲。另外，'笼子'本身也要经常调整……"[③] 由此可见，陈云同志关于"鸟与笼子"的比喻实际上是他对计划与市场关系问题思考的深化，其出发点和归宿都在于使经济做到活而不乱，是更加积极的而不是更加消极的。许多严肃的经济学家，包括一些国外的学者，都对这一比喻产生了浓厚的兴趣，认为值得人们沿着这一思路来思考经济微观运行与宏观控制的关系。今天，我们虽然早已不实行计划经济了，但仍然有国民经济和社会发展的五年规划、十年规划，还有宏观调控的各种目标，有财政政策、货币政策、产业

[①] 中共中央文献研究室编：《陈云年谱（1905—1995）》下卷，中央文献出版社2000年版，第309页。

[②] 中共中央文献研究室编：《陈云年谱（1905—1995）》下卷，中央文献出版社2000年版，第311—312页。

[③] 《陈云文选》第三卷，人民出版社1995年版，第320页。

政策，有关于经济活动的各种法律法规。这些一方面在保证微观经济像"鸟"那样自由飞翔，另一方面也像"笼子"那样起着限制微观运行盲目发展的作用，使之不至于失控。

在我的记忆里，陈云同志还提出过许多对于我们党和国家的发展具有战略意义的意见。例如，他从搞现代化建设的角度出发，一直十分重视对教育的投资问题。1983年，他曾把一封建议将全部民办小学改为公办小学、民办教师改为公办教师的来信，批转主持中央和国务院工作的领导同志，并在便函中表示，这个建议十分重要，很有远见，希望有关部门加以研究，提出方案，在中央书记处会议上专门讨论。① 再例如，1984年，他约请时任电子工业部部长的江泽民同志和几位专业技术人员到他家，了解有关集成电话和电子计算机的生产应用情况，观看用电脑处理文件的演示，并在谈话中尖锐指出："我国财经干部面临着知识更新的任务，现在大多数的财经干部还没有看到这个任务的紧迫性。"② 在他的号召下，计划工作部门和财政、金融部门都加快了电子计算机化的步伐，从而在与国际经济接轨过程中避免了被动局面。

对于国际关系和祖国统一问题，陈云同志不仅十分关注，而且考虑很深。20世纪80年代中期，中苏两国关系尚处于不正常状态。1983年，时任苏联部长会议第一副主席的阿尔希波夫计划访华，提出届时想见陈云同志。在50年代中苏友好时期，阿尔希波夫曾担任过苏联在华专家组组长和国务院经济总顾问，同陈云同志结有深厚的友谊。陈云同志抓住这个机会，让我为他准备一篇会见时的谈话稿，中心是向苏方传递中方愿意改善和发展双边关系的信息。③ 后来，阿尔希波夫访华时间因故延迟，陈云同志为这次会见前后共准备了一年。最后，两位老人终于在1984年10月12日得以会见。当时的场面十分热烈感人，电视台、报纸都作了公开报道，为促

---

① 中共中央文献研究室编：《陈云年谱（1905—1995）》下卷，中央文献出版社2000年版，第319页。
② 中共中央文献研究室编：《陈云年谱（1905—1995）》下卷，中央文献出版社2000年版，第350页。
③ 《陈云文选》第三卷，人民出版社1995年版，第340页。

进中苏关系恢复正常化起到了积极作用。

那些年,有一位奔波于海峡两岸的香港商人,为国共双方传递消息。他受国民党元老陈立夫、陶希圣之托,要求见陈云同志。在有关部门安排下,陈云同志接见了他,并要他转告陈、陶,说我们两边吵架,但都坚持只有一个中国的立场。将来我们这边老一辈不在了,接班的人仍然会坚持这个立场。但他们那边接班的人是否会坚持、能否坚持住,就很难说。因此,要早做打算,先把国家统一起来。这样,即使他们身后有人要搞台湾"独立",也就不那么容易了。他还提醒说,世界上有人抓住台湾不放,把台湾看成是自己"不沉的航空母舰"。因此,要提高警惕,防止这些人阻挠和破坏两岸统一的努力。① 陈云同志考虑到陈立夫是浙江湖州人,还特别让我准备了两份湖州酥糖、龙井茶、杭州织锦和评弹录音,作为礼品交给来人捎到对岸。

时刻挂念人民群众的疾苦

共产主义事业是为了争取人民群众根本利益而斗争的事业,也是发动人民群众为自身利益而斗争的事业。因此,我们党一向注意兼顾人民群众的长远利益和眼前利益,并要求自己的党员和干部随时随地关心群众的疾苦,帮助群众解决实际困难,给人民群众以看得见的物质利益。对于这一点,陈云同志有过很多深刻的论述。在革命战争年代,他无论走到哪里,总是强调要改善民生,要通过解决群众迫切需要解决的问题入手去发动群众,把动员群众同维护群众的切身利益联系起来。新中国成立以后,他在经济建设上也总是强调要牢记经济建设的最后目的是改善人民生活,制定经济计划要从人民群众有吃有穿出发,搞经济工作要坚持"一要吃饭二要建设"的原则,要把解决市场问题、民生问题作为重要的国策。对陈云同志的这一一贯思想,毛泽东同志很赞赏。1959 年夏天,毛泽东同志在一次中央会议上说:"过去陈云同志提过:先市场,后基建,先安排好市场,再

---

① 《陈云文选》第三卷,人民出版社 1995 年版,第 334—335 页。

安排基建。有同志不赞成。现在看来，陈云同志的意见是对的。"①

陈云同志不仅强调共产党在任何时候任何地方都要关心群众切身利益，而且力求在制定具体政策中加以体现。三年困难时期，在他的建议下，城市每人每月供应三斤大豆、半斤猪肉、半斤鱼，以保证蛋白质摄入量；每年进口1000吨尼龙，生产尼龙袜，以保证孩子们对袜子的需求。这些事是大家所熟知的。但对他在1955年货币更换问题上为群众着想的事，很多人并不了解。1982年，他在审阅中央书记处研究室编辑的《陈云文稿选编（一九四九——一九五六年）》后记时，让我转告编辑组，说1955年新币换旧币是我国经济生活中的一件大事。当年苏联币制改革时，采取的办法是分阶级，即在国营企业和合作社、集体农庄实行两种兑换比例；限时间，即规定几天换完，过期旧币作废。这样做，损害了人民群众尤其是广大农民和边远地区居民的利益。我们的办法不分阶级，即工农一个比价，都是一万比一；不限时间，允许新币、旧币在一定时间内同时流通，直到将旧币全部收回为止。这样做，既没有损害农民的利益，也没有给群众添麻烦，因此受到全国人民的拥护，使货币更换任务进行得很顺利。②

我到陈云同志身边工作后，他虽然不再担负国务院具体领导工作了，但仍然在密切关注着人民群众的实际生活，只要发现问题，就及时提醒有关领导或有关方面解决。他平时看《人民日报》很仔细，每天都要从第1版看到第8版，说这对于他来说等于是休息。1982年5月25日，他看到前一天《人民日报》第8版上刊登的《首都儿童看戏难》，其中建议在新的首都儿童剧场落成之前，暂时拨借一个剧场专供孩子们看演出，如果固定一个剧场有困难，可以由几个剧场轮流定期为孩子们开放。他说，他同意他们的建议，另外，提议在今年"六一"节时，全国城镇的所有影剧院和机关、企业的所有礼堂，均应免费向孩子们开放一天，要我按他的意思起草一封给中央书记处和国务院领导同志的信。我按他的意思很快把信写好，

---

① 中共中央文献研究室编，逄先知、金冲及主编：《毛泽东传（1949—1976）》（下），中央文献出版社2003年版，第963页。
② 中共中央文献研究室编：《陈云年谱（1905—1995）》下卷，中央文献出版社2000年版，第293—294页。

他看后签了名。考虑到当时离"六一"节已经很近了,他在信笺上方亲笔写了"特急件"三个字,还在下面画了三个圈圈,以示重要。5月28日,中央办公厅和国务院办公厅为此联合发出了一份紧急通知,要求全国的影剧院和礼堂、俱乐部在"六一"节向少年儿童开放。①

有些事,虽然称不上是党和国家的大事,但与人民群众的切身利益有密切关系。对于这样的事,陈云同志都十分牵挂。例如,1982年10月的一天晚上,陈云同志把我叫去说,往年这个时候,北京、天津常发生冬储菜烂菜的现象,今年要早抓,要赶在寒流到来之前把菜卖到老百姓手里,卖不掉的要采取措施保温。菜烂不烂,关键就是几个小时。说完,他把事先写好的一封给中央有关领导同志的信拿出来,让我尽快发出。那时,受各种条件的限制,居民冬天用菜不像现在这样,可以随吃随买,而是要在秋菜上市后,到商店把一冬天要用的菜(主要是大白菜)一次性买回家储存。由于菜量大,商业部门往往堆放在露天,如果供应慢了,或者居民购买不及时,寒流一到,很容易发生烂菜。那一年,经过陈云同志的过问,北京市委、市政府提前召开了各区、县、局和有关单位领导参加的秋菜供应、储存工作动员大会,还成立了秋菜指挥部,使冬储大白菜供应工作进行得很顺利,基本没有发生烂菜情况。

1984年2月的一天,陈云同志对我说,《人民日报》上反映,现在大年龄的未婚青年很多,这件事与我们这些年宣传晚婚有关,应当由中央书记处议一次,并请一个部门抓一抓。我说,最近新华社有一份反映这个问题的内部材料,可以在那上面批一下。第二天,陈云同志把新华社关于天津市三十岁以上未婚青年有六万多人,市政府要各级领导关心这些人婚姻问题的内部材料,批给了中央书记处负责同志,建议书记处议一下,指定一个部门专门抓这项工作。后来,中央书记处把这个问题列入了例会议程,并由中央办公厅发出了《关于关心三十岁以上未婚青年婚姻问题的通知》,要求各级党组织重视和关心这个问题,工会、妇联、共青团组织要把解决

---

① 中共中央文献研究室编:《陈云年谱(1905—1995)》下卷,中央文献出版社2000年版,第298页。

这个问题作为重要工作认真抓好。

1984年9月，陈云同志从《人民日报》上看到山东益都一位中学教师写的文章，反映当时高中毕业生很少有人把师范院校当作高考的第一志愿。他对我说，这个问题值得重视，教师质量不高对下一代影响很大，日本的中小学教员很受尊重，西德也是这样。他要我转告中央有关领导同志，要重视这篇文章提出的问题，"要继续想办法帮助教师主要是中小学教师解决一些实际问题，提高他们的社会地位，使教师真正成为社会上最受人尊敬，最值得羡慕的职业之一"。他的这个意见传达后，有关部门迅速召开会议研究贯彻落实问题。几乎与此同时，陈云同志收到了国务院关于国家机关和事业单位工资改革方案的送审稿。他在批示中又特别提出："对中小学教师，不仅要有工龄工资，而且要使他们的工资标准，比同等学力从事其他行业的人略高一点才好。"[1] 事后，党中央、国务院决定拿出十几亿元，从1985年1月1日开始，为全国几百万中小学教师增加工资，使中小学教师的待遇和地位由此有了进一步提高。

像这类关心冬储大白菜、大龄青年婚姻、师范院校招生质量下降的事，我在陈云同志身边工作期间遇到过不知多少，使我懂得了什么才是真正把群众的安危冷暖挂在心上，为群众办实事，解难事，做好事。例如，当他从北京日报社内部材料上刊载的群众来信中得知市民烧煤难时，便通过国务院有关领导向北京市领导打招呼，要他们引起重视。当他从《人民日报》上了解到永定河有再次泛滥的可能后，就让我给北京市领导打电话，问他们是否注意到了，采取了什么措施。当他从《参考消息》上看到苏联核动力卫星失灵的消息后，又让我问问有关部门，会不会坠落在我国境内，对此有无准备，如果落在人口稠密区怎么办？记得有一天，《人民日报》上刊出有的售货员在商店糖果零售柜台边卖边吃的照片，他看到后也把我叫去，说报社这样做很好，要让记者继续抓两个星期，看到这种现象就照下来，一定要把这种风气刹住。最后，他还让我嘱咐新闻部门，记者在出

---

[1] 中共中央文献研究室编：《陈云年谱（1905—1995）》下卷，中央文献出版社2000年版，第359、364页。

去时要两人同行,以防被拍照的售货员发现后动手打人。还有些事,看起来很小,人们一般不大在意,即使注意到了也不大愿意说,但只要陈云同志看到了,也往往会从中发现与群众利益相关的大问题。比如,他看到《人民日报》一篇题为《驱除盐碱,还我良田》的文章,把我叫去说:"这篇东西讲了一个很重要的问题,但看了两遍还是没看懂到底用哪几个办法解决了土地盐碱化的问题。要是文章前面写个内容提要,就可一目了然。所以,我主张报上的长文章以及重要的评论、通讯等,都应当有提要。这样既可以大大节省读者的时间,又在实际上提高了报纸的作用。报纸要为广大读者着想,报社领导和编辑要经常提醒自己:'假如我是读者','假如我是一个很忙的读者。'"[①] 他还说:《人民日报》很重要,党的政策主要靠《人民日报》传达给基层干部和群众。如果连我这样每天用很多时间看报的人都看不过来,那些担负实际工作的人就可想而知了。这个意见传达后,人民日报社很重视,不仅一些长文章开始加提要,而且短文章也越来越多。对此,陈云同志十分高兴,给予充分肯定。但过了一段时间,报上长文章又多了起来。他又让我给报社领导打电话,一方面称赞哪篇社论写得好,哪个专栏办得好;另一方面指出有些文章虽然很好,可惜长了一些。"文章越长,看的人越少;越短,看的人越多。应当多写点'豆腐块'文章。"[②]

永葆共产党人的本色

共产主义是一种社会制度,也是一种思想体系,一种人生观、价值观。在社会主义初级阶段,由于受生产力水平的限制,我们还只能实行以公有制为主体、多种经济成分共同发展和以按劳分配为主体、多种分配方式并存的经济制度。但是,对于共产党人来说,仍然要用共产主义的思想指导

[①] 中共中央文献研究室编:《陈云年谱(1905—1995)》下卷,中央文献出版社2000年版,第297页。

[②] 中共中央文献研究室编:《陈云年谱(1905—1995)》下卷,中央文献出版社2000年版,第311页。

自己的行动,绝不能"按酬付劳",和党讲价钱。事实上,很多工作很多事情也很难用报酬多少来衡量。尤其是因为我们党执政而掌握了一定权力的党员领导干部,更不应当把手中的权力当成牟取私利的手段,把"商品交换"的原则引入政治领域,而应当继续保持谦虚谨慎、艰苦奋斗、清正廉洁、甘于奉献的作风,发扬全心全意为人民服务的精神。这些都是我们党对党员和党的各级干部的一贯要求,也是陈云同志所一贯倡导的。他这样要求别人,也这样要求自己,为我们树立了言行一致、以身作则、永葆共产党人本色的光辉榜样。

陈云同志自1930年起进入党的中央委员会,直到1987年因年龄原因退出,其间长达57年。他自1934年开始担任中央政治局常委,直到1992年由中顾委主任职务上退下来,中间除了十年"文化大革命"外,在中央核心领导层的时间加在一起,也有近半个世纪之多。像他这种情况,在我们党内是极为罕见的。但是,很多人反映,对陈云同志的情况不太了解,连名字有时都很少听到。这其中的一个重要原因,就是陈云同志本人始终反对宣传他,更不允许在宣传上突出他。凡是宣传他的文章,只要报到他那里,毫无例外地要被他"枪毙"。有人说,这是陈云同志谦虚。他说这不是谦虚,是实事求是。他对个人的功劳历来有一个看法,就是在党的七大发言时讲的:"假设你在党的领导下做一点工作,做得还不错,对这个功劳怎样看法?我说这里有三个因素:头一个是人民的力量,第二是党的领导,第三才轮到个人。可不可以把次序倒转一下,第一是个人,第二是党,第三是老百姓?我说不能这样看。"[①] "我们是党员,在党的领导下,适合老百姓的要求,做了一点事,如此而已,一点不能骄傲。"[②] 正因为如此,他在全国解放前夕,写给老战友孩子的回信中说:"我与你父亲既不是功臣,你们更不是功臣子弟。""千万不可以革命功臣的子弟自居"。[③]

陈云同志还一贯反对突出自己。1982年初,为了配合当时党的思想作风的整顿,中央决定发表陈云同志在党的七大上的那篇发言,并冠以《要

[①] 《陈云文选》第一卷,人民出版社1995年版,第293页。
[②] 《陈云文选》第一卷,人民出版社1995年版,第296页。
[③] 《陈云文选》第一卷,人民出版社1995年版,第396页。

讲真理，不要讲面子》的标题。文章发表后，报纸上登了几篇学习体会。他一看到便对我说："搞这个东西干什么？发表文章就行了嘛，为什么还要登学习体会！这样搞不好，告诉他们，不要再登这些东西了，明天就刹车。这种事我要说话，自己不说话，别人不好说。"在审阅党的十二大报告时，他看到其中有一处提到他在党的八大上早就提出过关于社会主义经济体制的正确主张，可惜后来没有照着去做，便让我转告起草组同志，要把他的名字删掉。有一位瓷刻艺术家做了一个陈云同志肖像的瓷盘，托人送到我这里。我拿给陈云同志看，他看了一眼后便让我拿走。我问放到哪儿？他说放到哪儿都行，反正不要放到他这里。有一年，中央新闻电影制片厂的同志说，陈云同志参加公开活动少，想利用他在杭州休息期间拍些镜头，留作资料。但制片厂只拍了一次他在公园和游人交谈的镜头，他就不让拍了。他对我说，他历来不主张搞这些宣传个人的东西，没有电影镜头没关系，他今后死了，有一张照片就行了。遵义会议纪念馆为了恢复当年中央领导同志住过的旧址，给陈云同志来信，问他当时是否在遵义会议会址住过，还说打算把当年他担任政委、刘伯承同志担任司令员的卫戍司令部旧址内现在的单位迁出，辟为纪念室。陈云同志要我回信，让他们不要恢复司令部旧址，只要在遵义会议会址的说明词中写上他参加过会议、住在哪里就行了；而且要我告诉他们，他历来不赞成搞这种东西，以前有人提出要把他老家的房子搞成纪念馆，他就没有同意，说以后也不能搞。①

陈云同志不仅随时注意摆正自己同人民同党的关系，而且十分注意摆正自己同其他领导同志的关系。他对我说过，新中国成立后，干部由供给制改为工资制，有关部门鉴于他是当时中央书记处五个书记之一，把他的级别和毛泽东、刘少奇、周恩来、朱德同志一起定为一级。他给中央组织部的领导打电话，要他们把自己定为二级。他说毛、刘、周、朱是处于第一排的，他不能和他们放在一起。20世纪60年代初，中国青年出版社编辑《红旗飘飘》丛书，组织撰写了当时七位中央政治局常委青少年时期革

---

① 中共中央文献研究室编：《陈云年谱（1905—1995）》下卷，中央文献出版社2000年版，第306—307页。

命斗争的故事。出版社把关于他的文章送给他审，他坚决不同意发，说他和毛、刘、周、朱不能是一个规格。1983年，中央决定编辑出版《陈云文选》。在第一卷发行前，他听说宣传的规格和《邓小平文选（一九七五——一九八二年）》发行时一样，便让我转告中央宣传部领导，说他的书在宣传规格上要比小平同志的书略低一些，小平同志应当比他高一些。在中央领导同志排名问题上，他也采取同样的态度。在党的十一届三中全会上，陈云同志被补选为中央政治局常委。李先念同志提出，他的名字应当放在陈云同志之后。陈云同志知道后，坚决不同意，说李先念同志在十一届一中全会已经是常委，在粉碎"四人帮"问题上发挥过重要作用，因此应当把他的名字放在自己的前面。

在个人与集体的关系上，陈云同志同样注意摆正关系。1982年4月，有关部门将他在1949—1956年的文稿选编编完。他特别要我向编辑组转告，在文稿后记中一定要说明，他当年在中财委主持工作期间，几乎所有的决定，特别是重大决策，除了他做了必要的调查研究以外，都是经过集体讨论作出的。在具体工作中，薄一波同志[1]起了重要的作用。另外，许多重大决策都是根据以毛泽东同志为首的党中央确定的路线、方针、政策作出的，或者是经过党中央批准的。大家在阅读这卷文稿时，如果觉得那一段工作还有成功之处，决不要把功劳记在一个人的账上。[2]

党的八大之前，中央决定增设四个中央副主席和总书记职务，并推荐陈云同志为副主席。陈云同志表示自己不行，这样安排不适当，可以不必加他。为此，毛泽东同志在七届七中全会上专门对陈云同志作了一番评价。他说："我看他这个人是个好人，他比较公道、能干，比较稳当，他看问题有眼光。……不要看他和平得很，但他看问题尖锐，能抓住要点。所以，我看陈云同志行。"[3] 实际情况正是这样。就拿陈云同志公道这一点来说，

---

[1] 薄一波，时任中财委副主任。
[2] 中共中央文献研究室编：《陈云年谱（1905—1995）》下卷，中央文献出版社2000年版，第295页。
[3] 中共中央文献研究室编，逄先知、金冲及主编：《毛泽东传（1949—1976）》（上），中央文献出版社2003年版，第521页。

不仅体现在他处理干部问题、处理和其他同志的关系问题上，也体现在他处理有关个人的一系列问题上。他对别人的功劳从不抹杀，而对自己的缺点、错误却从不隐晦。在1979年3月中央政治局会议上一些同志表示对他能重新出来领导经济工作很高兴，他在讲话中就直言，不要把他说得这么好，他也有很多反面教训。156项中的三门峡水利工程是经过他手的，"就不能说是成功的，是一次失败的教训"[1]。不仅如此，他还要求把他写给中央的关于解放战争时期辽东地区土改工作中所犯错误的检讨报告，收进他的文选。编辑组几次提出，这个错误在当时是带普遍性的，责任不能由他一人负，因此主张把这篇稿子撤下来，他都没有同意。他说，就是要让大家知道，他也是有错误的，并不是一贯正确，世界上没有一贯正确的人。一位当年在辽东工作过的领导同志看了他的文选，对他说：当时中央在土改方针上有偏差，但你承担责任，还把自我批评的文章收入自己的文选，这使大家很受教育。陈云同志听后只说了一句："应当做自我批评。"[2]

陈云同志对人对事从来讲实事求是，对自己更是这样。他多次对我说过，编辑他的文选，文章原来是什么样就是什么样，不要按今天的认识去改动过去的文章，不要搞成他好像有什么先见之明。那时，有关部门要把他在党的十一届三中全会上关于正确处理历史遗留问题的发言收入书中，公开发表，提出其中讲到彭德怀时，后面应加上"同志"两字，而讲到康生时，后面的"同志"两字应去掉。我请示他，他说，不能改，因为当时彭德怀同志头上的"反党集团头子"的帽子还没拿掉，能提出把他的骨灰放入八宝山已经很不容易了；另外，当时中央给康生的悼词称他为"伟大的马克思主义理论家"，这个悼词还没撤销，能提出应当对他审查也已经很不容易了。看问题一定要把问题放在当时的历史条件下，当时只能讲到那种程度。在党的十二大前夕，有关部门的领导通过我向陈云同志请示，说现在许多代表都将简历中"文化程度"一栏按照现有文化水平作了相应修改，因此，他们考虑把陈云同志原来填写的高小毕业也改为相当大专，

---

[1] 《陈云文选》第三卷，人民出版社1995年版，第255页。
[2] 中共中央文献研究室编：《陈云年谱（1905—1995）》下卷，中央文献出版社2000年版，第362页。

问他是否同意。陈云同志让我告诉他：不要改，简历中的文化程度是指接受正规教育的程度，不是指实际水平，他只上过小学，只能写高小毕业。至于说实际水平，大家都清楚嘛。后来，在一次全国组织工作会议上，有人反映现在一些领导干部改自己的学历也是一股不正之风。陈云同志看到简报后，批示说工作成就与学历是两回事。

与陈云同志对自己一贯保持低调形成鲜明对照的是，他对宣传革命先烈和英模人物十分热心。革命烈士应修人曾在建党初期创办过"上海通讯图书馆"，向青年介绍进步书刊。陈云同志当年接触马克思主义，就是通过这种方式。1984年，他特意找来也曾参加过通讯图书馆进步活动的作家楼适夷，请他为应修人烈士写纪念文章。台湾籍革命烈士翁泽生在20世纪30年代初，曾在陈云同志领导下工作过。"文化大革命"中，他的烈士称号被取消。"文化大革命"后，在陈云同志和廖承志同志[①]的过问下，恢复了他的烈士名誉。1984年，陈云同志审阅了宣传他革命事迹的传记稿，还专门请时任全国台联会长的林丽韫和翁泽生烈士的儿子来他家谈传记稿写作的事。[②] 那时，陈云同志为了锻炼身体，开始写大字。一些地方知道后，纷纷请他题字题词。只要是有关革命先烈和英模人物的，可以说他有求必应。那几年，仅经我手办理的，就有他为李大钊、邓中夏、向警予、陈潭秋、毛泽民、林基路、张浩等烈士，以及《革命烈士传》《红岩英烈》等书籍，南京雨花台烈士陵园、五卅运动纪念碑、第二次国内革命战争时期浙江陆军监狱烈士纪念亭等纪念物题写的字或词。

陈云同志晚年很少出席公开活动，每逢重要节日必须露面时，他也尽量利用这个机会宣传他认为值得宣传的人和事。比如，他曾利用春节，先后邀请过革命先烈的后代、曲艺界人士、中小学和幼儿园教师代表到他家做客，借以宣传继承革命先烈的遗志，扶持祖国的传统艺术形式，提高中小学教师和幼师的社会地位。在我的记忆里，只有一次他是在节日之外参

[①] 廖承志，1932年和翁泽生一起在上海中华全国总工会做地下工作，廖任宣传部部长，翁任中共党团秘书长。

[②] 中共中央文献研究室编：《陈云年谱（1905—1995）》下卷，中央文献出版社2000年版，第368—369页。

加公开活动的。那是他1983年应团中央的请求，在怀仁堂会见由中国少年报社组织的全国"快乐的小队活动"夏令营。那天，他兴致很高，系上了孩子们送的红领巾，戴上了夏令营的营帽、营徽，亲手点燃了夏令营的火炬，向小营员们发表了讲话，还为全国的小朋友题了词。

在个人生活上，陈云同志对自己的要求更是严格，有时几近苛刻的程度。他去外地，从不要当地领导同志到机场、车站迎送，也不允许他们陪同，用他的话说，叫作"不迎不送，不请不到"。有一次，他在外地休养，当地一位主要负责同志要看看他，人已到了住地，我只好进去请示，可他就是不见，那位同志在我那里坐了一会儿便回去了。他从不收礼，也不允许工作人员在没经过他同意的情况下收礼。有一次，部队一位老同志从南方给他带来一箱水果，已经送到了中南海大门口，我按照他的要求，赶到大门口去接待，经过反复解释，总算让人家把东西带了回去。他吃饭也很简单，可以称得上是名副其实的粗茶淡饭。有一年，他到外地，接待单位不知道他的饮食习惯，给他摆了一桌子菜。他一看，坚决不吃，坐在那里和我聊天，直到厨房重新做了他平时吃的一荤一素，才肯就餐。还有一年春节，我到他那里请示工作，正赶上他吃午饭。我看见桌上还是平时的两菜一汤，就说今天过节了，是不是多加几个菜。他说："不用加，我天天过节。"

陈云同志从小喜欢听评弹，新中国成立后，为了养病，把听评弹录音当成了自己的主要业余爱好，并和评弹界建立了十分密切的关系。有一年，上海评弹团进京演出，让我请示可不可以到他家里演出一次。他说："可以见见他们，但不必听演出。我每天听录音不是很好吗？在这种事上（指设专场。——笔者注），还是要严肃一些。"他公私非常分明，更是给我留下了深深印象。有一次，他要我请上海人民广播电台的同志帮助录一段评弹，说完交给我两盒没有开封的空白磁带。我开始没反应过来，他解释说，这是让他们录音的，我这才明白。还有一次，中国人民银行送来三枚新中国成立35周年的纪念币，每枚1元。他对我说，要给他们钱，否则他不要。

那时，陈云同志发表了文章或出版了著作，凡是收到稿费，一律让负责行政工作的秘书缴党费。我知道后，劝他先存起来，将来捐赠给一些事业,可以起更大的作用。起初他不同意,认为国家已经给他发了工资,稿费是额外收入,不应当属于他。后来,经过几次做工作,他才接受了这个建议,并先后捐赠过儿童福利基金会、北方曲艺学校筹建处等单位。但对于报刊或出版社支付给他题字题词的稿费,他还是坚决不收,一律原封退回。

1939年,陈云同志在延安曾发表过一篇题为《怎样做一个共产党员》的文章,其中一个部分专门讲共产党员的标准,一共六条,即终身为共产主义奋斗,革命利益高于一切,遵守党的纪律和严守党的秘密,百折不挠地执行决议,做群众模范,学习。文章指出:"只有具备以上的六个条件,才不愧称为一个良好的共产党员,才不致玷污了这伟大而光荣的党员的称号。"[1] 延安整风时,这篇文章被中央规定为18个整风文件之一。但我以为,陈云同志在这个题目下还写了一篇大文章,这便是用他伟大一生的实践写成的"文章"。1982年,一位同志转给我一封署名"北京一市民"的信,称陈云同志为"标准共产党员"。我把这件事告诉了他,他听后大笑。在我印象里,陈云同志一向不喜欢听赞扬他的话。有一次他还给我写了一句旧社会的谚语,"道我恶者是我师,道我善者是我贼",意思是说,批评你的人往往是为了你好,夸奖你的人则有些是为了害你。但这一次,而且唯独这一次,他接受了对他的赞誉,并把这句评语用笔端端正正地记在了便笺上。

当前,全党正在开展保持共产党员先进性教育活动,恰逢这时纪念陈云同志诞辰100周年,具有特别的现实意义。胡锦涛总书记在新时期保持共产党员先进性专题报告会上的讲话中,从理想、信念、宗旨和作风等方面,对共产党员保持先进性作出了科学概括。他号召广大党员尤其是党的领导干部,在新时期要继续坚持共产主义理想和中国特色社会主义信念;坚持党的根本宗旨,始终不渝地做到立党为公、执政为民;坚持两个务必,永葆共产党人的政治本色;要做到权为民所用,情为民所系,利为民所谋。我想,陈云同志为共产主义事业奋斗到底的一生,不正是共产党员先进性

---

[1] 《陈云文选》第一卷,人民出版社1995年版,第144页。

的具体体现吗？因此，我们今天纪念陈云同志，就应当把它同开展保持共产党员先进性教育很好地结合起来，通过缅怀陈云同志的光辉业绩和不朽风范，学习他的共产党人不可动摇的信念和无比坚定的党性，加深对共产党员先进性的理解，使我们的党永远保持马克思主义政党的先进性，从而带领全国人民朝着全面建设小康社会、实现中华民族伟大复兴的奋斗目标继续前进。

（本文是作者为侯树栋主编的《一代伟人陈云》一书写的序言，连载于《当代中国史研究》2005年第3、4两期。收入本书时，作者略作修改）

言行一致的楷模
——在陈云身边工作的一点感受

我是1981年至1985年期间担任陈云同志秘书的。那几年，正是我们党在新时期的基本路线趋于完备、改革开放逐步深入的时期，也是陈云同志已经步入晚年但仍在以邓小平同志为核心的党的第二代中央领导集体中发挥重要作用的时期。通过在他身边工作，我亲眼目睹了他对党、对国家前途命运的运筹帷幄，亲耳聆听了他对社会主义建设重大理论和实践问题的真知灼见，亲身感受了他对人民的赤胆忠心和他的高风亮节。他那种要求别人做到的自己首先做到、处处以身作则、事事言行一致的高尚品格，给我留下了深刻印象，至今难以忘怀。

陈云同志一向提倡共产党员要敢讲真话，勇于坚持原则，不随波逐流。在这方面，他自己首先做到了。1959年4月，毛泽东同志就陈云同志向他当面表示当年钢铁生产指标难以完成一事，在党的八届七中全会的讲话中特别指出："那个时候有人说陈云是右倾机会主义，并非马克思主义，而自己认为是十足的马克思主义。其实陈云的话是很正确的。"[1] 接着，他说陈云同志"这个人是很勇敢的，犯错误勇敢，坚持真理也勇敢"[2]。这里所说

---

[1] 中共中央文献研究室编，逄先知、金冲及主编：《毛泽东传（1949—1976）》（下），中央文献出版社2003年版，第939页。

[2] 中共中央文献研究室编：《陈云年谱（1905—1995）》下卷，中央文献出版社2000年版，第13页。

的陈云同志"犯错误勇敢",是指他1956年反冒进的所谓错误而说的,历史已经证明,把那说成错误并不符合实际;但说他坚持真理勇敢,则是确实的。

当年,财经战线的干部中流行着陈云同志的四句话,叫作"原则问题,该顶必顶,现在不顶,今后检讨"。20世纪60年代的那次国民经济调整,陈云同志顶住压力,坚持大幅度压缩基本建设规模和城市人口,从而使经济迅速好转。70年代末的那次经济调整,开始时的阻力也相当大,许多地方和工业部门的负责同志思想不通,导致认识不统一,结果,1979年和1980年的基本建设规模不仅没有降下来,相反出现了新中国成立以来最大的财政赤字,外贸逆差20亿美元,增发货币130亿元,造成物价大幅上涨。陈云同志从解决思想问题入手,在中央工作会议、省区市委第一书记会议等各种场合,反复给大家讲道理,指出经济调整是必要的,调整不是耽误,如不调整才会造成大的耽误。[1] 用发票子的办法弥补基建投资赤字,无以为继,到了一定时候就会爆炸。[2] 在党中央和陈云同志的竭力推动下,调整方针终于得以贯彻,并很快理顺了严重失调的各种重大比例关系,为后来的全面改革和经济快速发展创造了稳定而宽松的环境。

陈云同志一向提倡学习哲学。1981年,他在同《关于建国以来党的若干历史问题的决议》起草组负责同志谈话时讲,延安整风时期,毛泽东同志提倡学马列著作,特别是学哲学,对于全党的思想提高、认识统一,起了很大的作用。新中国成立以后,我们一些工作发生失误,原因还是离开了实事求是的原则。因此,"在党内,在干部中,在青年中,提倡学哲学,有根本的意义"[3]。他这样要求别人,也这样要求自己。他曾多次说过,当年在延安,毛主席曾先后三次同他谈话,要他学哲学,还派教员帮助他学习。他在中央组织部成立了一个学习小组,规定每周看几十页书,然后讨论一次,从1938年开始,坚持了五年。"文化大革命"中,他被"战备疏散"到江西南昌附近的一个工厂蹲点,别的东西没带多少,却带了三箱马

---

[1] 《陈云文选》第三卷,人民出版社1995年版,第264、282页。
[2] 《陈云文选》第三卷,人民出版社1995年版,第265页。
[3] 《陈云文选》第三卷,人民出版社1995年版,第285页。

列和毛泽东的著作。在近三年时间里,他每天上午去工厂,下午和晚上就在住所读书。

长期以来,陈云同志不仅自己刻苦学哲学,还要求子女和身边工作人员学。我在他那里工作时,他就要求我要抽时间学哲学,并且要订学习计划。他说,在延安学习哲学,使他受益匪浅。过去,他的讲话、文章缺少辩证法,学过哲学后,讲话和写文章就不一样了,就有辩证法了。[1] 我按照他的要求,邀请了几位同志一起学习《共产党宣言》《社会主义从空想到科学的发展》《费尔巴哈和德国古典哲学的终结》。他知道后十分高兴,还问过几次我们讨论的情况。

陈云同志一贯倡导党员特别是领导干部要谦虚谨慎,艰苦奋斗,清正廉洁,无私奉献。在这方面,他也是从自己做起。例如,他历来主张要正确看待个人的作用,反对过分突出个人和宣传个人。他在1945年党的七大发言时说:"假设你在党的领导下做一点工作,做得还不错,对这个功劳怎样看法?我说这里有三个因素:头一个是人民的力量,第二是党的领导,第三才轮到个人。""我们是党员,在党的领导下,适合老百姓的要求,做了一点事,如此而已,一点不能骄傲。"[2] 他这样说,也这样做。全国解放前夕,他在给老战友孩子的回信中就说:"我与你父亲既不是功臣,你们更不是功臣子弟。""千万不可以革命功臣的子弟自居"[3]。他自1934年进入党的中央政治局,中间除了十年"文化大革命"外,在中央领导层的时间加在一起近50年之久。但很多人反映,对陈云同志的情况不太了解,连名字有时都很少听到。这其中的一个重要原因,就是陈云同志本人始终反对宣传他,更不允许在宣传上突出他。凡是宣传他的文章,只要报到他那里,毫无例外地都要被他"枪毙"。1982年初,为了配合当时党的思想作风的整顿,中央决定发表陈云同志在党的七大上的发言,并冠以《要讲真理,不要讲面子》的标题。文章发表后,报纸上登了几篇学习体会。他一看到

---

[1] 中共中央文献研究室编:《陈云年谱(1905—1995)》下卷,中央文献出版社2000年版,第330页。
[2] 《陈云文选》第一卷,人民出版社1994年版,第293、296页。
[3] 《陈云文选》第一卷,人民出版社1994年版,第396页。

便对我说:"这样搞不好,告诉他们不要再登这些东西了,明天就刹车。这种事我要说话,自己不说话,别人不好说。"在审阅党的十二大报告稿时,他看到其中有一处提到他在党的八大上早就提出过关于社会主义经济体制的正确主张,可惜后来没有照着去做,便让我转告起草组同志,要把他的名字删掉。中央新闻电影制片厂的同志说陈云同志参加公开活动少,想拍些镜头,留作资料。但制片厂只拍了一次他在公园和游人交谈的镜头,他就不让拍了。遵义会议纪念馆为了恢复当年中央领导同志住过的旧址,给陈云同志来信,说打算把当年他担任政委、刘伯承同志担任司令员的卫戍司令部旧址辟为纪念室。陈云同志要我回信,让他们不要这样做,说他历来不赞成搞这种东西,以前有人提出要把他老家的房子搞成纪念馆,他就没有同意。[①]

陈云同志注意摆正自己和人民和党的关系,也十分注意摆正自己和其他领导同志的关系。他对我说过,毛、刘、周、朱是处于第一排的,他不能和他们放在一起。20世纪60年代初,中国青年出版社编辑《红旗飘飘》丛书,要组织撰写当时七位中央政治局常委青少年时期革命斗争的故事。出版社把关于他的文章送给他审,他坚决不同意发,说他和毛、刘、周、朱不能是一个规格。1983年,中央决定编辑出版《陈云文选》。在第一卷发行前,他听说宣传的规格和《邓小平文选》发行时一样,便让我转告中央宣传部领导,说他的书在宣传规格上要比小平同志的书略低一些,小平同志应当比他高一些。在领导同志排名问题上,他也采取同样的态度。党的十一届三中全会时,陈云同志被补选为中央政治局常委。李先念同志提出,他的名字应当放在陈云同志之后。陈云同志知道后,坚持把自己的名字放在他后面。

对于自己同集体的关系,陈云同志同样注意摆正。1982年4月,有关部门将他在1949—1956年的文稿选编编完。他特别要我向编辑组转告,在文稿后记中一定要说明,他当年在中财委主持工作期间,几乎所有的决定,

---

[①] 中共中央文献研究室编:《陈云年谱(1905—1995)》下卷,中央文献出版社2000年版,第306—307页。

特别是重大决策,除了他作了必要的调查研究以外,都是经过集体讨论作出的。在具体工作中,薄一波同志①起了重要的作用。另外,许多重大决策都是根据以毛泽东同志为首的党中央确定的路线、方针、政策作出的,或者是经过党中央批准的。"大家在阅读这卷文稿时,如果觉得那一段工作还有成功之处,决不要把功劳记在一个人的账上。"②

党的八大之前,中央决定增设四个中央副主席和总书记职务,并推荐陈云同志为副主席,陈云同志表示这样安排不适当。毛泽东同志为此在七届七中全会上对陈云同志专门作过一番评价,说:"我看他这个人是个好人,他比较公道、能干,比较稳当,他看问题有眼光。……不要看他和平得很,但他看问题尖锐,能抓住要点。所以,我看陈云同志行。"③ 实际情况正是这样。就拿陈云同志为人公道这一点来说,不仅体现在他处理干部问题、处理和其他同志的关系问题上,也体现在他处理有关个人的一系列问题上。他不贪功,不诿过,对别人的功劳从不抹杀,对自己的缺点、错误却从不隐晦。在1979年3月中央政治局会议上,当一些同志表示对他能重新出来领导经济工作很高兴时,他却说他也有很多反面教训,比如156项中的三门峡水利工程是经过他手的,就"是一次失败的教训"④。他还要求把他写给中央的关于解放战争时期辽东地区土改工作中所犯错误的检讨报告,收进他的文选。编辑组几次主张把这篇稿子撤下来,他都没有同意,说他就是要让大家知道,他也是有错误的,并不是一贯正确。

陈云同志多次对我说过,编辑他的文选,文章原来是什么样就是什么样,不要按今天的认识去改动过去的文章,不要搞成他好像有什么先见之明。记得有一件事,很能说明陈云同志这种对自己采取历史唯物主义态度的精神。那是党的十二大前夕,有关部门一位领导通过我向陈云同志请示,

---

① 薄一波,时任中财委副主任。
② 中共中央文献研究室编:《陈云年谱(1905—1995)》下卷,中央文献出版社2000年版,第295页。
③ 中共中央文献研究室编,逄先知、金冲及主编:《毛泽东传(1949—1976)》(上),中央文献出版社2003年版,第521页。
④ 《陈云文选》第三卷,人民出版社1995年版,第255页。

说现在许多代表都将简历中文化程度一栏按照现有文化水平作了相应修改，因此，他们考虑把陈云同志原来填写的高小毕业也改为相当大专，问他是否同意。陈云同志让我告诉他们不要改，简历中的文化程度是指接受正规教育的程度，不是指实际水平，他只上过小学，只能写高小毕业。至于说实际水平，大家都清楚嘛。

在个人生活上，陈云同志更是严于律己。他去外地，从不要当地领导同志到机场、车站迎送，也不允许他们陪同。他从不收礼，也不允许工作人员在没经过他同意的情况下收礼。有一次，部队一位老同志从南方给他带来一箱香蕉，已经送到了中南海大门口，我请示他，他要我婉拒对方，说他有香蕉，请对方拿回去自己吃。他吃饭也很简单，可以称得上是名副其实的粗茶淡饭。有一年，他到外地，接待单位给他摆了一桌子菜。他一看，坚决不吃，直到厨师重新做了他平时吃的一荤一素，才肯就餐。

陈云同志从小喜欢听评弹，新中国成立后，为了养病，他把听评弹录音当成了自己的主要业余爱好。有一次，他要我请上海人民广播电台的同志帮助录一段评弹，说完交给我两盒没有开封的空白磁带。我一下子没反应过来，他解释说，这是让他们录音的，我这才明白。还有一次，中国人民银行送来三枚新中国成立35周年的纪念币，每枚1元。他对我说，要给他们钱，否则他不要。

江泽民同志在纪念陈云同志诞辰90周年座谈会上的讲话中曾指出："陈云同志在任何时候总是把党的利益放在第一位，顾全大局，坚持原则，维护团结，遵守纪律，光明磊落。他为党和人民做出了卓越的贡献，但却从来都把一切功劳归于党和人民。""陈云同志的业绩和著作，他的思想、品德和风格，属于我们伟大的党，属于我们伟大的国家和民族。他永远是我们学习的楷模。"[①] 今年是陈云同志诞辰100周年，中央决定隆重纪念。作为曾在他身边工作过的人员，我认为对他最好的纪念，就是永远向他的

---

① 《江泽民同志的讲话——在〈陈云文选〉（1—3卷）、〈陈云〉画册出版发行暨纪念陈云同志诞辰九十周年座谈会上》，载《人民日报》1995年6月14日，第1版。

思想、品德、风格学习，不辜负他的言传身教，像以胡锦涛同志为总书记的党中央要求的那样，在新的历史时期保持共产党员的先进性，永远做一名合格的共产党员。

（原载《前线》杂志2005年第6期，后被中共中央办公厅杂志《秘书工作》2005年第6期转载，标题改为《高山仰止　景行行止——在陈云同志身边工作的一点感受》。收入本书时，作者略作修改）

陈云同志的感情世界

陈云同志在很多干部群众的心目中，历来以头脑冷静、作风稳健、办事严谨著称，似乎不大动感情。但我通过做他的秘书和主持编写《陈云年谱》，发现他既是一位冷静、稳健、严谨的人，同时是一位富有感情，而且感情十分丰富、深沉而细腻的人。

一

陈云同志出身很苦，早在幼年便失去了父母，是舅父母把他带大的。这种贫寒的境遇，使他从小一方面养成了稳重的性格，另一方面产生了对人民群众疾苦的强烈同情。五四运动爆发那年，他正在读高小三年级，也加入罢课、游行的行列中。他后来回忆那一段经历时说："有一次在茶馆里讲演，我讲演的时候手足似乎蛮有劲，把脚一顿，桌子上的茶壶都给碰翻了。"[①] 就在那年，他为了减轻家中的负担，放弃继续求学的念头，只身一人到上海，在商务印书馆的文具柜台当了一名学徒。六年后，他学徒期满，升入书店当店员。但那一年又爆发了五卅运动，他毅然加入罢工行列，由于做事果敢，被商务印书馆发行所的工人运动积极分子推举为罢工临时委

---

① 中共中央文献研究室编：《陈云年谱（1905—1995）》上卷，中央文献出版社2000年版，第13页。

员会的委员长。在此期间,他接触到早期的共产党员,阅读了马克思主义的书籍,认识到只有彻底改造人剥削人、人压迫人的社会制度,才会使苦难深重的中国人民获得解放和幸福。于是,他放弃了成家立业的念头,毅然加入中国共产党,从此把自己的一生和全部的感情都献给了人民的解放事业。

经过革命斗争的磨炼,特别是长期处于白色恐怖笼罩之下,陈云同志原本就很稳重的性格更增添了谨慎的成分,越来越能控制自己的感情。但他内心的感情,有时仍不免会流露甚至爆发出来。他在同我谈起早期革命经历时,就曾提到过他有两次大哭和一次大喊。第一次大哭,是在20世纪30年代初。那时,"立三路线"正处于党内统治地位,陈云同志担任江苏省委常委,上面不断发动工人搞政治罢工,要求制造革命高潮。有一次,上海邮电工会的工人领袖陆宗士提出主动复工的意见,受到严厉批判,并要开除他的党籍。陈云同志对我说,陆宗士过去曾是商务印书馆的职工,彼此之间认识,对当时组织上那样处理他,在感情上接受不了,于是大哭了一场。后来,在王明路线时期,陈云同志担任全国总工会的党团书记,并参加了临时中央政治局常务委员会,又碰到政治罢工问题。他针对上海时事日报社的罢工,也提出了主动复工的建议,立即得到刘少奇、张闻天同志的赞成。刘少奇同志在会上还说过,这是中国职工运动史上的第一次主动退却。因为过去每次发动罢工,都要闹到罢工工人被资方开除为止,叫作"要把工罢到底"。关于政治罢工问题,陈云同志还同我谈起过相关的另一件事。那是1930年,时任江苏省委委员的上海法电(法国租界电力公司)工人领袖徐阿梅,因为没有执行"立三路线"下的政治总同盟罢工的决定而被开除了党籍。对此,陈云同志是不赞成的。1935年他到苏联后,曾向也在那里的江苏省委工运委员张祺交代,今后回国,要设法通过组织恢复徐的党籍。

第二次大哭,是陈云同志在1936年受中共中央和共产国际派遣去新疆迎接西路军期间。那年8月,中央为了打通国际路线,制定了夺取宁夏战役计划,并于10月派出一部分红军部队西渡黄河,组成西路军。由于受到国民党军队的堵击,宁夏战役计划被迫中止,西路军改向新疆方向前进。

此前，我们党的这一战略计划曾得到共产国际和苏联政府的同意，并且把援助的武器装备送到了靠近新疆的中苏边界附近。但当陈云同志率中共中央代表团由莫斯科前往新疆迎接西路军途中，国内发生了西安事变。苏联领导人出于自身反法西斯战略的考虑，支持以蒋介石为首的中国政府，认为扣留蒋是国民党内亲日派通过张学良搞的鬼，并由此牵涉到对中国共产党与张搞统一战线的怀疑，表示原先答应给中国红军的武器装备不再给了。陈云同志对我说，他听到这个消息后，大哭了一场。因为那时西路军已经没有退路了，只能向新疆走，如果苏联方面改变当初的承诺，这支部队千辛万苦到新疆就失去了意义，更不要说有全军覆灭的危险。后来，西安事变和平解决，苏联领导人又改变了态度，表示援助中国红军的武器装备还是要给，让西路军继续西进。

陈云同志所说的大喊，是他1933年1月由上海到中央革命根据地首府瑞金的途中。那时，临时中央政治局鉴于白色恐怖日益严重，决定将中央机关迁往中央苏区。张闻天同志先走，陈云同志与博古同志同行，由上海出发，乘船经香港到广东汕头，再由汕头乘火车至潮州，换乘货轮至粤北的大埔，与中央苏区派来接应的武装交通队会合后，由他们护送穿过福建境内的游击区，然后进入中央苏区政权管辖的地方。陈云同志对我说，他进入苏区后问接应的同志，是不是已经到了苏区？接应的同志说，已经到了。于是，他躺到地上，面朝天空大喊了三声"共产党万岁！"因为过去长期在白区工作，一天到晚要隐蔽自己的身份，感觉实在太憋气，这回总算到了自己的地方。从这件事中，不难看出陈云同志对党和革命那种炽热的感情。

二

在同陈云同志接触中，我感到他不仅有着充沛的感情，而且是一位十分重感情的人。这种感情，首先表现在他对为革命而牺牲的烈士的深切怀念上。我到他那里工作后，看到中国革命博物馆整理出来的他在1977年9月审查《中共党史陈列》时的谈话记录稿，其中谈到瞿秋白盲动主义路线，他是这样说的："'八七'会议后，党号召党员积极分子参加农村暴动。当时凡是积极分子都参加了，不是积极分子的就退党了。暴动中有很多人牺牲了，这些人都没有什么名气。他们虽然是在盲动主义路线下参加农村暴动的，但是为了反对国民党反动统治而英勇牺牲的，被敌人枪杀时还高呼革命口号。……错误是中央领导机关犯的，牺牲的人没有责任，而且，暴动也不都是瞿秋白盲动主义。"① 后来，他和我谈起这件事时，曾深情地说，那些同志牺牲时大部分都很年轻，还没有后代，因为如果有后代，他们在全国解放后是会来找我们的。

1984年的一天，陈云同志同我谈起应修人烈士的事迹。他说应修人是位作家，也是一位建党初期的共产党员，原名叫应麟德，20世纪20年代初在上海创办了一个通讯图书馆，用这种方式向青年传播马克思主义。当时，他经人介绍，也去过那个图书馆借书，而且就是在那里接触到马克思主义。后来，应在担任江苏省委宣传部部长时，因叛徒告密，被敌人找到住的地方。应在楼上住，当敌人冲进去时，坠楼牺牲。陈云同志说，人民文学出版社的楼适夷也是一位作家，当年既参加过上海通讯图书馆活动，又在江苏省委宣传部工作过，对应比较了解，可以请他写一篇纪念文章，并要我约他来当面谈一次。不久，楼来见了陈云同志，并很快将文章写好，经陈云同志亲自审阅后，刊登在《人民日报》上，题为《修人，不朽的一生》。②

翁泽生烈士是台湾省人，20世纪30年代初曾担任全国总工会中共党团的秘书长，在陈云同志领导下工作。1933年，他被上海英租界的巡捕房逮捕，移交给了台湾的日本殖民当局，在狱中受尽折磨，保外就医后去世。"文化大革命"中，他被诬陷为叛徒，并被取消了烈士称号。粉碎"四人帮"后，其子写信申诉。在陈云、廖承志同志的过问下，中央有关部门复查了他的历史档案，恢复了他的烈士名誉。1984年，全国台联写出了翁泽

---

① 中共中央文献研究室编：《陈云年谱（1905—1995）》下卷，中央文献出版社2000年版，第213—214页。

② 中共中央文献研究室编：《陈云年谱（1905—1995）》下卷，中央文献出版社2000年版，第367页。

生烈士的传记稿,送给陈云同志审阅。陈云同志看过稿子后,要我约时任全国台联会长的林丽韫和翁的儿子到他住所,亲切会见了他们,深切回忆了翁泽生烈士的事迹,勉励翁的儿子要继承父亲遗志,努力工作。①

宗益寿、宗益茂兄弟是地下党员,1932年为打入国民党特务机关,经中央特科允许,在上海登报声明"脱离共党"。后来,他们因解救被捕同志而暴露了身份,转移到中央苏区,并在长征途中牺牲。"文化大革命"中,宗氏兄弟的烈士称号被取消。"四人帮"被粉碎后,他们的子女写信,请陈云同志证明他们的历史。陈云同志立即写出证明材料,称他们"都是中国共产党的忠诚党员,英勇奋斗为革命献出了自己的一生"。他还提出,要把这份材料存入他们子女的档案,抄送给他们老家的县委。②

1983年夏天,中共四川仪陇县委来信,说他们县有一位叫席懋昭的人,解放前夕在重庆渣滓洞监狱被敌人杀害,但没有追认为烈士,从他生前的自述中看,曾在红军长征时担负过护送陈云同志出川回上海的任务,问陈云同志是否有这件事。陈云同志看过信后对我说,红军过泸定桥后,中央决定他回上海恢复白区组织。他在天全县的灵关殿化装成为国民党军队采办军需的商人,由在当地做小学校长的一位地下党员护送,逆着国民党的追兵,经雅安到成都、重庆。他在重庆乘船去上海,那位同志就回去了。以后,他在延安还见过那位同志,但名字忘记了。他让我给仪陇县委回信,问席是否做过灵关殿小学的校长,如果做过,那席就是护送过他出川的那位同志。信发出一个多月不见回音,陈云同志要我直接给四川省委办公厅打电话,催问一下仪陇县委查询的结果。又过了一个多月,四川省委组织部回信,说经查历史档案,席在1934年到1935年确实当过灵关村(今名)小学的校长,并附上了席的情况简介,请陈云同志写一份证明材料。陈云同志为慎重起见,又让他们想办法找一张席的照片给他看看。当他看到照片后对我说:没有错,护送我的就是这个人。于是,他口授了一

---

① 中共中央文献研究室编:《陈云年谱(1905—1995)》下卷,中央文献出版社2000年版,第368—369页。
② 中共中央文献研究室编:《陈云年谱(1905—1995)》下卷,中央文献出版社2000年版,第216页。

个证明材料，证明席就是当年护送他到成都、重庆的地下党员，并指出应肯定席为革命烈士，记下他在完成护送我出川这一党的重要任务中的功绩。我把材料写好后，他在上面签了字。事后，四川省人民政府根据陈云同志的证明材料，追认席为革命烈士，并根据他生前为党所作的重要贡献，追记大功一次。①

在我的印象里，烈士在陈云同志的心目中始终占有很重的分量，用今天的话说，叫作有很强的"烈士情结"。每当我们党处于重要关头或遇到困难时，我发现他总要提到那些为革命牺牲的烈士。改革开放初期，有一个变相索贿受贿的案子，涉及高级干部，中纪委处理时阻力很大。陈云同志知道后，亲自出面做工作。记得有一天已经很晚了，他给一位中央领导同志打电话，说这个案子一定要办，否则党风搞不好，无法向几百万烈士和几千万牺牲的群众交代。1983年，中央要召开十二届二中全会，他让我为他准备发言稿。在向我交代要点时，他特别提到当时一些农村党员集训要误工费的事。他说："解放前，同样在农村，支援战争，运送弹药、伤兵，非但没有误工补贴，而且常常因此而受伤或死亡。相比之下，现在这些误工补贴能算合理吗？拿误工补贴的共产党员应该想一想，这样做是不是合乎一个共产党员的标准？共产党员的标准是不惜牺牲自己的生命为共产主义而奋斗终身。"②"八九"政治风波期间，我已不在陈云同志那里工作，但从报上看到，他于5月26日主持召开中顾委常委会议时，又一次提到烈士。他指出："现在是关键时刻，不能后退。如果后退，两千万革命先烈用人头换来的社会主义的中华人民共和国，就会变成资本主义的共和国。"就在那次讲话中，他率先提出要坚决拥护以邓小平同志为核心的中国共产党。③

有一件小事，很能反映陈云同志时常怀念烈士的心情。那是1985年整党期间，我拿着他的党员登记表送给他签字。他指着入党介绍人一栏中的

---

① 中共中央文献研究室编：《陈云年谱（1905—1995）》下卷，中央文献出版社2000年版，第331页。
② 《陈云文选》第三卷，人民出版社1995年版，第332页。
③ 《陈云文选》第三卷，人民出版社1995年版，第368页。

"恽羽棠"说，恽是和何梦雄他们一起被敌人杀害的。随后，他神情郑重地讲道："为了中国革命的胜利，前前后后牺牲了几千万人，绝不能让国家断送在我们手里。这些牺牲的同志，有名有姓的我就知道好几个。比如，在东北解放战争期间，我有一个警卫班。四保临江时，部队伤亡很大，我那个警卫班除了留下3个人外，其他人都被抽调到前线。凡是上前线的同志，后来都牺牲了，因为他们如果活着，是一定会回来看我的。这些话，我在全国解放后经常讲。"后来，我听他在东北工作时期的老秘书说，当年陈云警卫班的两个班长都是长征过来的老红军，一个是四川人，叫王福昌；另一个是广西人，叫李明金。

陈云同志对烈士的深情怀念，还表现在他对烈士子女无微不至的关心上。我早就听说，陈云同志在延安担任中央组织部部长期间，对烈士后代十分关照，不仅指示各地的地下党组织把他们送到延安，而且常常邀请他们去自己和中组部的窑洞过周末和节假日。他还通过组织，选送过许多烈士遗孤前往苏联学习。这批人中有一位是刘伯坚烈士的儿子，后来我在编辑《缅怀陈云》一书中得知，陈云同志在欢送他们时，还把自己唯一一件值钱的瑞士怀表送给了他。

陈云同志平时不大喜欢参加庆典、集会一类的活动，尤其是步入晚年后，能不去的都不去。但逢年过节，有关部门从新闻报道的角度考虑，希望每位中央领导同志都能公开露一下面。1983年春节前，有关部门又打来电话，问陈云同志准备参加什么活动。我向他请示，他说，那就请几位烈士子女来做客吧。经过联系，春节那天来的有瞿秋白、蔡和森、罗亦农、赵世炎、张太雷、郭亮、刘伯坚等烈士的子女。陈云同志见到他们非常高兴，说"每逢佳节倍思亲"，你们的父亲就是我们党的亲人。他们都是建党初期的党员，是我的老前辈，有的还直接领导过我。我们的新中国是他们和千千万万个革命先烈用生命换来的。我们这些活着的人没有忘记他们、也不会忘记他们。他勉励大家要像自己的父辈那样，处处从党的利益出发，在各自工作岗位上继续贡献自己的力量。这些烈士子女大部分当时也都是五六十岁的人了，但陈云同志还是像对待自己的孩子一样，在会见结束时，坚持要求他们把桌上摆的糖果都装走。其中有几位过去在延安生活过的说，当年到陈伯伯家做客，他也是要我们把桌上好吃的东西"一扫而光"。

陈云同志的"烈士情结"，从他晚年的题字题词中也可以清楚地看出。我通过主持编写《陈云年谱》注意到，他从1983年恢复写大字直到1993年因身体原因搁笔的十年里，与纪念烈士有关的内容在他的题字题词中占有相当大的比重。例如，他曾为李大钊烈士陵园，为纪念陈潭秋、毛泽民、林基路烈士殉难40周年，为纪念陆龙飞、吴志喜烈士，为《红岩英烈》一书，为第二次国内革命战争时期在浙江陆军监狱中牺牲的烈士，为南京雨花台烈士陵园，为在新疆牺牲的烈士，为赵一曼烈士殉国50周年，为邓恩铭烈士故居等题过词，还为陈潭秋烈士纪念馆、向警予烈士纪念碑、蔡和森烈士纪念碑、甘肃南梁革命纪念馆、郭亮烈士旧居、上海龙华烈士纪念馆及《王一飞传略》《罗亦农文集》《张浩纪念集》《革命烈士传》《向警予文集》《扬贤江纪念集》等题写过馆名、碑名、书名。其中一些题字题词，是我在担任他秘书期间经手办理的。在我记忆里，凡是遇到与纪念烈士有关的请求，他可以说是有求必应。

三

陈云同志重感情的特点，从他对战友和革命同志政治生命的关爱中也看得很清楚。他在延安时期担任了七年中央组织部部长，负责干部审查和调配工作。在题为《论干部政策》的讲演中，他用12个字概括了党的干部政策，即了解人，气量大，用得好，爱护人。在讲到爱护人时，他说："做父母的爱护他们的子女是非常周到的，但是共产党爱护党员也并不下于父母爱护子女。"[①] 他是这么说的，也是这么做的。

那时，他根据毛泽东同志的指示，提出"广招天下士"，要同日本侵略者、国民党顽固派"抢夺知识分子"的口号，敌占区、国统区的爱国进步知识青年源源不断投奔延安。其中有一对在国外留过学的夫妻，从重庆来到延安，男的叫何穆，是外科医生；女的叫陈学昭，是作家。陈云同志

---

① 《陈云文选》第一卷，人民出版社1995年版，第121页。

亲自同他们谈话，安排他们的工作。但不久，他们感到在延安生活不习惯，提出要回重庆。陈云同志一方面劝他们留下，另一方面明确告诉他们："你们来，我们欢迎；如果一定要走，我们欢送；出去如果有困难，愿意回来，我们随时欢迎。"他们走后不久，果然又回到延安。陈云同志依照诺言，再次安排了他们工作。后来，他们都入了党，何穆还担任过白求恩医院的院长、国务院卫生部的顾问。

还有一男一女两个年轻党员，那时被组织调回延安。他们原以为是来参加学习的，十分高兴。到中组部后，陈云同志如实告诉他们，有人反映他们是托派，调回来是为了接受审查。他们一听吓坏了，边哭边申诉。陈云同志劝他们不要哭，要相信党是会把事情搞清楚的。过了两个星期，陈云同志又找他们谈话，说问题已查清楚了，没有那么回事。他们破涕为笑，高高兴兴地走了。

类似这样的事，在陈云同志担任中组部部长时还有过很多。例如，有人反映丁玲历史上有问题，也是经过陈云同志认真审查，为她作出了实事求是的组织结论。延安整风后期，康生主持在中央书记处下新设立的反内奸斗争专门委员会，指责中组部过去审干工作太右了，使延安混进了大批特务，并由此掀起一个"抢救失足者运动"，制造了大量冤假错案。此后，陈云同志离开了中组部，调到西北财经办事处主持工作。

"四人帮"粉碎后，陈云同志自己头顶上"一贯右倾"的帽子尚未摘掉，便开始为那些在"文化大革命"中甚至"文化大革命"前遭受错误打击的同志伸张正义。粉碎"四人帮"刚过一个多月，陈云同志就给当时中央的主要负责同志写信，转交被送到山西接受隔离审查的黄克诚同志夫人给中央的信。陈云同志在附信中说：黄克诚是红三军团的老干部，解放战争时期带新四军三师到东北。全国解放后，他在担任总参谋长时参加中央财经小组，是照顾全局的，为人是克己朴素的。他的眼一只已瞎，另一只也很危险，为了治愈他唯一的一只眼睛，请考虑调他回京治疗。由于黄克诚是所谓"彭黄张周反党集团"的二号人物，这一请求在经过中央政治局会议研究后，才得以批准。

接着，陈云同志又顶住"两个凡是"方针的压力，在1977年3月中央工作会议上发言，率先提出"天安门事件"的平反和让邓小平同志重新出来参加党中央领导工作的问题。会议简报组要求他同意在简报上删去这两条意见，说要和当时主持中央工作的那位主要负责人的讲话口径保持一致。陈云同志拒绝了他们的要求，说保持一致不等于不能讲意见。如果都讲一样的话才叫保持一致，那好办，每份简报都把中央领导人的讲话重复一遍就行了。当天晚上，那位中央主要负责同志又亲自登门"做工作"，劝他收回那两条意见，说否则他的发言不好登简报。陈云同志表示，这两条意见不能收回，如果你们不便登简报，那只有"开天窗"。谈话一直持续到夜里 11 点多，结果，陈云同志的发言最终没有给登简报。

到了 1978 年底党的十一届三中全会前的中央工作会议上，陈云同志不顾当时中央那位主要负责同志设置的框框，进一步提出"文化大革命"中搞的所谓薄一波等 61 人叛徒案和陶铸、王鹤寿叛徒案，以及一大批抗战开始后从国民党监狱中履行自首手续出狱的同志被定为叛徒的案件，他指出，这些同志出狱履行自首手续，都是当时中央批准的，是由党组织要出来的。他后来对我说，那次发言中最重要的地方在于，他突破了当时中央主要负责人规定的平反冤假错案不得超出"文化大革命"期间的界限，提出了彭德怀的问题。他在发言中指出："彭德怀同志是担负过党和军队重要工作的共产党员，对党贡献很大，现在已经死了。过去说他犯过错误，但我没有听说过把他开除出党。既然没有开除出党，他的骨灰应该放到八宝山革命公墓。"[①] 发言时，彭德怀名字后面没有"同志"二字，有关部门后来要发表这篇发言，提出加上"同志"二字。我请示陈云同志，他不同意加，说当时能把这个问题提出来已经很不容易了。看问题，一定要把它放到当时的历史条件下。由此可见，陈云同志为蒙冤受屈的同志主持公道，是顶着多么大的压力，冒着多么大的风险。

有一位老同志叫刘培植，早在第二次国内革命战争期间就参加了革命，为人率直，曾在党内遭受过多次错误打击，反右斗争中更被错划为右派。由于我和他认识，所以几次听他当面说起陈云同志是怎样帮他平反的。他

---

① 《陈云文选》第三卷，人民出版社 1995 年版，第 234 页。

说，粉碎"四人帮"后，陈云同志自己还没有恢复工作，便替他向中央常委转交申诉信，还亲自给叶剑英副主席打电话。问题解决后，他去看望陈云同志。陈云同志一见到他就问："问题解决了没有？"当他回答说"解决了"之后，看到陈云同志眼眶里充满了泪水。这虽是一件小事，但很能看出陈云同志对同志对战友那种真挚而深厚的革命感情。

竭力促成潘汉年一案的复查和平反，集中体现了陈云同志对蒙冤受屈同志的深情厚谊。20 世纪 30 年代初，由于负责中央特科工作的顾顺章叛变投敌，中央调整了特别工作委员会，并指派陈云同志担任中央特科负责人。在同时调入中央特科的，就有潘汉年同志。后来，潘汉年同志同陈云同志先后从上海到中央苏区，又先后从长征路上被中央派回上海恢复白区组织，并先后由上海去苏联。因此，陈云同志对他比较了解。全国解放后，潘被作为叛徒、内奸遭到错捕错判。陈云同志对此案一直有怀疑，认为如果潘真的叛变投敌，他所知道的地下党组织会被破坏，而实际上没有一个组织被破坏。党的十一届三中全会后，陈云同志兼任中纪委第一书记，主持冤假错案的平反工作。他委托当年与潘汉年同志在上海从事过地下工作的刘晓同志，收集有关潘案的材料，为复查做准备。1979 年，陈云同志被检查出患有结肠癌。手术之前，时任中央副秘书长兼中央办公厅主任的姚依林同志问他有什么交代，他没有说别的事，只就潘案应重新审查问题给时任中央秘书长、中纪委第三书记的胡耀邦同志写了封短信。手术后，他又指示公安部整理了一份关于潘案处理过程的材料，然后给几位中央常委写信，说公安部的"这些材料，并无潘投敌的确证。现在，所有与潘案有关的人都已平反。因此，提议中央对潘汉年一案正式予以复查"[①]。中央接受了陈云同志的建议，对潘案进行了复查。1981 年冬天，陈云同志在人民大会堂会见原中央特科工作者座谈会的代表。那天我随他一起去，亲耳听到他在讲话中说："对潘汉年案件，中央纪委正在平反，我相信他必将恢复名誉。"[②]

[①] 中共中央文献研究室编：《陈云年谱（1905—1995）》下卷，中央文献出版社 2000 年版，第 269 页。

[②] 中共中央文献研究室编：《陈云年谱（1905—1995）》下卷，中央文献出版社 2000 年版，第 281 页。

1982年8月，中央发出《关于为潘汉年同志平反昭雪、恢复名誉的通知》。随后，陈云同志又给过去同潘汉年在中央特科、香港工委、上海市委共过事的夏衍同志写信，请他为潘写一篇纪念文章。夏衍同志欣然命笔，将文章发表在《人民日报》上。

就在陈云同志为潘汉年案复查平反而努力的同时，李先念同志又向陈云同志反映了西路军的历史问题，并说邓小平同志批给他看了一篇有关这个问题的文章。长期以来，西路军的失败一直被说成是张国焘路线的破产，使许多参加过西路军的同志背上了沉重的思想包袱，也使2万牺牲的红军将士的英灵蒙上了一层阴影。陈云同志由于当时正在莫斯科担任中共中央驻共产国际代表团的代表，不仅与共产国际联系过给西路军武器装备的事，而且受党中央和共产国际委派到新疆迎接由李先念同志率领的西路军余部，是这一历史事件的亲历者和见证人。他认为，西路军过黄河是执行中央打通国际路线战略的具体步骤，过黄河以后的行动也都是受中央电报指挥的，因此，"不能说是张国焘分裂路线的产物"[1]。他说，我们党组织一支部队去中苏边境接受援助的武器弹药，事先是得到共产国际和苏联政府同意的，他在苏联"靠近新疆的边境上亲眼看到过这些装备"。他表示："西路军问题是一件和自己有关的事，我今年七十七岁了，要把这件事搞清楚。"[2] 在他的支持下，李先念同志通过中央有关部门收集了当年有关西路军问题的一批历史电报，并写了一份说明。陈云同志看后指出："西路军打通国际路线，是党中央、毛主席过草地以前就决定的。""西路军的行动不是执行张国焘的路线，张国焘路线是另立中央。西路军的失败也不是因为张国焘路线，而主要是对当地民族情绪、对马家军估计不足。"他还提议把这个说明及附件请邓小平同志和中央常委阅后，存中央党史研究室和中央档案馆。邓小平同志在李先念同志写的说明和附件上批示："赞成这个说明，同意全件存档。"[3]

---

[1] 中共中央文献研究室编：《陈云年谱（1905—1995）》下卷，中央文献出版社2000年版，第282页。

[2] 中共中央文献研究室编：《陈云年谱（1905—1995）》下卷，中央文献出版社2000年版，第291页。

[3] 中共中央文献研究室编：《陈云年谱（1905—1995）》下卷，中央文献出版社2000年版，第318页。

至此，这一牵涉几万红军将士政治生命的历史问题，终于有了公正的结论。

陈云同志对蒙冤受屈的同志敢于仗义执言，绝不是感情用事，而是建立在党的原则性的基础之上，是阶级感情与政治原则性的统一。党的八大召开之前，毛泽东同志提议刘少奇、周恩来、朱德、陈云同志为党的副主席候选人，邓小平同志为总书记候选人，并对他们一一作了介绍。当介绍到陈云同志时，毛泽东同志说："我看他这个人是个好人，他比较公道、能干，比较稳当，他看问题有眼光。"① 事实证明，毛泽东同志的这个评价是很中肯的。陈云同志一生关爱同志的政治生命，这既是他为人公道的原因之一，也是他为人公道的重要表现。

四

我在担任陈云同志秘书期间发现，陈云同志对人民群众的感情很深也很细。他不仅把老百姓的冷暖时刻挂在心上，而且体察十分细致，真正叫作"情为民所系"。1982年10月的一天晚上，陈云同志听完评弹录音后把我叫去，说往年这个时候，北京、天津常发生冬储菜烂菜的现象，今年要早抓，要赶在寒流到来之前把菜卖到老百姓手里，卖不掉的要采取措施保温。菜烂不烂，关键就是几个小时。说完，他把事先写好的一封给中央有关领导同志的信拿出来，让我尽快发出。信中写道："霜降已过，11月8日立冬。今年必须避免烂菜。因此，生产、流通、消费这三个环节必须立即组织好。""大白菜是北京市民当家菜类。因此必须安排在前。"② 那时，受各种条件的限制，居民冬天用菜不像现在这样，可以随吃随买，而是要在秋菜上市后，到商店把一冬天要用的菜（主要是大白菜）一次性买回家储存。由于菜量大，商业部门往往堆放在露天，如果供应慢了，或者居民购买不及时，寒流一到，很容易发生烂菜。像我这样的双职工，每年到了

---

① 中共中央文献研究室编，逄先知、金冲及主编：《毛泽东传（1949—1976）》（上），中央文献出版社2003年版，第521页。

② 中共中央文献研究室编：《陈云年谱（1905—1995）》下卷，中央文献出版社2000年版，第307页。

冬储白菜的时候都很紧张,因此,感到陈云同志提出这个问题真是说到了群众的心坎上。那一年,经过陈云同志的过问,北京市委、市政府提前召开了各区、县、局和有关单位领导参加的秋菜供应、储存工作动员大会,还成立了秋菜指挥部,使冬储大白菜供应工作进行得很顺利,基本没有发生烂菜情况。

陈云同志平时看《人民日报》很仔细,往往从第1版看到第8版。他说,看报和听评弹对他来说都是一种休息。但实际上,他看报不只是了解国内外的大事,而且也注意从中发现一些关系人民群众切身利益的事,从旁提醒有关部门解决。例如,他在报上看到有关一枚苏联核动力卫星失灵,有可能坠落在我国境内的报道,便让我问有关部门对此是否有预防措施,卫星如果掉到人口稠密区怎么办。他在报上看见有一篇文章提到永定河有可能再度泛滥,就让我给北京市委的主要领导同志打电话,问他们是否注意到了这个问题,采取了哪些防范措施。

记得有三件经陈云同志提议后由中央作出相应决定的事,起因都与他看《人民日报》有关。其中一件事是有关城市大龄未婚青年的婚姻问题。他说:报上讲,现在大年龄的未婚青年很多,这与我们近些年宣传晚婚有关,应当由中央书记处议一次,并请一个部门出面抓一抓。后来,他把新华社题为《天津市30岁以上未婚青年有六万多,市政府要各级领导关心这些人的婚姻问题》的内部材料批给了中央书记处负责同志,指出:"这个问题不仅天津有,北京和其他地方也有,尤其是女青年方面占的比例很大,是个不算小的社会问题。建议书记处议一下,指定一个部门专门抓这项工作。"[1] 后来,中央书记处把这个问题列入了例会议程,并由中央办公厅发出了《关于关心三十岁以上未婚青年婚姻问题的通知》,要求各级党组织重视和关心这个问题,工会、妇联、共青团组织要把解决这个问题作为重要工作认真抓好。另一件事是关于中小学教师的待遇问题。1984年9月,陈云同志从《人民日报》上看到山东益都一位中学教师写的文章,题为

---

[1] 中共中央文献研究室编:《陈云年谱(1905—1995)》下卷,中央文献出版社2000年版,第349页。

《值得忧虑的一个现象》，从中了解到当时高中毕业生很少有人把师范院校当作高考的第一志愿。他要我转告中央有关领导同志，要重视这篇文章提出的问题，"要继续想办法帮助教师主要是中小学教师解决一些实际问题，提高他们的社会地位，使教师真正成为社会上最受人尊敬，最值得羡慕的职业之一"。他针对当时的工资改革方案提出，"对中小学教师，不仅要有工龄工资，而且要使他们的工资标准，比同等学力从事其他行业的人略高一点才好"①。后来，党中央、国务院决定拿出十几亿元，从1985年1月1日起，为全国几百万中小学教师增加工资，使中小学教师的待遇和地位由此大大提高了一步。还有一件事是关于少年儿童看戏难的问题。1982年5月的一天，陈云同志看到前一天《人民日报》第8版上刊登的《首都儿童看戏难》一文，把我叫去说，这篇文章是专门写给他看的，因为报社的同志知道他每天看第8版，所以有什么要向他反映的意见，就放在这一版。去年，他们也登过一篇反映儿童看戏难的文章（指茅盾、夏衍、阳翰笙、曹禺、赵寻等联名写的《想想孩子们吧》一文。——笔者注），他看到后给中央书记处的领导写过一个条子，建议向儿童开放单位内部的礼堂，后来，中央办公厅开放了怀仁堂。今年他还要给中央书记处和国务院领导再写一封信，并要我先起个草，表示他同意《人民日报》文章的建议，在新的首都儿童剧场落成之前，暂时拨借一个剧场专供孩子们看演出，如果固定一个剧场有困难，可以由几个剧场轮流定期为孩子们开放。另外，提议在"六一"节时，全国城镇的所有影剧院和机关、企业的所有礼堂，均应免费向孩子们开放一天。我按他的意思把信写好。当时离"六一"节已经很近了，他在信上签字后，又在信笺上方亲笔写了"特急件"三个字，还在下面画了三个圈圈，以示紧要。5月28日，中央办公厅和国务院办公厅为此联合发出了一份紧急通知，要求全国的影剧院和礼堂、俱乐部在"六一"节向少年儿童开放。②

---

① 中共中央文献研究室编：《陈云年谱（1905—1995）》下卷，中央文献出版社2000年版，第364页。

② 中共中央文献研究室编：《陈云年谱（1905—1995）》下卷，中央文献出版社2000年版，第298页。

陈云同志对战友对同志的关心，也是细致入微的。我到陈云同志那里工作不久，收到邓颖超同志送来的一封信，里面有两个核桃。信上说，这两个核桃是以前陈云同志送给周总理的，现在总理不在了，所以退还给陈云同志。我把信交给陈云同志，他说周总理在世时，有一段时间手不好，所以给他送去了两个核桃，让他拿在手里转。

1982年党的十二大召开之前的一天，邓小平同志要和李先念同志一起来陈云同志住所谈工作。陈云同志知道后，亲自走到会客室去安排沙发怎么摆，还交代工作人员要给小平同志准备烟灰缸和痰盂。那天，李先念同志先到，他看到我拿着一台照相机，便坐到中间的沙发上，让我给他和陈云同志照一张相。陈云同志说，中间的沙发是留给小平同志的。李先念同志听后开玩笑地说："先照张相嘛。"有一阵子，李先念同志腰不好。在他来陈云同志住所谈话之前，陈云同志特别嘱咐我，要给先念同志准备一个高靠背的沙发椅，还让我转告有关部门，在先念同志要去的地方，都准备一把高靠背的椅子。

陈云同志对领导同志是这样，对其他人也是如此。那时，协和医院的著名医师张孝骞教授常给陈云同志看病，陈云同志听说他眼睛不好，看《人民日报》很吃力，便交代我请有关部门替他订一份大字的《人民日报》。后来，有关部门解释说，大字《人民日报》是用复印机放大的，每天只有很少几份，是专门给年纪大的中央领导人看的，很难再增加印数。我把这个情况向陈云同志汇报后，他说能办的事就办，办不到的事不要勉强，并让我当面向张孝骞大夫解释一下。

陈云同志自小爱好评弹，新中国成立后，他利用养病期间听了大量评弹录音，并和评弹界建立了密切关系，对评弹演员从思想到生活都十分关心。他曾就"文化大革命"中把评弹伴奏乐器换成钢丝弦一事提出，用钢丝弦，音太高，不利于保护艺人的嗓子，建议再改回来。他还向中央人民广播电台提出，新中国成立后有很多江浙人支援东北、西北、西南。他们只能通过中央台听到评弹，但中央台把评弹节目的播出时间由晚上改成了夜间，使这些江浙人欣赏评弹很不方便，也建议他们把时间再改回来。

记得陈云同志曾对我说过，上海解放后，他受毛主席委托去上海解决通货膨胀问题，抽空特意去看望了商务印书馆的工友，还去拜访了董事长张元济先生。张元济说他注意到陈云同志每到一地，都要关照商务印书馆的分店，说明陈云同志是一位很念旧的人。张元济老人说得不错，念旧，这的确是陈云同志的一大个性。

五

陈云同志像大多数人一样，热爱家庭，爱护子女，但他的爱又有着同常人不一样的鲜明特点，那就是这种爱更多地体现在对家人对子女政治上的关爱上。他和夫人于若木同志的结合是在延安时期。那时，他刚从新疆到延安，兼任中央组织部部长，由于流鼻血的旧病复发，组织上从陕北公学女生队中抽调于若木做他的日常护理工作。他们相处久了，彼此产生感情，于是决定结婚。陈云同志对于若木说，我是个老实人，你也是个老实人，老实人跟老实人在一起，能够合得来。据于若木同志回忆，他们结婚不久，陈云同志就给她讲了三个晚上的党史，一时被中组部的干部传为佳话，说"陈云同志在洞房给于若木上党课"。

陈云同志在政治上帮助于若木，同时在夫妻关系与工作关系上分得很清楚。几十年来，他们之间形成了一个不成文的规矩，那就是工作中的事，陈云同志不对她说，她也不问，顶多为他抄抄发言稿。当年在延安，他们只有一个窑洞，有时领导同志来找陈云同志谈话，她没地方去，只好到院子外面的山坡上待一会儿。全国解放后，陈云同志兼任中财委主任，于若木同志也在中财委工作，但她从来不搭乘陈云同志的汽车，每天骑自行车上下班。但是，当她在"文化大革命"中遭难时，陈云同志却想尽一切办法帮助她。那时，于若木同志被下放到外地的"五七"干校，"一打三反"运动中，她给江青贴了两张大字报，说"江青是党内最大的剥削者、寄生虫"，被打成"现行反革命分子"，隔离审查，开除党籍，撤销党内外一切职务。陈云同志丝毫不为这种压力所动，相反，当他由"战备疏散地"回到北京，马上嘱咐自己的孩子们去看望仍然被"群众专政"的于若木同志，给她送换洗衣服，带吃的东西和一些钱。他满怀深情地对孩子们说：

"你们的妈妈每个月只能从造反派那里拿到20元工资,但还坚持用五块钱订阅《人民日报》,你们要给她多送些钱去。"1972年12月,陈云同志自己的工作还没有正式恢复,便就于若木的问题给毛泽东同志写信,请求给她一个留在党内改正"错误"的机会。信发出不久,对于若木的"群众专政"即被解除,并允许她回到了家里。

对于子女,当他们未成年时,陈云同志主要是教育他们要养成不怕吃苦、勤劳节俭的习惯,防止优越感和特殊化。他对后代的这种爱,从他在全国解放前夕给一位家乡老战友孩子的回信中可以看得很清楚。他在信中一方面对他和他的战友"顾不上子弟的入学和生活,没有尽到父兄的责任"表示愧疚,另一方面指出他们对这一点在当年都是考虑过的,"如果只顾一个人的家庭子弟,就无法努力于改造整个社会";一方面深情回忆了那位老战友的父母对革命的支持与贡献,说当年他回家乡搞农民暴动时,"就住在吃在你们家里",暴动失败后,"仍旧是你祖父行医来维持这么多人的生活","你祖父是很有气节的,他深信革命会胜利,处在困难之中毫无怨言和后悔,真正难得",另一方面反复告诫他和自己的表弟,"千万不可以革命功臣的子弟自居"。他在信中说:"你们必须记得共产党人在国家法律面前是与老百姓平等的,而且是守法的模范。""我与你父亲既不是功臣,你们更不是功臣子弟。这一点你们要切记切记。""你们必须安分守己,束身自爱,丝毫不得有违法行为。"他还说:"我第一次与你通信,就写了这一篇,似乎不客气,但我深觉我有责任告诫你们。"[1] 我以为,这里所说的"深觉有责任",就是陈云同志对晚辈爱护之情的真切表达。

当陈云同志的孩子们长大成人后,他对孩子的爱更多的是表现在对他们学习的关心和帮助上。"文化大革命"中,他被"战备疏散"到江西南昌附近,每天上午去工厂蹲点,下午、晚上就在住所阅读从家里带去的《马克思恩格斯选集》《资本论》《列宁选集》《毛泽东选集》《鲁迅全集》。当孩子们去看望他时,他讲得最多的就是要他们认真读马列和毛主席的书,学好哲学。他为了启发孩子们多考虑大事,还把自己的《世界知识年鉴》

---

[1] 《陈云文选》第一卷,人民出版社1995年版,第395—396页。

一类的书送给他们,并从中出一些题目考他们。当他收到远在北京郊区县当中学教师的二女儿来信,看到她有想学习理论的愿望,立即回信,表示"心情万分欢喜",并告诉她,学习理论要首先学习马克思主义的哲学著作,教给她怎样从《马克思恩格斯全集》中找到《共产党宣言》《社会主义从空想到科学的发展》等必读的篇目,还提出要她订阅《人民日报》《参考消息》,阅读中国近代史和世界革命史方面的书籍。从江西回到北京后,起初一段时间工作不多,他把于若木同志和在北京的子女、女婿们组织起来,一起读马列和毛泽东同志的书,并制订了一个学习计划,先学《实践论》,每个人按计划自学,然后用星期天上午的时间集中讨论。

陈云同志重视子女对马克思主义理论特别是马克思主义哲学的学习,目的是使他们有一个观察问题的正确立场、观点和解决问题的正确方法,而不是要他们一定去做什么惊天动地的大事。相反,他总是希望子女能做最能发挥自己作用的工作。比如,他的二女儿在"文化大革命"后考上了北京师范大学,毕业时被分配到人事部。就在他同我关于年轻人普遍不爱当老师、师范院校招生困难的现象应当引起重视的那次谈话中,他提到这件事,说"南南(他二女儿的小名)是师范学校毕业的,今后应当归队"。我把陈云同志的这个意思向她转达后,她说她对大机关的工作不大适应,也很想重新干教师的老本行。不久,她辞去了人事部的工作,到自己的母校北京实验中学当了一名普通的历史教师,一干就是20年,直到最近退休。

陈云同志对自己的下属和身边工作人员,关心起来也是无微不至。就拿对我来说,他不仅督促我要抽时间学习马克思主义的哲学著作,要制订学习计划,还要求我利用每年陪他去杭州休养的时间,多去参观工厂,了解工业生产流程,增加实际知识;不仅要求我每天坚持锻炼身体,把运动当成一项工作来做,还详细地向我讲解有关保护牙齿的学问,教我如何刷牙。凡是在他身边工作过的同志,多多少少都有过这种被他细心关心照顾的经历。

感情是心灵的反映,人因为有了感情才成为有血有肉的人;要认识一个人,也只有了解了他的感情世界才会对这个人的印象丰满起来。陈云同志的感情世界,是他共产主义世界观、人生观和高尚情操、伟大人格的综合体现。人们过去之所以对他的感情世界不大了解,原因一方面是他在艰苦环境和长期革命斗争中确实养成了极强的控制感情的能力,另一方面也是人们不大熟悉他感情世界的特点,以及表达感情的独特方式。今年是陈云同志诞辰100周年,《百年潮》约我写纪念文章,我想就谈谈这个话题,介绍一点我所了解的情况,以便同读者一起走近陈云同志这位伟大的无产阶级革命家。

(原载《百年潮》2005年第6期,后被《新华文摘》2005年第15期转载。收入本书时,作者略作修改)

陈云同志教我学哲学

陈云同志在少年时代，因家境贫寒，读完高小便放弃继续求学的机会，只身一人到大上海当了一名商务印书馆的学徒。但他一生酷爱学习、勤奋学习，参加革命后，更是重视对马克思主义理论，尤其是马克思主义哲学的学习。他曾讲过，在延安的时候，他检查自己过去犯错误是由于经验少。毛主席对他说，不是经验少，是思想方法不对头，并要他学点哲学，前后一共说了三次，还派了一名哲学教员帮助他学习。那时，他兼任中央组织部部长，在他主持下，中组部成立了一个由他和李富春、陶铸、王鹤寿等领导干部为主要成员的学习小组，学习方法是每个人每周按规定看几十页书，然后集中讨论一次，研究学习中遇到的问题，各种意见都可以争论。他们从1938年开始，坚持了五年，先学马克思主义哲学，再学《共产党宣言》，然后再学马恩列斯和毛泽东同志的哲学、政治经济学著作。他说，他个人的体会是："学习哲学，可以使人开窍。学好哲学，终身受用。"[1]

在后来的岁月中，只要一有时间，陈云同志也总是用来读书学习。"文化大革命"开始后，他被当成犯有"右倾机会主义"错误的人受到批判，除保留中央委员的名义外，免去了一切职务。但他无论是在家赋闲，还是"战备疏散"到江西南昌附近的工厂"蹲点"，大部分时间都用于阅读《马克思恩格斯选集》《列宁选集》《毛泽东选集》。正是那段时间集中精力大

---

[1] 《陈云文选》第三卷，人民出版社1995年版，第362页。

量阅读了马克思主义经典著作,他才得以对党内民主问题、计划与市场的关系问题等重大理论和现实问题进行了深入思考;才得以在1972年至1974年参加国务院业务组工作并协助周恩来总理抓外贸时,提出要适应尼克松访华后我国与资本主义贸易上升的情况,在外贸领域中把国内计划经济的规矩变一变,"不要把实行自力更生方针同利用资本主义信贷对立起来""不要被那些老框框束缚住"①,在进口时可以利用资本主义国家的商品交易所,利用国内丰富的劳动力大搞进口棉花加工成棉布出口等一系列主张;才得以在粉碎"四人帮"后更加明确地提出了计划经济与市场经济相结合的思想,以及党内生活要正常化、要有民主气氛、要真正实现生动活泼的政治局面的思想。

1974年四届全国人大一次会议时,国务院恢复正常状态,撤销了业务组,陈云同志被选举为人大常委会副委员长。他重新通读《列宁全集》,从第23卷1917年2月革命后的《远方来信》开始看起,每天看几十页,看到第33卷最后一篇文章《宁肯少些,但要好些》时,刚好是我们党取得粉碎"四人帮"胜利后的1976年底。他对我讲过,在他后来和邓小平同志重新见面时,邓小平同志曾就这件事说了一句:"这也是一个胜利!"

长期以来,陈云同志不仅自己坚持理论学习,而且一贯强调广大党员特别是党的高级干部要学习理论,尤其是学习马克思主义哲学。党的十一届三中全会后,中央起草《关于建国以来党的若干历史问题的决议》,陈云同志对起草组的同志说,新中国成立以来我们一些工作之所以发生失误,原因在于离开了实事求是的原则。他指出:"在党内,在干部中,在青年中,提倡学哲学,有根本的意义。现在我们的干部中很多人不懂哲学,很需要从思想方法、工作方法上提高一步。只有掌握马克思主义哲学,思想上、工作上才能真正提高。"② 1987年,改革开放进入一个关键时刻,陈云同志在同当时中央主要负责人的谈话中再次指出:"要把我们的党和国家

---

① 《陈云文选》第三卷,人民出版社1995年版,第219页。
② 《陈云文选》第三卷,人民出版社1995年版,第285页。

领导好，最要紧的，是要使领导干部的思想方法搞对头，这就要学习马克思主义哲学。"他建议："组织政治局、书记处、国务院的同志都来学习哲学，并把这个学习看成是工作的一部分，也是自己的一项重要责任。"①

陈云同志提倡全党学哲学，首先从要求自己的亲属和身边工作人员做起。他的孩子凡是参加了工作的，他都要求他们阅读马列著作，坚持看《人民日报》《参考消息》。林彪事件后，他于1972年由南昌回到北京，并参加了国务院业务组的工作。由于工作不很多，他又给自己订了一个学习计划，并邀请他的夫人于若木同志和在北京的子女、亲戚一起学习，就连他的两个女婿也被吸收进了这个"家庭学习小组"。他们学习的书目是《马克思恩格斯选集》《列宁选集》和毛泽东同志的哲学著作，方法是每人按照约定的篇目先分头自学，然后在星期天早上6点至9点半的时间集中讨论，提出疑问，交流学习心得。

我是从1981年开始担任陈云同志秘书的。1983年7月的一天，他把我叫去说："今天和你不谈别的事，就谈学哲学的事。我主张你今后也要抽时间学一下哲学，每天晚上看几十页书，并找几个同志一起学，每星期讨论一次，为期两年；先学什么，后学什么，要订一个计划。哲学是最核心的东西。马克思之所以由青年黑格尔派转变为马克思主义者，主要就是因为他把黑格尔的辩证法和费尔巴哈的唯物主义，经过改造，结合到了一起。有了这个东西，才有了唯物史观和剩余价值学说。"他还说，在延安学习哲学，使他受益匪浅。过去，他的讲话、文章缺少辩证法，学过哲学后，讲话和写文章就不一样了，就有辩证法了。②我那时任务比较重，每天除了要处理文件，向他汇报工作，还要经常外出开会、谈话，负责办公室内的全面工作，晚上几乎都要用来加班，因此担心再增加读书和写心得笔记的任务，弄不好会耽误他的事情。他听了我的顾虑后说，耽误一点事情不要紧，文件漏掉一点也不要紧，以后还可以补嘛。有所失才能有所得，要把眼光放远一点。要提高自己的思想水平、工作水平，必须学好哲学。他还

---

① 《陈云文选》第三卷，人民出版社1995年版，第360、362页。
② 中共中央文献研究室编：《陈云年谱（1905—1995）》下卷，中央文献出版社2000年版，第330页。

说，他在延安时期系统地学了几年马列著作和毛泽东著作，从思想理论上把王明的一套"打倒"了；"文化大革命"期间又有计划地读了马列原著，从思想理论上把陈伯达的那一套也"打倒"了。后面这些话，三天之后在他会见评弹界的几位领导干部时，也对他们说了一遍。①

自从那次谈话后，我按照陈云同志的要求，邀请了几位同志和我一起组成读书小组，并拟了一个包括精读《共产党宣言》《社会主义从空想到科学的发展》《费尔巴哈和德国古典哲学的终结》等马列著作在内的学习计划，规定大家分头读书，每两周用一个晚上集中讨论一次。我把这个情况向陈云同志汇报后，他很高兴，说学哲学很重要，你今后早晚要独立工作，那时就会用上了。后来，他还问过我几次学习的情况。过去，这几本著作在我上大学期间和参加工作后虽然也读过，但那时没有多少社会实践，因此不是看不大懂，就是理解得很肤浅。而这次回过头再读，由于已经有了十多年的工作经历，收获自然比过去大得多。

陈云同志不仅要我学哲学，而且在日常工作中对我进行了大量运用辩证唯物主义和历史唯物主义观点观察、分析、处理问题的言传身教。我到他那里工作不久，正赶上召开第五次全国"两案"审理工作座谈会。当时，党内外广大群众鉴于林彪、"四人帮"两个反革命集团给党和国家造成的严重损失，强烈要求对他们及与他们有牵连的人从重处理。但陈云同志把这件事放到特定的历史条件下分析，提出了一些独到的见解。早在审判两个反革命集团主犯时，很多人主张对江青、张春桥判死刑。问题拿到中央政治局讨论，陈云同志认为，同"四人帮"的斗争归根结底是一次党内斗争，因此，不能开杀戒，否则后代不好办。②大家接受了陈云同志的意见，决定对江、张改判死刑缓期两年执行；两年之后，又改为无期徒刑，稳妥地解决了这个问题。另外，陈云同志还提出，要对两个反革命集团在处理上有所区别，林彪集团的人大部分在革命战争年代有战功，处理时应当考

---

① 本书编写组编：《陈云同志关于评弹的谈话和通信（增订本）》，中央文献出版社1997年版，第112—113页。

② 中共中央文献研究室编：《陈云年谱（1905—1995）》下卷，中央文献出版社2000年版，第381页。

虑到这一点，给予适当照顾。这个意见经中央研究同意，也得到了落实。

但是，对于那些跟着两个反革命集团跑，和他们有牵连的人要不要判刑的问题，在第五次"两案"审理座谈会上分歧仍然比较大。很多同志认为，这些人为虎作伥，干了大量坏事，应当判刑；但也有一些同志认为，对这些人要区别，其中触犯刑律的人应予判刑，而只是紧跟着跑的人，尽管错误严重，也不应追究法律责任，只要进行党内处分和行政处分就行了。陈云同志那时兼任中纪委第一书记，负责两案"审理"工作。他经过深思熟虑，亲笔写了一个书面意见，让我参与文字斟酌。他在书面意见中指出："文化大革命"被若干阴谋家、野心家所利用了，但从全局来说，仍然是一场政治斗争。因此，除了对这些阴谋家、野心家要另行处理外，对有牵连的人必须以政治斗争的办法来处理。"这种处理办法，既必须看到这场斗争的特定历史条件，更必须看到处理这场政治斗争应该使我们党今后若干代的所有共产党人，在党内斗争中取得教训，从而对于党内斗争采取正确的办法。"① 他的这个意见不仅是站在党的最高利益和长远利益的立场上提出的，而且也是历史唯物主义基本观点与具体问题相结合的产物，使我很受启发和教育。

使我从陈云同志运用历史唯物主义观点分析处理问题方面受到教育的另外一件事，是他对编写《辽沈决战》一书的谈话。那是在1983年，辽沈战役纪念馆请陈云同志为他们编辑的《辽沈决战》一书题写书名。本来书名已写好了，但陈云同志又让我把书稿要来翻了一下。当他知道其中大部分作者都是部队的指战员，大部分内容都是战斗回忆，而且大部分文章都是以前发表过的之后，对我说：辽沈战役是解放战争三大战役的第一个战役，它的胜利，加上当时人民解放军在其他战场上的胜利，从根本上改变了敌我双方力量的对比，为整个解放战争的顺利发展奠定了基础。因此，编这样一本书，不仅应该使大家知道辽沈战役胜利的经过，而且应该使大家知道这个胜利是怎么来的。接着，他从几个方面分析了胜利的原因。事后，我把这次谈话整理成文字送给他看，引起了他的兴趣，于是，又讲了

---

① 中共中央文献研究室编：《陈云年谱（1905—1995）》下卷，中央文献出版社2000年版，第282页。

一些新的意见。我按照他的意思,对谈话记录整理稿又作了进一步补充修改。就这样,边谈边改,边改边谈,前前后后一共谈了八次,最后由他逐字审定,形成了《对编写〈辽沈决战〉一书的意见》一文。

在这篇谈话中,他从六个方面分析了为什么抗战结束时,我们党在东北的力量相比全国其他地区最弱,而不到三年却在那里打响并打胜了解放战争的第一个大战役。这六个方面分别是:苏联红军出兵东北,为我们党迅速进入这个地区,创造了有利条件;全国各个根据地的支援,调入大批部队、干部,为我党我军发展奠定了雄厚基础;动用正规部队剿匪,稳定了后方;进行土地改革,争取了贫苦农民,保证了兵源、粮草的需要;建立巩固的根据地,使我军有了广阔而强大的后方;党中央、毛主席为东北制定了正确的工作方针和作战方针。当时,东北解放战争历史中有两个敏感问题,即如何看待苏联和林彪的作用。对此,陈云同志在这篇谈话中都给予了明确回答。他指出,苏联当时对我们党的力量估计不足,并有《雅尔塔协定》的约束,但他们还是尽力帮助我们的。林彪作为四野的司令员,在当时正确的地方,我们也不必否定。他说,只有这些因素都分析到,对辽沈决战历史的记述"才是全面的,符合历史唯物论的"[1]。

陈云同志在延安时期,有一段时间身体不大好,他利用休养时间,把毛泽东同志起草的文件、电报认真读了一遍,感到其中贯穿着一个基本的指导思想,就是实事求是。那么,怎样才能做到实事求是呢?陈云同志经过认真思考,得出了15个字的体会,即"不唯上、不唯书、只唯实,交换、比较、反复"。根据他的解释,所谓"不唯上",不是说上面的话不要听,而是说不要"唯上命是从","这和同中央保持一致并不矛盾";[2] "不唯书",也不是说不学习马克思主义著作,不遵循马克思主义的基本原理,不执行中央的文件精神,而是说要结合本部门本地区的具体情况,不能教条主义式地学习,机械地执行,这与古人说的"尽信书不如无书"是一个道理;"只唯实",就是一切要从实际出发,不能从原则出发。所谓"交换",就是彼此之间交换一下看法,以使自己的意见更全面,拿今天的话

---

[1] 《陈云文选》第三卷,人民出版社1995年版,第328页。
[2] 《陈云文选》第三卷,人民出版社1995年版,第361—362页。

说，叫作"换位思考"；"比较"，就是把不同事物、不同意见放在一起进行优劣、利弊等各方面的比较研究，在比较中加深对问题的认识，以使自己的结论更正确；"反复"，就是有了一个倾向性意见之后，不要匆忙做决定，而要放一放，再反复考虑一段时间，听听不同意见，即使没有不同意见，也要假设一个对立面，以使自己的意见更完整。据我所知，陈云同志对这15个字十分看重，从延安讲到东北，从新中国成立之初讲到新时期，一直讲到他逝世之前。在编辑他的文选过程中，有关部门曾一度把"只唯实"改为了"要唯实"，把"交换"改为了"全面"。他经过考虑后，把它们又改了回来，说那个改动并不符合他的原意。我在担任他秘书期间，通过他的耳提面命，对这15个字逐渐有了比较深入的理解。

那时，陈云同志每年三四月份都去杭州休息一段时间。就在他同我作了关于学哲学的那次谈话之后，又提出让我抽时间看工厂的要求。他说，要先从纺织工业开始看起，然后看炼钢、看机器制造、看造纸等，看它们生产流程，看产品是怎样从原料一步步变过来的。今后去杭州，我休息我的，你就去看工厂。到了杭州后，他又具体告诉我应当去看杭州的哪些工厂。我按照他的要求，先后看了18个厂子，还同每个厂的领导进行了座谈。以前我上大学时学的不是理工科，毕业后也没有在工厂工作过，因此，这些参观学习使我获得了现代社会生产实际的一些感性知识，对于为什么必须一切从实际出发，以及什么是从实际出发的"实际"，有了比过去更多的理解。

陈云同志对干部一向是既使用又培养，边使用边培养。过去，他的讲话、报告、发言总是自己动手。我去他那里工作时，他由于年纪大了，再遇到要正式讲话，就让我按照他的意思先起个草，然后由他逐字审定。这个过程，往往就是他对我进行辩证唯物主义认识论教育的过程。

记得1982年8月，黄克诚同志到他家里谈纪检工作，对当时社会上经济犯罪猖獗、经济秩序混乱的现象表达了忧虑的心情，提出把经济搞活是对的，不能再像过去那样搞死。但搞活不能没有秩序，就好比一只鸟，总捏在手里会死，要让它飞起来，但又要让它在笼子里飞，否则它就飞跑了。陈云同志听后感到他的这个比喻很有道理，就在听取国家计委负责人汇报时，用它论述了计划与市场的关系。他说："搞活经济是对的，但必须在计划的指导下搞活。这就像鸟一样，捏在手里会死，要让它飞，但只能让它在合适的笼子里飞，没有笼子，它就飞跑了。'笼子'大小要适当，但总要有个'笼子'。"①过了半个月，他在中央政治局讨论国务院向五届全国人大五次会议的政府工作报告时，再次讲到这个比喻，并对"笼子"的大小作了进一步说明，指出："搞活经济要有一个'笼子'，这个'笼子'就是国家计划。不一定一个省就是一个'笼子'，'笼子'也可以大到跨省跨地区。如果没有这个'笼子'，计划就要被冲垮。我们的'笼子'——五年计划和年度计划，也是经常要调整的。"②又过了半个月，五届全国人大五次会议召开，上海代表团提出要派代表来看望陈云同志。由于那是一次需要作公开报道的活动，他让我准备一个谈话稿，并且交代要在谈话中再讲讲搞活经济与计划指导的关系。我于是起草了一个稿子，在有关搞活经济与计划指导的关系部分，使用了他此前那两次谈话的内容。稿子送他审阅时，他在"'笼子'大小要适当"一句后面，亲笔加上了"该多大就多大"六个字；在经济活动"也可以跨省跨地区"一句后面，亲笔加上了"甚至不一定限于国内，也可以跨国跨洲"16个字。③这些新的补充，使"笼子"的概念有了更加完整和准确的界定，更加符合了经济活动的客观实际，也使我进一步理解了陈云同志的思想方法。

1984年，中央召开十二届三中全会，讨论通过《关于经济体制改革的决定》。事前，陈云同志说他在会上要作一个书面发言，并说了发言要点，让我先起个草。我照他的意思写好后送他审阅，其中涉及对竞争中消极现象和违法行为怎么看的问题。我的原稿按照他前些日子在中央政治局会议上的发言，是这么写的：对这些消极现象，不必大惊小怪，但也要看到，如果我们不注意，不进行必要的管理和教育，这些现象就有可能泛滥成灾。只要我们头脑是清醒的，看到这些现象，并加强精神文明建设，这些消极方面是可以克服的。陈云同志看后，将"是可以克服的"这几个字改为了

---

① 中共中央文献研究室编：《陈云年谱（1905—1995）》下卷，中央文献出版社2000年版，第309页。

② 中共中央文献研究室编：《陈云年谱（1905—1995）》下卷，中央文献出版社2000年版，第311—312页。

③ 《陈云文选》第三卷，人民出版社1995年版，第320页。

"是可以受到一定限制的"①。他对我说,只要允许竞争,就会有消极现象。世界上的事都是有利有弊,不竞争,产品花色品种和质量进步慢,会妨碍经济发展,弊病更大。我们的任务是要通过精神文明建设,把竞争过程中出现的消极现象限制在一定范围,而不是要完全限制和克服它,因为那是做不到的。听了他这些话,使我茅塞顿开,豁然开朗,不仅明白了应当如何全面看待竞争中消极现象的问题,而且懂得了如何防止认识的片面性和绝对化。

有人把"不唯上、不唯书、只唯实,交换、比较、反复"称为"15字诀",我感到很有道理。因为它的确是对辩证唯物主义认识论和方法论的精髓所作出的中国式的概括。在陈云同志提出对《辽沈决战》一书进行改编后,参加东北解放战争的许多老同志积极响应,写出了大量回忆文章,其中包括对四保临江战役的回忆。1946年,国民党部队对东北解放区实行"先南后北,南攻北守"的方针,用10万大军进犯南满解放区,将南满我军主力压缩于鸭绿江边的临江等五个县的狭小地区。对于能否坚持南满,在南满党政军领导干部中一时产生了很大分歧。于是,东北局决定成立南满分局和辽东军区,以加强那里的统一领导。这时,陈云同志正在北满解放区担任东北局副书记,主持解放区的财经工作。但他认为南满得失关乎东北全局,所以自告奋勇前往。东北局经请示中央,决定由他兼任南满分局书记和辽东军区政委,同军区司令员肖劲光同志一起去南满。陈云同志到后,进行了深入调查研究,在七道江召开的辽东军区师以上干部会议上作出了坚守南满的决定,并由此成功进行了四保临江战役,成为东北战场我军由守为攻、敌人由攻为守的起点。但陈云同志看了几篇回忆七道江会议的文章,感到其中只写了他在会上关于坚持南满的结论性意见,而没有写清楚为什么要坚持南满的道理。1984年1月的一天,他在谈到这个问题时对我说,他当时是这样讲的:"如果主力向北满撤,部队过长白山时要损失几千人;撤到北满还要打仗,又会损失几千人;而且,丢了南满,北满也可能保不住,那时部队只得继续往北撤,撤到苏联境内,等到今后往回打,又要损失几千人。而且,当初留在南满的地方武装也会有很大损失。加在一起,会损失一万多人,占当时南满部队人数的一半。相反,如果留

---

① 《陈云文选》第三卷,人民出版社1995年版,第338页。

下来坚持南满，部队可能损失四分之三，甚至五分之四，但只要守住南满，就不会失去掎角之势，就可以牵制敌人，不使他们集中力量去打北满。两相比较，还是坚持南满比撤离南满损失小。况且，敌人当时在南满的兵力也不够。"后来，我把他这段谈话整理成文字，经他审定后送给了有关同志。① 通过这件事，我对什么是"15字诀"，如何运用"15字诀"，理解比过去更加具体了。

我就近观察陈云同志用比较的方法分析和判断问题的事还有很多。例如，有一位老同志给陈云同志写信，征求他对经济体制改革问题的意见。他让我替他拟回信，其中讲了两点："第一，体制必须改革。第二，改革必须经过试点。"关于第二点，他就是运用比较的方法来阐述的。他说："因为试点而使改革的进度慢了，与为了加快改革的进度而不经过试点，以致改得不好，还要回过头来重新改，这两种损失相比，前一种比后一种要小些。"② 他的这个分析为后来的实践反复证明是合乎实际，完全正确的。

在陈云同志的教导下，我用两年时间完成了学习马克思主义哲学的读书计划，再加上有就近向陈云同志学习他运用辩证唯物主义认识论和方法论分析处理问题的条件，因此，思想上同自己的过去比，确实有较大的收获。这时，刚好《陈云文选（1949—1950）》出版。由于我对"交换、比较、反复"的思想方法有了一定的了解，所以读过文选后，发现其中充满用比较的方法分析和决定问题的事例。于是，我写了一篇读后感，题目就叫《用比较法作决策》。当我离开陈云同志秘书岗位后，这篇文章被发表在了《红旗》杂志上。接替我工作的同志告诉我，陈云同志看过文章后说，这篇文章抓住了一点他的东西。我想，这大概就是陈云同志常说的，"学习哲学，可以使人开窍"，"学好哲学，终身受用"吧。

(原载《中华儿女》2005年第6期)

---

① 中共中央文献研究室编：《陈云年谱（1905—1995）》下卷，中央文献出版社2000年版，第346页。
② 中共中央文献研究室编：《陈云年谱（1905—1995）》下卷，中央文献出版社2000年版，第320页。

廉政与党风

1982年9月12日，陈云在党的十二届一中全会上投票选举新的中央领导机构。13日，在中共中央纪律检查委员会第一次全会上，陈云当选为中央纪委第一书记

忆陈云同志抓党风建设

20世纪80年代前期,陈云同志除了担任中央政治局常委外,还兼任中央纪委第一书记。那几年我正担任他的秘书,亲耳聆听、亲眼目睹了他抓党风建设的一系列重要主张和实践。结合后来的历史检验,特别是党的十八大以习近平同志为核心的党中央全面从严治党的成效,回过头重温陈云同志当年那些主张和实践,使我有了更多的领悟和更深的体会。

"处理这场斗争应该使我们党今后若干代的所有共产党人,在党内斗争中取得教训"

党的十一届三中全会后,全面拨乱反正的任务十分艰巨。身为中央纪委第一书记的陈云同志,在负责审理林彪、江青两个反革命集团案件的同时,还领导中央纪委对一些重大冤假错案进行复查和平反的工作。

1981年8月,我到陈云同志那里工作时,正赶上"两案"审理工作临近尾声。如何处理与林彪、江青两个反革命集团有牵连的人,成为摆在人们面前的一个棘手问题。在11月召开的第五次全国"两案"审理工作座谈会期间,陈云同志经过深思熟虑,亲笔写了一个书面意见,我也参与了文字推敲。他在意见中写到,"文化大革命"是一场内乱,虽然被若干阴谋家、野心家所利用了,"但从全局来说,终究是一场政治斗争。因此,除了对于若干阴谋野心家必须另行处理以外,对于其他有牵连的人,必须以政治斗争的办法来处理……这种处理办法,既必须看到这场斗争的特定历史条件,更必须看到处理这场斗争应该使我们党今后若干代的所有共产党人,在党内斗争中取得教训,从而对于党内斗争采取正确的办法"。正是他的这一意见,为"两案"工作提供了正确而及时的政策指导,使一大批与两个反革命集团有过这样或那样牵连、做过这样或那样错事的人,没有再按司法程序处理。

即使对于两个反革命集团的主犯和骨干,陈云同志也主张严格掌握处理尺度。例如,他提出林彪集团中的人有过战功,在处理上要同江青集团有所区别;江青集团的主犯尽管要判重刑,但也不应当用极刑。在我即将离开秘书岗位之前,他同我的谈话中还提到过这件事情。他说:"审判'四人帮',政治局开会讨论,许多同志主张江青判死刑。我说不能杀,同'四人帮'的斗争终究是一次党内斗争。有人说,党内斗争也可以杀。我说党内斗争不能开杀戒,否则后代不好办。"[1] 他的这些意见,对于教育广大党员干部充分注意党的政策和策略,恢复和发扬党的优良作风,巩固和发展党的十一届三中全会以来的大好形势,都产生了积极而深远的影响。

对于平反冤假错案的工作,陈云同志同样按照实事求是的原则,领导中央纪委坚定、扎实、有序地进行。他历来主张对待和处理党的历史问题要实事求是、公道正派,粉碎"四人帮"后一度实行的"两个凡是"的错误方针,是邓小平同志首先提出反对的,是真理标准问题大讨论从根本上动摇的,也是陈云同志在党的十一届三中全会前的中央工作会议上作的那篇题为《坚持有错必纠的方针》的著名发言之后被彻底打破的。会后,由他出任第一书记的中央纪委把很大精力投入冤假错案的平反工作中,由他领导制定的《关于党内政治生活的若干准则》强调:"建国以来的冤案、假案、错案,不管是哪一级组织、哪一个领导人定的和批的,都要实事求是地纠正过来,一切不实之词必须推倒。"[2]

---

[1] 中共中央文献研究室编,朱佳木主编:《陈云年谱(修订本)》下卷,中央文献出版社2015年版,第432—433页。

[2] 中共中央文献研究室编:《三中全会以来重要文献选编》(上),人民出版社1982年版,第430页。

陈云同志对党员政治生命的关心是出了名的。早在延安时期兼任中央组织部部长时，他就提出过干部政策的十二字方针，即"了解人，气量大，用得好，爱护人"。他说，当涉及一个干部政治生命问题时，处理起来要很郑重很谨慎很细心，因为"一个参加革命工作的同志，往往对于肉体生命并不重视，对于政治生命非常重视，他宁愿牺牲一切，却不愿被党组织开除"[1]。那时，他领导中组部在非常困难的条件下，弄清了很多遭怀疑、被冤屈的同志的历史问题，使他们丢掉了包袱，愉快地重新走上了工作岗位。党的十一届三中全会前后，他或推动或领导了一系列重大冤假错案的处理，其中包括新中国成立初期的历史沉案潘汉年案。

对于潘汉年一案，陈云同志一直抱有怀疑，认为如果潘真的投敌，他所知道的地下党组织都应当被破坏，而实际上却没有一个组织遭到破坏。党的十一届三中全会一结束，他就向中央建议复查此案。1979年10月，他被检查出患有结肠癌。手术前，时任中央副秘书长兼中央办公厅主任的姚依林同志问他有什么交代，他没有说别的事，只就潘汉年案重新审查一事给时任中央秘书长、中央纪委第三书记胡耀邦同志写了一封短信。手术后，他又指示公安部整理了一份关于潘案处理过程的材料，然后给几位中央常委写信，说公安部的"这些材料，并无潘投敌的确证。现在，所有与潘案有关的人都已平反。因此，提议中央对潘汉年一案正式予以复查"[2]。1981年底，他到人民大会堂接见"中央特科"党史专题座谈会的老同志。那次，他让我随他一起去，因此亲耳听到他讲中央纪委正在为潘汉年平反，"我相信他必将恢复名誉"[3]。1982年8月，党中央根据中央纪委复查结果，终于发出了《关于为潘汉年同志平反昭雪、恢复名誉的通知》。

1982年9月，全党经过三年多时间的努力，在各条战线的实际工作中基本完成了拨乱反正的艰巨任务。在这个基础上，党召开了十二大，批准

---

[1] 《陈云文选》第一卷，人民出版社1995年版，第120页。
[2] 中共中央文献研究室编，朱佳木主编：《陈云年谱（修订本）》下卷，中央文献出版社2015年版，第308页。
[3] 中共中央文献研究室编，朱佳木主编：《陈云年谱（修订本）》下卷，中央文献出版社2015年版，第324页。

了党的十一届三中全会以来的路线，使党和国家从此进入全面开创社会主义现代化建设局面的新阶段。

"只有我们党内首先形成是非分明的风气，党的团结才有基础，党才有战斗力"

陈云同志一贯重视党风问题。他担任中央纪委第一书记期间提出的关于"执政党的党风问题是有关党的生死存亡的问题"的论断和"党风问题必须抓紧搞，永远搞"[1]的主张，早已为全党所熟知。

中央纪委自恢复重建之始，陈云同志就提出它的工作指导方针应当是："维护党规党法，整顿党风问题"[2]。党的十二大之后，中央纪委要紧接着召开全会，陈云同志让我为他提前准备一个讲话稿，并交代说："中央纪委和各级纪委今后的主要工作，仍然是协助中央和各级党委切实抓紧抓好党风的整顿。"[3]

陈云同志为了抓好党风，首先提倡要树立坚持原则的风气。党的十二大前夕，他在审阅中央委员会报告稿时让我向正在组织起草报告的胡乔木同志转达他的一个意见，说目前在我们的党风中，以致在整个社会风气中，有一个很大的问题，就是是非不分。对于这个问题，如果只从维护党纪提出来还不够，应该把它提到全党思想建设和组织建设的高度。"要提倡坚持原则，提倡是就是是、非就是非的精神。只有我们党内首先形成是非分明的风气，党的团结才有基础，党才有战斗力，整个社会风气才会跟着好转，才会使正气上升，邪气下降。"[4] 后来，党的十二大报告吸收了他的这个意见。在那次大会上，当他在发言中谈到既要大胆和加快提拔中青年干部又要严把政治标准关时，还特别着重强调指出："德才相比，我们要更注

---

[1] 《陈云文选》第三卷，人民出版社1995年版，第273页。
[2] 中共中央文献研究室编，朱佳木主编：《陈云年谱（修订本）》下卷，中央文献出版社2015年版，第262页。
[3] 《陈云文集》第三卷，中央文献出版社2005年版，第511页。
[4] 《陈云文选》第三卷，人民出版社1995年版，第274页。

重于德,就是说,要确实提拔那些党性强,作风正派,敢于坚持原则的人。"

党的十二大之后,陈云同志在中央纪委一次全会上的讲话中,进一步阐述了他的这一主张,而且在他管辖的工作范围内要求首先落实。例如,他要求做纪律检查工作的干部,应当有坚强的党性,有一股正气,能够坚持原则,敢于同党内各种不正之风和一切违法乱纪行为作坚决斗争,"不应当是在原则问题上'和稀泥',做和事佬、老好人的人"①。

1983年,党的十二届二中全会召开之前,陈云同志要我在起草他的发言稿时,着重强调一下执政党的党风问题。当时,他从简报上看到有些农村党员集训,除了给伙食补贴之外,还要发误工费,甚至有的党员不给钱就不去开会。对此,他要求提高到执政党党风的高度来看。他说解放前,同样在农村,支援战争,运送弹药、伤兵,非但没有误工补贴,而且常常因此而受伤或死亡。相比之下,拿误工补贴的共产党员应该想一想,这样做是不是合乎一个共产党员的标准?他旗帜鲜明地提出:"一切集训、开会要钱的人,不能成为共产党员。今后,全国不要再给集训时的误工补贴,凡属要求误工补贴的党员应开除党籍。"② 当时,有的同志向我反映,对他的这个要求想不通,认为过于严厉了。而在我看来,他的这个要求恰恰体现了从严治党的精神。

那时,有的同志把抓党风党纪与改革开放对立起来,似乎强调党风党纪就是限制改革开放,就是束缚"改革者"的手脚,提出在执行纪律上要给干部"松绑"的口号。针对这种思想,陈云同志在1984年中央纪委一份报告上明确批示:"党性原则和党的纪律不存在'松绑'的问题。没有好的党风,改革是搞不好的。"③ 他还指出:"社会主义精神文明的建设,关键是执政党要有好的党风。"④ 我统计了一下,《陈云文选》中新时期的文稿总共有26篇96页,"党风"一词竟出现了30次之多。由此可见,陈云同志关

---
① 《陈云文集》第三卷,中央文献出版社2005年版,第511—512页。
② 《陈云文选》第三卷,人民出版社1995年版,第332页。
③ 《陈云文选》第三卷,人民出版社1995年版,第275页。
④ 《陈云文选》第三卷,人民出版社1995年版,第348页。

于党的纪律检查部门的主要任务是"抓党风"的思想，是明确的和一贯的。

"纪委不能当'老太婆纪委'，要做'铁纪委'"

在我做陈云同志秘书期间，他已是80岁上下的老人，然而他抓党风、反腐败的决心和勇气依然不减当年。一个典型事例，就是关于打击严重经济犯罪这件事。

20世纪80年代初，广东、福建等沿海省份的不法之徒内外勾结，大搞走私活动，不少党员干部不仅充当"保护伞"，而且参与其中，群众对此意见很大。1982年1月5日，陈云同志要我去他办公室，指着前一天送给他的中央纪委反映广东一些党员干部参与走私、贪污腐化的《信访简报》，情绪十分激动地说："告诉王鹤寿（时任中央纪委副书记），要重办，要杀掉几个。杀几个，可以挽救一大批。解放初期，贪污几千元就杀。"说这话时，他脸憋得通红，而且拍了桌子，我还从来没见过他发这么大的脾气。我拿着简报转身刚走到门口，他又把我叫回来，说："干脆，我来批一下。"于是，他把这份简报批给了几位中央政治局常委，写道："对严重的经济犯罪分子，我主张要严办几个，判刑几个，以至杀几个罪大恶极的，并且登报，否则党风无法整顿。"[①] 几位领导同志阅后都表示同意，邓小平同志还在"杀几个罪大恶极的"几个字后面，加了八个字："雷厉风行，抓住不放。"六天后，中共中央书记处召开会议，研究贯彻中央政治局常委的指示精神，并就此向全国各地发出紧急通知。一场打击经济领域违法犯罪活动的斗争，由此轰轰烈烈地开展起来。

过了一段时间，中央纪委在一份关于传达学习《中央紧急通知》中若干思想反映的材料上说：有的同志认为，中央抓打击严重经济犯罪很必要，但抓晚了，问题已相当严重，积重难返了。陈云同志在上面批示："现在抓，时间虽晚了些，但必须抓到底。中央纪委必须全力以赴。"[②] 针对一些

[①] 《陈云文选》第三卷，人民出版社1995年版，第273—274页。
[②] 中共中央文献研究室编，朱佳木主编：《陈云年谱（修订本）》下卷，中央文献出版社2015年版，第334页。

同志怕大张旗鼓地开展打击经济犯罪会妨碍改革开放的顾虑,他对我说:"怕这怕那,就是不怕亡党亡国。"

对于这场斗争的艰巨性复杂性,陈云同志作了充分的思想准备。他说:"抓这件事是我的责任,我不管谁管?!我准备让人打黑枪,损子折孙。"他还要我转告他的子女,出门时要注意安全。他还把一份香港报纸上的有关评论批转给黄克诚(时任中央纪委第二书记)、王鹤寿同志,指出:"对于经济犯罪案件必须严办。阻力再大也必须办。"① 党的十二大之后,一天,他把我叫去说,党的十二大上有人提意见,认为中央纪委在处理历史遗留问题上很果断,但在处理现实的案子时软弱。他让我转告黄克诚、王鹤寿同志:"对涉及领导干部的案子要大胆地搞,搞不动就由他提到中央政治局常委会上。总之,纪委不能当'老太婆纪委',要做'铁纪委'。"②

在党中央和陈云同志的领导和督促下,打击经济领域违法犯罪活动的斗争取得了很大胜利。仅开展严打的第一年,在纪委系统立案的党员经济犯罪案件就有16万件之多,其中结案并开除党籍的有5500多人,移交司法部门判刑的有3万多人,情节特别严重的,如汕头地委政法委原副主任王仲还被判了死刑。这场斗争震慑了党内少数以权谋私的分子,遏制了经济领域严重犯罪的势头,保证了改革开放的健康进行。

"做表率首先从中央政治局、书记处和国务院的各位领导同志做起"

陈云同志历来主张,在党纪面前必须一视同仁,涉及领导干部的违纪案件再难办也要办,否则党纪势必形同虚设。改革开放后,一度刮起党政军机关经商风,出现不少违法乱纪问题。对此,他明确指示:"无论是谁违反党纪、政纪,都要坚决按党纪、政纪处理;违反法律的,要建议依法处

---

① 中共中央文献研究室编,朱佳木主编:《陈云年谱(修订本)》下卷,中央文献出版社2015年版,第346页。
② 朱佳木:《论陈云》,中央文献出版社2010年版,第14页。

理。各级纪委必须按此原则办事，否则就是失职。"①

当时，有一个变相索贿受贿的案子，涉及一位副部级高级干部，中央纪委办理起来阻力很大。几经反复后，中央书记处会议决定给予当事人"党内严重警告"处分。处理结果一经公布，引起党内外强烈反响，普遍认为处理太轻。在书记处会议要讨论这个问题的前一天晚上，已经11点多了，陈云同志还要我通过内部电话找一位中央负责同志，对他说："这个案子一定要办，否则党风搞不好，无法向几百万烈士和几千万牺牲的战士交代。"他又要我转告中央纪委的一位领导同志，对这件事一定要顶住，处分决定通不过，就拿到政治局会上，政治局通不过，就拿到中央委员会的会上。后来，中央书记处终于批准了中央纪委的处理意见，决定给予那位副部长留党察看两年和撤销党内职务的处分，并建议撤销他在党外的各种职务。国务院据此决定，撤销了他的副部长一职。

有一阵子，在党政军领导干部中刮起向下属单位要高级轿车的风，陈云同志在情况反映上批示："凡是别人（或单位）送的和个人调换的汽车（行政机关配备的不算），不论是谁，一律退回，坐原来配备的车。在这件事上，得罪点人，比不管而让群众在下面骂我们要好。"批示中还提到中央要求北京党政军机关在实现党风和社会风气根本好转中做表率的事，他明确建议："做表率首先从中央政治局、书记处和国务院的各位同志做起。"②

在端正党风问题上，陈云同志主张领导干部特别是高级领导干部要身体力行、作出榜样。他指出："端正党风的关键是提高党员素质，尤其是提高高中级党员领导干部素质。"③ 在党的全国代表大会上发言时，他再次强调，领导干部要严格约束自己的亲属和身边工作人员，"希望所有党的高级领导人员，在教育好子女的问题上，给全党带好头。决不允许他们依仗亲属关系，谋权谋利，成为特殊人物"④。那时，中央纪委提出不许领导干部子女及其配偶经商、办企业的建议。陈云同志批示，这件事"应由中央

---

① 《陈云文选》第三卷，人民出版社1995年版，第356页。
② 《陈云文集》第三卷，中央文献出版社2005年版，第543—544页。
③ 《陈云文选》第三卷，人民出版社1995年版，第363页。
④ 《陈云文选》第三卷，人民出版社1995年版，第352页。

像严禁党政机关和党政干部经商、办企业的问题那样，作出明确的决定方能制止。不然的话，发展下去，党的肌体、党群关系必将受到损害，有所好转的党风也会受到影响，改革也难以顺利进行"。他还请有关领导同志考虑，"应退出的干部子女的范围，是否可以再扩大一点"。①那时，有群众来信反映，一些领导干部子女出国留学，名为"自费"，实为外商赞助。对于这样的信，他只要看到，总是转给有关领导同志，并附短信说：这样做不好，因为我们"自费"不起，劝他们让孩子回来。

陈云同志这样要求别人，也同样这样要求自己。1983年，他在报上看到师范学校因为教师待遇低而招人难的反映后，对我说："南南（指他的二女儿陈伟华）是师范大学毕业的，她今后也要归队。"我把这个话转达给了陈伟华，她当即表示要辞去在中央国家机关的工作，回到自己的母校做老师。后来，她果然去一所中学当了历史教师，而且一干就是20年，直到退休。

"要加强共产党员的党性教育和自觉遵守党的纪律的教育"

2015年，在纪念陈云同志诞辰110周年座谈会上，习近平总书记指出，"我们纪念陈云同志，就要学习他坚守信仰的精神"②。我认为，这个评价道出了陈云同志所有品格中最突出、最鲜明的品格，同时是陈云同志留给我所有印象中最为深刻的印象。无论处于顺境还是逆境，陈云同志始终坚守对马克思主义、共产主义的信仰不动摇。

记得我到陈云同志那里工作后，有一次谈到有个别同志提出"共产主义遥遥无期"的观点，他听后当即说："这个观点是不对的，应当说，共产主义遥遥有期，社会主义就是共产主义的第一阶段嘛。"这个话令我印象极深，因为"遥遥有期"和"遥遥无期"虽然只有一字之差，却在对待共产主义的态度上既划清了同急于求成的界限，也准确划分了与悲观失望的

---

① 《陈云文集》第三卷，中央文献出版社2005年版，第543页。
② 习近平：《在纪念陈云同志诞辰110周年座谈会上的讲话（2015年6月12日）》，载《人民日报》2015年6月13日，第2版。

区别。

针对当时海外有人要求我们党改名的问题，陈云同志还对我说："共产党的名字表明了她的奋斗目标，改名字怎么能行！延安时期，就有人提过让共产党改名的建议，毛主席说：'什么名字好？我看国民党的名字最好！可惜人家已经用了。'"

改革开放后，有些人出国转了几天，回来便鼓吹中国不如外国，社会主义不如资本主义。陈云同志对此十分重视。他说："对于这些人，我们要进行批评教育；对其中做意识形态工作的同志，经过教育不改的，要调动他们的工作。"1983年党的十二届二中全会召开前，他嘱咐我要在为他准备的发言稿最后写上"社会主义万岁！共产主义万岁！"当我把拟好的稿子送给他审阅时，他又亲笔加了一句："资本主义必然要被共产主义所代替，这是无可改变的法则。"①

20世纪80年代初，党员腐败案件增多，有人主张纪检工作应把重点放在办案上。陈云同志在和中央纪委领导同志谈话时明确指出："各级党组织和党的纪律检查部门只是查处违法乱纪的案子不行，更重要的是要加强共产党员的党性教育和自觉遵守党的纪律的教育。"②他还多次要我转告中央纪委领导同志："开放政策是对的，但越是在开放的地方，越是要加强政治思想工作，干部越是要'金刚钻'的。"在1985年9月的十二届中央纪委六次全会上，他再次强调："对外开放，引进国外先进技术和经营管理经验，为我国社会主义建设所用，是完全正确的，要坚持。但同时要看到，对外开放，不可避免地会有资本主义腐朽思想和作风的侵入。这对我们社会主义事业，是直接的危害。"各级党委对此要有清醒的认识，高度的警惕，有针对性地进行以共产主义思想为核心的教育，并且"在抓思想政治工作的同时，严肃党纪、政纪"。③他说："现在有些人，包括一些共产党员，忘记了社会主义和共产主义的理想，丢掉了为人民服务的宗旨。他们为了私利，'一切向钱看'，不顾国家和群众的利益，甚至违法乱纪。""这

---

① 《陈云文选》第三卷，人民出版社1995年版，第332—333页。
② 《陈云文集》第三卷，中央文献出版社2005年版，第541页。
③ 《陈云文选》第三卷，人民出版社1995年版，第355、357页。

些问题的发生，同我们放松思想政治工作、削弱思想政治工作部门的作用和权威有关，应引为教训。"①

　　历史已经证明并将继续证明，中华民族要完成伟大复兴的任务，必须坚持中国共产党的领导，坚定不移走中国特色社会主义道路；而共产党要担负好自己的领导责任，必须不断加强党的自身建设，切实从严治党。党的十八大后，以习近平同志为核心的党中央继承和发扬党的优良传统，针对新形势下出现的"管党治党失之于宽、失之于松、失之于软的问题"，作出全面从严治党的战略部署，并把它纳入"四个全面"战略布局，推动管党治党从宽松软向严紧硬转变，使我们党焕发出新的强大生机与活力，也使广大党员和群众从中再次看到了希望，坚定了对党和社会主义前途的信心。现在，中国特色社会主义已经进入新时代，回顾陈云同志当年抓党风建设的主张和实践，就是为了在新时代的大背景下，更深刻地认识党所面临的各种考验，更认真地贯彻党的十九大有关正风肃纪的一系列决定精神，更自觉地抵制商品交换原则对党内生活的侵蚀，在以习近平同志为核心的党中央领导下，推动全面从严治党向纵深发展，进一步密切党同人民群众的血肉联系，确保党和国家的长治久安，使改革开放的巨轮沿着正确的航向不断前进。

　　　　　　（原载《百年潮》2020年第6期。收入本书时，作者略作修改）

---

① 《陈云文选》第三卷，人民出版社1995年版，第352页。

我所感受的陈云作风

陈云同志1925年加入中国共产党，从此就把毕生精力献给了党领导的伟大事业。陈云同志的一生，经历了我国革命、建设、改革各个历史时期，是伟大、光荣的一生。

在长达70年的革命生涯中，陈云同志为新中国的建立、为社会主义基本经济制度和政治制度的确立、为改革开放和社会主义现代化建设建立的功勋，党和人民将永远铭记。

在20世纪中国苦难而辉煌的历史进程中，涌现出一大批用特殊材料制成的优秀共产党人。陈云同志身上表现出来的坚定理想信念、坚强党性原则、求真务实作风、朴素公仆情怀、勤奋学习精神，永远值得我们学习。

——以上摘自习近平总书记《在纪念陈云同志诞辰110周年座谈会上的讲话》[1]

从1981年至1985年，我担任陈云同志的秘书。那几年，正是新时期

---

[1] 习近平：《在纪念陈云同志诞辰110周年座谈会上的讲话（2015年6月12日）》，载《人民日报》2015年6月13日，第2版。

党的基本路线趋于完备、改革开放逐步深入的时期，也是陈云同志在以邓小平同志为核心的党的第二代中央领导集体中发挥重要作用的时期。通过在他的身边工作，我亲眼目睹了他为党和国家前途命运的殚精竭虑，亲耳聆听了他对社会主义建设重大理论和实践问题的真知灼见，也亲身感受到了他对党和人民的赤胆忠心、待人处事的高风亮节。后来，通过主持《陈云年谱》的编写，我对他的生平和思想有了更多的了解，对他的思想和作风也有了更加深入的理解。

一、信念坚定

陈云同志出身江苏省青浦县（现属上海市）一个贫苦农民家庭，两岁丧父，四岁丧母，由舅舅、舅妈抚养。高小毕业后，年仅 14 岁的他，为了不加重家中负担，放弃继续求学的机会，由人介绍到上海商务印书馆发行所，当了一名文具仪器柜台的学徒。

1925 年，陈云同志学徒期满，转入虹口书店当店员，月薪 9 元。那年，上海发生了震惊中外的五卅惨案。他在同事介绍下，开始涉足政治，先是加入国民党，成为商务印书馆发行所分部的首创人之一。在后来的自传中，他写道："以前，我很赞成吴佩孚，后又很相信国家主义派是'外抗强权，内除国贼'。看了三民主义，觉得孙中山的道理'蛮多'。"①

那年 8 月中旬，商务印书馆工人运动的积极分子加入中国共产党发动的罢工行列，陈云同志先被推选为发行所职工会委员长，后来又被推选为发行所职工会、印刷所工会、总务处同人会的联合罢工执行委员会委员长。鉴于他在罢工运动中的表现，商务印书馆早期共产党人董亦湘、恽雨棠介绍他加入了中国共产党。他在自传中回忆自己的入党动机时写道："当时之加入共产党最大的原因是大革命的潮流的影响……入党时有个很重要的条件把三民主义看了，把列宁主义概论和马克思主义浅说都详细地看

---

① 中共中央文献研究室编，朱佳木主编：《陈云年谱（修订本）》上卷，中央文献出版社 2015 年版，第 20 页。

了……那时确了解了必须要改造社会,才能解放人类。这个思想对于我影响很大。"① 那年,他20岁。从此直至逝世,在长达70年的革命生涯中,无论顺境还是逆境,他对共产主义的信念始终没有动摇过,而且越来越坚定。

早在党的七大上,毛主席就说过:"每个共产党员入党的时候,心目中就悬着为现在的新民主主义革命而奋斗和为将来的社会主义和共产主义而奋斗这样两个明确的目标,而不顾那些共产主义敌人的无知的和卑劣的敌视、污蔑、谩骂或讥笑……"② 陈云同志在延安时代也说过:"一个愿意献身共产主义事业的共产党员,不仅应该为党在各个时期的具体任务而奋斗,而且应该确定自己为共产主义的实现而奋斗到底的革命的人生观。"③ 历史证明,陈云同志正是像毛主席和他自己所说的那种既反对脱离实际、急于向共产主义过渡,也反对只顾眼前任务而忘记甚至抛弃共产主义远大目标的人;是既为党的各个时期的具体任务而奋斗,又心中始终悬着共产主义远大目标的人。

一次,我向陈云同志反映有人提出"共产主义遥遥无期"、今后要少讲的看法,他听后毫不迟疑地说了一句:"这个观点是不对的,应当说,共产主义遥遥有期,社会主义就是共产主义的第一阶段嘛。"我听后对他的反应之迅速、表达之准确十分感佩。他的这句话首先肯定了共产主义的确是"遥遥"的,要实现的确还很遥远,这就与那种急于进入共产主义的思想划清了界限;其次将"无期"两字改为了"有期",仅改了一个字,又与"共产主义渺茫论"划清了界限,因为如果是"遥遥无期",那搞革命、成立共产党、为共产主义奋斗岂不都成了徒劳无益?所以,这件事给我留下了极深印象。

当时,我还听说海外有人建议我们党改名,党内也有人认为既然改革开放要吸引外资、发展个体私营经济,再叫"共产党",会引起人家疑虑,不如改叫"劳动党""工人党"为好。我向他汇报工作时谈起这件事,他

---

① 中共中央文献研究室编,朱佳木主编:《陈云年谱(修订本)》上卷,中央文献出版社2015年版,第25页。
② 《毛泽东选集》第三卷,人民出版社1991年版,第1059页。
③ 《陈云文选》第一卷,人民出版社1995年版,第137页。

当即说:"共产党的名字表明了她的奋斗目标,改名字怎么能行!延安时期就有人提出过让共产党改名,毛主席说:什么名字好?我看国民党的名字最好!可惜人家已经用了。"他说的延安时期,指的是国共合作时期,他引的毛主席的话显然是一句带有讽刺意味的反话。我理解,他的意思是,党在每个特定时期都有自己的具体任务,但绝不能为了执行特定时期的具体任务而改变党的远大目标。

党的十二届二中全会之前,时任党中央总书记的胡耀邦对我说,小平同志要在大会上讲话,希望陈云同志也能讲一讲。我向陈云同志汇报后,他要我先起个草,并交代我要强调一下执政党的党风问题。当时,他从简报上看到,有些农村党员集训,除了给伙食补贴之外,还要发误工费,甚至有的党员不给钱就不去开会。他说:"这在党执政以前是不可想象的。解放前,同样在农村,支援战争,运送弹药、伤兵,非但没有误工补贴,而且常常因此而受伤或死亡。相比之下,现在这些误工补贴能算合理吗?拿误工补贴的共产党员应该想一想,这样做是不是合乎一个共产党员的标准?共产党员的标准是不惜牺牲自己的生命为共产主义而奋斗终身。我看一切集训、开会要钱的人,不能成为共产党员。"[①] 那时,有些人出国考察,看见发达国家的摩天大楼、高速公路,回来后便鼓吹中国不如外国、社会主义不如资本主义的言论。他对此十分重视,嘱咐我在发言稿里要写上:对于认为社会主义不如资本主义、马克思主义不灵了的人,要进行批评教育,其中做意识形态工作且经过教育不改的人,要调动工作;还要我在最后写上:"我们可以充满信心,高呼:社会主义万岁!共产主义万岁!"并且亲笔加了一句:"资本主义必然要被社会主义所代替,这是无可改变的法则。"[②]

还有几件事,是我离开陈云同志办公室后发生的。那时,有关改革开放的一系列相应法规、制度一时跟不上,加上党内出现了只注意物质文明建设而忽视精神文明和思想政治工作的现象,个别领导干部甚至鼓吹"一切向钱看"的谬论,造成一部分人钻改革开放的空子,种种行贿受贿,走

[①] 《陈云文选》第三卷,人民出版社 1995 年版,第 332 页。
[②] 《陈云文选》第三卷,人民出版社 1995 年版,第 332—333 页。

私贩私，弄虚作假，敲诈勒索，制造和销售假药、假酒，以至引诱妇女卖淫的丑事坏事都出现了。针对这种情况，陈云同志在中央纪委第六次全会上发表了一篇书面讲话，指出："对外开放，引进国外先进技术和经营管理经验，为我国社会主义建设所用，是完全正确的，要坚持。但同时要看到，对外开放，不可避免地会有资本主义腐朽思想和作风的侵入。这对我们社会主义事业，是直接的危害。如果我们各级党委，我们的党员特别是老干部，对此有清醒的认识，高度的警惕，有针对性地进行以共产主义思想为核心的教育，那么资本主义思想的侵入并不可怕。我们相信，马克思主义、共产主义的真理，一定会战胜资本主义腐朽思想和作风的侵蚀。"他号召，"要动员和组织全党和社会的力量，以除恶务尽的精神，同这种现象进行坚决的斗争。""无论是谁违反党纪、政纪，都要坚决按党纪、政纪处理；违反法律的，要建议依法处理。各级纪委必须按此原则办事，否则就是失职。"①

能否坚定共产主义的理想信念，是与对帝国主义本质的认识联系在一起的。20世纪80年代，有人认为新的科技革命改变了资本主义的性质，资本主义有了不断自我更新的机制，因此，列宁的帝国主义论已经过时了。这种观点引起陈云同志的高度警觉。1989年政治风波之后，他同一位中央负责人谈话时尖锐指出，列宁论帝国主义的五个特征和侵略别国、互相争霸的本质，并没有过时，认为过时的观点是完全错误的，非常有害的。他在历数了从1917年至20世纪70年代末帝国主义战争和无产阶级革命的主要史实后说："从历史事实看，帝国主义的侵略、渗透，过去主要是'武'的，后来'文'、'武'并用，现在'文'的（包括政治的、经济的和文化的）突出起来，特别是对社会主义国家搞所谓的'和平演变'。"② 过了8天，邓小平同志在同李政道先生谈话中也讲了类似看法。他说："美国现在有一种提法：打一场无硝烟的世界大战。我们要警惕。资本主义是想最终战胜社会主义，过去拿武器，用原子弹、氢弹，遭到世界人民的反对，

---

① 《陈云文选》第三卷，人民出版社1995年版，第355—356页。
② 《陈云文选》第三卷，人民出版社1995年版，第370页。

现在搞和平演变。"① 后来，他还在 1992 年南方谈话中指出："帝国主义搞和平演变，把希望寄托在我们以后的几代人身上。"② 正是由于老一辈革命家对帝国主义本质有这种深刻而清醒的认识，才会做到无论世界风云如何变幻，始终坚信"社会主义经历一个长过程发展后必然代替资本主义"③；也正是由于他们有这样的坚定信念，我们党才会在苏东剧变、世界社会主义运动走向低潮的情况下，始终岿然不动，继续沿着中国特色社会主义道路前进。

陈云同志对共产主义的坚定信念，不仅表现在他的理性分析与思考中，也表现在他的感情层面上。他在很多干部群众的心目中，是以头脑冷静、作风稳健、办事严谨而著称的，似乎不大动感情。不错，他的确有很强的意志力，很能控制自己的情绪，但我在和他的接触中也发现，他既是一位冷静、稳健、严谨的人，也是一位感情丰富、深沉、细腻的人。经过长期革命斗争的磨炼，特别是在白色恐怖下从事地下斗争的考验，使他原本就很稳重的性格更增添了谨慎的成分。但他内心的炽热情感，有时仍不免会流露甚至爆发出来。比如，他在同我谈早期革命经历时，就提到过两次大哭和一次大喊。

第一次大哭，是在 20 世纪 30 年代初。那时，"立三路线"正在党内处于统治地位，要求制造革命高潮，不断发动工人搞政治罢工，而且，每次罢工都要闹到罢工工人被资方开除为止，叫作"要把工罢到底"。当时，陈云同志担任江苏省委常委，有一次，省委认为上海邮电工会的工人领袖陆宗士提出主动复工的意见是右倾表现，要开除他的党籍。陈云同志对我说，陆宗士过去曾是商务印书馆的职工，彼此之间很熟悉，因此，对组织上那样处理他，感情上接受不了，大哭了一场。后来，陈云同志在担任全国总工会党团书记并参加临时中央政治局常务委员会后，针对上海时事日报社职工罢工中与资方僵持的局面，提出主动复工的建议，得到张闻天、

---

① 《邓小平文选》第三卷，人民出版社 1993 年版，第 325—326 页。
② 《邓小平文选》第三卷，人民出版社 1993 年版，第 380 页。
③ 《邓小平文选》第三卷，人民出版社 1993 年版，第 382 页。

刘少奇①的赞成。他告诉我，少奇同志在会上说，这是中国职工运动史上的第一次主动退却。

第二次大哭，是陈云同志1936年在莫斯科担任中共驻共产国际代表团成员时，受中共中央和共产国际派遣，去新疆迎接西路军期间。那年8月，中央为打通国际路线，以便接受苏联和共产国际援助的军事物资，制定了夺取宁夏战役计划，并于10月派出一部分红军部队西渡黄河，准备去中蒙边界一带迎取援助物资。由于受到国民党军队的堵截，宁夏战役计划被迫中止，鉴于苏联政府决定利用与新疆军阀盛世才的统战关系，把援助物资送到新疆与甘肃交界的地方，过河部队遂组成西路军，改向新疆方向前进。然而，在陈云同志率中共中央和共产国际代表团由莫斯科出发前往新疆迎接西路军途中，国内发生了西安事变，苏联领导人出于自身反法西斯战略的考虑，认为扣留蒋介石是国民党内亲日派通过张学良搞的鬼，会使中国牵制日军、防止其进攻苏联的作用受到削弱，从而产生对我们党与张学良搞统一战线的不满，表示原先答应给中国红军的物资不再给了。陈云同志对我说，他听到这个消息后，大哭了一场。因为那时西路军2万人已经没有退路，只能向新疆走，如果苏联方面改变当初的承诺，这支部队千辛万苦到新疆就失去了意义，更不要说有全军覆灭的危险。后来，西安事变和平解决，苏联领导人改变了态度，表示援助中国红军的军事物资还是要给，让西路军继续西进。但这一停一走，使西路军贻误了战机，被马步芳的骑兵包围，加上当地民族矛盾严重，使红军得不到后勤支援，结果除了少部分突围、徒步走到新疆外，大部壮烈牺牲和受伤、被俘。

陈云同志所说的大喊，是他在1933年1月由上海到中央革命根据地首府瑞金的途中。此前，临时中央政治局鉴于上海的白色恐怖日益严重，决定将中央机关迁往中央苏区。周恩来、张闻天分两批先走，陈云与博古作为最后一批撤离。他们由上海出发，乘船经香港到广东汕头，再由汕头乘火车至潮州，换乘火轮至粤北的大埔，与中央苏区派来接应的武装交通队会合，由他们护送，进入福建境内，再穿越闽南的游击区，进

---

① 当时，张闻天任临时中央政治局常委，刘少奇任全国总工会委员长。

入中央苏区政权管辖的闽西地区，最后到达瑞金。陈云同志对我说，他多次问护送的同志到没到苏区，直到有一天说已经到苏区了，于是，他躺在雪地上（闽西地区的冬天有时下雪。——笔者注），面朝天空大喊了三声："共产党万岁！"我明白，这是因为他过去长期处在白区，一天到晚要隐蔽自己的身份，实在太憋气，现在终于到了"家"，可以放心大胆地抒发感情了。

在同陈云同志接触中，我感到他重感情的特点，尤其表现在对革命烈士的怀念上。我到他那里工作后，看到中国革命博物馆整理出来的他在1977年9月审查《中共党史陈列》时的谈话记录稿，其中谈到瞿秋白盲动主义路线。他是这样说的："'八七'会议后，党号召党员积极分子参加农村暴动。当时凡是积极分子都参加了，不是积极分子的就退党了。暴动中有很多人牺牲了，这些人都没有什么名气。他们虽然是在盲动主义路线下参加农村暴动的，但是为了反对国民党反动统治而英勇牺牲的，被敌人枪杀时还高呼革命口号。……错误是中央领导机关犯的，牺牲的人没有责任，而且，暴动也不都是瞿秋白盲动主义。"[1] 后来，他和我谈起这件事，深情地说那些同志牺牲时大部分都很年轻，还没有后代，因为如果有后代，他们在全国解放后是会来找我们的。

1984年的一天，陈云同志同我谈起一位名叫应修人的烈士。他说应修人是位作家，也是一位建党初期的共产党员，原名叫应麟德。20世纪20年代初，应在上海创办了一个通讯图书馆，用这种方式向青年传播马克思主义。当时，他经人介绍，也去过那个图书馆借书，并在那里接触到了马克思主义。后来，应在担任江苏省委宣传部部长时，因为叛徒告密，被敌人找到住的地方，坠楼牺牲。陈云同志说，人民文学出版社有一位老编辑楼适夷，当年既参加过上海通讯图书馆活动，又在江苏省委宣传部工作过，对应修人比较了解，可以请他写一篇纪念文章，并要我约他来谈一次。我通过关系了解到他已调至中国大百科全书出版社，于是联系上他，接他到

---

[1] 中共中央文献研究室编，朱佳木主编：《陈云年谱（修订本）》下卷，中央文献出版社2015年版，第238页。

中南海，与陈云同志见了面。不久，他将文章写好，经陈云同志亲自审阅后，刊登在《人民日报》上，题为《修人，不朽的一生》。①

翁泽生烈士是台湾省人，20世纪30年代初曾担任全国总工会党团秘书长，在陈云同志领导下工作过，1933年被上海英租界的巡捕房逮捕，移交给了台湾的日本殖民当局，在狱中受尽折磨，保外就医后去世。"文化大革命"中，他被诬陷为叛徒，并被取消了烈士称号。粉碎"四人帮"后，其子写信申诉。在陈云、廖承志同志的过问下，中央有关部门复查了他的历史档案，恢复了他的烈士名誉。1984年，全国台联写出了翁泽生烈士的传记稿，送给陈云同志审阅。陈云同志看过稿子后，要我约时任全国台联会长的林丽韫和翁泽生的儿子到他住所，向他们深情回忆了翁泽生烈士的事迹，勉励翁的儿子要继承父亲遗志，努力工作。②

宗益寿、宗益茂兄弟是20世纪20年代的老党员，1932年经中央特科批准，在上海登报声明"脱离共党"，并打入国民党特务机关。后来，他们因解救被捕同志而暴露了身份，转移到中央苏区，在长征途中牺牲。"文化大革命"中，宗氏兄弟的烈士称号被取消。粉碎"四人帮"后，他们的子女写信，请陈云同志证明他们的历史。陈云同志立即写出证明材料，称他们"都是中国共产党的忠诚党员，英勇奋斗为革命献出了自己的一生"。他提出，要把这个材料存入他们子女的档案，并抄送他们老家的县委。③

1983年夏天，中共四川仪陇县委给陈云同志来信，说他们县有一位叫席懋昭的人，解放前夕在重庆渣滓洞监狱被敌人杀害，但没有追认为烈士，从他生前的自述中看，曾在红军长征时担负过护送陈云同志出川的任务，问陈云同志是否有这件事。陈云同志看过信后对我说，红军过泸定桥后，中央决定他回上海恢复白区组织。他在天全县的灵关殿化装成为国民党军队采办军需的商人，由当地做小学校长的一位地下党员护送，逆着国民党

---

① 中共中央文献研究室编，朱佳木主编：《陈云年谱（修订本）》下卷，中央文献出版社2015年版，第418—419页。

② 中共中央文献研究室编，朱佳木主编：《陈云年谱（修订本）》下卷，中央文献出版社2015年版，第420页。

③ 中共中央文献研究室编，朱佳木主编：《陈云年谱（修订本）》下卷，中央文献出版社2015年版，第240—241页。

的追兵，经雅安到成都、重庆，然后乘船去上海，那位同志就回去了。以后，他在延安还见到过他，但名字忘记了。陈云同志让我给仪陇县委回信，问席是否做过灵关殿小学的校长，如果做过，那席就是护送他出川的那位同志。信发出一个多月不见回音，陈云同志要我直接给四川省委办公厅打电话，催问一下仪陇县委查询的结果。又过了一个多月，四川省委组织部回信，说经查历史档案，席在1934年到1935年确实当过灵关村（今名）小学的校长，并附上了席的情况简介，请陈云同志写一份证明材料。陈云同志为慎重起见，又让他们找一张席的照片寄给他看看。当他看到照片后对我说：没有错，护送我的就是这个人。于是，他口授了一个证明材料，证明席懋昭就是当年护送他到成都、重庆的地下党员，并指出：应肯定席为革命烈士，记下他在完成护送我出川这一党的重要任务中的功绩。我把材料写好后，他在上面签了字。事后，四川省人民政府根据陈云同志的证明材料，追认席为革命烈士，并根据他生前护送陈云同志出川所作的贡献，追记大功一次。①

在我的印象里，烈士在陈云同志的心目中始终占有很重的分量，用今天的话说，叫作有强烈的"烈士情结"。每当我们党处于重要关头或遇到困难时，我发现他总要提到牺牲的烈士。改革开放初期，有一个变相索贿受贿的案子，涉及一名高级干部，中央纪委处理时阻力很大。陈云同志知道后，亲自出面做工作。记得一天已经很晚了，他让我通过中南海总机找一位中央领导同志，电话接通后，他说这个案子一定要办，否则党风搞不好，无法向几百万烈士和几千万牺牲的群众交代。1989年政治风波期间，我已不在陈云同志那里工作，但从报上看到，他在5月26日召开的中顾委常委会议上，又一次提到烈士。他说："现在是关键时刻，不能后退。如果后退，两千万革命先烈用人头换来的社会主义的中华人民共和国，就会变成资本主义的共和国。"②

有一件小事，也很能反映陈云同志的"烈士情结"。那是1985年整党

---

① 中共中央文献研究室编，朱佳木主编：《陈云年谱（修订本）》下卷，中央文献出版社2015年版，第380页。
② 《陈云文选》第三卷，人民出版社1995年版，第368页。

期间,我拿着他的党员登记表送给他签字。他指着入党介绍人一栏中的"恽羽棠"说,恽是和何梦雄他们一起被敌人杀害的。随后,他神情凝重地讲:"为了中国革命的胜利,前前后后牺牲了几千万人,绝不能让国家断送在我们手里。这些牺牲的同志,有名有姓的我就知道好几个。比如,在东北解放战争期间,我有一个警卫班。四保临江时,部队伤亡很大,我那个警卫班除了留下3个人外,其他人都被抽调到前线。凡是上前线的同志,后来都牺牲了,因为他们如果活着,是一定会回来看我的。这些话,我在全国解放后经常讲。"后来,我听他在东北工作时期的老秘书说,当年陈云警卫班的两个班长都是长征过来的老红军,一个是四川人,叫王福昌;另一个是广西人,叫李明金。

陈云同志对烈士的深情怀念,还表现在他对烈士子女的关心上。我早就听说,陈云同志在延安担任中央组织部部长期间,对烈士后代十分关照,不仅指示各地的地下党组织把他们送到延安,而且常常邀请他们去自己和中组部的窑洞过周末和节假日。他还通过组织,选送过许多烈士遗孤去苏联学习。这批人中有一位是刘伯坚烈士的儿子,后来我在编辑《缅怀陈云》一书中得知,陈云同志在欢送他们时,还把自己唯一一件值钱的瑞士怀表送给了他。

陈云同志平时不大喜欢参加庆典、集会一类的活动,尤其步入晚年后,能不去的都不去。但逢年过节,有关部门从宣传报道的角度考虑,希望每位中央领导同志都能公开露一下面。1983年春节前,有关部门又打来电话,问陈云同志准备参加什么活动。我向他请示,他说,那就请几位烈士子女来做客吧。经过联系,春节那天来的有瞿秋白、蔡和森、罗亦农、赵世炎、张太雷、郭亮、刘伯坚等烈士的子女。陈云同志事先要我草拟了一个讲稿,发新闻时用。他说:"每逢佳节倍思亲",你们的父亲就是我们党的亲人。他们都是建党初期的党员,是我的老前辈,有的还直接领导过我。我们的新中国是他们和千千万万个革命先烈用生命换来的。我们这些活着的人没有忘记他们、也不会忘记他们。他勉励大家要像自己的父辈那样,处处从党的利益出发,在各自工作岗位上继续贡献自己的力量。这些烈士子女当时大部分也都是五六十岁的人了,但陈云同志还是像对待孩子一样,在会见结束时，坚持要求他们把桌上摆的糖果都装走。其中有几位过去在延安生活过的烈士子女说，当年到陈伯伯家做客，他也是要我们把桌上好吃的东西"一扫而光"。

陈云同志的"烈士情结"，从他晚年的题字题词中也可以清楚地看出。自从他1983年恢复写大字以来，经过我手与纪念烈士有关的题字题词就有不少。之后我通过编写《陈云年谱》，又看到不少他为烈士故居、陵园、纪念馆、纪念碑和图书的题字题词。比如，李大钊的故居，南京雨花台和陈潭秋、毛泽民、林基路等烈士的陵园，等等。另外，他还为《红岩英烈》等书籍题写过书名。在我记忆里，凡是遇到与纪念烈士有关的题字请求，可以说他有求必应。

二、坚持原则

共产主义事业具有空前的艰巨性、复杂性，为共产主义事业而奋斗必须具备牺牲精神。这种牺牲包括在对敌斗争中流血、掉脑袋，也包括因为坚持原则而在革命队伍内部遭受冤屈、打击。因此，做一个共产党员既要有勇气同敌人作殊死斗争，也要有勇气抵制党内的各种错误观点和行为。陈云同志一向提倡共产党员要敢于讲真话，敢于抵制不正确的意见，哪怕这种意见来自上边或者一时居于上风。他最欣赏在原则问题上"能顶"错误倾向的干部，称赞这种人"头上长角""头皮硬"；最瞧不起那些见风使舵的人，把这种人称之为"风派"。

党的十二大之前，陈云同志一边审阅十二大报告的征求意见稿，一边不时让我把他对稿子的意见转告给起草组。有一次，他对我说："目前在我们的党风中，以至在整个社会风气中，有一个很大的问题，就是是非不分。有些同志在是非面前不敢坚持原则，和稀泥，做老好人，而坚持原则的人受孤立。这种情况，在'文化大革命'以前也有，但现在比那时要严重得多。过去受'左'的指导思想影响，过分强调斗争哲学，不该斗的也斗，动不动就上纲到路线是非。现在又出现了另一种倾向，即怕矛盾，怕斗争，怕得罪人。对于这个问题，如果只从维护党纪提出来，我认为还不够，应该把它提到全党思想建设和组织建设的高度。要提倡坚持原则,提倡是就是是、非就是非的精神。只有我们党内首先形成是非分明的风气,党的团结才有基础,党才有战斗力,整个社会风气才会跟着好转,才会使正气上升,邪气下降。"① 我把他的意见整理成文字送他审阅后,转送给了起草组负责同志。后来,十二大报告吸收了他的这个意见,写道:"现在,在不少组织中,纪律松弛,是非不分,赏罚不明,该批评的不敢批评,该处分的不敢处分,是相当严重的现象。这种现象过去就有,经过十年内乱更为严重,目前在有的地方还没有得到明显的改变。"②

陈云同志倡导干部要勇于坚持原则,不随波逐流,他自己首先做到了。1959年4月,毛主席就陈云同志曾向他当面表示钢铁生产指标太高、难以完成一事,在党的八届七中全会讲话中特别指出:在"发表一九五九年粮、棉、钢、煤的数字问题上,正确的就是陈云一个人。"③ "那个时候有人说陈云是右倾机会主义,并非马克思主义,而自己认为是十足的马克思主义。其实陈云的话是很正确的。"④ 接着,他说陈云同志"这个人是很勇敢的,犯错误勇敢,坚持真理也勇敢"⑤。这里说陈云同志"犯错误勇敢",是指他1956年在"反冒进"时的所谓"错误"。历史已经证明,那时"犯错误"的并不是陈云同志,但说陈云同志"坚持真理勇敢",则是确实的。

在我即将离开陈云同志秘书岗位前,他同我谈了一次话,说他一生一方面小心谨慎,一方面又很硬。他说:"一九六二年七千人大会时,毛主席要我讲话,我不肯讲,在陕西组的会上讲了'交换、比较、反复'。一九七八年底的中央工作会议上,我也是顶的,讲了彭德怀的问题,超出了当时华国锋关于平反冤假错案不得超出'文化大革命'时期的界限。以后,审判'四人帮',政治局开会讨论,许多同志主张江青判死刑。我说不能

---

① 《陈云文选》第三卷,人民出版社1995年版,第274页。
② 中共中央文献研究室编:《十二大以来重要文献选编》(上),人民出版社1986年版,第50页。
③ 中共中央文献研究室编,逄先知、金冲及主编:《毛泽东传(1949—1976)》(下),中央文献出版社2003年版,第940页。
④ 中共中央文献研究室编,逄先知、金冲及主编:《毛泽东传(1949—1976)》(下),中央文献出版社2003年版,第939页。
⑤ 中共中央文献研究室编,朱佳木主编:《陈云年谱(修订本)》下卷,中央文献出版社2015年版,第12页。

杀,同'四人帮'的斗争终究是一次党内斗争。有人说,党内斗争也可以杀。我说党内斗争不能开杀戒,否则后代不好办。"①

陈云同志所说"七千人大会"时,毛主席要他讲话他不肯讲的事,他过去也曾对我说起过。他说,他和毛主席在国民经济有困难这一点上,意见是一致的,但在困难的原因及困难的程度上,看法不一致。因此,毛主席要他在大会上讲话,他考虑,如果讲违心的话,他不愿意;如果讲实话,会把分歧暴露出来,不利于团结。对于这件事,他后来在1988年的一次谈话中是这么说的:"和稀泥这不是我陈云的性格,同时不能给毛主席难堪。"② 不过,"七千人大会"结束后,他先在参加大会的陕西省全体干部会议上讲了一篇关于怎样使认识更正确些的讲话,提出"交换、比较、反复"的方法,号召领导干部要养成耐心听取不同意见的良好习惯;然后,又在刘少奇主持的中央政治局常委扩大会(俗称"西楼会议")和周总理主持的国务院各部党组成员会上,敞开讲了对当时困难情况的估计、原因分析和解决办法,并在刘、周等中央领导同志的支持下,重新担任了中央财经领导小组组长一职,作出了关于进一步调整国民经济的部署。

陈云同志说他在1978年底的中央工作会议上也是顶的,这里说的"顶",是指顶"两个凡是"的错误方针。那次会议开始时,中央主要负责人在讲话中对平反冤假错案设置了一个界限,即只能讲"文化大革命"时期的,对"文革"前的不要涉及。但陈云同志在发言中讲的彭德怀问题,是1959年发生的,超出了"文化大革命"时期。由于这篇发言突破了"两个凡是"方针的框框,引起与会代表强烈而广泛的共鸣,促使会议开成了一个生动活泼、畅所欲言的民主的大会,为最终否定"两个凡是"的错误方针、重新确立党的实事求是的思想路线,创造了条件。

讲到陈云同志在党的十一届三中全会上顶"两个凡是"的错误方针,不能不说在此之前的另一次会议,即1977年3月召开的"四人帮"粉碎后

---

① 中共中央文献研究室编,朱佳木主编:《陈云年谱(修订本)》下卷,中央文献出版社2015年版,第432—433页。
② 中共中央文献研究室编,金冲及、陈群主编,曹应旺副主编:《陈云传》(下),中央文献出版社2005年版,第1292页。

的第一次中央工作会议。在那次会上，陈云同志也是顶"两个凡是"的。他曾对我说起过，会前他准备了一个书面发言稿，只说了两个意见，一是为"天安门事件"平反，二是让小平同志尽早恢复工作。为慎重起见，他事先还约了几位领导同志碰面，研究他的发言，并商定在会上一齐发声。但会议开始后，那位中央主要负责人向与会者打招呼，要求不要提"天安门事件"平反和邓小平同志恢复工作的事。有的同志听了这个招呼就不讲了，但陈云同志和王震同志在小组会上照讲不误。事后，简报组要求他按照中央主要负责人的讲话口径修改发言，被他一口回绝。他说，如果要大家都按照领导的口径讲，那把他的讲话反复印就行了，何必还让大家发言呢。那位主要负责人为此当晚亲自去了一趟陈云同志家做说服工作，谈了一个小时，陈云同志始终未松口，表示这个发言你们要登就登，要不登就不登，我一个字不改。结果，他的发言居然没给登简报，用一些老同志的话讲，叫"开了天窗"①。我后来数了一下，那篇书面发言连同标点符号总共只有208个字，如果把所谓"敏感"的话删去，也实在剩不下什么了。不过，发言虽然没登简报，内容早已不胫而走，促使那位主要负责人在会议结束时讲了一句："适当时机让邓小平同志出来工作。"陈云同志在小组会发言中表示："适当时机我赞成。"

　　陈云同志所说的不同意对江青判死刑的事，发生在我到他那里工作之前。我到任后，碰上江青等人的死刑缓期两年执行到期。中央领导同志在中央书记处会议上让我和列席会议的叶剑英、邓小平、李先念等四位中央常委的秘书，回去问问几位老人家怎么办？我回去请示陈云同志，他说，只要不杀，怎么办都行。后来，中央决定对他们实行保外就医。另外，我刚到陈云同志那里工作不久，正赶上第五次全国"两案"审理工作座谈会召开，涉及对与林彪、"四人帮"两个反革命集团有牵连的人的处理问题。当时，党内外广大干部群众鉴于两个反革命集团给党、国家和人民带来的严重灾难，强烈要求对与他们有牵连的人，也要从重处理。但陈云同志认

---

　　① "开天窗"原本是旧中国用来形容报纸为抗议政府强令禁止某篇报道发表而在版面上留下成块空白的做法，这里借指会议发言被禁止在简报上刊印的事。

为，这是在特定历史条件下的一场政治斗争，对于这场斗争必须以党的最高利益、长远利益为出发点处理，使我们党今后"在党内斗争中取得教训，从而对于党内斗争采取正确的办法"[①]。他将自己的考虑写成书面意见，并让我也参与斟酌文字。另外，他还提出，对于两个反革命集团的主要人物除了不动用死刑外，还应当根据他们的历史，区别对待。他认为林彪集团的几位主犯，大部分在革命战争年代有战功，处理时应当考虑到这一点，给予适当照顾。这个意见经过中央研究，也得到了落实。1981年，对黄（永胜）、吴（法宪）、李（作鹏）、邱（会作）实行保外就医，报告中提到拟将李作鹏安置在陕西西安。陈云同志在上面批示：李有心脏病，西安海拔高，宜安排低些的地方。后来，组织上把他的安置地改到了山西太原。

一个人上了年纪，尤其到了晚年，往往锐气会越来越少，暮气会越来越多。但这个规律，在陈云同志身上不发生作用。我做他的秘书时，他已是近80岁的老人，坚持原则的精神却依旧不减当年。借用唐朝诗人王勃《滕王阁序》中的名句形容，可谓："老当益壮，不坠青云之志。"

党的十一届三中全会后，随着大量冤假错案的平反，大批老干部恢复了工作，但同时又带来了干部老化的问题。对于干部要年轻化，大家都是赞成的，但同时存在两个分歧。一是紧迫感不强，主张一个一个选拔；二是对"三种人"不以为然，提出采取"俱往矣"的态度，意思是"文化大革命"中的事情说不清，已经过去的就让它过去吧，不必再深究。对此，陈云同志一方面主张要增强紧迫感，要成千上万选拔优秀中青年干部，有些可以先放在领导助理的岗位上，给他们压担子，加快他们的成长；另一方面对于"三种人"绝不能搞"俱往矣"，而要"俱在矣"。他指出："对于这些人，不要只看他们现在一时表现好。现在这些人大概表现是'蛮好'，他要爬上来，现在只能表现好，因为老家伙还在。但是，到了气候适宜的时候，党内有什么风浪的时候，这些人就会变成为能量很大的兴风作浪的分子。……当时闹派性的、'造反'的人，许多是随大流的，但里头的骨干分子不能提到领导岗位上来，一个也不能提拔，手不能

---

① 《陈云文选》第三卷，人民出版社1995年版，第304页。

软了。"①

1981年5月,陈云同志在杭州休养,亲笔写了一份题为《提拔培养中青年干部是当务之急》的意见书,共12条,分送胡耀邦和邓小平同志。小平同志看后说,老干部方面的问题还没有处理得好。于是,陈云同志回到北京,委托中央书记处研究室抽人组成调研组,邀请中央组织部和军队总政治部的有关同志开了两个座谈会,专门研究老干部离休退休问题。我当时还在中央书记处研究室工作,也被抽调去参加了这个调研组和两个座谈会,会后形成了一个纪要。陈云同志本来建议把中青年干部问题列入当时即将召开的党的十一届六中全会的议题,由于种种原因未能列入,改为会后把各省、市、自治区党委第一书记留下来,和中央各部门负责人一起开三天会,专门讨论陈云同志写的关于抓紧提拔中青年干部的意见书和关于老干部离退休问题的座谈会纪要。

那个会,我作为调研组成员也列席了,亲耳聆听了小平和陈云同志的讲话。陈云同志在讲话中进一步强调了抓紧培养和提拔成千上万中青年干部的重要性,说现在省部一级领导大部分都是60岁以上的老干部,不少还是70多岁的,县委主要负责同志多数是50岁左右的,对此,我们有两种选择:一种是拖下去,等到老干部病倒了病死了,再被迫仓促提拔一些不理想的人到领导工作岗位上来;另一种是立即主动地成千上万地提拔培养中青年干部,把他们放到各级领导岗位上锻炼。他以美国卡特政府和里根政府办公室主任分别为32岁和40岁为例,说明我们提拔中青年干部,不仅要提50多岁的,还要提40岁上下的,以保证我们的干部队伍能稳定有序地新老交替。小平同志在讲话中说去年12月中央工作会议以后,陈云同志更尖锐地提出要成千上万地提拔中青年干部的问题,提得好,他不但双手赞成,双脚也赞成。说到这里,他还作了一个把两条腿也抬起来的动作,引得全场一片笑声。在那次讲话中,他情真意切地说到,原来我们的手脚还是小了一点。我和陈云同志交过心:"就我们自己来说,现在叫我们退,我们实在是心里非常愉快的。当然,现在还不行。我们最大的事情是什么?

---

① 《陈云文选》第三卷,人民出版社1995年版,第301—302页。

国家的政策，党的方针，我们当然要过问一下，但是最大的事情是选拔中青年干部。我们两个人的主要任务是要解决这个问题。"①

关于"文化大革命"期间的"三种人"问题，陈云同志认为这些人也很年轻，很多也有知识、有专业，但他们又很会看风向，可以变得很快，如果不掌握政治标准，不严格考察历史表现，在大量提拔中青年干部的情况下，很可能让这些人混进来。因此，从一开始他就强调，闹派性的骨干分子、打砸抢分子，一个也不能提拔。党的十二大前夕，陈云同志向我交代，他在大会发言时别的都不讲，就讲两个问题，一个是必须成千上万地提拔中青年干部，不能只提拔几十个、几百个；另一个是"文化大革命"期间的"三种人"一个也不能提拔，已经提拔的，必须从领导班子中清除出去。那篇发言稿总共21个自然段，2000多字，但当他在大会上发言时，却被12次掌声打断。可见，他的意见切中了当时的要害，反映了全党的心声。

前面提到，陈云同志最欣赏坚持原则的干部，最瞧不起看风使舵的"风派"人物。他在干部选拔标准上不仅坚持德才兼备的原则，而且提出要以德为主，其中的"德"，很大程度上指的就是坚持原则、公道正派。在党的十二大上的讲话中，他明确指出："德才相比，我们要更注重于德，就是说，要确实提拔那些党性强，作风正派，敢于坚持原则的人。"② 党的十一届六中全会后召开的省、市、自治区党委第一书记座谈会上，他在讲话中还特别提出培养执笔的、写文章的中青年干部问题。他强调"选择的时候要特别注意，要特别谨慎"。他说，"必须培养既能写，又有德，德才兼备的人"。他在这里所针对的，正是我们党过去被看风使舵的假马克思主义笔杆子所骗的历史教训。他接着说，党的两个《历史决议》都是胡乔木同志参与起草和执笔的，"找胡乔木这样的人不容易。拿笔杆子的人，能写文章的人，选择的时候要特别注意"。③

写到这里，想起有一位被陈云同志称作"风派"的高级干部。此人在

---

① 《邓小平文选》第二卷，人民出版社1994年版，第388页。
② 《陈云文选》第三卷，人民出版社1995年版，第317页。
③ 《陈云文选》第三卷，人民出版社1995年版，第302页。

"大跃进"时期就是所谓"促进派",在"文化大革命"中最早被造反派结合进了省革命委员会,粉碎"四人帮"后又搞"大树特树"的新"个人崇拜",改革开放后提出要把全省都变成特区,在1989年政治风波后竟私自出走国外,与反共分子混在一起,终于被开除党籍。[①] 就是这么个人,在境外出版了一本回忆录,其中写到1984年他来北京开会,我给他打电话,说陈云同志要见他,还称陈云同志见到他后向他鞠躬,说当年的争论,他是对的云云。我看后感到既气愤又好笑,因为实际情况刚好相反。实际情况是,1984年的一天,此人用保密电话打到我办公室,说他来北京开会,希望能拜访陈云同志。我向陈云同志汇报,陈云同志说此人是"风派",不见了。我于是给他回话,予以婉言谢绝。过了两天,陈云同志把我叫去,说又考虑了一下,"大跃进"时期,在种双季稻还是单季稻的问题上和此人有过争论,既然他提出要见,不见一下显得不好。于是,我又给此人打电话,约他来见。见面时,陈云同志从沙发上起来,由于年纪大,起身时弯着腰,没想到,此人居然把这称作向他鞠躬,真不知道脸皮要厚到什么程度,才能说出这种话来。

前文还提到,有一件涉及领导干部在出国招商引资中违反外事纪律、变相索贿受贿、给国家信誉和经济利益造成重大损失的案子,中央纪委在办理中阻力很大。为此,陈云同志除了亲自给中央一位负责同志打电话,说这个案子一定要办,否则党风搞不好,还要我转告中央纪委一位领导同志,说对这件事一定要顶住,处分决定如果通不过,就拿到政治局会上,政治局通不过,就拿到中央委员会的会上。他说:"开放政策是对的,但越是在开放的地方,越是要加强政治思想工作,干部越是要'金刚钻'的。"后来,这个处分决定经过折中,在中央书记处会议上通过了,但党内外反响很强烈,认为处理太轻。他在一位老同志的来信上批示:不能怕涉及此案的负责同志躺倒不干,要讲党性,"谁要躺倒,就让他躺吧"。[②] 在这种情况下,中央纪委终于作出了对此案重新处理的决定,并在报上公布。

---

① 《中顾委中纪委决定 撤销许家屯委员职务开除其党籍》,载《人民日报》1991年3月4日,第1版。
② 中共中央文献研究室编,金冲及、陈群主编,曹应旺副主编:《陈云传》(下),中央文献出版社2005年版,第1725页。

我所感受的陈云作风

20世纪80年代初，广东、福建等沿海省份的不法之徒，内外勾结，大搞走私活动，涉及不少党员干部，群众意见很大。1982年1月5日，陈云同志要我去他办公室，指着前一天送给他的中央纪委反映广东一些党员干部参与走私、贪污腐化的信访简报，情绪十分激动地说："告诉王鹤寿①，要重办，要杀掉几个。杀几个，可以挽救一大批。解放初期，贪污几千元就杀。"他停下想了想又说："干脆，我来批一下。"于是，他拿起铅笔，把这份简报批给了当时的几位中央常委，上面写道："对严重的经济犯罪分子，我主张要严办几个，判刑几个，以至杀几个罪大恶极的，并且登报，否则党风无法整顿。"② 几位领导同志阅后均表示同意，小平同志还在陈云同志的批语中加了八个字："雷厉风行，抓住不放"（由于小平同志的字迹和陈云同志的有些像，《陈云文选》编辑组误把这八个字也当成了陈云同志写的。——笔者注）。六天后，中央书记处召开会议，研究贯彻中央常委关于打击严重走私贩私、贪污受贿等违法犯罪行为的批示精神，决定立即召开中央和国家机关各部委以及军队系统负责人会议进行部署，派中央负责同志前往广东、福建、浙江、云南等沿海沿边省份予以督导，并向全国各地发出《中央紧急通知》。一场打击经济领域违法犯罪活动的斗争，就此开始。

过了一段时间，中央纪委在一份关于传达学习《中央紧急通知》过程中若干思想情况的材料上反映：有的同志认为，中央抓打击严重经济犯罪很必要，但抓晚了，问题已相当严重，积重难返了。陈云同志看到后，在上面批示："现在抓，时间虽晚了些，但必须抓到底。中纪委必须全力以赴。"③ 后来，他把一份香港报纸上的有关评论批转给黄克诚④、王鹤寿同志，指出："对于经济犯罪案件必须严办。阻力再大也必须办。"⑤ 那时，

---

① 王鹤寿，时任中央纪委常务书记。
② 中共中央文献研究室编，朱佳木主编：《陈云年谱（修订本）》下卷，中央文献出版社2015年版，第287页。
③ 中共中央文献研究室编，朱佳木主编：《陈云年谱（修订本）》下卷，中央文献出版社2015年版，第291页。
④ 黄克诚，时任中央纪委第二书记。
⑤ 中共中央文献研究室编，朱佳木主编：《陈云年谱（修订本）》下卷，中央文献出版社2015年版，第346页。

有的同志担心开展这场斗争会影响改革开放，陈云同志听到这种反应后对我说："怕这怕那，就是不怕亡党亡国。"对于这场斗争的艰巨性，陈云同志作了充分的思想准备。他说："抓这件事是我的责任，我不管谁管?！我准备让人打黑枪，损子折孙。"他要我转告他的子女，出门时要注意安全，并要我也注意。我看他讲完了，转身走到门口，他又加了一句，让我的爱人也要注意。

党的十二大召开之后的一天，陈云同志把我叫去说，会上有人提意见，认为中央纪委在处理历史遗留问题上很果断，但在处理现实的案子时软弱。他让我转告中央纪委负责同志，对涉及领导干部的案子要大胆地搞，搞不动就由他提到中央常委会上。总之，纪委不能当"老太婆纪委"，要做"铁纪委"。在党中央和陈云同志的领导和督促下，这场斗争取得了很大胜利。仅开展严打的第一年，被判刑的就有3万多人，情节特别严重的，如汕头一位地委级干部还被判了死刑，从而起到了震慑少数以权谋私分子、遏制经济领域严重犯罪活动蔓延势头、保证改革开放健康发展的重要作用。

在1983年秋天党的十二届二中全会召开前，他让我问问中组部，"四一二"反革命政变后还剩下多少党员，以便与打击经济领域犯罪斗争中受处理的党员人数做个对比。在全会发言中，他痛心疾首地说道："从打击经济领域犯罪以来，中纪委统计的经济犯罪案件中看，开除党籍的有九千多人，受党纪处分的有一万八千多人，两者合计二万七千多人，比一九二七年'四一二'以后全国党员总数还要多一倍多。"[1]

陈云同志要求做纪检工作的同志坚持原则，敢于碰硬，自己率先垂范。那时，有的中央领导同志的子女以"自费"为名出国留学，实际上是外商资助。有关反映送到陈云同志这里，他总是亲自出面，给有关领导同志写信，指出这样做不好，因为我们"自费不起"，劝他们不要让孩子出去，出去的也要叫回来。

后来，我在中央文献研究室工作，编辑《陈云论党的建设》一书，还了解到一件事，也很能说明陈云同志的是非分明、不怕得罪人的风格。那

---

[1]《陈云文选》第三卷，人民出版社1995年版，第331页。

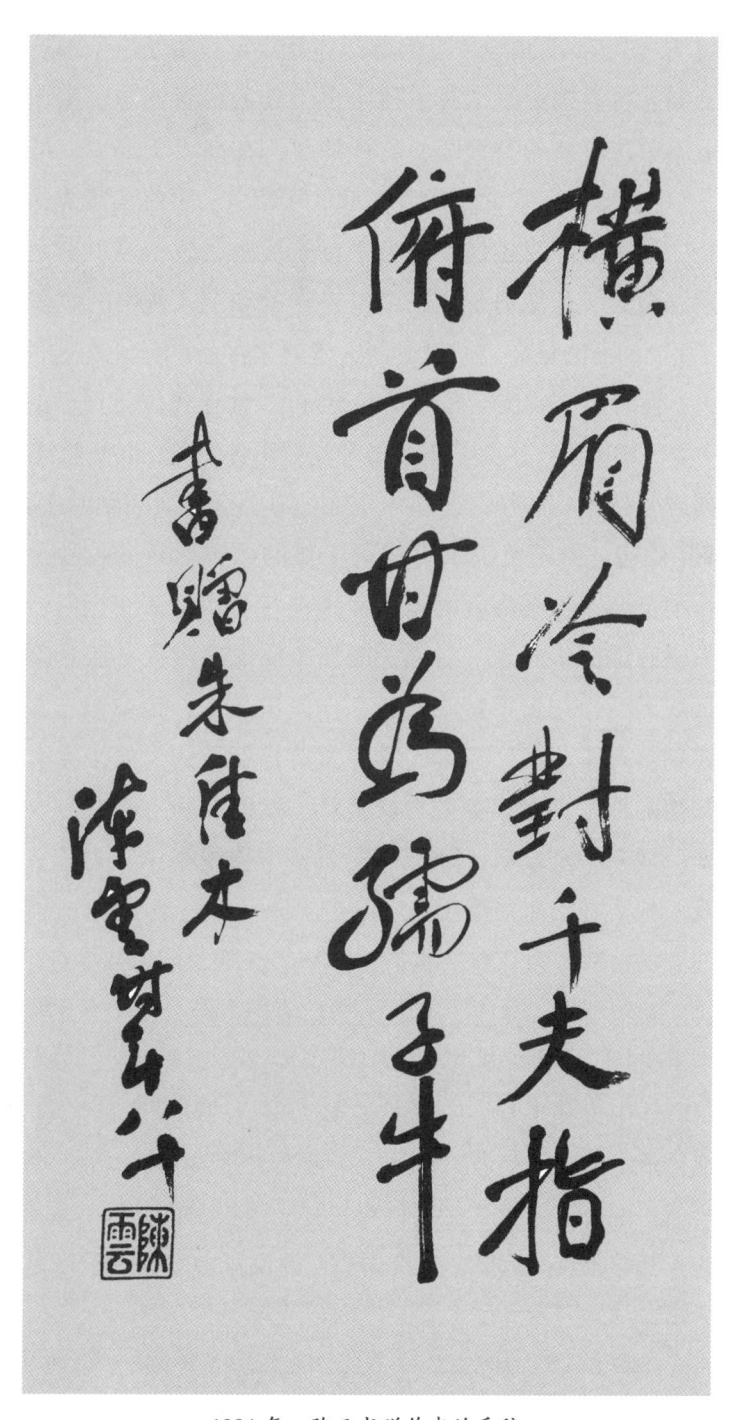

横眉冷对千夫指
俯首甘为孺子牛
书赠朱佳木
陈云时年八十

1984年，陈云书赠作者的手稿

是 1986 年，中央纪委反映中央有的部门违反规定，给领导干部购买高级小轿车。陈云同志将简报批给当时主持中央工作的负责同志，指出：自己有车，还向下属单位要新的高级车，这样的事，在高级干部中，可能不仅这几位同志。"中央要求，在北京的党、政、军机关，要在实现党风和社会风气根本好转中做表率。我建议，做表率首先从中央政治局、书记处和国务院的各位同志做起。凡是别人（或单位）送的和个人调换的汽车（行政机关配备的不算），不论是谁，一律退回，坐原来配备的车。在这件事上，得罪点人，比不管而让群众在下面骂我们要好。"他还建议将自己的这个意见发给在京中委、中顾委、中央纪委成员和党政军各部委，以便监督执行。[1]

陈云同志坚持原则的作风，还体现在他对冤假错案问题的主持公道上。20 世纪 30 年代初，由于负责中央特科工作的顾顺章叛变投敌，中央调整了特别工作委员会，指派陈云同志担任中央特科负责人。当时，在调入中央特科的人中有潘汉年同志。后来，潘汉年同志在敌人心脏长期战斗，为党的隐蔽战线的工作作出了特殊贡献。全国解放后，他被当作叛徒、内奸遭到错捕错判。对于此案，陈云同志一直有怀疑，认为如果潘真的叛变投敌，他所知道的地下党组织势必会被破坏，然而实际上没有一个组织被破坏。党的十一届三中全会后，陈云同志兼任中央纪委第一书记，主持冤假错案的平反。他委托当年与潘汉年一起在上海从事过地下工作的刘晓同志，收集有关潘案的材料，为复查做准备。1979 年，陈云同志被检查出患有结肠癌。手术前，为防不测，时任中央副秘书长兼中央办公厅主任的姚依林同志问他有什么事交代。他别的事没说，只说了潘汉年案要平反，并就此案重新审查问题给时任中央秘书长、中央纪委第三书记的胡耀邦同志写了封短信。手术后，他又指示公安部整理了一份关于潘案处理过程的材料，然后给几位中央常委写信，说公安部的"这些材料，并无潘投敌的确证。现在，所有与潘案有关的人都已平反。因此，提议中央对潘汉年一案正式予以复查"[2]。中

---

[1] 中共中央文献研究室编：《陈云论党的建设》，中央文献出版社 1995 年版，第 303 页；《陈云文集》第三卷，中央文献出版社 2005 年版，第 543—544 页。

[2] 中共中央文献研究室编，朱佳木主编：《陈云年谱（修订本）》下卷，中央文献出版社 2015 年版，第 308 页。

央接受了陈云同志的建议,着手对潘案进行复查。

1981年冬天,陈云同志在人民大会堂会见原中央特科工作者座谈会的代表,让我随他一起去。我亲耳听到他在讲话中说:"对潘汉年案件,中央纪委正在平反,我相信他必将恢复名誉。"[1] 1982年8月,中央发出《关于为潘汉年同志平反昭雪、恢复名誉的通知》。随后,陈云同志致信同潘汉年同志在中央特科、香港工委、上海市委都共过事的夏衍同志,请他写一篇纪念潘的文章。夏衍同志欣然命笔,将文章发表在《人民日报》上。

就在陈云同志为潘汉年案复查平反而努力的同时,李先念同志又向陈云同志反映了西路军的历史问题,并说小平同志批给他看了一篇有关这个问题的文章。长期以来,西路军的失败一直被说成是张国焘路线的破产,使许多参加过西路军的同志背上了沉重的思想包袱,也使2万多牺牲红军将士的英灵蒙上了一层阴影。前文讲到,陈云同志当年率领中共中央和共产国际代表团前往新疆迎接西路军,以及西路军失败的主要原因。他是这一历史事件的亲历者和见证人。他在同李先念同志谈话时说:西路军西过黄河是党中央执行宁夏战役计划而决定的,"不能说是张国焘分裂路线的产物"[2]。还说西路军是当年根据中央打通国际路线的决定而组织的,"我在苏联时,曾负责同他们联系援助西路军武器弹药的事,而且在靠近新疆的边境上亲眼看到过这些装备。西路军问题是一件和自己有关的事,我今年七十七岁了,要把这件事搞清楚"[3]。(当年红军西渡黄河前并无西路军的称谓,陈云同志这样称呼,实际是指红军过河这件事。——笔者注)在他的支持下,李先念同志通过中央有关部门收集了有关西路军问题的一批历史电报,并写了一份说明。陈云同志看后要我转告李先念办公室:"送来的29份电报已看过了,可以送小平同志。"同时再次指出:"西路军打通国际路线,是党中央、毛主席过草地以前就决定的。""西路军的行动不是执

---

[1] 中共中央文献研究室编,朱佳木主编:《陈云年谱(修订本)》下卷,中央文献出版社2015年版,第324页。

[2] 中共中央文献研究室编,朱佳木主编:《陈云年谱(修订本)》下卷,中央文献出版社2015年版,第325页。

[3] 中共中央文献研究室编,朱佳木主编:《陈云年谱(修订本)》下卷,中央文献出版社2015年版,第335页。

行张国焘的路线,张国焘路线是另立中央。西路军的失败也不是因为张国焘路线,而主要是对当地民族情绪、对马家军估计不足。"随后,他在李先念同志正式上报的关于西路军问题的说明及附件上批示:"我赞成把这些文件存中央党史研究室和中央档案馆。可先请小平同志阅后再交中央常委一阅。"邓小平同志阅后批示:"赞成这个说明,同意全件存档。"① 叶剑英同志等其他中央常委均圈阅同意。至此,这一牵涉几万红军将士政治生命的历史问题,终于有了公正的结论。他这种为蒙冤受屈同志的仗义执言的做法,绝不是感情用事,而是建立在党性和事实的基础之上,是阶级感情与党的实事求是原则的统一。

当年,财经战线的干部中流传陈云同志的四句话,叫作"原则问题,该顶必顶,现在不顶,今后检讨"。这四句话是说给综合部门干部的,也是说给他自己的。在计划经济年代,一些地方和部门的领导人往往要为自己那个地区那个部门争项目、争投资,有的领导人也总希望把产值、利润尽可能搞高一点,发展速度尽可能搞快一点。但财力、物力、动力、运力就那么多,不可能满足各方面需求。因此,国家计委、财政部、物资部、商业部、粮食部、银行等综合部门自然成为矛盾的焦点,压力特别大。在这种情况下,是屈服压力,勉强答应那些做不到或一时虽然能做到、但从全局和长远看并不利的要求呢,还是顶住压力、坚持按照客观经济规律和实际情况办事呢?这对于综合部门的干部,尤其是领导综合部门的陈云同志来说,都是严峻的考验。

20世纪60年代,面对天灾人祸造成的困难,各方面看法很不一致。有的人认为困难只是局部的,而且并不严重,形势仍然一片大好。陈云同志则认为,农民吃得好、鸡鸭成群的地方有,但是极少数,多数地方粮食不够吃。人们肚子里缺油水、身上缺衣着,土地、耕畜、肥料、农具、种子等条件都比过去差;另外,基本建设规模超过了国家财力、物力的可能,钞票超发、通货膨胀,城市人民生活水平下降。因此,他主张大刀阔斧地

---

① 中共中央文献研究室编,朱佳木主编:《陈云年谱(修订本)》下卷,中央文献出版社2015年版,第365—366、370页。

压缩基建规模和城市人口,千方百计回笼货币,采取一切可能的办法增加农业产量。他的意见得到中央支持,使经济得以迅速好转。

20世纪70年代末,面对经济重大比例失调和"洋跃进",陈云同志力主第二次经济调整。开始时,阻力也相当大,许多地方和工业部门的负责同志思想不通,认为"资金不足可以借外债,发票子","有点通货膨胀不可怕","调整是多此一举,会耽误建设时间"。由于认识不统一,1979年和1980年的基本建设规模不仅没有降下来,相反出现了新中国成立以来最大的财政赤字,外贸逆差20亿美元,增发货币130亿元,造成物价大幅上涨。他再次顶住压力,从解决思想问题入手,在中央工作会议、省区市委第一书记会议等各种场合,反复给大家讲道理。他说:"要承认经济工作中存在很大的意见分歧,不仅做财经工作的同志之间有分歧,中央内部有分歧,而且中央与地方之间也有分歧。原因是财贸方面的同志不熟悉工业,工业方面的同志不了解财贸;中央不完全了解地方,地方不一定了解中央的困难。"① 他指出:"调整的目的,就是要达到按比例,能比较按比例地前进。"② 经济调整"是必要的,并不是多此一举"。"调整不是耽误,如不调整才会造成大的耽误。"③ "对外债要分析",自由外汇"贷款数量很少",而买方贷款"每年能够使用多少……决定于我们使用它时,国内为它配套所需的投资数量"。"年年有赤字是不行的,因为年年用发票子来搞基建,到了一定的时候,就会'爆炸'。"④ 在陈云同志的推动和邓小平同志的支持下,调整方针终于得以贯彻,并很快取得效果,理顺了严重失调的各种重大比例关系,为后来的全面改革和经济快速发展,创造了稳定而宽松的环境。

但情况稍有好转,一些同志单纯追求产值、速度的老毛病又犯了。他们以实现党中央关于在20世纪末实现工农业年产值翻两番的目标为由,提出要"提前翻两番",要"翻三番、翻四番"。陈云同志敏锐地觉察到这个

---

① 中共中央文献研究室编,朱佳木主编:《陈云年谱(修订本)》下卷,中央文献出版社2015年版,第285页。
② 《陈云文选》第三卷,人民出版社1995年版,第253页。
③ 《陈云文选》第三卷,人民出版社1995年版,第264、282页。
④ 《陈云文选》第三卷,人民出版社1995年版,第265页。

苗头，要我转告党的十二大报告起草组负责同志，在报告稿中要把20世纪的最后20年分成两步走，前10年主要是打好基础，积蓄力量，为后10年的振兴创造条件。起草组采纳了这个意见，并得到了党中央的批准。一位中央领导同志事后对我说："陈云同志的这个建议非常高明，一下子解决了当时一些人头脑又发热、要求提前翻两番的问题。"

党的十二大之后，陈云同志在听取国家计委负责同志汇报时，针对一些地区和部门要求突破计划上项目的情况，再次指出：要分清前10年和后10年，要抓住这两个10年的区别。前10年是打基础的，要把各种关系理顺，不能搞快了。"今后各地要求开口子，计委要顶住。"[1] 五届全国人大五次会议期间，上海代表团要求派代表看望陈云同志。我按照他的要求，在此前几次讲话内容的基础上，起草了一个座谈时用的讲稿。他指出：只要前10年把各方面关系理顺，由中央适当集中一笔资源，加强能源、交通运输和科学、教育等薄弱环节。保证重点项目的建设，"后十年的发展速度就可以搞得快一些，翻两番的奋斗目标就可以实现。如果急于求成，把本来应该放在后十年办的事也勉强拿到前十年来办，在'六五'和'七五'期间乱上基本建设项目，那末，经济又可能出现混乱，翻两番的任务反而有可能完不成"[2]。

到了20世纪80年代中期，经济又出现过热现象。陈云同志在党的全国代表会议上再次提醒大家，百分之二十几的工业发展速度是不可能搞下去的，因为目前的能源、交通、原材料等都很难适应这样高速度的需要。他说："还是要有计划按比例地稳步前进，这样做，才是最快的速度。否则，造成种种紧张和失控，难免出现反复，结果反而会慢，'欲速则不达'。"[3]

陈云同志在事关党的重大原则问题上从不退缩，在党和国家的危难关头更是无所畏惧，挺身而出。1989年春夏之交，他正在外地养病，但当首都发生政治风波、党中央发出两种声音，他毅然提前返回北京，召集中顾委常务委员开会，旗帜鲜明地指出：作为老同志，现在要坚决拥护以邓小

---

[1] 中共中央文献研究室编，朱佳木主编：《陈云年谱（修订本）》下卷，中央文献出版社2015年版，第356页。
[2] 《陈云文选》第三卷，人民出版社1995年版，第318页。
[3] 《陈云文选》第三卷，人民出版社1995年版，第351页。

平同志为核心的中国共产党。由于他当时担任中顾委主任一职，在党内又有着最老的资格和崇高的威望，因此，在关键时刻讲出的这句关键的话，对于统一全党思想、平息政治风波，起到了关键性的作用。

陈云同志曾就如何才能做到实事求是，总结出15个字的体会，叫"不唯上、不唯书、只唯实，交换、比较、反复"，人称"十五字诀"。他之所以把"不唯上"放在最前面，是因为做到"不唯上"要比"不唯书"更难。毛主席当年之所以提倡，党员要有"不怕杀头，不怕坐牢，不怕开除党籍，不怕撤职，不怕老婆离婚"的"五不怕"精神，也是为了说明要在党内坚持真理、坚持原则，就不能怕牺牲个人利益。这"十五字诀"，尤其第一句，不仅是陈云同志总结的，也是他身体力行、率先垂范的，贯穿了改革开放前后的两个历史时期。

1962年，陈云同志临危受命，重新出任中央财经小组组长，主持国民经济调整，由于疲劳过度而病倒，于6月去上海，边养病边调研，考虑尽快恢复农业生产的办法。他了解到安徽因实行"包产到户"而调动了农民的生产积极性的情况，又看到田家英关于"分田到户"（那时说的分田到户，实际上就是改革开放后所实行的土地集体所有制基础上的农田家庭承包。——笔者注）的调查报告，认为这些都是非常时期的非常办法，而且后者对于恢复农业生产更为彻底。回到北京，他先同中央政治局的几位常委分别交换了看法，然后致信毛主席，请求面谈。有的同志担心毛主席接受不了，劝他慎重考虑，不必急于提出。他说："我担负全国经济工作的领导任务，要对党负责，对人民负责。此事既然看准了，找到了办法，提与不提，变与不变，关系到党的声誉，关系到人心向背，怎能耽误时机！"[①]后来，他还是见了毛主席，陈述了自己的意见，果然引起了误解，认为他要走"分田单干"的道路，解散人民公社[②]，从此遭受政治冷遇，直到党

---

① 周太和：《陈云同志四次农村调查的前后》，见本书编辑组编：《陈云与新中国经济建设》，中央文献出版社1991年版，第168页。
② 1982年11月22日，陈云在中共中央政治局会议上的讲话中说："一九六二年我同毛主席谈话以后，毛主席很生气，……把问题上纲到主张分田单干。说分田单干，我还没有发展到那个程度。我说，我只是根据家乡调查的结果，觉得个人搞积极性高一点。"见《陈云文集》第三卷，中央文献出版社2005年版，第522页。

的十一届三中全会才重新回到党中央领导岗位，前后长达 16 年。

20 世纪 80 年代初，有关部门酝酿发行特区货币，甚至货币都印出来了。中央领导将有关这个问题的不同意见批转陈云同志，他当即明确批示："我不同意发行特区货币。"① 此后，他还就这个问题发表了多次意见，直到特区货币发行的事搁浅。

1984 年春天，陈云同志按惯例在杭州休养。3 月下旬，中央根据小平同志此前关于对外开放和特区工作的意见，召开会议，决定开放大连、青岛等 14 个沿海城市，实行经济特区的某些政策。在会议纪要发出前，时任副总理的谷牧同志受小平同志委托，专程到杭州向陈云同志汇报，听取陈云同志意见。谷牧同志到后把我叫去，将中央的会议纪要交给我，说请陈云同志先看看，然后再去汇报。我把纪要送给陈云同志后，他用半天时间，很细心地看了两遍，第二天便请谷牧同志过去，和他谈了两个小时，其中有关于文件本身的内容，也有很多涉及其他方面的内容。事后我考虑，谷牧同志没有作记录，为使传达尽可能准确，还是有个文字材料比较好。于是起草了一个谈话纪要稿，经过陈云同志审定，当天送到谷牧同志住地。他见到后非常高兴，说正发愁回去怎么传达呢，有了这个东西就好办了。

陈云同志在谈话中，首先明确表示同意关于开放 14 个沿海城市的座谈会纪要，然后说，纪要中有两个问题他很注意，一是提出开放城市要有"拳头"产品，二是提出国外来料来样的加工产品要有一定比例的内销；另外，特别谈到了特区货币问题。他说，对这个问题他考虑比较多。"特区货币究竟是一个特区发，还是每个特区都发？如果各个特区都发货币，实际上就是两种货币并存。而两种货币并存，人民币的'腿'会越来越短，特区货币的'腿'会越来越长。因为，'优币驱赶劣币'，这是货币的客观规律。"②

后来，陈云同志在中国银行两位工作人员就反对发行特区货币写给中

---

① 中共中央文献研究室编，金冲及、陈群主编，曹应旺副主编：《陈云传》（下），中央文献出版社 2005 年版，第 1675 页。

② 中共中央文献研究室编，朱佳木主编：《陈云年谱（修订本）》下卷，中央文献出版社 2015 年版，第 403—404 页。"优币驱赶劣币"是由金银复本位制条件下"劣币驱赶良币"的表述演化而来的。

央的信上批示："特区货币发行权必须在中央。决不能让特区货币与人民币在全国范围内同时流通。如果不是这样，就会出现国民党时期法币发行之前的状况。"① 再后来，他请谷牧同志和中国人民银行一位负责同志到他家里谈特区货币问题，再次强调："特区货币如果大家坚持要搞，我提出两条，一条是特区货币发行权属于中央；另一条是封关以后，特区货币只能在特区流通，不能在其他地方流通。"② 那次谈话，我在场，但1987年他回忆那次谈话和对特区货币问题的处理结果，我不在，是从档案上看到的。他说："一九八四年，我专门把谷牧和刘鸿儒找来谈特区货币问题。我讲，如果大家坚持要搞，我提出两条：一是发行权属于中央，二是封关后只能在特区流通。那时，特区货币已印好，后来，特区同志自己感到这件事不那么简单，就搁置起来了。"③

改革开放后，很多人认为国家每年拿出大量财政收入补贴物价，负担太大，也不符合经济规律，主张进行物价改革，闯过"物价关"。陈云同志认为，在保持物价基本稳定的前提下，可以进行物价改革，但要从根本上取消物价补贴是不现实的。1988年，当时的中央主要负责人力推大幅度的物价和工资改革。陈云同志听了这个改革方案的通报后表示："物价每年要上涨百分之十，连涨五年，对此我打个很大的问号。物价连续上涨百分之十影响面很大。不拿工资的农民怎么办？"④ 他直言道："每年物价上涨百分之十，办不到。我是算账派，脑子里有数目字。理顺价格在你们有生之年理不顺，财政补贴取消不了。"⑤ 那位主要负责人听不进陈云同志的意见，结果改革方案刚一公布，立即引起市场抢购、银行挤兑，物价直冲

---

① 中共中央文献研究室编，朱佳木主编：《陈云年谱（修订本）》下卷，中央文献出版社2015年版，第405页。
② 中共中央文献研究室编，朱佳木主编：《陈云年谱（修订本）》下卷，中央文献出版社2015年版，第418页。
③ 中共中央文献研究室编，朱佳木主编：《陈云年谱（修订本）》下卷，中央文献出版社2015年版，第461页。
④ 中共中央文献研究室编，朱佳木主编：《陈云年谱（修订本）》下卷，中央文献出版社2015年版，第466页。
⑤ 中共中央文献研究室编，朱佳木主编：《陈云年谱（修订本）》下卷，中央文献出版社2015年版，第466页。

19.3%，只好紧急刹车，并且决定进行经济的治理整顿。

改革开放前很长一个时期，陈云同志一直被当成右倾保守的代表人物，甚至被扣上右倾机会主义的帽子。1981年我被派到他那里工作时，第一次见面他就指着自己的鼻子诙谐地说："你认识不认识我呀？我是一个'老机会主义者'。"可是，到了80年代中期，一些人又议论他"左"了，"保守"了，"僵化"了，境外敌对势力更是兴风作浪、推波助澜，咒骂他是"左王"。这个话传到他耳朵里，他笑着说："好哇，能把我'一贯右倾'、'老右倾机会主义'的帽子摘掉，我很高兴呀！"有一次，在说到这件事时，他以开玩笑的口吻问我，他到底是右了还是"左"了。我对他说："你没有右，也没有'左'，你还站在原处，没有变地方。变地方的是那些说你右和'左'的人。当他们站在你的'左'边时，觉得你右了；当他们站在你的右边时，又觉得你'左'了。"我这样说是有事实根据的。

过去，一些人指责陈云同志思想右，右的其实并不是他，而是由于那时不顾客观条件，或急于向共产主义过渡，或急于把经济建设速度搞得更快、项目搞得再多，因此出现了"左"的偏差，从而显得他右了。后来，当一些人又议论他"左"了，"左"的也不是他，而是那些当年议论他"左"的人，在新的形势下思想又右了，迷信金钱拜物教，鼓吹市场万能论，散布马列过时论，主张全盘西化，从而显得他"左"了。那时，社会上流传党内分为"改革派"和"保守派"的说法，并把陈云同志划入"保守派"中。陈云同志对此不屑一顾，照样讲他认为该讲的话。但在私下里，他对我说："要说改革，我是大改革派。搞加工订货、对资本家采取'定息'办法，这些不是改革？"其实，不仅20世纪50年代在私营工商业改造中，陈云同志提出了许多不同于苏联的做法；即使70年代末、80年代初改革开放之初依据的指导思想，很大程度上也是他在1956年党的八大上提出的有别于苏联高度集中计划经济模式的"三为主三为辅"的构想。

通过在陈云同志身边工作，我看到他对改革开放不仅始终真诚拥护，积极支持，而且提出过许多具有战略意义的建议。例如，关于社会主义除了"有计划按比例"这一条还不够，还必须有市场调节这一条；对外开放不一定都是人家到我们这里来,我们也可以走出去向国外投资,等等。在1981年9月中央政治局会议上,他高度评价经济体制改革,说这一改革打破了"大锅饭""铁饭碗","意义不亚于私营工商业的改造"①。在党的十二届三中全会讨论通过《关于经济体制改革的决定》时,他又明确提出:"现在,我国的经济规模比五十年代大得多,也复杂得多。五十年代适用的一些做法,很多现在已不再适用。……如果现在再照搬五十年代的做法,是不行的。即使那时,我们的经济工作也是按照中国的实际情况办事的,没有完全套用苏联的做法。"② 但与此同时,他也反复提醒全党在搞活经济的同时,不要忽视计划指导,防止摆脱国家宏观控制的倾向;在改革开放的同时,要重视出现的消极腐败现象和违法行为,纠正忽视精神文明的现象,加强思想政治工作,紧紧抓住执政党的党风问题不放松。那时,一度出现了一种舆论,认为党的纪律束缚了人们改革开放的手脚,需要"松绑"。他知道后明确表示:"党性原则和党的纪律不存在'松绑'的问题。没有好的党风,改革是搞不好的。"③ 他强调:"我们国家现在进行的经济建设,是社会主义的经济建设,经济体制改革也是社会主义的经济体制改革。任何一个共产党员,每时每刻都必须牢记,我们是搞社会主义的四个现代化,不是搞别的现代化……"④

如果说强调改革开放必须坚持社会主义方向,不放松党的纪律就叫"左"的话,哪一个真正的共产党人不"左"呢?邓小平同志曾深刻指出:"很多人只讲现代化,忘了我们讲的现代化是社会主义现代化。……这些是一九七八年我们党的十一届三中全会以来一直这样讲的,从来没有变过。""国外有些人过去把我看作是改革派,把别人看作是保守派。我是改革派,不错;如果要说坚持四项基本原则是保守派,我又是保守派。"⑤ 对于这一点,丢掉共产主义理想信念的人,当然无法理解;崇尚资产阶级世

---

① 中共中央文献研究室编,朱佳木主编:《陈云年谱(修订本)》下卷,中央文献出版社2015年版,第321页。
② 《陈云文选》第三卷,人民出版社1995年版,第337页。
③ 《陈云文选》第三卷,人民出版社1995年版,第275页。
④ 《陈云文选》第三卷,人民出版社1995年版,第347页。
⑤ 《邓小平文选》第三卷,人民出版社1993年版,第209页。

界观、价值观的人，更是永远也不会弄明白的。

三、求真务实

关于前文提到的陈云同志的"十五字诀"，习近平总书记在纪念陈云同志诞辰110周年座谈会讲话中曾着重指出过，他说："延安时期，在同毛泽东同志反复探讨怎样才能少犯错误这个话题之后，陈云同志提炼出'不唯上、不唯书、只唯实，交换、比较、反复'这样一个带有鲜明特点的'十五字诀'。"党中央于2023年3月发出的《关于在全党大兴调查研究的工作方案》中，也特别引用了"十五字诀"的头9个字，要求大家"听真话、察实情，坚持真理、修正错误，有一是一、有二是二，既报喜又报忧，不唯书、不唯上、只唯实"[1]。这些都说明，以习近平同志为核心的党中央对陈云同志坚持实事求是的思想方法、工作作风和他的"十五字诀"，是充分肯定、高度评价的。

陈云同志在和我的谈话中，多次提起过"十五字诀"的产生。他说，在延安时期，他有一段时间身体不大好，利用休养时间，把毛主席过去起草的文件、电报都要来，认真读了一遍，感到其中贯穿着一个基本的指导思想，就是实事求是。那么，怎样才能做到实事求是呢？他经过思考，得出了上述15个字的体会。对这15个字的意思，他在许多场合讲过，其中，1990年同浙江省党政军负责同志的谈话时讲得最完整。他说："不唯上，并不是上面的话不要听。不唯书，也不是说文件、书都不要读。只唯实，就是只有从实际出发，实事求是地研究处理问题，这是最靠得住的。"[2] 我在他那里工作，一个深切感受就是，他对实事求是原则的贯彻之彻底、坚持之不渝，简直到了令人拍案叫绝的程度。

1983年，辽沈战役纪念馆请陈云同志为他们编辑的《辽沈决战》一书题写书名。书名写好后，陈云同志让我把书稿要来给他看一下。当他看到

---

[1] 《中办印发〈关于在全党大兴调查研究的工作方案〉》，载《人民日报》2023年3月20日，第1版。
[2] 《陈云文选》第三卷，人民出版社1995年版，第371页。

其中大部分作者都是四野部队的指挥员,而且大部分是以前发表过的有关战役和战斗的回忆文章,便对我说:辽沈战役是解放战争三大战役的第一个战役,它的胜利,加上当时人民解放军在其他战场上的胜利,从根本上改变了敌我双方力量的对比,为整个解放战争的顺利发展奠定了基础。因此,编这样一本书,不仅应该使大家知道辽沈战役胜利的经过,而且应该使大家知道这个胜利是怎么来的。接着,他从几个方面分析了胜利的原因。事后,我把他这次谈话整理成文字送给他看,引起了他的兴趣。于是,他又讲了一些新的意见,我据此将记录整理稿又作了进一步补充。就这样,边谈边改,边改边谈,他前前后后谈了八次,我也将记录稿改了八次,最后送他逐字审定,形成收入《陈云文选》的《对编写〈辽沈决战〉一书的意见》。在这篇谈话中,他从六个方面分析了为什么抗战结束时,我们党仅用三年时间,就在最初力量相比全国其他地区最弱的东北,首先打响并打胜了解放战争的第一个大战役。这篇谈话因为触及如何看待苏联和林彪在东北解放战争中的历史作用这两个敏感问题,当在内部刊物上发表后,立即引起了人们的注意。陈云同志在谈话中明确指出:那时苏联对我们党的力量估计不足,并有《雅尔塔协定》的约束,不能把东北大城市和铁路干线交给我们,但还是尽力帮助我们的;东北背靠苏联,东邻朝鲜,这对于我们在和国民党作战中的后方补给和伤员的运送安置,也是十分有利的条件。另外,林彪作为四野的司令员,在当时正确的地方,我们也不必否定。他说,只有把这些因素都分析到了,对辽沈决战的历史记述"才是全面的,符合历史唯物论的"①。正是他的这一谈话,讲透了东北解放战争胜利的原因,也解除了当时人们在评价苏联和林彪历史作用这两个问题上的禁忌。

有一天,陈云同志看到《人民日报》上的一篇文章讲"养猪少用粮照样可以多长肉"。他把我叫去说,养猪还是少不了粮食,"大跃进"后为了节省粮食,用糖化饲料养猪,结果猪整天躺在地上睡觉,只长肥肉。他让我转告人民日报社的领导,在宣传这个问题时,一定要注意分寸,避免让群众产生一些不科学的想法。后来,我在一个材料上看到,饲养业中产肉

---

① 《陈云文选》第三卷,人民出版社1995年版,第328页。

与耗粮有一个比例，大体是生产1斤鸡肉、猪肉、牛肉，平均分别需要耗粮2斤、4斤、8斤。可见，他说得的确不错。

陈云同志对人对事都坚持实事求是，对自己更是实事求是。20世纪80年代初，有关部门编辑《陈云文选》，他明确要求要把他在1948年写给中央的关于解放战争时期辽东地区土改工作中所犯错误的检讨报告，收进文选中。编辑组几次提出，这个错误在当时是带普遍性的，而且辽东土改中责任也不能由他一人负，因此主张把这篇检讨报告撤下来。他坚决不同意，让我转告编辑组，他把这篇检讨放进去，就是要让大家知道他也是有错误的，并不是一贯正确，世界上没有一贯正确的人。后来，在辽东工作过的一位老同志对他说，当时中央在土改方针上有偏差，但陈云同志承担责任，还把自我批评的文章收入自己的文选，这使大家很受教育。陈云同志听后只说了一句："应当做自我批评。"①

陈云同志曾多次对我说，编辑他的文选，文章原来是什么样就是什么样，不要按今天的认识去改动过去的文章，不要搞成他好像有什么先见之明。那时，有关部门要编印出版党的文献选编，收入他在1977年3月中央工作会议和党的十一届三中全会上的两篇发言稿，提出前一篇在讲到华国锋同志的地方，要把"英明领袖"四个字删去；后一篇在讲到彭德怀的地方，要加上"同志"两字；在讲到康生的地方，要去掉"同志"两字。我请示他，他说：不要改，因为我讲"英明领袖华国锋领导我们党一举粉碎了'四人帮'"，当时就是那么认识的，也是那么讲的。不过，我只"英明"了那一次，以后再也不"英明"了。意思是说，那时确实认为华国锋同志很英明，但他后来搞"两个凡是"，就不认为他英明了。关于如何处理彭德怀后面加不加"同志"的问题，陈云同志说道：十一届三中全会开始时，华国锋提出对冤假错案平反问题只能讲"文化大革命"期间的，不能讲之前的，但彭德怀问题发生在"文革"之前，而且彭头上的"反党集团头子"的帽子还没摘掉，我只能讲没听说他被开除党籍，因此，应当把

---

① 中共中央文献研究室编，朱佳木主编：《陈云年谱（修订本）》下卷，中央文献出版社2015年版，第412页。

他的骨灰放入八宝山。当时能讲到这种程度,已经很不容易了,怎么可能称他为"同志"?关于如何处理康生后面要不要去掉"同志"二字的问题,他说:中央对康生的悼词中称他是"伟大的马克思主义理论家",这个悼词当时并没有撤销,因此,提出他在"文化大革命"中乱点名,应当对他审查,也已经很不容易了,怎么可能不称他为"同志"?总之,彭德怀后面不能加"同志",康生后面不能去掉"同志"。看问题一定要把问题放在当时的历史条件下,当时只能讲到那种程度。我把他的上述意见转达给了有关部门,经过反复磋商,决定采取折中的办法处理,即在公开发行的本子上照他们的意见办,在内部发行的本子上照陈云同志的意见办。

还有一件事,也很能说明陈云同志这种彻底实事求是的精神。那是在党的十二大前夕,有关部门的一位领导要我向陈云同志请示,说现在许多代表简历中的"文化程度"一栏,都按照现有文化水平作了修改,如相当高中、相当大专等。因此,他考虑把陈云同志原来填写的高小毕业也改为相当大专。我说这样恐怕不好,"文化程度"从来是按学历填写,这又不是讲水平,如果讲水平,让博士领导全国经济工作试一试。他听后坚持让我请示,我只好请示。陈云同志让我告诉他:"不要改,简历中的文化程度是指接受正规教育的程度,不是指实际水平,我只上过小学,只能写高小毕业。至于说实际水平,大家都清楚嘛。"后来,在一次全国组织工作会议上,有人反映现在一些领导干部改学历,这也是一股不正之风。陈云同志在简报上批示:"有工作成就和大学学历是两回事。"[①]

为了充分说明陈云同志坚持实事求是作风的彻底性,还可以举几个20世纪五六十年代的例子。

1955年,对资本主义工商业改造进入全行业公私合营、实行定息、组织专业公司的阶段。按照陈云同志原先的部署,需要先一个一个企业做好清产核资、改组改造、安排生产、安置人员的工作,然后再成熟一个合营一个。然而,由于种种原因,由北京带头,全国各地在两个月时间里忽然

---

① 中共中央文献研究室编,朱佳木主编:《陈云年谱(修订本)》下卷,中央文献出版社2015年版,第381页。

掀起了社会主义改造的高潮，资本家、小业主天天敲锣打鼓、放鞭炮，申请公私合营，势头甚猛。1956年初，北京市的私营工商业被全部批准公私合营，不到一个月，全国其他大城市和很多中等城市也都实行了公私合营。结果，本应在前面做的工作被放到了后面，连不雇店员的夫妻店也被批准拿定息、拿工资，许多工厂、商店改变了原来的经营办法。为了纠正这些偏向，中央根据陈云同志意见，发出了紧急指示，要求对已经批准的公私合营企业，原有的进销货办法和管理、会计、工资制度，暂时原封不动。尽管如此，这种运动式的做法，仍然产生了不少副作用。

当时，毛主席听到公私合营后的东来顺涮羊肉、全聚德烤鸭不好吃了的反映，请陈云同志到最高国务会议上讲讲原因。陈云同志通过调查，在会上讲到东来顺的羊肉不好吃了的原因是："它原先只用三十五斤到四十二斤的小尾巴羊，这种羊，肉相当嫩。我们现在山羊也给它，老绵羊也给它，冻羊肉也给它，涮羊肉怎么能好吃？羊肉价钱原来一斤是一块二角八，合营以后要它和一般铺子一样，统统减到一块零八，说是为人民服务，为消费者服务。这样它就把那些本来不该拿来做涮羊肉的也拿来用了，于是羊肉就老了。本来一个人一天切三十斤羊肉，切得很薄，合营后要求提高劳动效率，规定每天切五十斤，结果只好切得厚一些。羊肉老了厚了，当然就不如原来的好吃了。"关于全聚德的烤鸭，他说："'全聚德'用的鸭子，原来从小喂起，大概要喂一百天左右，饲料主要是绿豆和小米，粮食统购统销以后，给它劳改农场养的老鸭子，烤的鸭子就不好吃了。"他指出："我们是要改组工商业的，但并不是每个小厂统统需要改组，也不是所有的商店都要调整。如果轻率地并厂并店，就会给经济生活带来很多不便。""不论工业、商业，都要想尽一切办法保持原来好的品种和质量。公私合营后，企业的资方经理或副经理应该有一个人专门负责品种和质量。"[①] 毛主席听后当场表示："要羊肉继续好吃，烤鸭子更加好吃，才能证明社会主义的优越性。"[②]

[①]《陈云文选》第二卷，人民出版社1995年版，第295—296页。
[②] 中共中央文献研究室编，金冲及、陈群主编，曹应旺副主编：《陈云传》（下），中央文献出版社2005年版，第983页。

1958年底,毛主席对"大跃进"中的高指标、浮夸风有所觉察,提出"压缩空气"、降低指标,认为原先定的1959年钢铁产量2700万吨到3000万吨的指标太高了,要降到1800万吨到2000万吨。在党的八届六中全会期间,陈云同志认为这个指标仍然太高,建议最好不要写在会议公报中,但意见没能反映上去。在1959年初毛主席召集的小会上,他再次对1800万吨能否完成表示怀疑,仍然未被接受。同年三四月份,毛主席在上海召开的中央政治局会议和党的八届七中全会期间,发觉1800万吨的指标确实过高,感到陈云同志的意见是正确的。关于这个事,前面已说过。会后,有关部门核实1958年的钢产量,发现好钢(指符合质量标准的钢。——笔者注)只有800万吨。于是,经毛主席提议、中央书记处会议决定,由陈云同志领导中央财经小组,研究落实1959年的钢铁指标。在此之前,陈云同志已经了解到在钢铁生产中存在运输、洗煤、矿山、电力等薄弱环节。接到中央任务后,他又找国家计委、冶金部具体负责同志个别谈话,倾听他们掌握的实际情况;然后,连续6天听取冶金部汇报,分别了解矿石、焦炭、耐火材料、钢铁冶炼、钢铁品种等各个环节的问题;最后根据冶金部、国家计委、国家经委各自提出的方案,正式向中央建议,1959年钢的生产指标为1300万吨、钢材生产指标为900万吨,被中央所采纳。年底执行的结果,钢和钢材的实际完成数分别为1378万吨和897万吨,与陈云同志提出的建议数基本吻合。

1959年夏天,中央决定在庐山召开政治局扩大会议和八届八中全会。据王任重同志回忆,毛主席在去长沙的火车上同他谈话时说:"国难思良将,家贫思贤妻。陈云同志对经济工作是比较有研究的,让陈云同志来主管计划工作、财经工作比较好。"[①] 在1962年"七千人大会"上,毛主席在讲话中又讲了类似的意思。他说:"在社会主义建设上,我们还有很大的盲目性。社会主义经济,对于我们来说,还有许多未被认识的必然王国。拿我来说,经济建设工作中间的许多问题,还不懂得。工业、商业我就不

---

① 中共中央文献研究室编,朱佳木主编:《陈云年谱(修订本)》下卷,中央文献出版社2015年版,第24页。

大懂。别人比我懂,少奇同志比我懂,恩来同志比我懂,小平同志比我懂。陈云同志,特别是他,懂得较多。他的方法是调查研究,不调查清楚他就不讲话。"① 这段话的后半部分,整理时被删掉了,所以,在《毛泽东文集》中看不到,但在后来出版的《毛泽东传》中被披露了出来。2005年,时任总书记的胡锦涛同志在陈云同志诞辰100周年纪念大会上的讲话中说:"陈云同志在领导全国财政经济工作中表现出来的卓越才能,为毛泽东同志所赞扬,为全党所钦佩……(他)长期领导全国财政经济工作的成功实践和取得的显著成就,给人们留下了难忘的印象。在经济建设的一些重大问题上,特别是在困难关头,人们总是希望听到陈云同志的意见,他也总是能够不负众望,洞悉全局,抓住要害,及时拿出解决问题的有效办法。"② 为什么说陈云同志对经济工作比较有研究,对经济建设工作中的许多问题懂得比较多,总能在困难关头洞悉全局、抓住要害、拿出解决问题的有效办法?我认为最主要的原因就是毛主席说的:"他的方法是调查研究,不调查清楚他就不讲话。"③

1961年,为了解决"大跃进"和"反右倾"中"左"的错误,毛主席发出大兴调查研究之风的号召,中央常委率先下去。陈云同志选择比较熟悉的青浦县小蒸公社作为自己的调研点,先派身边工作的同志去调查了一周,然后亲自前往,在农民家里住了半个月。其间除了到农户家中观察养猪、种自留地、吃住情况,去田间和养猪场查看土地、农作物生长和集体养猪等情况外,还听取了公社党委的两次汇报,召开了有农民参加的10次座谈会,并列出10个问题让大家讨论。那时,中央已经在调整农村工作中一些"左"的政策,包括改变将肉猪、母猪收归集体公养的做法,但文件中仍然说的是要公养、私养"两条腿"走路。因此,许多地方揣摩中央精神,把肉猪下放给社员私养,母猪仍由集体公养。陈云同志在调研中发

---

① 中共中央文献研究室编,逢先知、金冲及主编:《毛泽东传(1949—1976)》(下),中央文献出版社2003年版,第1203页。
② 胡锦涛:《在陈云同志诞辰100周年纪念大会上的讲话》(2005年6月13日),载《人民日报》2005年6月14日,第1版。
③ 中共中央文献研究室编,朱佳木主编:《陈云年谱(修订本)》下卷,中央文献出版社2015年版,第120页。

现，公养母猪一个饲养员管10头，忙不过来，喂食像开"大锅饭"，母猪、肉猪、好猪、病猪一起喂，干稀一律，吃多吃少没人管，圈内只用少量稻草垫，水淋淋的，母猪、奶猪常常遍地泥浆，容易得病，导致苗猪死亡率高，另外，苗猪肉长得慢，肥积得少，耗费劳力多；而私养母猪，农户基本上一家养一头，对母猪像对产妇、对苗猪像对婴儿一样关心，青草垫圈，圈内清洁，喂食按照不同需要，有时给精饲料，有时给青饲料，有时喂干，有时喂稀，农民随时观察它们喜欢吃什么，有病容易及时发现，母猪快生产时，农民就睡在猪棚旁守护，防止母猪压死苗猪，对瘦弱的苗猪常放在母猪的第三个奶头吃奶，因为那个奶头的奶水最多，所以，苗猪死亡率低，肉长得快，肥积得多，节省劳力和稻草。通过对比，他指出算总账，公养猪亏本，私养猪赚钱，因此，母猪也应该下放给农民私养，并就此向中央写出了调研报告。

陈云同志在调查研究中除了能深入下去，注意了解真实情况外，也十分重视听取专家的意见。有一次，他和我谈到"大跃进"时期，西安传来"战报"，说用土法炼出钢了，小平同志要了一节公务车，邀请他一同去"观战"。到了现场，陈云同志问身边的专家，这个方法能不能炼出钢来？专家回答不能，因为炼钢需要1500摄氏度以上，而风箱拉不到那么高的温度。他在领导经济工作时，许多行之有效的办法往往来自专家的意见。例如，他在三年困难时期提出给城市居民每人每月供应三斤大豆的办法，就是听取营养专家关于蛋白质每人每天最低需要量和大豆每两含量的意见之后想出的。

陈云同志在调查研究中除了注意倾听专家的意见，还特别注意倾听不同意见，并把听不同意见也作为调查研究的一种方法。他说："调查研究有各种各样的方法，找有各种不同看法的人交换意见，也是一种方法，而且是一种重要的方法。"[①] 1959年他做工业调查，召开煤炭工业座谈会，考虑到"反右倾"以来，一些人不敢讲真话，所以，开始时先在开场白中鼓励大家解除顾虑。他说这是调查研究的会，不是在喇叭（指麦克风）前面讲话，要"无所顾忌地随便地讲，要左思右想地考虑问题，不要怕什么右倾

---

① 《陈云文选》第三卷，人民出版社1995年版，第188页。

机会主义或'左'倾机会主义"①。他特别叮嘱,在座谈会上"报告情况不是评功摆好,而主要是讲存在的问题"②。在他鼓励下,大家畅所欲言,就一系列问题发表自己的看法,使座谈会开得既生动又实在,找出了当时煤炭工业各种问题的症结所在,使煤炭行业的调整有了明确方向和良好开端。

据新中国成立初期陈云同志的秘书周太和回忆,陈云同志下基层调研,十分注意倾听批评的意见。三年困难时期,农民对干部不参加劳动、说大话、缺少自我批评不满,讽刺干部"嘴唇两张皮,翻来复去都有理";"干部吹牛皮,社员饿肚皮";"干部出风头,农民吃苦头"。对于农民的意见,陈云同志不仅耐心听,而且作解释,有些还主动承担责任。③他在干部座谈会上讲,我们的工作"还存在不少问题。应该说主要责任在中央,是我们中央的几个同志工作没有做好,我就是其中之一"④。

陈云同志注意在调查研究中倾听不同意见,同时提倡大家要讲真话,要真话直说、不兜圈子,并且要求领导干部创造让大家讲真话的条件,虚心倾听真话,哪怕是怪话、牢骚话,只要多少能反映实际情况,就要耐下心来听。早在党的七大上,他就说过:"我们要讲真理,不要讲面子。是什么就是什么,应该怎样就怎样。"⑤ 在1962年"七千人大会"期间,他又指出:"这几年我们党内生活不正常。'逢人只说三分话,未可全抛一片心',这种现象是非常危险的。一个人说话有时免不了说错,一点错话不说那是不可能的。在党内不怕有人说错话,就怕大家不说话。有些'聪明人',见面就是'今天天气哈哈哈',看到了缺点、错误也不提。如果这样

---

① 中共中央文献研究室编,金冲及、陈群主编,曹应旺副主编:《陈云传》(下),中央文献出版社2005年版,第1276页。
② 中共中央文献研究室编,金冲及、陈群主编,曹应旺副主编:《陈云传》(下),中央文献出版社2005年版,第1277页。
③ 周太和:《陈云同志四次农村调查的前后》,见本书编辑组编:《陈云与新中国经济建设》,中央文献出版社1991年版,第166页。
④ 中共中央文献研究室编,金冲及、陈群主编,曹应旺副主编:《陈云传》(下),中央文献出版社2005年版,第1260页。
⑤ 《陈云文选》第一卷,人民出版社1995年版,第296页。

下去，我们的革命事业就不能成功，肯定是要失败的。"①

在 20 世纪 60 年代初的农村调查中，陈云同志一再谈到要讲真话、听真话的问题。他指出：下面不说真话，不把真实情况反映上来，领导就不可能作出正确的决策，这是十分危险的。"河南信阳的毛病，就是吹了牛，不改口，搞得下面不敢说真话，情况反映不上来。一个领导机关听不到反面意见，很危险。提倡讲老实话，但是要有讲老实话的条件。我跑了几个省，一讲到一九五八年，就含含糊糊。过去领导工作，下去总要问一问干部情况，大家也是敢讲的。现在除了第一书记、组织部长还可以讲一点，其他人都不敢讲，这是党内一种不正常的现象。"② 陈云同志每下农村蹲点调研总喜欢到他的家乡或从事过农民运动的地方的一个重要原因，就是为了能听到真话。因为那里的老乡了解他、信任他，肯把心里话对他讲。

陈云同志鼓励别人有话直说，自己反映调查研究中了解到的情况，也是直截了当、直言不讳。1961 年 3 月，中央通过的"六十条"③ 草案虽然加大了农村政策调整的力度，但仍然坚持"公共食堂必须办好"的提法。当时，陈云同志正在浙江调研化肥生产设备问题，他根据此前在河北、山东、河南、安徽农村调查的情况，在谈话中明确表示不办公共食堂好，主张把粮食分配到户，给农民一定自主权。他说："不一定都吃食堂，没有食堂难道社会主义就会垮台吗？"④ 同年五六月间，中央工作会议通过了"六十条"修正草案，改变了"办好公共食堂"的提法，规定"在生产队办不办食堂，完全由社员讨论决定"；"社员的口粮，不论办不办食堂，都应该分配到户，由社员自己支配"。⑤

那时，陈云同志对"大跃进"以来的浮夸风十分反感。在南京休养期间，他听到一段歌颂"大跃进"的评弹，其中有诸如"水稻高产 20 万斤"

---

① 《陈云文选》第三卷，人民出版社 1995 年版，第 187 页。
② 中共中央文献研究室编，金冲及、陈群主编，曹应旺副主编：《陈云传》（下），中央文献出版社 2005 年版，第 1219—1220 页。
③ 即《农村人民公社工作条例》，简称"六十条"。
④ 中共中央文献研究室编，金冲及、陈群主编，曹应旺副主编：《陈云传》（下），中央文献出版社 2005 年版，第 1257 页。
⑤ 中共中央文献研究室编，金冲及、陈群主编，曹应旺副主编：《陈云传》（下），中央文献出版社 2005 年版，第 1256—1257 页。

"一个西瓜 200 斤,桃子大得像脸盆"一类唱词。他当场毫不客气地说:"这一类东西,过去唱了算了,现在则不必再唱。要通知江苏省检查一下。"①

1961 年,陈云同志在青浦调查中了解到,青浦农民原本晚间到黄浦江打鱼,黎明时分正好沿江到上海出售,自从上海市向青浦县派购鲜鱼以来,县里怕完不成派购任务,规定农民必须把鱼先运回,卖给县水产公司,再由水产公司运到上海。这样做,不仅浪费运力、耽误时间,而且把鲜鱼变成了死鱼,影响效益。陈云同志认为很不合理,劝青浦县的有关领导允许农民把鱼直接运到上海出售。但县委回答,这先要让上海市委取消下达给青浦的派购任务,而上海市是绝对不会同意的。陈云同志听后对随行工作人员说:"我一个党中央副主席,连这样一个小问题都解决不了,实在对不起全国人民。"②

四、关心群众

时刻关心群众疾苦,帮助群众排忧解难,是我们党的性质和宗旨决定的,也是我们党发动群众的重要法宝。毛主席说:"有无群众观点是我们同国民党的根本区别,群众观点是共产党员革命的出发点与归宿。"③ 陈云同志无论在革命战争年代,还是在新中国成立以后,总是强调要注意改善民生,维护好群众的切身利益,从解决群众迫切需要解决的问题入手去做工作。他说:"当权的党容易只是向群众要东西,而忘记也要给群众很多的东西。"④ 20 世纪 80 年代前期,陈云同志虽然担任党中央政治局常委的职务,但已经摆脱了日常工作,处于中央领导的"第二线"。可是,他对人民群众的实际生活仍然十分关注,时刻把老百姓的冷暖挂在心上,而且由于不像过去那么忙于政务,一定程度上更加关注,只要发现问题,便

---

① 中共中央文献研究室编,金冲及、陈群主编,曹应旺副主编:《陈云传》(下),中央文献出版社 2005 年版,第 1294 页。
② 薛暮桥:《杰出的经济工作领导者——陈云同志》,见本书编辑组编:《陈云与新中国经济建设》,中央文献出版社 1991 年,第 39—40 页。
③ 《毛泽东文集》第三卷,人民出版社 1996 年版,第 71 页。
④ 《陈云文选》第一卷,人民出版社 1995 年版,第 173 页。

及时提醒有关领导或有关部门去解决。在这方面,可以说他始终处在"第一线"。

1982年10月的一天晚上,陈云同志在听评弹录音时把我叫去,关上录音机后说,往年这个时候,北京、天津常发生冬储菜烂菜的现象,今年要早抓,要赶在寒流到来之前把菜卖到老百姓手里,卖不掉的要采取措施保温。菜烂不烂,关键就是几个小时。说完,他把事先写好的一封给中央有关领导同志的信拿出来,让我尽快发出去。信中写道:"霜降已过,11月8日立冬。今年必须避免烂菜。因此,生产、流通、消费这三个环节必须立即组织好。""大白菜是北京市民当家菜类。因此必须安排在前。"① 那时,受各种条件限制,居民冬天用菜不像现在这样,可以随吃随买,而是要在秋菜上市后,到商店把一冬天的菜(北方主要是大白菜)一次性买回家储存。由于菜量大,商业部门往往堆放在露天,如果供应慢了,或者居民购买不及时,寒流一到,很容易发生烂菜。像我这样的双职工家庭,每年到了冬储白菜的时候都很紧张,因此,感到陈云同志提出这个问题真是说到了群众的心坎上。那一年,经过陈云同志的过问,北京市委、市政府提前召开了各区、县、局和有关单位领导参加的秋菜供应、储存工作动员大会,还成立了秋菜指挥部,使冬储大白菜供应工作进行得很顺利,基本没有发生烂菜情况。

陈云同志平时看《人民日报》很仔细,往往从第1版看到第8版。他说,看报和听评弹对他来说都是一种休息。但实际上,他看报不只是为了了解国内外的大事,也非常注意从中发现一些关系人民群众切身利益的事。例如,他在报上看到有关一枚苏联核动力卫星失灵,有可能坠落在我国境内的报道,便让我向有关部门询问,对此是否有预防措施,如果卫星掉到人口稠密区怎么办;看见报上有一篇文章提到永定河有可能再度泛滥,就让我给北京市委的主要领导同志打电话,问他们是否注意到了这个问题,采取了哪些防范措施。

---

① 中共中央文献研究室编,朱佳木主编:《陈云年谱(修订本)》下卷,中央文献出版社2015年版,第354页。

记得有三件涉及群众利益的事，经过陈云同志提议后，由中央作出了相应决定，起因都与他看《人民日报》有关。一件事是关于城市大龄未婚青年的婚姻问题。他说：报上讲，现在大年龄的未婚青年很多，这与我们近些年宣传晚婚有关，应当由中央书记处议一次，并请一个部门出面抓一抓。我说，新华社最近有一份内部参考材料，反映"文化大革命"上山下乡的女青年回城后找不到对象，是否可以在那上面批一下，他表示可以。第二天，我把新华社题为《天津市30岁以上未婚青年有六万多，市政府要各级领导关心这些人的婚姻问题》的内参送给他，他当即批给中央书记处负责同志，指出："这个问题不仅天津有，北京和其他地方也有，尤其是女青年方面占的比例很大，是个不算小的社会问题。建议书记处议一下，指定一个部门专门抓这项工作。"[1] 后来，中央书记处把这个问题列入了例会议程，并由中央办公厅发出了《关于关心30岁以上未婚青年婚姻问题的通知》，要求各级党组织重视和关心这个问题，工会、妇联、共青团要把解决这个问题作为重要工作，认真抓好。

另一件事是关于中小学教师的待遇问题。1984年9月，陈云同志从《人民日报》上看到山东益都一位中学教师写的文章，题为《值得忧虑的一个现象》，从中了解到当时高中毕业生很少有人把师范院校当作高考的第一志愿。他对我说，这个问题值得重视，教师质量不高对下一代影响很大，日本的中小学教员很受尊重，西德也是这样。他要我转告中央有关领导同志，要重视这篇文章提出的问题，"要继续想一些办法，帮助教师主要是中小学教师解决一些实际问题，比如住房问题；不断提高他们的社会地位，逐步使教师工作真正成为社会上最受人尊敬、最值得羡慕的职业之一"[2]。他的二女儿是师范大学毕业的，分配到中央机关工作。他说，她也应当"归队"。我向她转达了这个意见，她表示，她正在考虑去中学当老师的事。后来，她回到了自己的母校，当了一名历史老师，直到退休。

---

[1] 中共中央文献研究室编，朱佳木主编：《陈云年谱（修订本）》下卷，中央文献出版社2015年版，第399页。

[2] 《陈云文集》第三卷，中央文献出版社2005年版，第527页。

那时，国家正在制定工资改革方案，其中增加了有关工龄的条款。陈云同志还针对这个方案对我说："对中小学教师，不仅要有工龄工资，而且要使他们的工资标准，比同等学力从事其他行业的人略高一点才好。"① 我向有关领导转达了陈云同志的意见后，有关部门有顾虑，怕引起连锁反应。我在向陈云同志反映时说，他们可能担心给教师提高工资后，学校里的行政、勤杂人员也要求提高，财政拿不出那么多钱。陈云同志说，他们和老师不同，老师晚上要批改学生作业。后来，党中央、国务院根据他的意见，决定拿出十几亿元，从1985年1月1日起，为全国几百万中小学教师增加工资。他还要我向有关领导同志转达他的意见，在为职工解决住房问题时，要优先考虑到中小学教师的住房困难。正是他的这些意见，促使中小学教师的收入和社会地位大大提高了一步。

还有一件事是关于儿童看戏难的问题。1982年5月25日，陈云同志看到前一天《人民日报》第8版上刊登的《首都儿童看戏难》一文，把我叫去，说这篇文章是专门写给他看的，因为报社的同志知道他每天看第8版，所以有什么要向他反映的意见，就放在这一版。去年，他们也在第8版登过一篇反映儿童看戏难的文章（指茅盾、夏衍、阳翰笙、曹禺、赵寻等联名写的《想想孩子们吧》一文。——笔者注），他看到后给中央书记处的领导写过一个条子，建议向儿童开放各单位的内部礼堂。后来，中央办公厅为此开放了怀仁堂。所以，今年他还要给中央书记处和国务院领导再写一封信。说完，他要我先起个草，表示他同意《人民日报》文章的建议，在新的首都儿童剧场落成之前，暂时拨借一个剧场，专供孩子们观看演出；如果固定一个剧场有困难，可以由几个剧场轮流定期为孩子们开放。另外，他提议在"六一"儿童节，全国城镇的所有影剧院和机关、企业的所有礼堂，都免费向孩子们开放一天。我很快按他的意思把信写好，送他签了字。考虑到当时离"六一"节已经很近了，他在信笺上方亲笔写了"特急件"三个字，还在下面画了三个圈圈，以示紧要。5月28日，中央办公厅和国

---

① 中共中央文献研究室编，朱佳木主编：《陈云年谱（修订本）》下卷，中央文献出版社2015年版，第415页。

务院办公厅联合发出了一份紧急通知,要求全国的影剧院和礼堂、俱乐部在"六一"节向少年儿童开放;① 中办还在"六一"那天拿出中南海怀仁堂,请上海音乐学院附中的学生为孩子们演出了一场节目。

  陈云同志关心群众之体贴入微,充分体现了我们党完全彻底维护人民群众利益的精神。这从1982年他让我转告《陈云文稿选编(一九四九——一九五六)》编辑组的一段话中,也可以充分看出。他说,1955年新币换旧币是我国经济生活中的一件大事。当年苏联币制改革时,采取的办法是分阶级,即在国营企业和合作社、集体农庄实行两种兑换比例;限时间,即规定几天换完,过期旧币作废。这样做,损害了人民群众尤其是广大农民和边远地区居民的利益。我们的办法是不分阶级,即工人农民一个比价,都是一万比一;不限时间,允许新币、旧币在一定时间内同时流通,直到将旧币全部收回为止。这样做,既没有损害农民的利益,也没有给群众添麻烦,受到了全国人民的拥护,使货币更换任务进行得很顺利。② 他要求编辑组把这个意思,写进"文稿选编"的后记中。

  陈云同志看报有个习惯,就是经常从如何方便读者的角度,对报纸进行评论。有一天晚上已经11点了,他把我叫去,指着《人民日报》一篇题为《驱除盐碱,还我良田》的文章说:"这篇东西讲了一个很重要的问题,但看了两遍还是没看懂到底用哪几个办法解决了土地盐碱化的问题。要是文章前面写个内容提要,就可以一目了然。所以,我主张报上的长文章以及重要的评论、通讯等,都应当有提要。这样既可以大大节省读者的时间,又在实际上提高了报纸的作用。报纸要为广大读者着想,报社领导和编辑要经常提醒自己:'假如我是读者','假如我是一个很忙的读者。'"③ 他还说:"《人民日报》很重要,党的政策主要靠《人民日报》传达给基层干部和群众。如果连我这样每天用很多时间看报的人都看不过来,那些担负

---

  ① 中共中央文献研究室编,朱佳木主编:《陈云年谱(修订本)》下卷,中央文献出版社2015年版,第343页。
  ② 中共中央文献研究室编,朱佳木主编:《陈云年谱(修订本)》下卷,中央文献出版社2015年版,第338—339页。
  ③ 中共中央文献研究室编,朱佳木主编:《陈云年谱(修订本)》下卷,中央文献出版社2015年版,第342页。

实际工作的人就可想而知了。《人民日报》要为人民嘛。"我把这个意见向报社领导传达后,他们很重视,不仅一些长文章开始加提要,而且短文章也变得越来越多。对此,陈云同志十分高兴,给予了充分肯定。但过了一段时间,报上长文章又多了起来。他又让我给报社领导打电话,一方面称赞哪篇社论写得好,哪个专栏办得好;另一方面指出,有些文章虽然很好,可惜长了一些。他说:"文章越长,看的人越少;越短,看的人越多。应当多写点'豆腐块'文章。"①

诸如此类的事情,我在陈云同志身边工作期间还遇到过不少。正是由于陈云同志经常过问这类其他同志不大过问的事,香港一份杂志把他称作"不管部长"。他听后很感兴趣,要我找出来送给他看看。1982年,一位同志转给我一封署名"北京一市民"的信,称赞陈云同志为"标准共产党员"。我把这件事告诉了他,他听后大笑,并把这六字评语用铅笔工工整整地写在了便笺上。在我印象里,陈云同志一向不喜欢听赞扬他的话。他曾对我说过一句旧社会的谚语:"道我恶者是我师,道我善者是我贼。"因为我一开始没听清楚,他还把这句话写了出来,并对我解释了这句话的意思是:批评你的人往往是为了你好,而夸奖你的人有些则是为了害你。然而这一次,而且唯独这一次,他接受了别人对他的赞誉。

陈云同志不仅关心群众,对老战友和周围同志也十分关心。我到陈云同志那里工作不久,收到邓颖超同志送来的一封信,里面有两个核桃。信上说,这两个核桃是以前陈云同志送给周总理的,现在总理不在了,所以退还给陈云同志。我把信和核桃交给陈云同志,他说,周总理在世时,有一段时间手不好使,所以给他送去了两个核桃,让他拿在手里转,帮助恢复功能。

1982年党的十二大召开之前,邓小平同志和李先念同志约定要来陈云同志住所谈工作。由于会客室的十几个沙发原先是摆成弧形的,不方便三个人谈话。陈云同志亲自到会客室,指挥工作人员把三个沙发搬出来,摆

---

① 中共中央文献研究室编,朱佳木主编:《陈云年谱(修订本)》下卷,中央文献出版社2015年版,第358页。

成品字形,还交代工作人员要给小平同志准备烟灰缸和痰盂。那天,先念同志先到,他看到我拿着一架照相机,便坐到中间的沙发上,让我给他和陈云同志照一张相。陈云同志说,中间的沙发是留给小平同志的。先念同志听后开玩笑地说:"先照张相嘛。"有一阵子,先念同志腰不好,在他来陈云同志住所谈话之前,陈云同志嘱咐我要给先念同志准备一个高靠背的沙发椅,还让我转告有关部门,在先念同志要去的地方,都准备一把高靠背的椅子,并且在同先念同志谈话时,特别叮嘱他从椅子上起来,动作要慢,转身要像机器人,还当场为他做示范。

陈云同志对领导人是这样,对为他服务的工作人员也是如此。协和医院的著名专家张孝骞教授常给陈云同志看病,陈云同志听说他眼睛不好,看《人民日报》很吃力,便交代我请有关部门替他订一份大字的《人民日报》。那时,报社的印刷设备还不够先进,大字《人民日报》是用复印机放大的,有关部门解释说,每天只能印很少几份,专门送给年纪大的中央领导人看,很难再增加印数。我把这个情况向陈云同志汇报后,他说能办的事就办,办不到的事不要勉强,并让我当面向张孝骞大夫说明了情况。

陈云同志自小爱好评弹,新中国成立后,他利用养病期间听了大量评弹录音,和评弹界建立了密切关系,对评弹演员从思想到生活都十分关心。他曾就"文化大革命"中把评弹伴奏乐器换成钢丝弦一事提出,用钢丝弦,音太高,不利于保护艺人的嗓子,建议再改回来。他还让我转告中央人民广播电台,新中国成立初期,有很多江浙地区的人被派到东北、西北、西南地区,支援那里建设,他们只能通过中央人民广播电台听到评弹,但现在中央台把评弹节目的播出时间由晚上改到了夜间11点半以后,使这些江浙人听评弹很不方便,建议他们把时间再改回来。后来,中央台把时间改到了中午,使情况得到了改善。

五、酷爱学习

陈云同志天资聪颖,且好学不倦,虽然高小毕业便辍学当了一名学徒,但从没有放弃过学习。他对我说过,商务印书馆为内部员工办有图书学校,他利用业余时间常去那里上课。那时他住职工集体宿舍,每天总是第一个起来,为不打扰别人,便到房顶平台上读英文,写毛笔字,一年四季不间断,冬天手冻僵了,就往上面哈气。在商务印书馆的最初几年,他看遍了店内的章回小说和少年丛书。后来,随着年龄增长,开始到共产党人办的上海通讯图书馆借书,并在那里接触到了马克思主义。在加入中国共产党后,他仍然保持着自学习惯,只要一有机会就读书。我想,正是这种热爱学习且孜孜不倦的精神,使他的认知水平和分析能力有了很快提升。我主持《陈云年谱》编撰时,就在收集到的1926年党内刊物上看到了他用化名发表的文章,那时他刚刚入党一年。

  1982年二三月份,当时的中央党史资料征集委员会和中央档案馆领导到我办公室,交给我一份中央档案馆保存的档案,说是手写的,内容是介绍遵义会议的酝酿过程、主要内容,尤其是中央组织人事变动的决定。对遵义会议情况记载如此详细、具体、明确的文件,过去从未见过。但遗憾的是,这份文件上没有标明作者和形成时间。他们已请当年参加或参与过遵义会议的聂荣臻、杨尚昆、邓小平、邓颖超、伍修权等同志都辨认过,都说记不得,也不知道是谁写的,因此,想请陈云同志再看一看,帮助回忆一下。那时,陈云同志正忙,所以,一直等到他去杭州休息时,我才拿给他看。记得那一天午饭后,我把这份档案送去请他辨认。他刚看了一会儿便把我叫过去说,这个很像是他的字,并要我拿给他的夫人于若木同志也看看。于若木同志过去常替陈云同志抄写手稿,对他的字体很熟悉。她看了一会儿也说,很像是陈云同志的字。于是,陈云同志让我把档案放在那里,说他再仔细看看。下午,陈云同志把我叫去说:"这份东西是我的笔迹,是我在遵义会议后,为向中央纵队传达会议情况而写的传达提纲,时间大约是在从威信到泸定桥的路上。因为过了泸定桥,中央决定我去上海恢复白区组织,从那以后我就离开了长征队伍。这份东西很可能就是走前留下来,被其他同志带到延安的。"后来经过多方考证,证明这份档案就是陈云同志在遵义会议后,按照会议决定,为向各军团干部传达会议决议而写的。《陈云文选》编辑时,将它收入其中,冠名《遵义政治局扩大会议传达提纲》,并附了他后来假托一名被俘国民党军医而写的《随军西行见闻录》。凡是看过传达提纲的人都会看到，其中对会议召开的原因，关于建立新根据地的决定，对第五次反"围剿"以来直至长征中错误指挥的分析，以及有关选毛泽东为常委、常委分工和取消三人团的决定，会后常委的再分工，包括毛泽东为周恩来的军事指挥上的帮助者，洛甫（张闻天）代替博古负总的责任，等等，都写得清清楚楚，表达之准确、文笔之流畅，即使大学文化程度的人也未必能达到。

那篇被《陈云文选》用作传达提纲附录的《随军西行见闻录》，文笔不仅流畅，还十分生动，写得绘声绘色。陈云同志之所以写这篇文章，是因为红军长征过了泸定桥后，他受中央派遣返回上海，恢复白区地下组织。由于那时上海党组织屡遭破坏，不少登报自首的叛徒都认识他，使他只能躲在一个可靠的地方，无法外出开展活动。于是，利用那段时间，假托被红军俘虏的国民党军医的口吻，撰写了这篇文章，用以宣传红军长征。稿子还没写完，他便根据中共驻共产国际代表团的指示，和滞留上海的陈潭秋、曾山等同志一起乘苏联货船，来到海参崴，然后乘火车前往莫斯科。到后，他加入了中共驻共产国际代表团，并利用闲暇时间，抓紧写完了那篇3万余字的稿子，署名廉臣，拿给我们党在法国办的《巴黎救国时报》，于1936年3月连载。同年7月，这篇文章在莫斯科出版了单行本，并作为革命读物传到了国内。于若木同志对我说，她当年（估计是1936年底至1937年上半年。——笔者注）在北平上学时，就看过这本小册子。从时间上算，它比斯诺的《西行漫记》英文版早了一年，比中文版早了两年，可以说是世间宣传红军长征最早的读物。凡是看过这篇文章的人，大概也不会想到它竟出自一个只有小学学历的人之手。

对于理论学习，陈云同志最看重的是学马克思主义哲学。他常讲："在党内，在干部中，在青年中，提倡学哲学，有根本的意义。"① 他对我说过，在延安的时候他对毛主席讲，过去自己犯错误是由于经验少。毛主席说，不是经验少，你的经验并不少，主要是思想方法不对头，并要他学点哲学，还派了一位名叫和培元的哲学教员帮助他学习（这位同志后来在延

---

① 《陈云文选》第三卷，人民出版社1995年版，第285页。

安游泳时淹死了。——笔者注)。那时他正担任中央组织部部长,于是在部里成立了一个学习小组,一共六个人,有他、李富春、陶铸、王鹤寿等人,还有几位年轻干部做"后排议员"①。学习方法是,先学哲学,再学《共产党宣言》,然后再学哲学和政治经济学等;规定每周看几十页书,周末讨论一次,研究学习中遇到的问题,各种意见都可以拿出来争论。这个学习小组从1938年成立,至1943年陈云同志因病休养,前后坚持了五年,在1940年延安举办的第一届"五五"学习节上曾被评为模范学习小组。

前文说到,1962年,陈云同志因提出分田到户建议而离开了工作岗位。但他并没有因此消极,反而利用这个机会,集中精力读书,主要读马列和毛主席著作。正如时任中共中央总书记的江泽民同志在纪念陈云同志诞辰90周年座谈会上所说:"(陈云同志)不论是在顺境中还是在逆境中,他始终表现出共产党人的高瞻远瞩和脚踏实地的作风,始终表现出共产党人不可动摇的信念和坚强的无产阶级党性。"②

"文化大革命"中,陈云同志被"战备疏散"到江西南昌附近,别的东西没带多少,却带了三箱书,其中有《马克思恩格斯选集》《列宁选集》《列宁全集》《斯大林全集》《毛泽东选集》《鲁迅全集》。在近三年时间里,他每天上午去附近工厂"蹲点",下午和晚上就在住所读书。正是由于那段时间大量阅读了马克思主义经典著作,使他得以对党内民主问题、计划与市场关系问题等社会主义建设的重大问题,进行了深入的理论思考。后来,他之所以在1972年至1974年协助周恩来总理抓外贸工作时,提出要敢于利用资本主义信贷③,利用国外的商品交易所进口大宗商品,利用国内丰富的劳动力大搞进口棉花加工棉布出口等一系列主张;之所以在粉碎"四人帮"特别是党的十一届三中全会后,提出计划经济要与市场经济

---

① "后排议员",英国议会下院开会时,执政党议会党团领袖、在政府中任职的议员,以及反对党影子内阁成员通常坐在前排,而普通议员则坐在后排,故他们被称为"后排议员"。后来,人们往往把团体中的非骨干成员也称作"后排议员"。
② 《江泽民同志的讲话——在〈陈云文选〉(1—3卷)、〈陈云〉画册出版发行暨纪念陈云同志诞辰九十周年座谈会上》,载《人民日报》1995年6月14日,第1版。
③ 《陈云文选》第三卷,人民出版社1995年版,第219页。

相结合,党内生活要有民主气氛、真正实现生动活泼的政治局面等一系列思想,很大程度上都与他那段时间的读书生活有密切关系。

1974年,陈云同志在四届全国人大一次会议上被选举为人大常委会副委员长,原先协助周总理抓外贸的工作不能做了。于是,他开始通读《列宁全集》。他和我说,他选择从第23卷开始看起,因为那卷收入的是1917年2月革命后的文章,从那卷往下看,可以看到列宁在社会主义国家建立和建设过程中的完整思想;每天看几十页,看完最后一卷(即1955年至1963年版的第33卷。——笔者注)的最后一篇文章《宁肯少些,但要好些》,正好是1976年底。由于那时刚刚取得了粉碎"四人帮"的胜利,所以,当叶剑英同志听他讲起这件事时,说了一句:"这也是一个胜利!"(我在以前的回忆文章中曾写过这句话是小平同志说的,是我记错了。——笔者注)

陈云同志不仅自己坚持理论学习,而且一贯强调广大党员特别是党的高级干部要学习理论,尤其是学习马克思主义哲学。党的十一届三中全会后,中央起草《关于建国以来党的若干历史问题的决议》,他对起草组领导同志说,新中国成立以来,我们一些工作之所以发生失误,原因在于离开了实事求是的原则。"现在我们的干部中很多人不懂哲学,很需要从思想方法、工作方法上提高一步。只有掌握马克思主义哲学,思想上、工作上才能真正提高。"[1] 后来,在小平同志去看望他时,他再次建议中央要提倡学习,主要学习马克思主义哲学,重点是学习毛泽东同志的哲学著作。小平同志很赞成他这个意见,要求在决议的"结束语中也要加上提倡学习的意思"[2]。

1983年下半年,中央决定进行为期三年的整党,有关部门拟了一个整党的学习文件目录。陈云同志看后对我说:"这个目录中没有马列的书,应当选几篇进去。比如,《共产党宣言》《社会主义从空想到科学的发展》《在马克思墓前的讲话》《帝国主义是资本主义的最高阶段》等等,还有毛

---

[1] 《陈云文选》第三卷,人民出版社1995年版,第285页。
[2] 《邓小平文选》第二卷,人民出版社1994年版,第304页。

主席的《中国革命战争的战略问题》《论持久战》。"我把他的意见向有关方面传达后,有的同志认为马列的书太长,学起来耗费时间。他说:"可以搞摘要嘛,还可以把我的文章减去几篇,只留一两篇就行了(当时书目上列了5篇陈云同志的文章。——笔者注)。这不是谦虚,我们的东西都是从马列那里来的。"后来,中央就此作出决定,在整党工作完成后,组织党员干部学习马克思主义的一些基本著作。

1987年,改革开放进入一个关键时刻,陈云同志在同当时中央主要负责人的谈话中再次指出:"要把我们的党和国家领导好,最要紧的,是要使领导干部的思想方法搞对头,这就要学习马克思主义哲学。"他建议:"组织政治局、书记处、国务院的同志都来学习哲学,并把这个学习看成是工作的一部分,也是自己的一项重要责任。"①

陈云同志提倡全党学哲学,也要求自己的亲属和身边工作人员学。他的孩子凡是参加了工作的,他都要求他们阅读马列著作,看《人民日报》和《参考消息》。1972年,他由"战备疏散地"南昌回到北京,一开始工作不多,他给自己又订了一个学习计划,并邀请他的夫人于若木和在北京的子女、亲戚一起学习,就连他的两个女婿也被吸收进了这个"家庭学习小组";学习的书目有《马克思恩格斯选集》《列宁选集》和毛主席的哲学著作,方法是每人按照约定的篇目先分头自学,然后在星期天早上6点至9点半的时间集中讨论,提出疑问,交流学习心得。

1983年7月的一天晚上,陈云同志把我叫去说:"今天和你不谈别的事,就谈学哲学的事。我主张你今后也要抽时间学一下哲学,每天晚上看几十页书,并找几个同志一起学,每星期讨论一次,为期两年;先学什么,后学什么,要订一个计划。哲学是最核心的东西。马克思之所以由青年黑格尔派转变为马克思主义者,主要就是因为他把黑格尔的辩证法和费尔巴哈的唯物主义,经过改造,结合到了一起。有了这个东西,才有了唯物史观和剩余价值学说。"他说,在延安时,毛主席让他学哲学,使他受益匪浅。过去,他的讲话、文章缺少辩证法,学过哲学后,"讲话和写文章就不

---

① 《陈云文选》第三卷,人民出版社1995年版,第360、362页。

一样了，就有辩证法了"①。我那时任务比较重，每天除了要处理文件，向他汇报工作，还要经常外出开会、谈话，负责办公室的工作，晚上几乎都要用来写稿子，因此担心再增加读书和写心得笔记的任务，弄不好会耽误他的事情。他听了我的顾虑后说，耽误一点事情不要紧，文件漏掉一点也不要紧，以后还可以补嘛。有所失才能有所得，要把眼光放远一点。要提高自己的思想水平、工作水平，必须学好哲学。他还说，他在延安时期系统地学了几年马列著作和毛主席著作，从思想理论上把王明的那一套"打倒"了；"文化大革命"期间又有计划地读了马列原著，从思想理论上把陈伯达的那一套"打倒"了。后面这些话，他在三天后会见评弹界的几位领导干部时，对他们又说了一遍。②

自从那次谈话后，我按照陈云同志的要求，邀请了几位同志和我一起组成读书小组，并拟了一个读书计划，包括精读《共产党宣言》《社会主义从空想到科学的发展》《费尔巴哈和德国古典哲学的终结》等马列著作在内，规定大家分头读书，每两周用一个晚上集中讨论一次。我把这个情况向陈云同志汇报后，他很高兴，说学哲学很重要，你今后早晚要独立工作，那时就会用上了。后来，他还问过我几次学习的情况。

那几本马列著作，我过去在上大学时和参加工作初期也读过，但由于没有多少社会实践，因此不是看不大懂，就是理解得不深不透。在陈云同志那里工作期间回过头再读，由于已经有了十多年的工作经历，尤其可以就近看到听到他分析和处理问题的方法，所以对书中讲的关于唯物辩证法、历史唯物论的基本原理，自然有了比过去更深的领悟。

记得1984年，中央召开十二届三中全会、讨论通过《关于经济体制改革的决定》之前，陈云同志说他在会上要作一个书面发言，并交代了发言要点。我照他的意思把发言稿写好后，送他审阅，其中涉及对竞争中消极现象和违法行为怎么看的问题。按照他前些日子在中央政治局会议上的发言精神，我的原稿是这么写的：什么是消极现象？例如，大吃大喝，送很

---

① 中共中央文献研究室编，朱佳木主编：《陈云年谱（修订本）》下卷，中央文献出版社2015年版，第379页。

② 《陈云同志关于评弹的谈话和通信》（增订本），中央文献出版社1997年版，第112—113页。

贵重的礼品，以及其他种种为谋取小公和个人利益而损害国家利益的不正当手段，这些就是消极现象。有的地方总结"经验"，叫作"二菜一汤，生意跑光；四菜一汤，生意平常；六菜一汤，生意兴旺；八菜一汤，独霸一方"。据说，现在八菜一汤也不大灵光了。对这些消极现象，不必大惊小怪，但也要看到，如果我们不注意，不进行必要的管理和教育，这些现象就有可能泛滥成灾。只要我们头脑是清醒的，看到这些现象，并加强精神文明建设，这些消极方面是可以克服的。他看后，将其中"是可以克服的"的"克服"两个字，改为"受到一定限制"。[1] 他对我解释说，只要允许竞争，就会有消极现象。世界上的事都是有利有弊，不竞争，产品花色品种和质量进步慢，会妨碍经济发展，弊病更大。我们的任务是要通过精神文明建设，把竞争过程中出现的消极现象限制在一定范围，而不是要完全限制和克服它，因为那是做不到的。他的这番话，让我茅塞顿开，豁然开朗，不仅明白了应当如何全面看待竞争中的消极现象，而且加深了对唯物辩证法的理解，使我后来无论在处理问题，还是在讲话、写文章时，总是提醒自己要力戒片面性和绝对化，真的是让我受益终身。

陈云同志还有一番话，给我留下终生难忘的印象，使我对辩证唯物主义的认识论有了更深的理解。那是一次我向他汇报工作，当讲到某件事时，他突然问了我一句："人的经验是从哪里来的？"我脱口而出："是从实践中来的。"他说："不对。人的经验是从失败中来的。人只有碰壁碰痛了，才会取得经验。"起初，我只是感到这句话是极而言之，后来通过学习和思考，才越来越感到他这句话说得有道理，说得透彻，说得合乎实际。因为人的实践有成功，也有失败，但真正能让人痛下决心总结经验的，往往是失败的实践。而且，往往是实践失败后总结出的经验，才更切实、更深刻、更有用。所以，说"经验来自实践"虽然不错，但没有说到关键，流于表面，不能起到让人重视失败的积极作用。人类的历史，包括我们党的历史、新中国的历史，都证明了这个道理。古人讲"吃一堑、长一智"，这句成语所要表达的也正是这个道理。

---

[1] 《陈云文选》第三卷，人民出版社1995年版，第338页。

陈云同志多次指出，他个人的体会是："学习哲学，可以使人开窍。学好哲学，终身受用。"① 我的经历也说明，他讲得完全正确。我自从独立工作后，曾先后做过企业管理工作、高校党的工作和行政工作，以及研究机关的领导工作和学术工作，之所以都能够应付下来，很大程度上就得益于在陈云同志身边工作的那几年，按照他的要求学习哲学和从他那里得到的言传身教。后来，我在自己负责的一个部门里也组织过一个学马列著作小组，同样规定了学习篇目和集中讨论的时间，前前后后坚持了三年。后来听说在那个部门里成长出不少领导干部，我想，这恐怕与他们那段时间对马列著作的学习也是不无关系的吧。

六、深谋远虑

共产主义是千秋万代的事业，陈云同志作为党和国家的领导人，为共产主义事业奋斗的一个突出贡献，就在于他对党和国家战略问题的深谋远虑上。他常讲，领导干部要"踱方步"，意思是说不要整天陷在事务堆里，要拿出时间来思考一些重大问题。他还常讲，旧社会商店里有一种人，头戴瓜皮帽，手拿水烟袋，不站在柜台前卖货，而是坐在后面边抽烟边观察，专门看什么货走得快、什么货走得慢，考虑什么时候需要进什么货，这些都是"战略性"问题。1982年春节，他约国家计委的几位领导同志到他家开座谈会。我那时刚去他那里工作不久，他特意让我也参加，听到他在谈话中又一次提到"瓜皮帽、水烟袋"。他说："我们要有这样的战略家。"② 纵观陈云同志的一生，我认为他就是为我们党和国家长远利益殚精竭虑、出谋划策的战略家。

陈云同志身体一直比较弱，在历史新时期恢复工作后，一再声明自己一个星期只能工作两个半天，多了不行。但我发现，他常常是在听评弹时把我叫去，说一些大政方针上的意见。可见，表面看起来他在休息，实际

---

① 《陈云文选》第三卷，人民出版社1995年版，第362页。
② 《陈云文选》第三卷，人民出版社1995年版，第310页。

上脑子并没有休息，仍然在思考问题。

"文化大革命"带给全党的一个惨痛教训，是民主集中制被破坏。党的十二大之前，陈云同志审阅十二大报告稿，看到其中有一句话，说党内民主集中制、民主生活很不够是"文化大革命"得以发生的重要原因之一。他要我转告报告起草组负责人，指出："这个问题实际上应该说，党内民主集中制没有了，集体领导没有了，这是'文化大革命'发生的一个根本原因。"① 因此，如何恢复党的民主集中制的优良传统，是陈云同志经常关注和思考的大问题。1982年，中央机关一位同志对中央当时的一项决定有不同意见，并通过组织渠道反映上来。对此，有的领导同志不大冷静，给予了严厉斥责，使这位同志精神压力很大。陈云同志知道后，专门就这件事在政治局扩大会议上讲了一段话。他说："十一届三中全会以后，党内有了民主集中制的气氛，才会有同志敢于提出不同的意见。在这个事情上，我们原来是吃过苦的，搞一言堂。我过去说过，不怕人家讲错话，就怕人家不说话。讲错话不要紧，要是开起会来，大家都不说话，那就天下不妙。有同志提不同意见，党组织应该允许，这是党的事业兴旺发达的好现象。当然，有了不同意见，要在党内说，在你的那个党支部，或者在你的机关，按照组织程序和组织原则严肃地提出来。提第一次，我们欢迎；提第二次，我们也欢迎；提第三次，我们还是欢迎。"②

通过总结党的历史经验，陈云同志认为，党内民主不仅应当是一种作风，而且应当是一种制度，必须做到制度化。他常常以《列宁全集》中提到的两件事为例，说明俄国十月革命胜利后的头7年，俄共党内生活是十分正常，民主集中制的制度是十分健全的。其中一个例子是，在同德国签订《布列斯特—立托夫斯克和约》的问题上，列宁的意见虽然是正确的，但拿到中央委员会里表决，最初是少数，结果只好少数服从多数；只是后来由于形势恶化，加上列宁进一步做工作，原来的反对票中有两票转了过来，才使他的意见得以通过，从而保住了刚刚取得胜利的苏维埃政权。另

---

① 《陈云文选》第三卷，人民出版社1995年版，第274页。
② 《陈云文选》第三卷，人民出版社1995年版，第275页。

一个例子是，列宁在一次中央会议上发表讲话，说到"我国实际上不是工人国家，而是工农国家"时，有人（即布哈林。——笔者注）当场插话，喊："什么国家？工农国家？"①他主张，我们党的民主集中制也要健全。在1980年中央决定成立中央书记处的十一届五中全会上，他提出"书记处工作要实行一人一票制"②。在1987年1月政治局会议上，他又提出："我们党内要强调一下，要有民主生活制度。常委多少时间开一次会，政治局多少时间开一次会，要立个规矩。常委会议，政治局会议，政治局扩大会议，应该分开来开。这是党内民主生活。民主集中制要坚持。经常开会讨论，经常交换意见，就不至于出大的问题。"③

在党的十一届三中全会重新确立了党的正确思想路线和政治路线之后，我们党面临的一个重大问题是如何从组织路线上保证党的思想路线和政治路线的贯彻实行。由于十年"文化大革命"的干扰破坏，干部青黄不接的现象十分严重。对于这个问题，陈云同志比较早地注意到了，而且作为一个大的战略问题提了出来。1979年，他在主持新成立的国务院财经委员会第一次会议上就讲过，要找一些40岁到50岁的干部到财经委员会工作。"培养这样的人，我看很有必要。"④他在同年10月召开的省、自治区、直辖市党委第一书记座谈会上又提议，建立中央书记处并由年纪相对轻一些的同志组成。⑤1980年2月，中央书记处成立，他进一步指出："书记处和全党的一个重要任务，是要在各级选择合格的年轻干部。"他解释说："从中央到县委，大部分人头发都已经白了。""现在我们主动地来选择人才，还有时间，再等下去，将来就没有时间了。党的交班和接班的问题，在国际共产主义运动中间，在我们中国党内，有过痛苦的教训，这一点，我不说大家也知道。"⑥接着，他又在那一年12月中央工作会议上提出了干部

---

① 《陈云文选》第三卷，人民出版社1995年版，第241页。
② 中共中央文献研究室编，朱佳木主编：《陈云年谱（修订本）》下卷，中央文献出版社2015年版，第290页。
③ 《陈云文选》第三卷，人民出版社1995年版，第359页。
④ 《陈云文选》第三卷，人民出版社1995年版，第258页。
⑤ 中共中央文献研究室编，朱佳木主编：《陈云年谱（修订本）》下卷，中央文献出版社2015年版，第283页。
⑥ 《陈云文选》第三卷，人民出版社1995年版，第270、269页。

"四化"的方针。一开始,他讲的是年轻化、知识化、专业化、制度化。印文件时,在一位同志建议下,前面加了一个"革命化",成为"五化"。后来,经过反复推敲,去掉了"制度化",还是"四化"。从此,这"四化"便成为我们党在历史新时期干部工作的基本方针。

与选拔中青年干部问题相联系的,还有一个如何正确对待知识分子的问题。那时,"文化大革命"中把知识分子贬成"臭老九"的观点已经受到了批判,但知识分子入党和提拔使用还很难。为此,陈云同志早在1980年作的题为《经济形势与经验教训》的讲话中就指出,新中国成立后,我们培养了几百万的大专学生和技术人员,他们都经过了一二十年的实际工作锻炼。"必须肯定,七十年代、八十年代的技术水平,应该来之于这些五十年代、六十年代水平的技术骨干。"[1] 在那份抓紧提拔中青年干部的意见书中,他更加鲜明地提出:"没有老干部不能实现四化,没有大批知识分子参加到我们党的干部队伍中来,也决不能建成现代化的新中国。"[2] 在他建议下,中组部向中央作出了加强在中年知识分子中发展党员的报告,并在部内设立了技术干部局,专门负责选拔、培养和调配中青年知识分子干部。

1982年夏天,陈云同志看到两份反映中年知识分子生活、工作负担重,但工资收入低,很多人健康水平下降的材料,把我叫去说:这是国家的一个大问题,要想办法抢救他们。他们正当壮年,"四化"建设要靠他们。但他们上有老、下有小,正是最需要钱的时候。这批人现在顶多500万人,如果每人每月给他们增加20元,一年不过十几亿元。现在一年的基本建设要用500多亿元,拿出十几亿元还是完全可以的。要把它当成基本建设中的一个项目,而且是基本的基本建设。把钱用在他们身上是划得来的,是好钢用在了刀刃上。他还说,日本、西德战后所以恢复得快,一个原因就是保存了一批技术骨干,并且发挥了他们的作用。脑力劳动在工资收入上比体力劳动高一些,符合社会主义的经济规律,也合乎人民的长远利益。他要我把这些意思写成了一封给中央常委的信,然后签字发出。[3]

---

[1] 《陈云文选》第三卷,人民出版社1995年版,第281页。
[2] 《陈云文选》第三卷,人民出版社1995年版,第296页。
[3] 《陈云文选》第三卷,人民出版社1995年版,第312页。

他的意见得到了邓小平同志和其他中央常委的赞成，并被中央有关部门在工资改革方案中采纳，对保护和发挥中年知识分子建设"四化"的积极性，起到了重要作用。

陈云同志特别关注一些影响我们长期发展的制约因素，总是提醒有关方面在安排国民经济计划和长远规划、确定工业发展速度时，必须头脑清醒，把制约因素考虑进去。1983年6月，中央要召开工作会议，他要我先起草讲话稿，针对单纯注重产值、速度，在基本建设和人民生活上都要求多投入而希望尽快见效的思想指出："第一是吃饭，第二要建设。吃光用光，国家没有希望。吃了之后，还有余力搞生产建设，国家才有希望。"①他强调："建设要有重点。财力物力只有那么多，不分轻重缓急，大家一齐上，你挤我，我挤你，势必因小失大，处处被动。什么是重点？现在看，农业、能源、交通是重点，一批骨干企业的建设和改造是重点，科技教育事业的发展、环境污染的防治以及知识分子生活待遇的提高等等也是重点。这些是从整个国家的全局利益和长远利益出发考虑的。"②

长期以来，陈云同志对农业特别是粮食问题一直高度重视。1979年，他在3月中央政治局会议上说："搞建设，必须把农业考虑进去。所谓按比例，最主要的就是按这个比例。"③进入20世纪80年代，粮食连续几年丰收，一些同志十分乐观，认为中国的粮食问题过关了，主张放开手脚，让农民种自己想种的东西，结果都去种挣钱多的经济作物，粮食播种面积大幅度减少。1982年10月，他把新华社反映这一情况的一份内部参考材料转给国务院领导同志，并在上面批示："'决不放松粮食生产的同时，积极开展多种经营'，现在是否后一句话在起作用，前一句话在逐步下坡？稳定粮田在大粮食观点中，仍是一个要点。"④第二年秋收后，有的产粮大省发生储粮难的问题，向中央告急，一位中央负责人把这个省负责人的电话记

---

① 《陈云文选》第三卷，人民出版社1995年版，第309页。
② 《陈云文选》第三卷，人民出版社1995年版，第323页。
③ 《陈云文选》第三卷，人民出版社1995年版，第251页。
④ 中共中央文献研究室编，朱佳木主编：《陈云年谱（修订本）》下卷，中央文献出版社2015年版，第354页。

· 434 ·

录批给陈云同志看,意思是说粮食确实多了。陈云同志看到后,在上面批示:"依我看来,中国的粮食并不多,每年还进口一千多万吨。"①当时储粮难,实际原因在于国家粮食仓储设施不足,粮食收购后,有很多要租用基层仓库甚至农民的庭院存放,因而增加了地方政府财政补贴的负担,并不是粮食多得不得了。

1985年8月,中央召开党的全国代表大会,陈云同志在大会发言时,继续强调要注意粮食问题,指出现在"无工不富"的声音大大超过了"无农不稳",并针对当时一些农民对种粮不感兴趣的情况,提出了"无粮则乱"的警示。他说:"十亿人口吃饭穿衣,是我国一大经济问题,也是一大政治问题。"②话音刚落,当年秋粮即减产,而且此后连续四年减产,使人均产量由1984年的786斤减到1988年的716斤,引起物价全面上涨。后来,陈云同志在同浙江省的领导同志谈话时讲道:"我们这些人在世时,粮食过不了关。……下一代人如果在科学上没有突破,粮食也很难过关。"③

我在陈云同志身边工作过程中,感到他考虑最多的一个经济问题,是计划与市场的关系问题。新中国成立初期,帝国主义的军事威胁,迫使我们要加快现代国防工业的建设,然而,旧中国的经济基础落后,资金与物资极为短缺。面对这个实际,我们在选择优先发展重工业战略的同时,选择了计划经济体制。作为全国财经工作的最高领导人,陈云同志为这一体制的建立和完善发挥了重要作用,并在指导经济计划制订的过程中,力主注重调查研究,一切从实际情况出发,遵守客观经济规律,反对长官意志和"拍脑袋"作决策;力主在国家计划之外,允许有根据市场变化而进行自由生产的空间,包括允许有一定规模的自由市场和一定数量的个体经营,以此作为计划生产和国家与集体经营的补充。由于种种原因,他的上述主张在20世纪五六十年代,要么实行起来很困难,要么根本没有

---

① 中共中央文献研究室编,朱佳木主编:《陈云年谱(修订本)》下卷,中央文献出版社2015年版,第391页。
② 《陈云文选》第三卷,人民出版社1995年版,第350页。
③ 中共中央文献研究室编,朱佳木主编:《陈云年谱(修订本)》下卷,中央文献出版社2015年版,第465—466页。

能够实行。

粉碎"四人帮"后，陈云同志再次提出计划经济与市场经济相结合的主张，并在党的十一届三中全会之后得以贯彻实行。1982年5月的一天，他叫我到他的办公室，把几张写满铅笔字的便笺交给我，说这是他过去写的一个提纲，原来打算把它写成一篇东西，但现在没有精力写下去了，要我拿去收起来。我回到办公室一看，里面讲的是计划与市场关系的问题，其中写道："无论苏联或中国的计划工作制度中出现的主要缺点：只有'有计划按比例'这一条，没有在社会主义制度下还必须有市场调节这一条。""整个社会主义时期必须有两种经济：（1）计划经济部分（有计划按比例的部分）；（2）市场调节部分（即不作计划，只根据市场供求的变化进行生产，即带有盲目性调节的部分）。"还写道："在今后经济的调整和体制的改革中，实际上计划与市场这两种经济的比例的调整将占很大的比重。不一定计划经济部分愈增加，市场经济部分所占绝对数额就愈缩小，可能是都相应地增加。"[①] 我感到，这些内容实在太重要太宝贵了，不能压在我手里，于是送给中央文献研究室，建议先在内部刊物上发表。他们提出，文章刊发时，要标明写作时间，还要有具体日期。我问陈云同志，他说记不起来了，反正是党的十一届三中全会前后写的。这些便笺中有一张用来当稿纸的台历，日期是1979年3月8日，我便以此作为了这篇提纲的写作时间。后来听说，中央书记处研究室经济组早在1979年初就曾传达过陈云同志的上述意见，并在起草中央有关文件时有所体现。这说明，写作时间很可能在1978年底至1979年初。这份提纲所探讨的，正是当时经济学界最为前沿的问题，因此，一经公开发表，便在党内外引起了热烈反响。正如江泽民同志在纪念陈云同志诞辰90周年座谈会上的讲话中说，他的"这些观点，当时对推动全党解放思想、实事求是，进行突破高度集中的计划经济体制的改革，产生过广泛而深刻的影响"[②]。

对于计划与市场的关系，陈云同志后来提出过"以计划经济为主、以

---

① 《陈云文选》第三卷，人民出版社1995年版，第244—245、247页。
② 《江泽民同志的讲话——在〈陈云文选〉（1—3卷）、〈陈云〉画册出版发行暨纪念陈云同志诞辰九十周年座谈会上》，载《人民日报》1995年6月14日，第1版。

市场调节为辅"的提法。有人据此认为，陈云同志从计划与市场相结合的提法后退了。其实，陈云同志最初提出计划经济与市场经济相结合，所说的市场经济就是计划经济为主体前提下的市场调节，是从属于计划经济体制的。他后来之所以要把计划经济是主体的这一面特别突出出来，主要是针对当时一些地方一些部门片面理解市场调节的作用，违反国家计划乱上基本建设项目，导致货币发行过量、外汇储备下降、物价指数上升的现象。他说："在改革中，不能丢掉有计划按比例发展经济这一条，否则整个国民经济就会乱套。"①

　　陈云同志对计划与市场的关系，还用过"鸟与笼子"的比喻来表述。这个比喻最初是黄克诚同志提出的，那是在1982年党的十二大召开前夕，黄老到陈云同志家里谈工作，两个人面对面坐在会客室的沙发上，我也在场。黄老谈完纪检方面的工作后，接着谈到对当时经济犯罪猖獗和经济秩序混乱的看法。他显得忧心忡忡地说："我们要把经济搞活，不能再像过去那样搞死，但搞活不能没有秩序。这就好比一只鸟，不能捏在手里，总捏在手里它就死了，要让它飞。但要让它在笼子里飞，否则它就飞跑了。"陈云同志当时没有说什么，但过了两个月，他在听取国家计委负责人汇报时用了这个比喻。他说："搞活经济是对的，但必须在计划的指导下搞活。这就像鸟一样，捏在手里会死，要让它飞，但只能让它在合适的笼子里飞，没有笼子，它就飞跑了。'笼子'大小要适当，但总要有个'笼子'。"②又过了半个月，他在中央政治局会议上再次讲了这个比喻，并说这是黄克诚发明的。他说"笼子"就是国家计划，"笼子"不仅可以跨省跨地区，而且本身也可以调整。③又过了10天，陈云同志要会见参加五届全国人大一次会议的上海代表团同志，当审阅我按他过去几次讲话内容起草的谈话稿时，亲笔在"'笼子'……可以跨省跨地区"这句话的后面加上了："甚至不一定限于国内，

---

① 《陈云文选》第三卷，人民出版社1995年版，第367页。
② 中共中央文献研究室编，朱佳木主编：《陈云年谱（修订本）》下卷，中央文献出版社2015年版，第356页。
③ 中共中央文献研究室编，朱佳木主编：《陈云年谱（修订本）》下卷，中央文献出版社2015年版，第359页。

也可以跨国跨洲。"① 由此可见，陈云同志关于"鸟与笼子"的比喻，实际是他对计划与市场关系问题思考的深化，出发点和归宿都在于使经济做到活而不乱，是更加积极的而不是消极的。境内外一些人望文生义，把这一富有思想内涵的生动比喻贬损为"鸟笼经济"，只能暴露他们自己的浅薄和无知。

陈云同志关于"鸟与笼子"的比喻，深刻地道出了在经济上微观搞活与宏观控制之间相互关系的真谛，使许多严肃的经济学家，包括一些国外学者，产生了浓厚兴趣，认为值得人们沿着这一思路，思考经济微观运行与宏观控制的关系。今天，我们虽然早已不再实行计划经济体制，但仍然有国民经济和社会发展的五年规划、十年规划，有宏观调控的各种目标，有财政政策、货币政策、产业政策，有关于经济活动的各种法律法规。所有这些，一方面保障着微观经济像"鸟"那样自由地飞翔，另一方面也像"笼子"那样起着限制微观运行盲目发展，使之不至于失控的作用。经济生活中的一些乱象，例如大量资金外逃，如果总结教训，其中一条恰恰就在于缺少"笼子"，或者"笼子"没有扎紧。

在我的记忆里，陈云同志还提出过许多对于我们党和国家的发展具有战略意义的意见。例如，他从搞现代化建设的角度出发，一直十分重视对教育的投入。1983年，他把一封建议将全部民办小学改为公办小学、民办教师改为公办教师的来信，批转给主持中央和国务院工作的领导同志，并在便函中表示，这个建议十分重要，很有远见，希望有关部门加以研究，提出方案，在中央书记处会议上专门讨论。② 再如，1984年，他约请时任电子工业部部长的江泽民同志和几位专业技术人员到他家，了解有关集成电路和电子计算机的生产应用情况，观看用电脑处理文件的演示，并在谈话中尖锐指出："我国财经干部面临着知识更新的任务，现在大多数的财经干部还没有看到这个任务的紧迫性。"③ 在他的号召下，计划工作部门和

---

① 《陈云文选》第三卷，人民出版社1995年版，第320页。
② 中共中央文献研究室编，朱佳木主编：《陈云年谱（修订本）》下卷，中央文献出版社2015年版，第367页。
③ 中共中央文献研究室编，朱佳木主编：《陈云年谱（修订本）》下卷，中央文献出版社2015年版，第400页。

财政、金融部门都加快了电子计算机化的步伐,从而在与国际经济接轨过程中避免了被动局面。

对于中苏关系和祖国统一问题,陈云同志也考虑得很深。20世纪80年代中期,中苏两国关系尚处于不正常状态。1983年下半年,时任苏联部长会议第一副主席的阿尔希波夫计划访华,提出届时想见陈云同志。在20世纪50年代中苏友好时期,阿尔希波夫曾担任过苏联在华专家组组长和国务院经济总顾问,同陈云同志结有深厚的友谊。陈云同志抓住这个机会,让我为他准备一篇会见时的谈话稿,中心是向苏方传递中方愿意改善和发展双边关系的信息。陈云同志说:"中苏关系正常化有利于两国人民的根本利益,也有利于世界人民的根本利益。"中苏贸易"还可以继续发展,还有很多文章可做,这对双方都有利"。他还特别强调:"有人手里拿着先进的东西,自己不肯卖给我们,又不让别人卖给我们。因此,在转让尖端技术这类问题上,希望苏联方面要看得远一些。"[1] 后来,阿尔希波夫访华时间因故延迟,陈云同志又让我反复修改这篇讲话稿。可以说,他为这次会见前前后后准备了一年。最后,两位老人终于在1984年10月12日得以会见。当时的场面十分热烈感人,电视台、报纸都作了公开报道,为促进中苏关系的正常化起到了积极作用。

那些年,有一位化名为"蚁民"的香港商人奔波于海峡两岸,为国共双方传递消息。他受国民党元老陈立夫、陶希圣之托,要求见陈云同志。1984年,在有关部门安排下,陈云同志接见了他。接见前,陈云同志要我按照他的意思起草了讲话稿。他请那位中间人转告陈、陶,说我们两边吵架,但都坚持只有一个中国的立场。将来我们这边老一辈不在了,接班的人仍然会坚持这个立场。但他们那边接班的人是否会坚持、能否坚持住,就很难说。"因此,要趁我们这些老人还在的时候,早做打算,早下决心,先把国家统一起来。"[2] 这样,即使他们身后有人要搞台湾"独立",也就不那么容易了。他还提醒说,世界上有人抓住台湾不放,把台湾看成是自

---

[1] 《陈云文选》第三卷,人民出版社1995年版,第340、341页。
[2] 《陈云文选》第三卷,人民出版社1995年版,第334页。

己"不沉的航空母舰"。因此,要提高警惕,防止这些人阻挠和破坏两岸统一的努力。考虑到陈立夫是浙江湖州人,陈云同志事先还让我准备了两份礼物,其中有湖州的酥糖和杭州的龙井茶、织锦,以及一盘评弹录音,交给来人捎到对岸。

七、公私分明

公私分明是中华民族的优秀传统道德,更是我们党的优良传统。陈云同志一向提倡共产党员要公私分明,而且自己以身作则,带头实行。对此,我在他那里工作时就亲眼见证了,虽然大多是一些小事,但给我留下了极深印象。

陈云同志从小喜欢听评弹,新中国成立后,由于工作忙,没有时间听。后来有段时间养病,他把听评弹当成了休闲的重要方法,并且广泛接触评弹艺人,对评弹艺术发表过许多既有重要指导意义又十分内行的意见,在评弹界享有崇高威望。有一年,上海评弹团进京演出,让我向陈云同志请示,可不可以到他家里演出一次。他对我说:"可以见见他们,但不必听演出。我每天听录音不是很好吗?在这种事上(指设专场。——笔者注),还是要严肃一些。"

陈云同志听评弹,很长时间里一直用当年赫鲁晓夫送给在我们党八大之前的五大书记每人一台的老式磁带录音机。录音机时常坏,只好拿出去修。周总理知道后,把自己那台送给了他,这样,一台坏了,还可以用另一台。改革开放后,我国进口了盒式录音机,行政部门提出,过去用的老式录音机太笨重了,想给他换一台盒式录音机,他不同意,直到他的大儿子给他买了一台,这才开始用。有一次,他要我请上海人民广播电台的同志帮助录一段评弹节目,说完从茶几上拿出两盒没有开封的空白磁带交给我。我一下子没反应过来,不知干什么用,他看出我的疑惑后解释说,这是让他们录音用的,我这才明白过来,并把那两盒磁带寄给了上海人民广播电台。

1984年国庆节前,中国人民银行发行了庆祝新中国成立35周年的纪念币，每枚1元，其中分送给中央领导同志每人三枚，留作纪念。我送到陈云同志那里，他对我说："要给他们钱，否则我不要，我不占这个便宜。"我按他的要求，从他工资里要出3元，寄给了中国人民银行。

我还听说，新中国成立初期，陈云同志担任中财委主任，办公地点在朝阳门内的九爷府①，他的夫人于若木当时也在中财委工作，但上下班都是自己骑自行车，从不搭乘陈云同志的便车。陈云同志在"文化大革命"中被"战备疏散"到江西南昌后，有段时间炊事员请假回家，没人做饭，让他的大女儿来帮忙。事后，陈云同志要求她把在南昌期间的工资退给机关，说这段时间她是因私请假的，不能拿工资，而且提醒她要让机关开个收据。改革开放初期，盒式录音机还是个新鲜东西，都是进口货。有一位党外的领导干部送给陈云同志长子一台，陈云同志知道后，让他退了回去。

陈云同志对公家的东西看得很重，一点便宜不占，也不让家属沾，但对自己的东西，却看得很淡。那时，他发表了文章或出版了著作，凡是收到稿费，一律让负责行政工作的秘书缴党费。我知道后，建议他先存起来，将来捐赠给一些事业，可以起到更大的作用。起初他不同意，认为国家已经给他发了工资，稿费是额外收入，不应当属于他。后来，经过几次做工作，他才勉强接受了这个建议，并把钱先后捐赠给了儿童福利基金会、北方曲艺学校筹建处等单位。他去世后，听说他的夫人又用这笔钱捐赠过一些贫困学生。对于报刊或出版社支付给他的题字题词的稿费，他坚决不收，一律原封退回。

八、淡泊名利

陈云同志历来主张正确看待个人的作用，反对过分突出个人和宣传个人，更不允许在宣传上突出他。凡是宣传他的文章，只要送到他那里审阅，都毫无例外地要被他"枪毙"。有人说，这是陈云同志谦虚，他说这不是谦虚，是实事求是。他在党的七大上发言说："个人的作用是有的，不过自

---

① 九爷府，最初是清雍正年间的怡亲王府，同治年间改为孚亲王府，因其排行第九，故得此俗称。

己不要估计太大了。任何人离开了人民,离开了党,一件事也做不出来,应该这样估计。"① 他晚年用写大字的方法锻炼身体,经常写的一幅字是:"个人名利淡如水,党的利益重如山。"这副对子,是他对后来者的希望,也是对自己心境的写照。

1982年初,为了配合当时党的思想作风的整顿,中央决定发表陈云同志在党的七大上的发言,并冠以《要讲真理,不要讲面子》的标题。文章发表后,报纸上登了几篇学习体会。他一看到便对我说:"搞这个东西干什么?发表我的文章就行了嘛,为什么还要登学习体会!这样搞不好,告诉他们,不要再登这些东西了,明天就刹车。这种事我要说话,自己不说话,别人不好说。"他在审阅党的十二大报告时,看到其中有一处提到他在党的八大上早就提出过关于社会主义经济体制的正确主张,可惜后来没有照着去做,便让我转告起草组同志,要把他的名字删掉。起草组的同志回复说,如果把人名删去,民众不清楚这件事是怎么回事。他听到后对我说:"人们心里是清楚的。"起草组没办法,只好把他的名字删去了。

遵义会议纪念馆为了恢复当年中央领导同志住过的旧址,给陈云同志来信,问他当时是否在遵义会议的会址住过,还说打算把当年他担任政委、刘伯承同志担任司令员的卫戍司令部旧址内的单位迁出,辟为纪念室。陈云同志要我回信,让他们不要恢复司令部旧址,只要在遵义会议会址的说明词中写上他参加过那次会议、住在哪里就行了;而且要我告诉他们,他历来不赞成搞这种东西,以前有人提出要把他老家的房子搞成纪念室,他就没有同意,以后也不能搞。②

中央新闻纪录电影制片厂提出,陈云同志的镜头太少了,希望能拍一些他平时工作、起居的镜头,留作资料。我就这件事向他请示,他不同意,后来又做了几次工作,他勉强同意到杭州休养时拍摄。但中央新影厂只拍了一两次他在房间看书和在公园散步,与游人交谈的镜头,他就不让拍了。他对我说,他历来不主张搞这些宣传个人的东西,没有电影镜头没关系,

---

① 《陈云文选》第一卷,人民出版社1995年版,第295—296页。
② 中共中央文献研究室编,朱佳木主编:《陈云年谱(修订本)》下卷,中央文献出版社2015年版,第353页。

他今后死了，有一张照片就行了。听他这样说，中央新影厂只好作罢。

有一位瓷刻艺术家做了一个陈云同志肖像的瓷盘，托人送到我这里。我拿给陈云同志看，他看了一眼后便让我拿走。我问放到哪儿？他说放到哪儿都行，反正不要放到他那里。

陈云同志十分注意摆正自己和其他领导同志的关系。从党的七大到新中国成立初期，党中央书记处的五位书记一直是毛（泽东）、刘（少奇）、周（恩来）、朱（德）、任（弼时），俗称"五大书记"。任弼时同志逝世后，陈云同志由中央书记处候补书记递补为了"五大书记"之一，但他一直认为自己不能和毛、刘、周、朱并列。有一次他和我谈到工资改革，说20世纪50年代由供给制改为工资制时，需要给每个人定级别，中央组织部鉴于他是中央书记处书记成员，把他的级别也定为了一级。他知道后给中组部领导打电话，坚决要求把自己的级别改为二级，说毛、刘、周、朱是处于第一排的，而他是第二排的，不能把他和他们放在一起。后来毛主席听说了这件事，很是称赞。他还对我说，那时，苏联送给中央五位书记每人一辆吉斯牌轿车，他也把车退回，仍旧坐原来坐的吉姆车（当时苏联生产的轿车中，最好的是吉斯牌，其次是吉姆牌。——笔者注）。

陈云同志始终强调要正确对待自己、正确对待别人，对自己不要估计过高，对别人也不要估计过低。1956年，中央召开七届七中全会，酝酿党的八大的人事安排，准备设四位中央副主席，即刘少奇、周恩来、朱德、陈云，一位总书记，即邓小平。小平、陈云同志都表示，对自己的安排不行也不顺。陈云同志说："这四个副主席中间有我一个，我考虑过，我现在当书记处书记是补了弼时同志，我觉得我这个料子当副主席不适当，可以不必加我。"[①] 毛主席在会上对他们两位都作了高度评价，当讲到陈云同志时说道："我看他这个人是个好人，他比较公道、能干、比较稳当，他看问题有眼光。我过去还有些不了解他，进北京以后这几年我跟他共事，我更了解他了。不要看他和平得很，但他看问题尖锐，能抓住要点。所以，我

---

① 中共中央文献研究室编，金冲及、陈群主编，曹应旺副主编：《陈云传》（下），中央文献出版社2005年版，第998页。

看陈云同志行。至于顺不顺,你们大家评论,他是工人阶级出身。不是说我们中央委员会里工人阶级成分少吗?我看不少,我们主席、副主席五个人里头就有一个。"①

在对待领导同志的排名和宣传规格上,陈云同志也采取同样的态度。20世纪60年代初,中国青年出版社编辑《红旗飘飘》丛书,组织撰写了当时七位中央政治局常委青少年时期革命斗争的故事。出版社把关于陈云同志的文章送他审阅,他坚决不同意发表,说他和毛、刘、周、朱不能是一个规格。结果,《红旗飘飘》丛书里有许许多多老一辈革命家、革命者的故事,唯独没有他的。

1978年底,陈云同志在党的十一届三中全会上被补选为中央政治局常委。李先念同志提出,要把他的名字放在陈云同志之后。陈云同志不同意,说先念同志在粉碎"四人帮"时发挥过重要作用,在党的十一届一中全会上已经是中央政治局常委,因此,把他的名字放在自己前面是合适的,不要变动。

1982年,陈云同志审读有关部门编辑的他在1949—1956年期间的文稿选编,让我转告编辑组,在这本书的后记中一定要说明:"他当年在中财委主持工作期间,几乎所有的决定,特别是重大决策,除了他作了必要的调查研究以外,都是经过集体讨论作出的。在具体工作中,薄一波同志起了重要的作用。另外,许多重大决策都是根据以毛泽东同志为首的党中央确定的路线、方针、政策作出的,或者是经过党中央批准的。大家在阅读这卷文稿时,如果觉得那一段工作还有成功之处,决不要把功劳记在一个人的账上。"② 从这段话中也可以清楚地看出,陈云同志随时随地都能用实事求是的精神,摆正个人,包括他自己,与党、与中央、与集体、与他人的关系,绝不把功劳记在自己一个人的账上,绝不掠他人之美。

1983年,中央决定编辑出版《陈云文选》。在第一卷发行前,陈云同

---

① 中共中央文献研究室编,逄先知、冯蕙主编:《毛泽东年谱(1949—1976)》第二卷,中央文献出版社2013年版,第625页。

② 中共中央文献研究室编,朱佳木主编:《陈云年谱(修订本)》下卷,中央文献出版社2015年版,第340页。

志听说宣传的规格和《邓小平文选》发行时一样，便让我转告中央宣传部的领导，说他的书在宣传规格上要比小平同志的书略低一些，小平同志的应当比他高一些。

陈云同志对自己的要求十分严格，有时几近苛刻。他去外地，从不让当地领导同志到机场、车站迎送，也不允许他们陪同，用他的话说，叫"不迎不送，不请不到"。有一次，他在杭州休养，当地一位主要负责同志来看他，人已到了住地，我进去请示，他就是不见，说他是来休养的，没有事情要谈，让那位同志回去工作。我没办法，只好在自己房间陪那位领导聊了一会儿。

陈云同志吃饭很简单，平日就是两菜一汤，菜谱一星期轮一次，可以称得上名副其实的粗茶淡饭。有一年，我随他到外地，接待单位不知道他的饮食习惯，给他摆了一桌子菜。他一看，坚决不吃，坐在那里和我聊天，聊了整整一个小时，直到厨房重新做了他平时吃的一荤一素，才肯就餐。还有一年大年初一，我值班，到他那里请示工作，正赶上他吃午饭。我看见桌上还是平时的两菜一汤，就说今天过节了，是不是多加几个菜。他说了一句："不用加，我天天过节。"我知道，他的意思是现在同过去相比，平时的伙食就和过节一样，已经很好了。

1984年，陈云同志79岁，按照中国民间传统，给老人祝寿一般祝九不祝十，为此，家里人提出办个寿宴。他没同意，只是在生日那一天，全家人过来给他祝寿，由我给他们照了一张全家福。1985年，陈云同志80岁大寿，有关部门提出在他生日那天，中央在职领导和他一起吃顿长寿面。他仍然没同意，说吃饭就免了，大家要来，见个面照个相就行了。到了他生日那天，中央书记处、国务院、中顾委、中纪委的领导，以及他的老部下都来看望他，并分别照了合影，就算过了80岁生日。

陈云同志从不收礼，也不允许工作人员在没经过他同意的情况下收礼。他曾开玩笑地说道，只有毛主席、周总理送的礼他收，因为他们没有事求他，其他的人一概不收。有一次，部队一位和他很熟悉的老同志，从南方给他带来一纸箱香蕉，让秘书坐车送到了中南海大门口。我请示他，他说："告诉他，我有香蕉吃，让他自己留着吃。"我只好骑车赶到大门口去接待那位秘书，经过反复解释，人家只好把那箱水果扛回车里去了。

不过，据我所知，也有一次例外。那是在党的十二大之前，陈云同志要我从他办公桌柜子里找皮包，以便开会时用。我把里面的皮包都翻了出来，他指着其中一个皮包说，那是当年荣毅仁同志为公私合营的事来北京时送给他的。他虽然没有说为什么收下，但我明白，这是因为那时他负责领导公私合营工作，而荣作为资方代表，正在和政府洽商定息问题，如果不收这个皮包，反而会让对方尴尬。我猜，这很可能是他唯一一次破例收下的礼物。

习近平总书记在纪念陈云同志诞辰110周年座谈会上的讲话中指出：我们纪念陈云同志，就要学习他坚守信仰的精神，党性坚强的精神，一心为民的精神，实事求是的精神，刻苦学习的精神；还说："我们一定要坚定不移把老一辈革命家开创的伟大事业继续推向前进。这是我们的历史责任，也是对老一辈革命家的最好纪念。"[1] 这里所述陈云同志八个方面的作风，是我在他身边工作时的所见所闻，也是我的切身感受。把这些写出来，既是为了纪念陈云同志诞辰120周年，也是为了把我的见闻和感受与大家分享，一起重温习近平总书记关于学习陈云同志精神的论述，按照习近平总书记的要求，把老一辈革命家的优良作风继承下来、发扬光大，把他们开创的伟大事业继续推向前进。

（本文是作者为纪念陈云同志诞辰120周年而撰写的，连载《毛泽东邓小平理论研究》2025年第2—3期。收入本书时，作者略作修改）

---

[1] 习近平：《在纪念陈云同志诞辰110周年座谈会上的讲话（2015年6月12日）》，人民出版社2015年版，第12页。

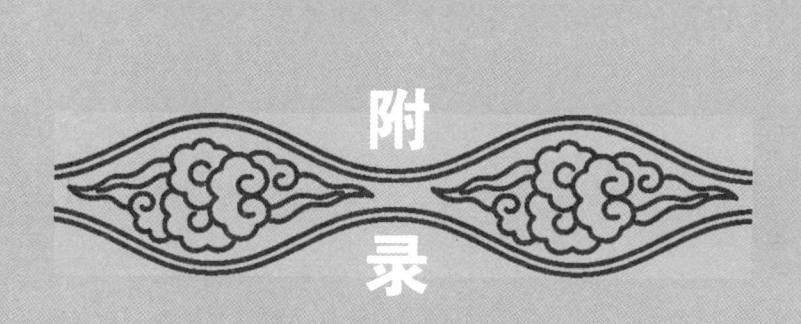

附录

1984年12月24日,陈云在北京

用陈云研究助力新时代繁荣发展

陈云同志是杰出的马克思主义者，是中国社会主义经济建设的重要开创者和奠基人，参与了党中央在不同历史时期一系列重大决策的制定和实施。他在经济、党建和思想方法、工作方法等方面的主张，不仅经受了实践的反复检验，而且与新时代中国特色社会主义是高度契合的。

习近平总书记在纪念陈云同志诞辰110周年座谈会上指出："陈云同志的一生，经历了我国革命、建设、改革各个历史时期，是伟大、光荣的一生。"[①] 他在讲话中指出，在新民主主义革命时期，陈云为民族独立和人民解放顽强奋斗，是中华人民共和国的开国元勋；在社会主义革命和建设时期，陈云为确立社会主义基本经济制度、建立独立的比较完整的工业体系和国民经济体系做了大量卓有成效的工作，为探索我国社会主义建设道路作出了杰出贡献；在改革开放和社会主义现代化建设新时期，陈云为我们党开创中国特色社会主义道路作出了卓越贡献。习近平总书记所说的陈云同志在上述各个时期的贡献，无疑包括他在经济建设、党的建设和思想方法、工作方法等问题上所进行的思考、提出的主张。历史证明，这些主张不仅经受了实践的反复检验，而且至今仍然发挥着重要作用。

[①] 习近平：《在纪念陈云同志诞辰110周年座谈会上的讲话（2015年6月12日）》，载《人民日报》2015年6月13日，第2版。

一、陈云关于经济工作的主张

在经济工作方面，陈云主张把民生放在第一位，把保障人民生活需要作为经济工作的根本方针。他说："搞经济建设的最后目的，是为了改善人民的生活。"① "生活必需品的生产必须先于基建……"②，开展"经济工作的另一个大方针：一、要使十亿人民有饭吃；二、要进行社会主义建设。……必须在保证有饭吃后，国家还有余力进行建设"③。"十亿人口吃饭穿衣，是我国一大经济问题，也是一大政治问题。"④ 同时，他也强调："提高人民生活水平，要掌握一定的幅度，不能过高、过快。"⑤ "在我国，还是低工资、高就业、加补贴的办法好。这是保持社会安定的一项基本国策。"⑥

陈云主张，做经济工作要搞好综合平衡，把重点放在质量、效益上，不要单纯追求产值、产量和速度。他指出："说到底，还是要有计划按比例地稳步前进，这样做，才是最快的速度。"⑦ 脚踏实地地前进，表面上看来像慢，但实际上是快。⑧ 他在1979年的一次讲话中说："目前人民向往四个现代化，要求经济有较快的发展。但他们又要求不要再折腾，在不再折腾的条件下有较快的发展速度。我们应该探索在这种条件下的发展速度。"⑨ 陈云还总结了多年来的经验教训，认为搞建设，真正脚踏实地、按部就班地搞下去就快，急于求成反而慢。要把重点放在质量、品种上，真正把质量、品种搞上去。⑩ 要把注意力集中到提高经济效益上来。⑪

陈云主张，计划和市场应当有机地结合起来，既搞活经济，又活而不

---

① 《陈云文选》第三卷，人民出版社1995年版，第280页。
② 《陈云文选》第三卷，人民出版社1995年版，第53页。
③ 《陈云文选》第三卷，人民出版社1995年版，第306页。
④ 《陈云文选》第三卷，人民出版社1995年版，第350页。
⑤ 《陈云文选》第三卷，人民出版社1995年版，第367页。
⑥ 《陈云文选》第三卷，人民出版社1995年版，第376页。
⑦ 《陈云文选》第三卷，人民出版社1995年版，第351页。
⑧ 《陈云文选》第三卷，人民出版社1995年版，第268页。
⑨ 《陈云文选》第三卷，人民出版社1995年版，第268页。
⑩ 《陈云文选》第三卷，人民出版社1995年版，第254页。
⑪ 《陈云文选》第三卷，人民出版社1995年版，第380页。

乱。早在资本主义工商业改造完成后，他就针对工商业经营、生产和市场方面的问题，提出了"三个为主三个为辅"的设想，即国家和集体经营为主体，个体经营为补充；计划生产为主体，按市场变化的自由生产为补充；社会主义的统一市场为主体，国家领导下的自由市场为补充。由于种种原因，他的这一主张在那个时期未能得到实施。党的十一届三中全会后，他把这一主张凝聚为计划经济与市场调节相结合的思想，成为改革初期经济体制改革的目标模式。2000年，时任中共中央总书记的江泽民同志在纪念陈云同志诞辰95周年的座谈会上指出，陈云同志"计划经济与市场调节相结合"的这一主张，"当时对推动全党解放思想、实事求是，进行突破高度集中的计划经济体制的改革，产生过广泛而深刻的影响"[1]。后来，陈云还用"鸟"和"笼子"的关系来比喻计划指导与搞活经济的关系，说把鸟捏在手里会死，要让它飞，但没有笼子，它就飞跑了。"搞好宏观控制，才有利于搞活微观，做到活而不乱。"[2] "搞活经济是对的，但权力太分散就乱了，搞活也难。"[3]

陈云强调，在经济体制改革中要坚持正确的政治方向和稳步前进的方针，注意随时总结经验。他说："我们国家现在进行的经济建设，是社会主义的经济建设，经济体制改革也是社会主义的经济体制改革。"[4] "社会主义经济体制改革，是社会主义制度的自我完善和发展。" "经济体制改革，是为了发展生产力，逐步改善人民的生活。"[5] 他还说，我们要改革，但是步子要稳。因为我们的改革问题复杂，不能要求过急。改革固然要靠一定的理论研究、经济统计和经济预测，更重要的还是要从试点着手，随时总结经验，也就是要"摸着石头过河"[6]。陈云还进一步强调，由于体制改革涉及的范围相当广，广大干部对此还不很熟悉，这就会在进行中带来一些

---

[1] 《江泽民同志的讲话——在〈陈云文选〉（1—3卷）、〈陈云〉画册出版发行暨纪念陈云同志诞辰九十周年座谈会上》，载《人民日报》1995年6月14日，第1版。
[2] 《陈云文选》第三卷，人民出版社1995年版，第350页。
[3] 《陈云文选》第三卷，人民出版社1995年版，第366页。
[4] 《陈云文选》第三卷，人民出版社1995年版，第347页。
[5] 《陈云文选》第三卷，人民出版社1995年版，第350页。
[6] 《陈云文选》第三卷，人民出版社1995年版，第279页。

现在难以预见的问题。因此，必须边实践，边探索，边总结经验。① 改革的步骤一定要稳妥，务必不要让人民群众的实际收入因价格调整而降低。② 企业实行承包责任制，有积极的一面，也要看到消极的一面，比如不少企业为了完成承包数，硬拼设备，带病运转③，这是不应提倡的。不能只注重物质文明建设，而忘记或者放松了抓社会主义精神文明建设，那样物质文明建设也不可能搞好。④

陈云主张，对外开放既要积极，又要稳妥；既要引进来，也要走出去。早在改革开放前，他就提出，不要把实行自力更生的方针与利用资本主义信贷相对立。⑤ 他强调："资本主义市场的商品交易所有两重性。……对于商品交易所，我们应该研究它，利用它，而不能只是消极回避。"⑥ "我们要打大的算盘。中国人多，进口化肥设备，进口化肥，增产粮食，出口大米，出口肉类，就是大的加工出口，同进口棉花加工棉布出口的道理是一样的。"这些大的加工出口都是利用国内丰富的劳动力，生产成品出口。⑦ 党的十一届三中全会后，党中央实行对外开放政策，允许引进外资，陈云认为这是打破闭关自守以后的新形势⑧，并提出既要引进外资，也要对外投资。他说："对外开放不一定都是人家到我们这里来，我们也可以到人家那里去。……这不是卖国，是爱国。"⑨ 他还竭力主张扩大劳务出口，说这件事很重要。⑩ 他十分重视技术引进，说"引进先进技术比引进先进设备重要得多"⑪，"既要买工厂，又要更多地买技术，买专利"⑫。

不过，当看到一些人头脑发热，把外国商人简单看成国际友人，只想

---

① 《陈云文选》第三卷，人民出版社 1995 年版，第 338 页。
② 《陈云文选》第三卷，人民出版社 1995 年版，第 337 页。
③ 《陈云文选》第三卷，人民出版社 1995 年版，第 365 页。
④ 《陈云文选》第三卷，人民出版社 1995 年版，第 347 页。
⑤ 《陈云文选》第三卷，人民出版社 1995 年版，第 219 页。
⑥ 《陈云文选》第三卷，人民出版社 1995 年版，第 222 页。
⑦ 《陈云文选》第三卷，人民出版社 1995 年版，第 224 页。
⑧ 《陈云文选》第三卷，人民出版社 1995 年版，第 276 页。
⑨ 《陈云文集》第三卷，中央文献出版社 2005 年版，第 537 页。
⑩ 《陈云文集》第三卷，中央文献出版社 2005 年版，第 526 页。
⑪ 《陈云文集》第三卷，中央文献出版社 2005 年版，第 520 页。
⑫ 《陈云文选》第三卷，人民出版社 1995 年版，第 262 页。

借钱而不考虑国内配套能力和还款能力时,陈云又及时提醒大家:"外国资本家也是资本家。""世界上没有一个愿做低于平均利润率买卖的资本家。"因此,他强调既要把利用外资和引进新技术作为我们当前的一项重要政策措施,也要头脑清醒。① 他反对不顾客观条件、盲目扩大经济特区,更反对人民币和外币同时流通。他大声疾呼,在扩大进口、办三资企业时,要注意保护民族工业,强调搞来料加工不能把我们自己的产品挤掉了。② 他还着重指出,对外开放、引进国外先进技术和经营管理经验为我国的社会主义建设服务,完全正确并且要坚持。"但同时要看到,对外开放,不可避免地会有资本主义腐朽思想和作风的侵入。这对我们社会主义事业,是直接的危害。"③ "'一切向钱看'的资本主义腐朽思想,正在严重地腐蚀我们的党风和社会风气。我们搞社会主义,一定要抵制和清除这些丑恶的思想和行为⋯⋯"④

粮食安全是经济建设的基础和根本保证,对此,陈云始终有着清醒的认识。陈云主张,对粮食问题一定要给予高度重视。早在编制"一五"计划时他就指出,中国土地少,人口多,交通不便,资金不足。因此,农业生产赶不上工业建设的需要将是一个长期的趋势,不要把它看短了。⑤ 面对1956年的"冒进",他作出《建设规模要和国力相适应》的著名讲话,指出我国农业对经济建设的规模有很大的约束力。⑥ 他在第一次国民经济调整中说,解决农业问题与市场问题应该成为重要的国策,因为这是关系五亿多农民和一亿多城市人口生活的大问题,是民生问题。⑦ 在改革开放之初的第二次国民经济调整中,他再次强调我国人口多耕地少的国情,说坚持实事求是,首先要弄清这个事实,解决粮食紧张问题。他说:"钢铁是

---

① 《陈云文选》第三卷,人民出版社1995年版,第277页。
② 《陈云文集》第三卷,中央文献出版社2005年版,第307页。
③ 《陈云文选》第三卷,人民出版社1995年版,第355页。
④ 《陈云文选》第三卷,人民出版社1995年版,第356页。
⑤ 中共中央文献研究室编:《陈云年谱(1905—1995)》中卷,中央文献出版社2000年版,第210页。
⑥ 《陈云文选》第三卷,人民出版社1995年版,第55页。
⑦ 《陈云文选》第三卷,人民出版社1995年版,第210页。

硬的,我看粮食更硬。"① 后来,当通过包产到户、大幅度提高粮食收购价格和大量进口粮食,使粮食紧张局面缓解后,有人又过于乐观,认为粮食过关了,今后农民愿意种什么就可以种什么,并大力宣传"无工不富"。对此,他反复敲警钟,指出:"不能因为发展经济作物而挤了粮食产量。粮食还是第一位。"② "我们国家人口多,耕地少,这在相当长的时间内不会好转。……我们必须在粮食问题上立于不败之地。"③ "十亿人口吃饭穿衣,是我国一大经济问题,也是一大政治问题。'无粮则乱',这件事不能小看就是了。"④

陈云主张,对生态和资源问题也要高度重视,并且要早抓、抓紧。他指出,建工厂必须把处理污染问题放在设计的首要位置,真正做到防害于先。⑤ 他还指出今后设立工厂时,必须注意到用水量的问题。即使是有水资源的工厂,也要采取节约用水的办法。⑥ 20世纪80年代末,当他看到《卫星看不见的城市——本溪市环境污染情况调查》和《四川排放污染总量约占全国十分之一》两份材料,立即批给当时的国务院负责同志,指出:"治理污染、保护环境,是我国的一项大的国策,要当作一件非常重要的事情来抓。"⑦

二、陈云关于党的建设的主张

在党的建设方面,陈云历来主张从严要求,尤其是要抓紧抓好党员的信仰、纪律和作风。他在延安时期担任中央组织部部长期间撰写的《怎样做一个共产党员》指出,一个愿意献身共产主义事业的共产党员,不仅应该为党在各个时期的具体任务而奋斗,而且应该确定自己为共产主义的实

---

① 《陈云文选》第三卷,人民出版社1995年版,第258页。
② 《陈云文选》第三卷,人民出版社1995年版,第280—281页。
③ 中共中央文献研究室编:《陈云年谱(1905—1995)》下卷,中央文献出版社2000年版,第310页。
④ 《陈云文选》第三卷,人民出版社1995年版,第350页。
⑤ 《陈云文选》第三卷,人民出版社1995年版,第263页。
⑥ 《陈云文选》第三卷,人民出版社1995年版,第263页。
⑦ 《陈云文选》第三卷,人民出版社1995年版,第364页。

现而奋斗到底的革命的人生观。怎样才能建立和坚定自己的人生观呢？首先必须认识到人类社会历史发展的规律和坚信共产主义社会必然实现的前途。① 每个共产党员都要以革命的和党的利益高于一切的原则来处理一切个人问题。② 党员"迅速确切地执行党的决议"，不仅要在日常工作中，而且要在困难中和生死关头；不仅要在有组织监督时，而且要在没有组织监督时；不仅要在胜利时，而且要在失败时。③ 曾有一个党员拒绝组织分配，在经多次教育不改后，陈云主持中央党务委员会研究，决定开除其党籍，并在中央机关刊物《解放》上撰文强调："'严格的遵守党的纪律为所有党员及各级党部之最高责任。'这里所谓'所有党员'，不管你是中央委员，还是一般党员，不管你是老党员，还是新党员，都要遵守纪律。所谓'各级党部'，不管是中央委员会，还是支部委员会，都要遵守纪律。一句话，党内不准有不遵守纪律的'特殊人物'、'特殊组织'。"④ 他还在延安文艺座谈会上发表讲话，指出文艺工作者中的党员应当基本上是党员，其次才是文化人。否则，"你以文化人资格入党，我以军人资格入党，他又以农民资格入党……党就不成其为党，成了'各界联合会'"⑤。

党的十一届三中全会上，陈云重新当选中共中央副主席，并兼任新成立的中央纪委第一书记。他在这个岗位上工作的九年正是我国改革开放初期的九年，党面临着执政、改革开放、市场经济、外部环境的多重考验。那时，有人鼓吹"共产主义遥遥无期，今后要少讲共产主义，多讲如何发财"。针对这类观点和问题，陈云进行了坚决的批驳，他指出："共产主义遥遥有期，社会主义就是共产主义的第一阶段。"⑥ 他强调，凡是在意识形态工作中认为中国不如外国、社会主义不如资本主义的人，"经过教育不改的，要调动他们的工作"⑦。他说，要使全党同志明白，我们干的是社会

---

① 《陈云文选》第一卷，人民出版社1995年版，第137页。
② 《陈云文选》第一卷，人民出版社1995年版，第138—139页。
③ 《陈云文选》第一卷，人民出版社1995年版，第140页。
④ 《陈云文选》第一卷，人民出版社1995年版，第126页。
⑤ 《陈云文选》第一卷，人民出版社1995年版，第274页。
⑥ 习近平：《在纪念陈云同志诞辰110周年座谈会上的讲话（2015年6月12日）》，载《人民日报》2015年6月13日，第2版。
⑦ 《陈云文选》第三卷，人民出版社1995年版，第332页。

主义事业,最终目的是实现共产主义。① 应当把共产主义思想的教育、四项基本原则的宣传,作为思想政治工作的中心内容。社会主义经济建设和经济体制改革,更加要有为共产主义事业献身的精神。② 他甚至在党的十二届二中全会大会发言最后高呼:"社会主义万岁!共产主义万岁!"③

陈云还针对认为"帝国主义论"过时的观点指出,列宁论帝国主义的五大特点并没有过时,帝国主义的侵略、渗透在过去主要是"武"的,后来是"文""武"并用,到了现在,"文"的(包括政治的、经济的和文化的)突出起来,特别表现在对社会主义国家搞所谓的"和平演变"上。④

针对有人鼓吹的"一切向钱看"思想,以及一些党员甚至领导干部钻改革的空子,大搞权钱交易、行贿受贿、走私贩私、销售假药假酒的行为,陈云指出:"执政党的党风问题是有关党的生死存亡的问题。"⑤ "对严重的经济犯罪分子,我主张要严办几个,判刑几个,以至杀几个罪大恶极的,并且登报,否则党风无法整顿。"⑥ 他强调,对歪风邪气大量存在的单位和地区,除了追究那些为非作歹的个人的责任,还要追究那个单位、那个地区的党委包括纪委的责任。⑦ 对于当时中央提出北京市党政军机关要在实现党风和社会风气根本好转中做表率的要求,他建议做表率要首先从中央政治局、书记处和国务院的各位同志做起。⑧

针对"改革中应在党纪上对党员干部松绑"的主张,陈云强调:"党性原则和党的纪律不存在'松绑'的问题。没有好的党风,改革是搞不好的。"⑨ "无论是谁违反党纪、政纪,都要坚决按党纪、政纪处理;违反法律的,要建议依法处理。"⑩ 针对要有"开拓型干部"的提法,他指出:

---

① 《陈云文选》第三卷,人民出版社 1995 年版,第 347 页。
② 《陈云文选》第三卷,人民出版社 1995 年版,第 352—353 页。
③ 《陈云文选》第三卷,人民出版社 1995 年版,第 333 页。
④ 《陈云文选》第三卷,人民出版社 1995 年版,第 370 页。
⑤ 《陈云文选》第三卷,人民出版社 1995 年版,第 273 页。
⑥ 中共中央文献研究室编,金冲及、陈群主编:《陈云传》(下),中央文献出版社 2005 年版,第 1721 页。
⑦ 《陈云文选》第三卷,人民出版社 1995 年版,第 356 页。
⑧ 《陈云文集》第三卷,中央文献出版社 2005 年版,第 543 页。
⑨ 《陈云文选》第三卷,人民出版社 1995 年版,第 275 页。
⑩ 《陈云文选》第三卷,人民出版社 1995 年版,第 356 页。

"开拓型也要,但首先要强调有德,有党性。德才兼备,才干固然要有,但德还是第一。"①

针对一些人错误总结和接受"文化大革命"中"左"的指导思想的教训,从"以阶级斗争为纲"转到另一个极端,变得怕矛盾、怕斗争、怕得罪人、是非不分、不敢坚持原则、和稀泥、做老好人,坚持原则的人反受孤立的现象,陈云指出:"要提倡坚持原则,提倡是就是是、非就是非的精神。"② 他还对做纪律检查工作的干部作了特别要求,强调他们应当有坚强的党性,有一股正气;应当能够坚持原则,敢于同党内各种不正之风和一切违法乱纪行为作坚决斗争的人;而不应当是做和事佬、老好人,在原则问题上"和稀泥"。③

三、陈云关于思想方法、工作方法的主张

实践反复证明,实事求是是决定党和国家各项工作成败的关键。在思想方法和工作方法上,陈云的一个突出贡献是提出了"不唯上、不唯书、只唯实,交换、比较、反复"这一做到实事求是的可靠路径。习近平总书记在纪念陈云同志诞辰110周年座谈会上指出:"对实事求是,陈云同志践行了一生。陈云同志说:'实事求是,这不是一个普通的作风问题,这是马克思主义唯物主义的根本思想路线问题。'"④ 延安时期,在同毛泽东同志反复探讨怎样才能少犯错误这个话题之后,陈云提炼出"不唯上、不唯书、只唯实,交换、比较、反复"这样一个带有鲜明特点的"十五字诀"。

陈云回忆说,在延安时期,毛主席先后三次同他谈话,要他学哲学。他为此在中组部成立了一个学习小组,对马克思、恩格斯、列宁、斯大林和毛主席的著作边学边议,前后坚持了五年。他还利用养病时间,把毛主

---

① 《陈云文选》第三卷,人民出版社1995年版,第359页。
② 《陈云文选》第三卷,人民出版社1995年版,第274页。
③ 《陈云文集》第三卷,中央文献出版社2005年版,第511—512页。
④ 习近平:《在纪念陈云同志诞辰110周年座谈会上的讲话(2015年6月12日)》,载《人民日报》2015年6月13日,第2版。

席起草的文件、电报找来看，发现其中贯穿的一条红线就是实事求是。经过深入思考，陈云针对如何才能做到实事求是的问题，总结出了著名的"十五字诀"，认为只有这样，才能把事实看全面看清楚，才能真正做到实事求是。

为了做到"不唯上、不唯书、只唯实"，陈云格外重视调查研究。他认为："难者在弄清情况，不在决定政策。"① "要用百分之九十以上的时间作调查研究工作，最后讨论作决定用不到百分之十的时间就够了。"② 他在主持全国财经工作期间经常下基层，做深入细致的调查研究，并据此提出许多具有真知灼见的意见和建议，其中最为著名的就是"青浦农村调查"。关于调查研究的方法，他主张可以是下乡下厂，也可以找有不同意见的人交换意见，还可以通过敢讲真话的知心朋友和身边工作人员听取基层呼声，但绝不能搞"走马观花"式的调研。他每作决策，必先把情况弄准确，对方案反复研究，所以被他领导过的财经干部普遍反映："陈云同志一生大错没有，小错也不多。"在纪念陈云同志诞辰100周年座谈会上，时任中共中央总书记的胡锦涛也评价说，陈云同志"从不发表空泛的议论，每讲一个问题，必定经过深入调查和周密思考，算大账高瞻远瞩，算小账明察秋毫"③。

为了做到"交换、比较、反复"，陈云尤其强调发扬民主、允许大家讲不同意见，提倡要讲真理，不要讲面子④，是就是是、非就是非的精神⑤。他说："领导干部听话要特别注意听反面的话。相同的意见谁也敢讲，容易听得到；不同的意见，常常由于领导人不虚心，人家不敢讲，不容易听到。"⑥ "如果没有不同意见，自己也要假设一个对立面，让大家来批驳。有钱难买反对自己意见的人。"⑦ "'逢人只说三分话，未可全抛一片

---

① 《陈云文选》第三卷，人民出版社1995年版，第46页。
② 《陈云文选》第三卷，人民出版社1995年版，第189页。
③ 胡锦涛：《在陈云同志诞辰100周年纪念大会上的讲话（2005年6月13日）》，载《人民日报》2005年6月14日，第1—2版。
④ 《陈云文选》第一卷，人民出版社1995年版，第296页。
⑤ 《陈云文选》第三卷，人民出版社1995年版，第274页。
⑥ 《陈云文选》第三卷，人民出版社1995年版，第188页。
⑦ 《陈云文选》第三卷，人民出版社1995年版，第361页。

心'，这种现象是非常危险的。一个人说话有时免不了说错，一点错话不说那是不可能的。在党内不怕有人说错话，就怕大家不说话。"① "要是开起会来，大家都不说话，那就天下不妙。"② "一个人看问题总是有局限性的。集体讨论、大家交换意见，是达到全面认识的重要方法。"③

四、新时代中国特色社会主义与陈云的主张高度契合

党的十八大以来，以习近平同志为核心的党中央提出和实施了治国理政的一系列新理念、新思想、新战略，引领中国特色社会主义进入了新时代。

新时代在发展的指导思想上，强调人民至上，以人民为中心，增进民生福祉是发展的根本目的，使发展成果更多更公平惠及全体人民；同时，要把保障和改善民生建立在经济发展和财力可持续的基础之上；在经济工作上，确定稳中求进的工作总基调，强调不以速度快慢、产值多少论英雄，要以推动高质量发展为主题；在经济体制上，强调市场经济的社会主义属性，既要使市场在配置资源中起决定性作用，又要更好发挥政府作用；在体制改革上，强调把握正确的政治方向，提出改革的目的是推进我国社会主义制度的自我完善和发展，主张采取试点探索、投石问路的方法，把摸着石头过河和加强顶层设计相统一，感觉稳当了再推动，"该改的、能改的我们坚决改，不该改的、不能改的坚决不改"④；在对外开放上，提出实行更加积极主动的开放战略，坚持"引进来"和"走出去"并举，推进高水平对外开放和推动共建"一带一路"高质量发展，实施自由贸易试验区提升战略，有序推进人民币国际化；在粮食问题上，强调加快建设农业强国，守住十八亿亩耕地红线，全方位夯实粮食安全根基，"确保中国人的饭碗

---

① 《陈云文选》第三卷，人民出版社 1995 年版，第 187 页。
② 《陈云文选》第三卷，人民出版社 1995 年版，第 275 页。
③ 《陈云文选》第三卷，人民出版社 1995 年版，第 46 页。
④ 中共中央党史和文献研究院编：《十九大以来重要文献选编》（上），中央文献出版社 2019 年版，第 732 页。

牢牢端在自己手中"①；在生态问题上，提出创新、协调、绿色、开放、共享的新发展理念和坚持节约资源、保护环境的基本国策。

新时代在党建的指导思想上，我们党提出治国必先治党，治党务必从严，要求全面从严治党，改变管党治党宽松软的状况；强调革命理想高于天，对马克思主义的信仰、对社会主义和共产主义的信念，是共产党人的政治灵魂，不能因为实现共产主义理想是一个漫长过程，就认为那是虚无缥缈的海市蜃楼；指出党面临的最大风险是内部变质、变色、变味，从严治党要坚持从中央政治局做起，从人民群众反映强烈的作风问题抓起，抓住领导干部这个"关键少数"；要求树立正确用人导向，坚持德才兼备、以德为先；强化政治纪律和组织纪律，把守纪律讲规矩摆在更加重要的位置；提倡敢于斗争，敢于坚持原则，指出讲团结不是搞一团和气，讲和谐不是要"和稀泥"，"不能学'逢人且说三分话，未可全抛一片心'那一套市侩哲学！"②

新时代在思想方法、工作方法上，强调加强对马克思主义哲学的学习，坚持和运用辩证唯物主义和历史唯物主义的世界观和方法论；要求把调查研究作为党的传家宝，防止拍脑袋决策、拍胸脯蛮干；在讨论工作、审议方案时，"可以充分发表意见，畅所欲言，可以提修改意见，可以批评，甚至可以反对，言者无罪"③。2023年3月，中共中央在关于全党大兴调查研究的工作方案中，特别指出要"不唯书、不唯上、只唯实"，强调"听真话、察实情、坚持真理、修正错误，有一是一、有二是二，既报喜又报忧"。④

以上这一切都充分说明，陈云在经济、党建和思想方法、工作方法等方面的主张，经受了改革开放前后两个历史时期的反复检验，不仅没有过时，而且在新时代闪烁出更加耀眼的光芒。我们要面向新的问题，结合新的实际，以习近平新时代中国特色社会主义思想为指引，进一步加强陈云生平与思想的研究，力争拿出更多切合马克思主义立场、观点、方法，适

---

① 《党的二十大文件汇编》，党建读物出版社2022年版，第26页。
② 习近平：《论党的自我革命》，中央文献出版社、党建读物出版社2023年版，第93页。
③ 习近平：《论坚持人民当家作主》，中央文献出版社2021年版，第170页。
④ 《中办印发〈关于在全党大兴调查研究的工作方案〉》，载《人民日报》2023年3月20日，第1版。

应当今时代需要，能作出深入分析、提出创新见解的研究成果。只要我们这样做，陈云研究就是大有可为、大有前途的，就一定会更加广泛、深入、持久地开展下去，为新时代中国特色社会主义的繁荣发展，为实现党的第二个百年奋斗目标，为全面建成社会主义现代化强国，贡献更多的智慧和力量。

（本文是作者在 2023 年 5 月 27 日湖南株洲举行的第十六届"陈云与当代中国"学术研讨会上开幕词基础上撰写而成的，刊载于《湖南工业大学学报（社会科学版）》2023 年第 5 期。收入本书时，作者略作修改）

在深化陈云研究的基础上创建陈云学

以从事陈云生平思想研究为主业的上海唯实文化研究所自2018年注册成立以来便着手筹办的《上海唯实研究》，现在终于创刊了。这对于广泛、深入、持续地开展陈云生平思想的研究、宣传、教育事业，进一步贯彻党的十九大精神，继承、发展革命文化和中国特色社会主义先进文化，扩大党的马克思主义意识形态阵地，都是一件具有积极意义、可喜可贺的事情。

2014年，我在"陈云与当代中国"研讨会上曾发出过一个呼吁，即陈云研究要向创立陈云学的方向发展，努力构建陈云学的学科体系，使这一研究成为一门学问。上海唯实文化研究所的成立和《上海唯实研究》的创办，对此无疑起到了重要的促进作用。

学科是学问中的门类，创立一门学科，构建一门学科的学科体系，首先要有能够成为一门学科的研究对象，以及开展这一研究的基本范畴、基本文献、基本队伍，以及支撑这一研究的基本方法。从这几方面看，陈云学都已具备了创立的基本条件；经过努力，其学科体系是完全可以构建起来的。

在中国近代革命史、中国共产党史、中华人民共和国史上，陈云都是一个占有重要而特殊位置的人。他的一生不仅与党史、国史息息相关，而且有着极其浓重的传奇色彩。

陈云出身贫寒，2岁丧父，4岁丧母，14岁只身来到上海商务印书馆当学徒，20岁就在五卅运动中成为上海工人运动中的领袖人物并加入了中国共产党，25 岁进入中共中央委员会，26 岁先后成为临时中央的政治局委员、常委，从 29 岁起便长期处于党中央核心领导岗位。在长达 70 年的革命生涯中，他从事过地下工作、情报工作、工会工作、军队的后勤工作和政治工作、党的组织和干部工作、根据地的财经工作和地方的全面工作，以及全国的财经工作、全党的纪律检查工作等各种各样的工作。无论干什么，他总能干出成绩，并且干得有声有色，在革命、建设、改革的许多关键时刻发挥出关键性作用。

陈云一生有顺境也有逆境，但无论身处何种境遇，都毫不动摇地坚持共产主义的信念。1962 年，他因提出用分田到户方法（即后来的土地承包）克服农业暂时困难的主张而遭受政治冷遇后，又在"文化大革命"初期由原来在中央政治局常委中排名第五位降至第十一位，党的九大更在中央政治局中被除名，仅保留了中央委员的名义，直到党的十一届三中全会重新当选政治局委员、常委、副主席，其间脱离领导岗位长达 16 年。然而，一旦恢复工作，他讲的话、办的事不仅没有给人长期脱离工作的感觉，相反，好像一直在领导岗位上，对情况一点也不陌生。

陈云的正规学历只有高小毕业，然而，他无论当学徒还是参加革命，都毫不间断地坚持自学，从而使自己的文化和理论水平达到了相当高的水平。人们普遍反映，由他负责领导新中国经济建设的时期，是新中国经济发展最好的时期之一；由他提出的关于经济建设的主张，是最能经得起实践检验的主张之一。财经战线的一些老同志每当回忆往事，总是不无感慨地说："陈云同志一生大错没有，小错也不多。"有的人还十分自豪地说："我们是陈云学派。"

在中国共产党内，陈云是为数不多的既在党建方面有比较完整的理论，又在经济方面有深入钻研和系统思想的领导人。人们耳熟能详的许多概念、警句、格言，都出自他之口。例如，"不唯上、不唯书、只唯实，交换、比较、反复"，"要讲真理，不要讲面子"，干部工作要"了解人，气量大，用得好，爱护人"，"学习是共产党员的责任"，"出人，出书，走正路"，"执政党的党风问题是有关党的生死存亡的问题"，"党性原则和党的纪律不存在'松绑'的问题"，干部队伍"要革命化、年轻化、知识化、专业化"，等等。再如，"按比例发展是最快的速度"、"四大平衡"、"三个主体、三个补充"、"计划经济与市场调节相结合"、"一要吃饭，二要建设"、"无粮不稳"、"无粮则乱"、"中央的政治权威，要有中央的经济权威作基础"、"搞好宏观控制，才有利于搞活微观，做到活而不乱"，等等。在过去的不同历史时期，人们对一些重大问题有过许多不同意见的争论。例如，经济的平衡关系应不应当被不断打破，经济建设要不要按比例发展、要不要稳中求进，基本建设要不要与国力相适应，经济建设与民生究竟应当把谁放在首位，计划经济中能不能有适当的市场调节，搞活经济能不能脱离国家的宏观控制，尊重价值规律是否意味应当取消必要的财政补贴，等等；再有，对历史上的重大冤假错案要不要彻底平反，党内斗争可不可以开杀戒，对中青年干部是按部就班一个一个选拔还是应当抓紧时间成千上万选拔，对三种人是既往不咎还是必须从领导岗位上撤下来，在改革开放中究竟能不能进行共产主义思想的教育、要不要坚持党纪国法，等等。实践证明，在所有这些问题上，陈云的意见都是正确的，是最能站得住脚的。

陈云逝世后，党中央对他的评价有过四个定位：一是伟大的无产阶级革命家、政治家，二是杰出的马克思主义者，三是新中国经济建设的开创者、奠基人之一，四是党和国家久经考验的领导人；后来又加了一条：以毛泽东同志为核心的党的第一代中央领导集体和以邓小平同志为核心的党的第二代中央领导集体的重要成员。这些评价是完全契合实际的。但我感到，除此之外，陈云还称得上是一位马克思主义的思想家和理论家。毛主席曾说过，能够依据马克思列宁主义的立场、观点、方法正确解释中国革命中的问题，能够在中国的经济、政治、军事、文化种种问题上给予理论说明的人，就是理论家。按照这个标准，陈云作为思想家、理论家是完全够格的。

古今中外都有思想史，中国共产党、中华人民共和国也有自己的思想史。我们党在八大期间，形成了毛（泽东）、刘（少奇）、周（恩来）、朱（德）、陈（云）、林（彪）、邓（小平）七人组成的第一代中央领导集体。他们在"文化大革命"前不仅威信高，而且每人都有自己的独到思想。其中，毛泽东思想处于核心地位，具有主导性、引领性，对此，大家没有疑义。改革开放初期，我们党又形成了邓（小平）、陈（云）、叶（剑英）、李（先念）四人为主要成员的第二代中央领导集体，其中邓小平理论处于核心地位，对此，大家也没有疑义。在党的两代中央领导集体中都是成员的，除邓小平之外就是陈云。而他的思想，无论在第一代中央领导集体中还是在第二代中央领导集体中，无论在改革开放前还是在改革开放后，都具有相当的独特性、丰富性、前瞻性和深刻性。对于这一点，全党也是公认的。

陈云常讲，旧社会店铺里有一种人，戴瓜皮帽、抽水烟袋，他们不卖货，专门观察什么货走得快，什么货走得慢，这些都是"战略性问题"。他还说，我们的干部中要有人"摇摇鹅毛扇、踱踱方步"，意思是说，要有人静下心来考虑一些战略性问题。我认为，在我们党里，陈云就是这样一位"戴瓜皮帽、抽水烟袋"的人，一位"摇鹅毛扇、踱方步"的人，就是说，是专门为我们党考虑战略性问题、出战略性主意的人。从这个意义上说，陈云也堪称无产阶级的战略家。

现在，陈云离开我们已有20多年。在这20多年里，世情、国情、党情都有很大变化，但陈云的思想并没有因此失去真理的光辉和现实的意义。因为他的思想是从世情、国情、党情的基本面出发的，反映的是人类社会的发展规律、中国社会主义的建设规律、共产党的执政规律。而世情、国情、党情的基本面，是具有很大稳定性的，一般不会轻易改变。只要人类社会还在发展，社会主义建设还在进行，共产党还在执政，它们的基本规律也不会有很大变化。因此，陈云的思想也不会因为他去世就过时。例如，他在1985年谈到粮食问题时说："十亿人口吃饭穿衣，是我国一大经济问题，也是一大政治问题。'无粮则乱'，这件事不能小看就是了。"[1] 他发出这一告诫所依据的是中国人口多、耕地少的国情，而这一国情是不容易变的。再如，陈云在改革开放初期指出："党风问题必须抓紧搞，永远搞。"[2] 他发出的这一警告所依据的是我们党不仅已经执政了很长时间，而且还将

---

[1] 《陈云文选》第三卷，人民出版社1995年版，第350页。
[2] 《陈云文选》第三卷，人民出版社1995年版，第273页。

在市场经济、对外开放条件下长期执政的党情，而这一党情也是不容易变的。

古今中外的许多思想家，他们距离现在有的已经几百年，有的甚至上千年，但他们的思想仍然在影响着今天人们的生活，仍然在被今天的人们当作学问研究。陈云作为一位思想家、理论家、战略家仅仅逝世20多年，当然更应当也更可以被当作学问来研究。近些年来，"陈云与当代中国"学术研讨会每年向全国征文都能收到众多应征论文，说明陈云的思想穿透力和人格魅力在广大学者中具有极大吸引力，他的生平与思想有着无穷无尽的研究话题。对此打个不完全恰当的比方，就像有"说不尽的《红楼梦》"一样，也有让人说不完的陈云。

正是基于上述理由，我认为完全有必要创立一门以陈云生平与思想为研究对象的新兴学科——陈云学。这门学科不仅是党史学、国史学、党史人物学、新中国经济史学的分支学科，而且是一门历史学、经济学、政治学和马克思主义学的交叉学科。

如果说陈云学有创建的必要性和依据的话，那么，它是否也有创建的条件呢？我认为，对于这个问题的回答同样是肯定的。

首先，陈云研究的基本文献资料已经十分丰富，而且大部分都已经公开出版。其中包括《陈云文选》《陈云文集》《陈云同志关于评弹的谈话和通信》《陈云年谱》《陈云传》《陈云画册》，以及有关陈云的大量回忆文章；有的书还作了增订再版，如《陈云年谱》。今后当然还会发现和披露一些新的史料，但承载陈云研究的基本资料，可以说已经大体齐全了。即使今后再发现和披露一些新的资料，顶多也是进一步丰富。

其次，陈云研究的基本队伍已经形成，而且已初具规模。要创立陈云学，开展陈云学研究，关键条件之一是要有一支稳定的研究队伍，这样，研究才可能持久深入，才不会仅仅限于"逢五逢十"的纪念年份搞突击性的学术活动。早在改革开放之前，就有人从事陈云思想的研究。改革开放后，研究陈云生平与思想的人越来越多。特别是经过近十多年的组织、整合，已经形成了一支相对稳定的陈云研究队伍。其中，有原中共中央文献研究室（现已和中共中央党史研究室、中共中央编译局合并组成中共中央党史和文献研究院。——笔者注)、陈云纪念馆中从事陈云研究的专业人员,有党政部门、科研机构、大专院校中热衷于陈云研究、在报刊上发表有关论文的业余学者。尤其是有十几年来通过参加"陈云与当代中国"学术年会而涌现出的一批"半专业"的陈云研究学者。这些人加在一起,目前至少有几百人,是开展陈云学研究的基本队伍。

再次,陈云研究的基本平台也已经建立,而且不止一个。早在21世纪初,当代中国研究所和中华人民共和国国史学会就设立了非实体的"陈云与当代中国"研究中心,当代所的中心在2015年还升格为中国社会科学院的非实体研究中心。自2006年开始,这两个中心和陈云纪念馆每年联合举办一次面向全国征文的"陈云与当代中国"研讨会,至今已举办过12届;另外,还创办了以发布陈云研究成果和信息为主要内容的网站。2015年,中共文献研究会也设立了陈云生平思想研究分会,每年也举办一次有关陈云的学术研讨会。同年,中国社会科学院"陈云与当代中国"研究中心和陈云纪念馆又合办了一个陈云研究中心,并由该中心注册建立了陈云研究网,发布有关陈云研究的信息,交流陈云研究的成果,并且还要建立陈云研究数据库,使陈云研究的成果数字化、检索便利化、传播大众化。上海唯实文化研究所更是一个以研究老一辈革命家为主业的民办非企业研究机构,它和它的学术刊物《上海唯实研究》将为陈云学研究开辟更加宽阔的学术舞台。

最后,陈云研究从开展至今,已涌现出大量成果。其中既有曾在陈云领导下工作过的老同志们写的回忆文章,也有学者们写的文章和著作,还有不少结集成书的论文集。这些数以千计的成果,也是开展陈云学研究的资料。

以上这些,构成了创建陈云学的文献基础、人才基础、学术基础,使陈云学的创建具备了基本条件。不过,有了这些条件并不等于陈云学的学科体系就可以自然而然地建立起来。要构建这一学科,使陈云学作为一门学问自立于哲学社会科学的学科之林,还有很多工作要做。比如,要进一步厘清陈云学的研究对象、研究范畴、研究重点,等等。然而,相比之下更为紧要的,是陈云研究队伍自身水平的进一步提高。因为只有自己的水平提高了，才能适应创建陈云学学科的需要。而要提高自己的水平，我认为以下几点是需要特别注意的。

第一，要系统学习和熟悉《陈云文选》《陈云文集》《陈云传》《陈云年谱》等陈云研究的基础性文献和资料。不能只是为了参加学术研讨会，临时选一个题目，看几篇有关陈云的资料就写一篇文章。那样做，陈云研究难以深入，陈云学也是难以构建的。

第二，要进一步学习和熟悉党史国史。陈云是党史和国史中的历史人物，只有把陈云生平和陈云思想的形成、发展，放在中国革命、建设、改革的大背景下去认识和研究，才有可能把问题看得更清楚、研究得更透彻。否则，陈云研究难以持续，陈云学更难以构建。

第三，要把陈云的思想与中央其他领导人的思想放在一起进行比较研究。陈云的思想不是孤立存在的，而是在与毛泽东、周恩来、刘少奇、朱德、邓小平等领导人思想的相互交流、借鉴、碰撞中产生和发展的。陈云学的研究重点当然是陈云，但绝不能脱离党中央其他领导人的生平与思想，进行封闭式的孤立的研究。那样，陈云研究也难以持续，陈云学同样难以构建。

第四，要把陈云研究与现实紧密结合，从当前经济社会发展中寻找研究的切入点。历史研究从来都是为现实服务的，陈云研究者同样应当自觉地从现实问题出发，通过研究陈云，了解和掌握他分析问题、处理问题的立场、观点、方法，从他的思想和经验中找出解决现实问题的方法和对策。只有这样，陈云研究才会得到持续深入的开展，才会给陈云学的构建注入强大的活力。

第五，要认真研读马克思主义经典著作，掌握马克思主义的基本原理。陈云的思想主要来源于马列主义、毛泽东思想，他说过，延安时期，他在中央组织部组织了一个学习小组，专门学习马列主义的经典著作，特别是马克思主义的哲学。他还利用养病时期，仔细研究了毛主席起草的全部文件、电报。"文化大革命"中他被下放江西，带了三箱子书，在近三年时间里，每天除了上午去工厂"蹲点"，下午和晚上都用来看《马克思恩格斯选集》《列宁选集》《斯大林选集》《毛泽东选集》，还通读了《资本论》

《列宁全集》的一部分。所以，要提高陈云研究的水平，就要认真学习马列主义、毛泽东思想。这样不仅能使自己更深刻地理解陈云思想，也能进一步掌握马克思主义的立场、观点、方法，从而提高自己研究问题、分析问题的水平。只有这样，陈云研究才会有后劲，陈云学的学科构建才会有雄厚的理论基础。

第六，要不断撰写文章，并使观点和角度不断有所创新，通过写作使陈云研究向广度和深度进军，使文字表达、逻辑推理、文章组织的能力不断得到提高。如果看到研讨会的征文通知，仅仅把有没有去过研讨会举办地点作为自己是否写论文的考虑因素，没去过就写，去过就不写，或者把别人和自己写过的文章稍加修饰再拿出来，这种"一锤子买卖"或"三天打鱼，两天晒网"以及"炒冷饭"的做法，是不可能创新和深化陈云研究的，更不可能参与到陈云学的构建实践中。

除此之外，我认为要研究陈云、构建陈云学，研究者们还需要懂得一点经济学的知识。

2015年陈云同志诞辰110周年时，习近平总书记在纪念座谈会上发表的重要讲话中指出："陈云同志为新中国的建立、为社会主义基本经济制度和政治制度的确立、为改革开放和社会主义现代化建设建立的功勋，党和人民将永远铭记。""陈云同志身上表现出来的坚定理想信念、坚强党性原则、求真务实作风、朴素公仆情怀、勤奋学习精神，永远值得我们学习。"我认为，这篇讲话应当作为创建陈云学的指导性、纲领性文献。

在2016年哲学社会科学工作座谈会上，习近平总书记号召加快构建中国特色哲学社会科学，强调"理论的生命力在于创新"。他指出："创新可大可小，揭示一条规律是创新，提出一种学说是创新，阐明一个道理是创新，创造一种解决问题的办法也是创新。"他要求"加快发展具有重要现实意义的新兴学科和交叉学科，使这些学科研究成为我国哲学社会科学的重要突破点"，"每个学科都要构建成体系的学科理论和概念"。我认为，要创建陈云学，也应当把上述讲话精神作为重要的指导方针。

最后，希望陈云研究学界以《上海唯实研究》的创刊为契机，把陈云学的创建向前大大推进一步；同时，祝愿上海唯实文化研究所和《上海唯实研究》为创建陈云学发挥越来越大的作用，作出越来越大的贡献！

（本文是作者为上海唯实文化研究所 2018 年 6 月创办的《上海唯实研究》杂志撰写的创刊寄语。收入本书时，作者略作修改）

后记

2024年8月，研究出版社来信，说2025年6月是陈云同志诞辰120周年，希望我能把近年有关陈云研究的成果汇聚成一本专题文集。当时，我手头正在撰写一篇自己亲身感受到的陈云同志作风的回忆文章，故提议索性编一本以"陈云与党风"为主题的书，其中包括我有关陈云同志党风建设思想和他践行党的优良作风方面的论文，也包括我在陈云同志身边工作时的所见所闻。我的这个想法得到了出版社的认可，于是有了现在摆在读者面前的这本《陈云与党风》。

本书在编辑出版过程中，得到了中国出版集团研究出版社陈建军社长、丁波总编辑、宋军占编审和该社政治读物编辑部侯天保、杨猛等同志，以及我的助手黄小强同志的大力支持和帮助，在此谨致衷心感谢！

2025年4月14日